# 키워드
# 한국 정치사

# 키워드 한국 정치사

## 11가지 열쇳말로 읽는 해방 70년

전재호 지음

이매진

[이매진 컨텍스트 67]

# 키워드 한국 정치사
## 11가지 열쇳말로 읽는 해방 70년

/

**1판 1쇄** 2018년 9월 7일
**지은이** 전재호 **펴낸곳** 이매진 **펴낸이** 정철수
**등록** 2003년 5월 14일 제313-2003-0183호
**주소** 서울시 은평구 진관3로 15-45, 1018동 201호
**전화** 02-3141-1917 **팩스** 02-3141-0917
**이메일** imaginepub@naver.com
**블로그** blog.naver.com/imaginepub
**ISBN** 979-11-5531-100-4 (93340)

/

- 환경을 생각해서 재생 종이로 만들고,
  콩기름 잉크로 찍었습니다.
- 표지 종이는 앙코르 190그램이고,
  본문 종이는 그린라이트 70그램입니다.
- 값은 뒤표지에 있습니다.
- 이 도서의 국립중앙도서관 출판시도서목록(CIP)은
  서지정보유통지원시스템 홈페이지(http://seoji.nl.go.kr)와
  국가자료공동목록시스템(http://www.nl.go.kr/kolisnet)에서
  이용하실 수 있습니다(CIP 제어 번호: CIP2018029751).

이 저서는 2017년 대한민국 교육부와 한국연구재단의 지원
을 받아 수행된 연구임(NRF-2017S1A3A2065772).

# 차 례

# 지금 여기, 한국 정치를 읽는 열쇳말들

해방 후 70여 년 동안 한국은 급속한 경제성장의 결과 세계 10위권의 경제 강국이 되었고, 반공 체제 아래서 장기 집권하던 권위주의 체제를 축출하고 민주화로의 전환(또는 이행)에 성공했다. 그러나 경제 발전의 성과가 모든 국민들에게 고루 분배되지 못했고, 재벌이 경제에서 차지하는 비중은 계속 증가하며, 경제적 양극화도 악화일로다. 더욱이 노년층 빈곤화, 청년 실업 문제, 출산율 하락, 일상화된 갑질, 세대 갈등, 지역 갈등, 이념 갈등 등 21세기 한국 정치가 해결해야 할 문제들이 산적해 있다. 그나마 1998년 여야 간 정권 교체와 '자유주의' 세력의 연이은 집권으로 민주주의의 공고화가 진행되었고, 보수 정부 9년간 민주주의가 후퇴했지만 '촛불혁명'으로 역전되었으며, 2018년부터 남북 관계와 미북 관계가 개선되면서 한국 정치의 미래에 희망을 갖게 되었다.

한국 정치사를 통사적으로 다루는 연구라면 한국 정치사의 성과와 과제를 다루는 것이 일반적일 것이다. 그러나 이 책은 특정 주제를 중심으로 한국 정치사를 다루지 않는다. 대신 그동안 필자가 관심을 가진 한국 정치사의 키워드를 중심으로 책을 구성했다. 일부는 키워드가 된 사건을 다루었고, 일부는 키워드와 관련된 담론이나 정책을 다루었다. 한국 정치사에서 어떤 주제가 소홀히 다루어질 수 있겠냐만, 그동안 많이 다루어지지 않았거나 다루어졌어도 다른 시각으로 볼 필요가 있는 키워드를 중심으로 책을 구성했다. 일단 이 책에서 다루는 키워드가 한국 정치사에서 지닌 의미를 간략히 살펴보자.

1장은 해방을 키워드로 역사적으로 8·15의 의미가 어떻게 변화했는지를 다루었다. 첫 번째 8·15, 곧 1945년 8월 15일은 외세의 지배로부터 해방된 날이자 한반도가 분단된 날이다. 해방은 되었지만 자신의 힘이 아니라 미국과 소련이라는 외세에 의한 해방이었기 때문에 바로 그날 한반도는 분단되었다. 외세는 한민족에게 해방이라는 선물과 함께 분단 극복, 곧 통일이라는 과제를 떠안겼다. 물론 1945년 8월의 첫 번째 분단이 1948년의 분단, 곧 남북에서 두 개의 독자적인 정부 수립을 자동적으로 가져오지는 않았다. 그러나 첫 번째 분단 이후 한민족은 냉전의 원심력을 극복하지 못한 채 외세의 의도대로 분단 정부 구성의 길로 나아갔다. 남한에서 1948년 8월 15일은 대한민국 정부를 수립한 날이지만, 그 대가로 통일이라는 과제를 달성하기는 더욱 힘들게 되었다. 상황이 이렇게 흘러갔기 때문에 8·15는 해방과 독립이라는 원래 의미에 덧붙여 통일이라는 과제까지 포괄하는 담론이 되었다. 그동안 한국 정치사를 다룬 연구들은 이런 주제까지는 관심을 기울이지 못했다. 그렇지만 대한민국 정부가 정한 기념일 중에서 가장 비중이 높은 8·15의 의미 변화를 고찰하는 것은 한국 정치사의 다양한 측면을 볼 수 있다는 점에서 의미를 지닌다. 그래서 이 장은 이승만 대통령부터 김대중 대통령까지 8·15의 의미가 어떻게 변화했는지를 대통령 기념사를 통해 살펴보았다.

2장은 분단이 한국 정치에 어떤 영향을 미쳤는지를 다루었다. 한반도에서 분단의 등장과 지속에는 냉전 체제라는 국제 체제가 결정적 영향을 미쳤지만, 냉전이 해체된 후에도 한반도의 분단은 해소되지 않았다. 이제 분단은 국제 체제와 별개로 한국 정치에 지속적으로 큰 영향을 미치는 상수이자 구조가 되었다. 따라서 지난 70여 년 동안 분단이 한국 정치에 어떤 영향을 미치는지를 고찰하는 것은 매우 중요한 과제이다. 한국 정치사에서 분단을 다룬 기존 연구들은 주로 분단이 어떻게 결정되었고 어떤 결과를 가져왔는지를 단기적으로 다루었다. 반면에 이 장은 장기적이고 구조적인 시각에서 분단이 한국 정치에 미친 영향을 여러 차원으로 구분하여 고찰했다.

3장은 1990년대 중반 등장한 박정희 신드롬의 등장 원인과 내용을 다루었다. 박정희 신드롬이 단순히 전 대통령을 추모하고 업적을 기념하는 데서 그쳤다면 일종의 에피소드로 끝났을 것이다. 그러나 박정희 신드롬은 딸 박근혜의 정치 기반으로 이용되었고, 박근혜가 2012년 대통령에 당선되는 데까지 영향을 미쳤다. 그렇기 때문에 한국 정치사에서 박정희 신드롬은 상당히 중요한 의미를 지니고 있다. 따라서 이 장은 1990년대 중반에 출간된 박정희를 찬양하는 저서들을 분석하여 박정희 신드롬이 어떤 맥락에서 등장했고 그 내용이 어떻게 구성되었는지를 고찰했다.

4장은 최규하의 국가 위기관리 과정을 다루었다. 최규하는 한국 정치사에서 가장 예외적인 대통령이다. 대부분의 대통령이 강력한 권력의지를 갖고 선거에 의해서건 쿠데타에 의해서건 권력을 장악했는데, 최규하는 박정희의 갑작스런 사망으로 뜻하지 않게 권력을 잡았을 뿐 아니라 '자진해서' 권력에서 내려왔다. 권한대행에 머무르지 않고 유신 헌법에 따라 대통령에 취임한 것이 최규하의 권력의지를 보여준다고도 볼 수도 있지만, 신군부의 권력 장악에 무기력하게 대응한 점은 그런 권력의지가 존재했는지를 의심스럽게 만든다. 여하튼 최규하는 아주 짧은 기간 대통령이었고 신군부 탓에 권력도 제대로 휘두르지 못했기 때문에 한국 정치사에서 거의 잊힌 존재다. 그래서 한국 정치사를 다룬 기존 연구들은 대부분 최규하를 다루지 않았다. 그러나 이 장은 한국 정치사에서 반면

교사의 교훈을 얻기 위해 최규하의 국가 위기관리 과정을 고찰했다. 박정희의 유신 체제가 신군부의 5공화국으로 연장되는 과정에서 최규하의 역할을 분석함으로써 반면교사의 교훈을 얻을 수 있었다.

5장은 광주를 키워드로 한국 정치의 변동에 따른 5·18 담론의 변화를 다루었다. 5·18, 곧 광주민주화운동은 박정희 사후 전개된 유신 잔당들의 권위주의적 통치 연장 시도에 항의하여 광주와 전남 지역의 학생은 물론 시민이 목숨을 바쳐 저항한 민주화운동이었다. 5·18은 1980년대 민주화운동의 동력이 되었고, 1987년 6월 민주항쟁의 승리를 가져온 결정적 계기였다. 따라서 한국 정치사에서 5·18은 가장 중요한 민주화운동으로 인식되고 있다. 그러나 5·18이 처음부터 민주화운동으로 불린 것은 아니다. 그러기는커녕 발발 당시 신군부에 의해 '불순분자들의 사주에 의한 폭도들의 소요' 또는 '국가발전을 저해하는 혼란'으로 규정되었다. 그러나 한국 정치의 변동 과정에서 5·18은 전두환 정권과 민주화운동 세력 사이에 벌어진 담론 투쟁의 핵심 쟁점이 되었고, 1987년 6월 민주항쟁을 거치며 점차 민주화운동으로 규정되었다. 이 장은 1980년대 이후 정치 변동 과정에서 5·18을 둘러싼 담론 투쟁이 전개된 과정을 고찰했다.

6장은 민주화를 키워드로 1987년 12월의 제13대 대통령 선거와 1988년 4월의 제13대 국회의원 선거를 다루었다. 이 두 번의 선거는 1987년 6월 민주항쟁 이후 처음 실시된 정초 선거로서, 누가 권력을 장악하느냐에 따라 이후 민주화의 경로가 결정되는 중요한 선거였다. 13대 대통령 선거에서 권위주의 세력의 주역인 노태우가 당선하면서 민주화를 바라던 세력은 엄청난 상실감에 시달렸지만, 13대 총선의 결과 여소야대 정국이 만들어짐으로써 민주화의 진전을 기대하게 되었다. 이런 측면에서 이 두 번의 선거는 한국 정치사의 운명을 결정한 아주 중요한 선거였다. 이 장은 1987년 6·29 선언 이후부터 1988년 4월 제13대 총선까지 정치사회를 중심으로 헌법 개정 과정과 두 번의 선거 과정을 구체적으로 고찰했다.

7장은 91년 5월을 키워드로 1991년 5월 투쟁이 실패한 구조적 원인과 그 의미를 다루었다. 1991년 5월 투쟁은 1987년 6월 민주항쟁 이후 일어난 최대의 민주화 투쟁으로, 통일운동과 노동운동 탄압, 공안 통치, 부실한 5공 청산, 3당 합당 등 노태우 정권의 권위주의적 통치에 대한 분노와 실망이 명지대학교 학생 강경대의 사망을 계기로 폭발한 사건이었다. 특히 10여 명의 연이은 분신 자살과 노태우 퇴진 구호는 노 정권에 대한 대중들의 분노가 얼마나 컸는지를 보여준다. 그러나 조작된 유서 대필 사건과 한국외국어대학교 학생들의 정원식 총리 달걀과 밀가루 세례 사건을 이용한 정권과 보수 언론의 역공세, 시민들의 관심 약화, 야당의 참여 부족과 지방선거 실시 등으로 결국 투쟁은 소기의 성과를 거두지 못했다. 91년 5월 투쟁은 실패한 운동으로 인식되었고, 이 사건을 정점으로 민주화운동에서 학생운동의 위상이 약화되기 시작했다. 따라서 한국 정치사, 특히 민주화운동사에서 91년 5월 투쟁을 정리하는 것은 중요한 의미를 지니고 있다. 이 장은 91년 5월 투쟁이 한국 민주주의의 역사에서 어떤 의미를 갖는지를 장기적이고 구조적인 시각에서 접근했다.

8장은 선거를 키워드로 삼아 2016년 4·13 총선을 다루었다. 아직 많은 시간이 흐르지 않아 역사적 평가를 내리기에는 이른 감이 있지만, 4·13 총선은 한국정치사에서 민주주의의 공고화를 이루는 데 기여한 선거로 기억될 것이다. 1987년 민주화를 향한 전환 이후 1998년과 2007년 두 번의 정권 교체에 이어 2017년 대통령 탄핵으로 세 번째 정권 교체가 가능했다. 4·13 총선은 여소야대 정국을 만들어냄으로써 세 번째 정권 교체에 크게 기여했다. 물론 세 번째 정권 교체는 박근혜 정부의 국정 농단과 민주주의 파괴에 대한 시민들의 분노가 결집된 '촛불혁명'이 만든 결과지만, 국회에서 박근혜 대통령의 탄핵이 가능해진 조건은 4·13 총선이 만들어놓은 여소야대 구도와 이 선거에서 보여준 박근혜 정부에 대한 국민들의 지지 철회였다. 따라서 4·13 총선은 최초의 여소야대 정국을 만든 1988년 4월 26일 13대 총선에 비견되는 중요한 선거였다. 이 장은

4·13 총선의 결과를 분석하고 시민사회의 과제를 제시했다.

9장은 미국을 키워드로 1979년부터 1987년까지의 한미 관계를 다루었다. 미국이 없었다면 대한민국은 존재할 수 없었다고 말할 수 있을 정도로 미국은 한국 정치사에 큰 영향을 미쳤다. 한반도에 해방과 분단을 가져다주었고, 미군정 시기 좌파를 억압하고 우파를 양성하여 반공 체제를 구축했으며, 유엔을 동원하여 대한민국 정부를 수립했다. 전쟁이 발발하자 바로 개입하여 공산주의자들로부터 대한민국을 지켰으며, 전후에도 남한의 복구와 반공 정권의 유지를 위해 많은 원조를 제공했다. 또한 국내 정치의 중요한 계기마다 배후에서 중요한 역할을 수행했다. 1952년 부산 정치 파동, 1960년 4월 혁명, 1961년 군사 쿠데타, 1960년대 한일 국교 정상화와 국군의 월남 파병, 1979~1980년 신군부의 권력 장악, 1987년 6월 민주항쟁 등에서 미국은 개입하거나 또는 개입하지 않음으로써 한국 정치의 운명을 결정했다. 따라서 한국 정치사를 제대로 이해하기 위해서는 미국 또는 한미 관계를 반드시 알아야 한다. 이 장은 1979~1987년 시기의 한미 관계를 다룬다. 특히 이 시기는 1979년~1980년 신군부의 권력 장악과 1987년 6월 민주항쟁이라는 한국 정치사의 결정적 사건이 일어난 시기이기 때문에 한미 관계의 동학을 고찰하는 데 아주 중요하고 적절하다.

10장은 북한을 키워드로 민주화 이후 등장한 세 보수 정부, 곧 노태우, 김영삼, 이명박 정부의 대북 정책을 다루었다. 1945년 한반도의 분단 이후, 특히 1948년 남북 분단 정부 수립 이후 북한은 한국 정치에서 영향을 미치는 중요한 행위자인 동시에 냉전과 마찬가지로 구조이자 상수가 되었다. 전자를 잘 보여주는 사례가 한국전쟁이다. 한국전쟁만큼 한국 정치에 결정적인 영향을 미친 사건도 없다. 동시에 후자를 잘 보여주는 사례는 한국이나 미국의 많은 정책이 항상 북한을 고려한 상태에서 결정된다는 사실이다. 따라서 한국 정치사를 제대로 이해하기 위해서는 북한을 반드시 고려해야 한다. 이 장은 민주화 이후 등장한 세 보수 정부의 대북 정책을 비교했다. 세 정부의 상이한 대북 정책과 거기에 영향을 미친 국내외 요인을 고찰했다.

11장은 학생운동을 키워드로 학생들의 희생과 국가폭력 기제를 다루었다. 1990년대까지 한국의 민주화에 관련된 모든 영역에서 학생운동은 주도적 역할을 수행했다. 대표적으로 1960년 4월 혁명은 이승만 정권의 퇴진을 가져왔고 1960~1970년대에도 한일 회담 반대 투쟁, 삼선 개헌 반대 투쟁, 유신 반대 투쟁, 긴급조치 반대 투쟁 등 권위주의적 통치에 저항하는 전선의 맨 앞에서 활약했다. 특히 1980년대 학생운동의 자기희생적이고 지속적인 투쟁은 1987년 민주화를 향한 전환을 가져오는 데 결정적인 역할을 했다. 하지만 1991년 5월 투쟁 이후로 학생운동은 쇠퇴하기 시작했고, 1996년 '연세대 투쟁'을 계기로 급속히 축소되었다. 그동안 많은 연구들이 학생운동의 역사와 성격을 다루었다. 이 장은 기존 연구에서 주목하지 않은 주제인 민주화운동 과정에서 학생들의 희생과 이것을 초래한 국가폭력의 기제를 고찰했다.

—

이 책의 출판과 관련하여 감사의 뜻을 전하고자 한다. 이 책에서 3장은 한국정치학회, 4장은 학술단체협의회, 5장과 6장은 민주화운동기념사업회, 7장은 경희사이버대 NGO학과, 8장과 9장은 대한민국역사박물관, 10장과 11장은 한국연구재단의 시원을 받았다. 한국 정치사에 관련한 다양한 주제를 연구할 수 있도록 지원해준 이 기관들에 감사의 뜻을 전한다.

또한 이 책에 실린 원고를 최종적으로 수정하고 증보하는 과정에서 필자는 한국연구재단의 지원에 힘입었다. 그리고 출판계의 어려운 여건에도 불구하고 적극적으로 책의 출간을 지원해준 이매진 출판사의 정철수 대표에게도 깊이 감사드린다. 출판사의 격려와 지원이 없었다면 이 책은 빛을 볼 수 없었을 것이다. 마지막으로 그동안 묵묵히 응원해준 두 딸 수현, 정현과 아내 혜진에게도 미안한 마음과 함께 고마움을 전하고, 언제나 최고의 응원을 보내주시는 어머니께도 감사드린다.

2018년 8월

전재호

### 1장

# 해방: 8·15와 한국 정치

## 1. 들어가는 말

근대 국민국가에서 국가기념일(또는 국경일)은 특정 국가를 다른 국가와 구별 짓는 시간적 경계선으로서 시간의 차원에서 한 국가를 상징적으로 드러내는 역할을 한다.[1] 그것은 국가가 국민들에게 주기적으로 국민정체성을 상기시키기 위해 고안해낸 것이다. 그중에서도 국가탄생일은 가장 중요한 날로 간주된다.

대한민국의 탄생일은 1948년 8월 15일이지만, 광복절은 1948년 8월 15일 뿐 아니라 1945년 8월 15일을 함께 기념한다. 이는 식민지로부터 해방된 날은

---

1 "시간적인 측면에서 특정 민족국가를 다른 민족국가와 분리해주는 것은, 동질적이고 공허한 시간 속에 가끔씩 고정되어 있는 '신성한 시간'으로서의 국가기념일이다"(김민환 2000, 15~16).

1945년 8월 15일이지만, 그날 바로 독립하여 정부를 수립하지 못하고 1948년 8월 15일 미군정으로부터 독립하여 대한민국 정부가 수립되었기에 일어난 현상이다.[2] 이러한 해방과 정부 수립의 불일치는 정부 수립 초기 8월 15일을 국경일로 지정하는 과정에서 혼란을 발생시켰다. 1949년 5월 24일 국무회의는 8월 15일을 '독립기념일'로 지정하여 그해 8월 15일을 '대한민국 독립 1주년 기념일'로 치렀다. 이는 1945년 해방됐지만 1948년까지 3년간 '독립'을 이루지 못했고 1948년에야 독립했다는 현실을 반영한 것이었다. 그러나 1949년 9월 21일 국회 본회의는 정부가 제출한 '독립기념일'을 1945년 8월 15일 해방의 의미를 포함하는 '광복절'로 수정했다(김광운 2002, 85). 이는 광복절을 통해 해방과 독립을 일치시키려는 의도를 지닌 것이었다. 이로써 광복절은 해방을 의미하는 1945년 8·15와 독립을 의미하는 1948년 8·15를 모두 포함하는 기념일이 되었다.

그러면 해방과 독립을 포함하는 한국의 8·15는 어떤 정치적 의미를 갖고 있는가? 첫째, 식민지 해방을 의미하는 8·15는 당연히 제국주의에 대한 적대감인 '반일反日'적 성격을 갖고 있다. 둘째, 독립을 의미하는 8·15는 세계적인 냉전의 심화와 남한 내 좌파 세력들의 반대를 무릅쓰고 대한민국 정부를 수립했다는 사정 때문에 반공反共적 성격을 갖게 되었다. 셋째, 1948년 대한민국 정부 수립은 좌익과의 투쟁에서 거둔 승리인 동시에 좌익의 방해 탓에 한반도 전체를 통괄하는 정부를 수립하지 못한 실패라는 이중적 의미를 갖고 있다. 따라서 8·15는 통일 지향적 성격을 갖게 된다. 결국 한국에서 8·15는 반일, 반공, 통일 지향성이라는 여러 정치적 의미를 갖게 되었다.

그러면 한국정치사에서 8·15가 지닌 이러한 의미들이 어떻게 표출되었는가? 이 글은 역대 대통령들의 8·15 기념사를 통해 8·15의 의미를 살펴본다. 곧 한국의 역대 대통령들이 8·15를 어떻게 인식했고 기념사에서 어떤 내용을 말했는지를 살펴본다. 8·15는 국경일 중에서도 가장 '중요한' 날이기 때문에 대통령은 8·15 기념사에 큰 비중을 두었고, 그래서 국가적으로 중요한 내용이 발표되기도 했다. 따라서 8·15 기념사는 역대 대통령들이 생각한 한국 현대사의 주요한 흐름을 보여줄 것이다. 이 글은 초대 이승만 대통령부터 제15대 김대중 대통령까지 총 55년을 다룬다. 그러면 지난 55년 동안 한국의 역대 대통령들이 8·15 기념사에서 어떤 내용을 다루었는지를 살펴보자.

## 2. 역대 대통령의 8·15 기념사

### 1) 이승만 대통령

해방 이후 많은 정치인 및 정치 세력들이 8·15 기념사를 발표했지만, 대통령 기념사는 1948년 대한민국 정부 수립과 함께 시작되었다. 초대 대통령 이승만은 8·15 기념사에서 어떤 내용을 다루었는가? 이 시기는 정부 수립 시기(1948~1949년), 한국전쟁 시기(1950~1953년), 한국전쟁 이후 시기(1954~1959년), 민주당 정부 시기(1960년)로 구분하여 살펴본다.

#### (1) 정부 수립 시기(1948~1949년)

'해방 3주년 기념사'로 명명된 1948년 8·15는 대한민국 정부 수립 기념일이었기 때문에 해방과 함께 '대한민국의 탄생'이라는 의미가 새롭게 부가되었다. 기념사의 주 내용은 새로운 나라가 '자강전진自彊前進'하고 '침략'당하지 않도록 전국민이 '합심협력合心協力'하고 '분투매진奮鬪邁進'하자는 요청이었다. 따라서 기념사는

---

2   "독립은 민족의 자주권을 되찾아 자주 국가를 수립하는 것을 지칭할 것이고, 해방은 제국주의로부터 벗어나는 것을 포함하여 일제의 구속이나 억압, 부담 따위에서 민중이 자유로워지는 상태를 뜻할 것이다. 광복은 일제에 빼앗겼던 주권을 다시 찾았다는 추상적 의미로 사용된다"(김광운 2002, 83~85).

해방의 의미보다는 새로운 정부의 유지와 발전을 위해 협력할 것을 국민에게 요청하는 내용을 담고 있었다. 그 밖에도 대한민국이 '자치 자주'할 수 있고 '대내외의 모든 장애와 풍파파란風波波爛'을 다 저지'하며 '침략주의에 유린'당하지 않을 능력을 세계 우방들에게 보여야 한다고 주장했다. 대한민국 정부가 자치와 공산주의 침략에 맞서는 방어 능력을 가져야 한다고 강조한 것으로 보인다.

1949년 8·15 기념사는 '정부수립 1주년 기념사'라는 제목에서 볼 수 있듯이 해방의 의미보다는 정부 수립 이후 1년의 업적에 집중했다. 이승만은 "민국의 안전과 기초 확립에 많은 진전이 있었다"(김광섭 1950, 30)고 평가하면서 지난 1년을 '경제적 재건설', '국제관계', '민주주의의 발전', '공산당과의 투쟁'으로 나누어 자세히 설명했다.

여기서 먼저 주목할 내용은 분단 상태 아래의 광복은 불완전하다는 인식이다. 이런 인식은 역으로 완전한 광복을 위해서는 통일이 필요하다는 논리로 연결된다. 광복에서 통일의 당위성을 추론하는 이 논리는 이후 8·15 기념사에서 지속적으로 등장하는 중요한 담론이 되었다.[3] 다음으로 공산주의자들에 맞선 전쟁을 예측한 이승만은 이 전쟁이 자유를 위한 세계적 전쟁이 될 것이기 때문에 다른 나라가 당연히 도와야 한다고 주장했다.[4] 이는 이미 1949년에도 이승만이 한반도 내 전쟁 발발 가능성과 그 이후의 상황 전개를 예견하고 있었다는 점을 보여준다. 이승만의 북진통일론은 이러한 정세 판단에 기초한 것이었다. 곧 북진통일론은 단순히 북한 공산주의 정권을 격퇴하자는 논리가 아니라, 남북 간에 전쟁이 벌어지면 자연스럽게 외국군이 참전하여 자본주의 세력과 공산주의 세력의 대결로 확대될 것이고, 그 과정에서 통일이 가능할 것이라는 논리를 담고 있었다.

결국 정부 수립 시기 8·15 기념사는 해방의 의미보다는 대한민국 정부의 수립과 안정에 관련된 내용이 주였고, 1949년 광복과 통일을 연결시키는 논리가 등장했다는 점에 주목할 만하다.

## (2) 한국전쟁 시기(1950~1953년)

한국전쟁 기간이던 1950~1953년의 기념사는 대부분 전쟁에 관련된 내용을 다루고 있다. 주요한 내용을 살펴보면, 첫째, 이승만은 한국전쟁이 자유세계를 공산화하려는 소련의 계획에 의해 시작되었다고 주장했다.[5] 따라서 이 전쟁은 "세계 대세의 피할 수 없는 형편"으로 그 목적이 세계 평화를 위한 것이다. 곧 한국전쟁은 "우리의 자유를 위해 싸우는 동시에 모든 자유국가들과 함께 세계평화를 위해서 싸우는 것"이고 '공동원수국가'들을 물리치는 것이 세계평화의 시작이며, 이것을 통해 자유국가들의 집단 안전보장이 진전될 것이다(공보처 1953, 60). 그렇기 때문에 "세계 모든 문명한 나라들이 군사와 물질과 성심으로 참전"했다고 역설했다(공보처 1953, 38).

또한 이승만은 "공산군의 난리를 만나서 얼마동안 곤욕을 보는 것은 우리뿐만 아니라 거진 세계 모든 나라가 다소간 당하는 것인데, 한 나라가 당하는 환란을 위해서 세계 모든 나라가 일제히 일어나서 싸우게 되는 것은 우리나라에서 비로소 처음 되는 일이므로 우리도 싸워야 할 것"이라고 국민들에게 전쟁 참여를 독려했다(공보처 1953, 39).

이승만 주장의 핵심은 한국전쟁의 성격이 남북의 전쟁이 아닌 소련의 세계 공산화 전략에 따른 '국제전'이라는 점이다. 이러한 시각은 일면 타당해 보이지만, 다른 면에서는 북한의 전면적인 침략을 인지하지 못하고 전쟁 초기 일방적으로 패퇴한 남한 정부의 책임을 면하려는 의도와 북한을 소련의 종속국으로

---

3  "우리 광복의 기념을 축하하는 기쁨은 이북동포들이 우리와 같이 다시금 완전히 합동되기 전에는 충분한 기쁨이 못될 것입니다"(김광섭 1950, 37).

4  "우리가 싸우게 된다면 우리 싸움은 즉 세계 모든 자유민들의 싸움을 싸우는 것입니다. 세계적 자유의 전쟁을 우리가 생명을 걸고 싸우느니만치 모든 세계에 대해서 우리를 후원할 직책이 있다는 것을 주저치 않고 말하는 바입니다"(김광섭 1950, 40).

5  "공산당의 전략가들은 한국을 택해서 저의들의 세계를 정복하려는 계획을 여기서 시험해 보기로 작정한 것입니다"(공보처 1953, 98).

간주함으로써 남한만이 한민족의 대표자라는 점을 과시하려는 의도를 내포한 것으로 보인다.

둘째, 이승만은 1951년 기념사에서 독립민주국을 공포한 1919년(기미년)의 선언이 "국민의 평등과 자유를 보장하는 제도를 세운다는 자유사상"에 기초한 것이고, 현재는 상해 정부가 반도 남단에서 실현된 것이라고 지적했다(공보처 1953, 59). 이것은 이승만이 대한민국이 역사적으로 상해 임시정부의 실현으로, 그리고 이념적으로 자유주의에 기초한 것으로 인식하고 있음을 보여준다. 또한 이승만은 "독립대한민국정부를 수립한 것은 국제연합이 제일 먼저 실질적으로 성취한 업적"이며 국제연합이 선언한 목적을 성취하기 위해서는 공산주의자들을 한반도에서 몰아내고 통일정부를 수립해야 한다고 주장했다(공보처 1953, 97). 이것은 대한민국의 합법성을 국제연합에서 찾고, 통일 정부 수립을 통해서 대한민국이 완전해질 수 있다는 인식을 보여준다.

그런데 휴전 성립 직후 발표한 1953년 '독립절 기념사'에서 이승만은 대부분의 내용을 휴전 반대와 곧 개최될 제네바 정치 회담이 실패할 것이라고 주장하는 데 할애하고 있다. 이승만은 휴전 회담을 '유화정책'으로 규정하면서, 휴전은 "우리 민족을 결정적으로 분할 배반하는 것이오 또 장구하고 공정한 세계 평화의 기초를 말살 식히는 것"이며 공산당은 "다시 크게 준비해서 침략을 더 확장"할 것이라고 주장했다. 또한 "하로바삐 북진하여 사경에 빠진 우리 이북 동포들을 구원해서 생사를 같이"해야 한다고 주장했다(공보처 1953, 136~138). 곧 1953년 기념사에서는 공산당의 재침 전망과 북한 동포들의 구원을 내세워 휴전 회담을 반대하고 북진통일의 정당성을 강조했다.

셋째, 1951년 광복절 기념사에는 이승만 자신이 집권 연장을 위해 추진한 대통령 직선제 개헌을 정당화하는 내용도 포함되어 있다. 이승만은 "대통령을 국민이 직접 투표선거"하고 "국회의 단원제를 상하양원제로 변경"해야 한다고 주장했다. 그러면서 "나는 대통령의 지위를 보유하고 있자는 의도는 추호도 없고 오직 민국의 장래를 위해서 민주주의를 확고히 보장하자는 것만이 내 주장"
이라고 말했다(공보처 1953, 61). 여기서는 대통령 직선제 개헌을 자신의 지위 보유
때문이 아니라 대한민국의 장래를 위한 것이라고 주장했다. 이승만은 이 논리
에 기초하여 1952년 초 강압적으로 대통령 직선제 개헌을 강행했고(부산 정치
파동), 그 결과 제2대 대통령에 당선했다.

결국 한국전쟁 시기 8·15 기념사는 해방보다는 한국전쟁을 주로 다루었다.
특히 전쟁이 가진 국제적이고 이데올로기적인 성격을 강조했다. 이런 점은 소
련 공산주의자의 침략에 맞선 자유주의의 수호라는 명분을 제시함으로써 국민
들에게 전쟁의 의미를 각인시키고, 그런 과정을 통해 자신에 대한 지지를 확보
하려는 의도를 보여준다.

### (3) 한국전쟁 이후 시기(1954~1959년)

1954년 이후 8·15 기념사는 내용에서 이승만이 제3대 대통령에 당선하기 이전
과 이후에 차이를 보인다. 1954년과 1955년의 기념사는 북진통일과 평화공존
반대 등 반공주의 내용이 주를 이룬 반면, 1956년 이후에는 반공 관련 내용이
축소되고 자신의 집권기 상황에 대한 서술이 증가했다.

1954년 기념사에서 이승만은 북진통일의 열망을 강하게 표출했다. 이승만은
"이북이 철장막에 쌓여있고 생명의 혈맥이 끊어져가는 중"이기 때문에 8·15를
'진정한 해방일'로 인정할 수 없다고 주장했다(공보실 1956, 45). 북한과의 전쟁을
'십자군 전쟁'에 비유하면서 휴전이 지속된다면 결국 미국을 포함한 모든 자유
국가들이 공산화될 것이라고 주장했다. 따라서 공산군을 우리 강토에서 몰아
내기 위해 유엔에 남한만의 단독 행동을 허락하라고 촉구했다. 곧 이승만은 북
진통일 주장을 단지 한반도의 평화만이 아닌 세계 평화에 연결시켜 정당화하
는데, 이것은 북진통일이 세계 평화에 기여한다는 '세계적' 의미 부여를 통해 국
민들의 지지를 이끌어내려는 목적을 지닌 담론이었다. 따라서 이승만에게 "8월

15일은 우리의 참다운 해방과 우리가 다 원하는 진정 평화를 위해서 공헌하자는 것을 맹서하는 날"이다(공보실 1956, 45).

1955년 기념사에서도 이승만은 철저한 반공 논리에 근거하여 미국 드와이트 아이젠하워 대통령의 평화공존 정책을 비판했다. 이승만은 "지금 세계의 가장 큰 문제는 공산침략을 어떻게 조치할 것인가"로서, 그 해결책으로 "모든 정복된 백성들의 자유를 다시 회복해"야 한다고 주장했다(공보실 1956, 77). 또한 "현상유지하자는 평화는 행할 수도 없고 되지도 않을 것"인데, 그 이유는 "공산자들이 저의부터 이것을 지키지 않을 것"이고 "지금 공산당들이 냉전에서 희망한 이상의 성공을 하고 있"기 때문이라고 주장했다. 따라서 이승만은 1948년 8월 15일 "우리 모든 동족을 다 해방시키지 않고는 잘 살지 않겠다는 주의를 맹서"했기 때문에 평화공존주의를 받아들일 수 없다는 점을 명확히 천명했다(공보실 1956, 82~83).

그런데 1956년 이후 기념사에는 국제 정세를 내세워 북진통일을 정당화하는 논리가 축소되고, 대신 이승만 자신이 거둔 성과를 다룬 내용들이 증가했다. 1957년 기념사에서 이승만은 우리가 북한과 싸운 이유를 "우리 민국의 독립과 자유권을 회복하고, 남북을 통일해서 우리 강토를 찾으며 우리 동포와 같이 살겠다는 것"이라고 주장했다(공보실 1959, 47). 또한 전쟁으로 파괴된 나라를 재건하여 현재 비약적으로 발전하고 있으며, 곧 자급자족 경제를 이룰 수 있다고 공언했다. 그리고 소련의 북한 점령과 일본의 재점령 욕망 등 현재 한반도 주변 상황이 남한에 비우호적이라고 주장하면서 국민들에게 한층 결심과 용맹으로 분투할 것을 요구했다.

1958년 기념사에서도 전쟁에 관한 논의가 대폭 축소되고 지난 10년을 평가하면서 국민들에게 장밋빛 미래를 제시했다. 이승만은 공산 침략자들과의 전쟁에서 "민중이 용감과 담력을 세계에 보여주었다"는 점을 칭찬하고 지난 5년 동안 국방력을 강화하고 공업의 기초를 세웠다고 평가했다. 또한 "통일과 공화적이고 독립적이며 또 평화적으로 흥왕되어 나가는 안전한 민국을 만"드는 것이 "우리 앞에 놓인 광대한 사업"이며 "이 사업을 위하여 다 같이 공헌할 것을 다시 결심해야 될 것"이고, "우리나라는 완전히 통일이 되며 따라서 공화주의와 자유정신과 세계의 정의를 확립하는 성공을 이루게 될 것"이라고 주장했다(공보실 1959, 68).

1959년 기념사에서는 한국의 긴급 과제가 통일이지만, 세계의 대세상 더 기다려야 한다고 평가한 후, 그동안 정권이 이룬 치적을 자랑했다. 이승만은 그동안 군사상 공산군 침략을 염려하지 않을 정도가 되었고, 경제상 장래에 동양에서 남과 경쟁할 만한 모범국이 될 것이며, 국제상 친선이 날로 증강되고 있다고 주장했다. 또한 국민들에게 앞으로 더욱 공헌해서 큰 성공을 이루도록 결심해 나갈 것을 부탁했다.

결국 한국전쟁 직후 기념사는 북진통일을 강조했지만, 1950년대 중반 이승만이 3선에 성공하고 미국의 평화공존 정책에 따라 더는 북진통일이 불가능하게 되자 기념사는 전후 국방력 강화와 공업의 기초 수립 같은 발전을 강조하는 방향으로 변화했다. 이런 변화는 이승만이 비현실적인 북진통일을 포기하고 자신의 치적을 과시함으로써 정권을 안정시키려 한 점을 보여준다.

### (4) 민주당 정부 시기(1960년)

이승만 정부 시기와 달리 1960년 8·15는 민주화를 향한 국민들의 높은 기대 속에서 제2공화국이 출범한 날이었다. 따라서 윤보선 대통령은 해방으로 되찾지만 이승만 정권에 의해 빼앗긴 자유를 4·19 혁명이 다시 되살린 점을 강조했다. 특히 윤보선은 8·15 해방이 우연한 사건이 아니라 애국 동포와 선열들이 벌인 항쟁 운동에 대한 보답이라는 점을 강조했다. 또한 무대책 때문에 6·25 사변을 겪고 독재 정치 때문에 4·19 학생혁명이 일어난 사실을 지적하면서 이승만 정권을 비판했다. 그리고 지금의 현실은 이승만 정권이 저질러놓은 상처와 공산주의자들의 침략 야욕 탓에 불안한 상황이기 때문에 정부와 국민이 신뢰하고 양심과 지혜를 다하여 부강을 이루자고 모든 국민들에게 부탁했다(《동아일보》 1960년 8월 16일).

결국 1960년 8·15 기념사는 애국선열의 독립운동 덕에 8·15가 가능했으며 8·15의 중요한 의미는 4·19와 마찬가지로 자유라고 지적했다. 이런 점은 8·15 에서 해방의 의미를 거의 강조하지 않은 이승만과 대조적이다.

표 1. 이승만 대통령과 민주당 정부 시기

| | 8·15의 의미 | 기념사의 주요 내용 |
|---|---|---|
| 정부 수립 시기 (1948~1949년) | • 대한민국 정부 수립(1948년)<br>• 불완전한 광복이기에 통일 필요(1949년) | • 신 국가의 자강전진을 위한 국민들의 분투 매진, 전쟁 발발 가능성 및 북진통일 주장 |
| 한국전쟁 시기 (1950~1953년) | • 자유사상에 기초한 독립민주국, 통일 정부 수립(1951년) | • 소련의 세계 적화에 맞선 모든 자유국가의 연합 전투 강조, 국민들의 전쟁 참여 독려, 공산주의자에 대한 승리로 통일 정부 수립, 휴전 반대 및 북진통일 정당성 강조, 대통령 직선제 정당화 |
| 한국전쟁 이후 시기 (1954~1959년) | • 북한의 해방, 나아가 세계 평화(1954년)<br>• 독립과 자유권 회복, 남북 통일(1956년)<br>• 통일, 공화, 독립, 평화 흥왕(1957년) | • 북진통일의 필요성 강조, 미국의 평화공존 정책 비판, 전후 자급자족적 경제 건설 등 자신의 성과 강조, 국민들의 공헌 부탁 |
| 민주당 시기 (1960년) | • 자유 회복(1960년) | • 해방은 선열의 항쟁운동에 대한 보답, 이승만 정부 비판, 새 정부에 대한 협력 강조 |

## 2) 박정희 대통령

박정희 대통령 시기는 군정 시기(1961~1963년), 제3공화국 시기(1964~1972년), 제4공화국 시기(1973~1979년), 과도기(1980년)로 구분해 살펴본다.[6]

### (1) 군정 시기(1961~1963년)

군정 시기 8·15 기념사의 특징은 군사 쿠데타의 정당화, '혁명' 과업, 서구 민주주의에 대한 비판을 주로 다룬 데 있다. 첫째, 군정은 불법 쿠데타를 통해 합법적인 정부를 제거하고 정권을 장악했기 때문에 태생적으로 정통성이 없었다. 따라서 군정은 쿠데타를 정당화하기 위해 이전 정부들을 지속적으로 평가 절하했다. 이 점은 1961년 기념사에서도 그대로 드러났다. 박정희는 해방 후 정치가들이 무능하여 북한의 남침, 부정부패와 경제적 쇠잔, 도의적 퇴폐만이 양성되어 마침내 "국가마저 흔들리기 시작"[7]했기 때문에, 이런 국가적 위기를 극복하기 위해서는 군사 쿠데타가 필요했다고 주장했다.[8] 물론 해방 이후 한국 정치사가 이승만의 권위주의적 통치로 얼룩진 것도 사실이지만, 박정희는 군부가 제거한 민주당 정부는 4·19혁명이라는 민주주의에 대한 국민들의 열망으로 탄생했고 점차 안정을 찾아가는 상황이었다는 점을 전적으로 무시했다.

둘째, 박정희는 1961년 기념사에서 '빈곤으로부터의 완전한 해방'과 '북한동포를 해방시킬 수 있는 실력 배양'이라는 두 가지 혁명 과업을 제시하고, 국민들은 "희생적 정신을 발휘하여 근로 역행 사회봉사와 상호협조로서 국가재건

---

6 박정희 체제의 시기 구분에 대해서는 전재호(1998)를 참조하시오.

7 "이식한 의회정치와 부패한 정치인들은 파쟁과 이권과 감투싸움에 영일이 없는 나머지, 사회정의를 한없이 어지럽혀 야박한 사고만이 만(漫)했던 것입니다"(대통령비서실 1973a, 28).

8 "혁명과업의 수행만이 민족적 흥망의 기로에 선 조국을 구출해 낼 수 있는 유일하고도 최종적인 길이었다"(대통령비서실 1973a, 277).

사업에 총력을 집중"해야 한다고 주장했다(대통령비서실 1973a, 29). 1962년 기념사에서는 "애국선열과 지사의 숭고한 정신을 계승해 온 국민은 희생적 정신을 발휘하여 …… 17년 전의 감격의 열매를 거두어야 할 것"이며 "혁명과업의 완수만이 해방되던 날의 환희와 희망을 실현하는 유일한 길"이라고 주장했다(대통령비서실 1973a, 278). 혁명 과업의 완수를 애국선열과 지사의 숭고한 정신, 그리고 해방의 환희와 희망에 연결시킨 것이다. 이것은 애국선열, 해방 등의 중요한 민족적 상징을 통해 자신들의 '혁명 과업'을 정당화하려 한 사실을 보여준다.

셋째, 민정 이양을 앞둔 1963년 기념사에서 박정희는 한국의 풍토와 생리에 맞지 않는데도 불구하고 서구 민주주의 제도를 그대로 이식해서 많은 부작용이 일어났다고 주장했다.[9] 비록 '민주주의'라는 표현을 사용했지만, 실제 박정희가 원한 것은 "정치의 안정과 행정의 능률"이지 민주주의의 실현은 아니었다.[10] 그리고 1963년 가을 대통령 선거에서는 '민족적 민주주의'라는 구호를 내세웠고, 1970년대 초에는 유신 체제를 정당화하기 위해 '한국적 민주주의'라는 구호를 제시했다. 이것은 유신 체제에서 확실하게 드러났지만, 박정희가 이미 군정 시기부터 민주주의를 부정하는 인식을 갖고 있었다는 사실을 보여준다.

마지막으로 군정기에 박정희가 8·15를 어떻게 사고했는지를 살펴보자. 박정희는 8·15 기념사에서 "경제건설은 자립 독립의 요청"(1961년), "혁명과업의 완수만이 해방되는 날의 환희와 희망을 실현하는 유일한 길"(1962년), "경제적 자립을 통한 빈곤으로부터의 해방이야말로 …… 민족자주독립의 완전한 길인 것입니다"(1963년) 등으로 8·15를 규정했다. 곧 경제 건설, 혁명 과업 완수, 경제적 자립을 8·15의 의미에 연결시켰다. 이것 역시 박정희가 8·15라는 민족적 상징을 이용하여 자신들이 추진하는 경제 건설을 정당화한 사실을 보여준다.

### (2) 제3공화국 시기(1964~1972년)

제3공화국 시기 8·15 기념사에서 박정희는 경제발전, 삼선 개헌, 한일 국교 정상화, 국군의 베트남 파병 등 자신의 정치, 경제, 외교 정책과 북한이나 통일 관련 정책을 주로 다루었다. 이 시기는 남북 관계와 국제 정세가 변화한 1968년을 기준으로 다시 두 시기로 나누어 살펴본다.

1964~1967년 기념사에서 박정희는 첫째로 '조국근대화'와 '민족중흥'으로 표현되는 경제발전을 지속적으로 강조했다. 1964년 기념사에서는 오늘날 한국이 직면한 모든 불안과 혼돈이 '가난'에 연유하고 있기 때문에 가난에서 벗어나 민생을 향상시키는 일이 가장 시급한 과제라고 주장했다. 그러면서 "혁명은 불편과 진통을 수반했으되 …… 공업화의 토대는 상당한 진척으로 구축되어 가고 있"기 때문에 "오늘의 시점에서 우리의 모든 힘을 생산과 건설에 집결"시켜야 한다고 주장했다(대통령비서실 1973b, 162). 1966년 기념사에서는 그동안의 경제발전 노력이 결실을 거두고 있고 이것이 우방에 의해 찬양되고 있다고 주장했다. 이런 주장은 자신의 경제발전 정책이 성공한 것을 과시해 국민들의 지지를 지속시키려는 의도를 지녔다.[11]

둘째, 박정희는 '정치 일반'을 부정적으로 묘사했다. "정쟁이나 부질없는 질시·반목으로 빚어지는 무위와 도로의 비생산적 병폐를 기어이 뿌리 뽑아 협조와 융화의 새로운 기운을 바로 세워야"한다(대통령비서실 1973b, 162)거나, "우리 정치인들의 낡은 버릇을 고쳐야" 한다(대통령비서실 1973b, 427)며 기성 정치를 비판했다. 이것은 생산과 건설 부문처럼 효율성을 기준으로 정치를 재단하는 논리로, 국민이 정치를 비효율적이고 불필요한 것으로 인식하게 하는 효과를 낳았다.

---

**9** "미숙한 정치풍토 위에 일방적으로 이식된 한국의 민주주의는 허다히 왜곡 남용되어 고질화된 정치적 침체와 빈곤만을 초래"(대통령비서실 1973a, 483).

**10** "경제의 비약적 발전을 위하여서는 정치의 안정과 행정의 능률이 가장 절실한 것입니다"(대통령비서실 1973a, 484).

**11** "근면, 검소, 저축으로 거짓 없는 참된 민족의 힘을 증산, 수출, 건설에 총집결했던 우리의 노력은 차츰 그 보람찬 결실을 거두어 가고 있읍니다. 우리를 염려하고 걱정해주던 여러 우방국민들은 이제 한국은 불가능을 가능한 것으로 만들었다고 찬양하고 있읍니다"(대통령비서실 1973b, 749).

셋째, 박정희는 한일 국교 정상화와 월남 파병이라는 자신의 정책을 옹호했다. 1965년 기념사에서는 중공의 세력 팽창 등 공산주의의 침략 행위를 분쇄하기 위해 자유 우방의 단합된 힘이 필요하다고 주장했다.[12] 1966년 기념사에서도 베트남 참전은 "국가 이익을 최대한으로 확보하려는 우리들의 결단"이며, 그 결정이 국가에 매우 유익한 결과를 가져왔다고 주장했다.[13]

넷째, 박정희는 '선건설 후통일' 논리를 주장했다.[14] 1966년 기념사에서는 통일을 "제2의 광복"으로 칭하면서 "우리는 먼저 통일의 주체자가 우리 자신임을 자각하여 그 중간목표인 자립경제건설에 박차를 가하고, 민주역량을 배양하며, 국제적인 유대를 강화하여 세계정세를 유리한 방향으로 이끌어 가는 데 총력을 경주해야 한다"고 주장했다(대통령비서실 1973b, 750). 또한 1967년에도 통일은 "적극적으로 우리의 자주적인 경제건설과 민주역량의 배양을 통한 국력증강의 과정에서 추구"해야 하는 것으로, "아직 통일의 적기는 아니"라고 주장했다. 곧 현단계에서 통일보다 경제 건설이 더 시급하고 중요한 과제라는 선건설 후통일론을 지속적으로 주장했다.

다음으로 박정희가 1968년 이후 기념사에서 다룬 내용을 살펴보면, 첫째, 1968년 1월 북한 게릴라가 침투하고 미군 함정 푸에블로호가 피랍되는 등 한반도에서 긴장이 고조되자, 박정희는 경제발전과 함께 국방력 강화를 새로운 국가 목표로 제시했다. 따라서 1968년 기념사에서는 "싸우면서 건설하고, 건설하면서 싸우자"거나 "하루빨리 조국 근대화를 이룩하고 공산주의와 대결하기 위한 '힘'을 축적"하자는 내용이 등장했다(대통령비서실 1973c, 261).

둘째, 1969년 기념사에서 박정희는 "이제 여야의 정치 지도자를 비롯하여 사회 각 방면에 긍한 일체의 지식인들은 물론, 우리 국민 전부가 국가를 위한 공동 책임이라는 일점에 집결하여 …… 역사적 과업 수행에 즐거이 나서지 않으면 안 될 것"이고, "국가의 안보와 국기의 안정"이 "우리들의 지상 과제요, 모든 것 이전에 지상 명령"이라고 주장했다(대통령비서실 1973c, 538~539). 이런 주장은

1969년에 공화당이 추진하던 삼선 개헌에 대해 야당, 지식인, 대학생이 격렬히 반대 운동을 전개하던 상황을 반영한 것이다. 곧 박정희는 삼선 개헌 반대 운동이 '국가 안보'와 '국기 안정'을 흔들고 있다는 식으로 몰아가면서 '역사적 과업 수행'을 위한 '민족 총역량 결집'(1969년)을 강조했다. '민족 총역량 결집'은 박정희의 국가주의적 담론을 잘 표현하는데, 이것은 1970년대 초반 '민족의 단결'(1970년),[15] '민족의 총화'(1971년),[16] '대동단결'(1972년)[17] 등 유사한 개념으로 등장했다. 그리고 그 귀결은 1972년 10월 유신의 선포였다.

셋째, 1970년 기념사에서 박정희는 군사쿠데타 이후 그동안 자신들이 거둔 성과를 강조하고 2000년 한국의 좌표를 제시했다.[18] 박정희는 2000년이 되면 국토 통일이 되고, 한국이 강력한 민족국가, 풍요한 선진 복지국가가 돼 세계사의 주류에 당당히 참여하고 기여할 것이라고 주장했다. 또한 평화통일은 힘의 배양을 전제로 하기 때문에 통일 노력은 1970년대 후반에나 본격화할 수 있을 것이라고 주장했다.

---

**12** "국제적 연관을 벗어난 한국만의 안전이나 번영이 있을 수 없다는 자각 위에서 자유진영 결속에 전진적 참여 자세를 취해야 할 것"(대통령비서실 1973b, 427).

**13** "월남전을 유리하게 전환시키고, 월남국민에게 희망과 용기를 북돋아 준 우리 국군장병들의 상승의 무용과 따듯한 선무활동은 공산침략자들의 공포의 대상이 되고, 온 자유민의 격찬의 대상이 되고 있습니다"(대통령비서실 1973b, 749).

**14** "현재의 국내외 정세와 제반 여건을 감안할 때, 통일조건이 성숙되는 데는 우리의 절실한 염원에도 불구하고, 상당한 시일을 요한다"(대통령비서실 1973b, 750).

**15** "민족의 단결, 힘의 집중, 그것은 정녕 민족중흥의 성패를 좌우하는 열쇠입니다. 우리의 당면 과제인 자립 경제와 자주 국방을 이룩하는 것도 민족의 단결이며, 민족의 염원인 국토 통일을 성취하는 것도 우리의 단결된 힘입니다"(대통령비서실 1973c, 811).

**16** "지금 우리에게는 그 어느 때보다도 민족의 총화와 '자유 민주주의 민족 주체 세력'의 굳은 형성이 요청되고 있습니다. …… 조국의 통일을 가져오기 위해서는, 먼저 자유민주주의 사회에 살고 있는 '우리의 총화'가 그 무엇보다도 중요하게 선행되어야 한다는 것"(대통령비서실 1973d, 36).

**17** "우리에게 가장 절실하게 필요한 것은 파쟁과 낭비와 방종이 아니라, 성실과 능률과 애국심을 바탕으로 하는 국민적 대동단결입니다"(대통령비서실 1973d, 264).

**18** "민족적 자각이 응결하여 잠자고 있던 생명력과 창조력에 점화되고 민족중흥의 전진 대열을 정비한 역사적 전환점을 이룩한 것이 바로 지난 60년대였습니다. 그로부터 8, 9년, 우리들은 조국 근대화 과업을 위해서 온갖 노력을 기울여 왔으며, 많은 성과를 거두었습니다"(대통령비서실 1973c, 808).

그러나 1971년 박정희는 북한에게 평화통일 제의를 수락하고 무력과 폭력 포기를 촉구하는 동시에 적십자사의 인도적 남북 회담을 지원할 것을 천명했다.[19] 1972년에는 "해방의 감격을 통일의 감격으로 승화"시킬 것을 주장하면서 북한이 남북적십자회담과 7·4 남북공동성명을 성실히 이행할 것을 요구했다. 1971년부터 나타난 태도 변화는 세계적인 데탕트 흐름의 영향으로, 1972년 7·4 남북공동성명으로 이어지면서 일시적인 남북 화해를 가져왔으며 국민들의 폭발적인 지지를 받았다. 이것은 삼선 개헌과 1971년 대통령 선거 때문에 하락한 박정희의 지지도를 끌어올리는 계기가 되었다.

마지막으로 제3공화국 시기 박정희가 8·15를 어떤 의미로 사용했는지를 살펴보자. 초기 박정희는 "나라를 도로 찾은 기쁨과 감격은 그 후 '잘 사는 나라', '부강한 나라'로 만드는 길에 직결되지 못했다"(1964년)거나, 해방에 대한 회한이 "아직도 자주, 민주, 자립의 번영된 조국이 아니"(1965년)었다고 지적했다. 이것은 박정희가 군정기와 마찬가지로 해방을 경제발전에 연결시키고 있다는 점을 보여준다. 그러나 1966년부터 박정희는 "제2의 광복이 조국의 통일이며 북한 동포의 해방", "제2의 광복은 남북통일"(1968년), "해방은 민족의 자유를 뜻하는 것"(1969년), "민족의 진정한 광복은 조국 통일이 이룩되는 날 비로소 구현되는 것"(1972년)이라고 주장하면서 광복을 통일에 연결시켰다. 이것은 1965년을 기점으로 8·15 담론의 의미에 경제성장과 함께 통일이 등장한 사실을 보여준다. 곧 진정한 광복이 조국 통일이며 북한 동포의 해방이고 해방은 민족의 자유를 뜻한다는 주장은 박정희가 그동안의 경제 개발 성과를 통해 남한 주도의 통일에 어느 정도의 자신감을 갖게 된 것을 보여준다.

### (3) 제4공화국 시기(1973~1979년)

유신 선포 이후 박정희는 기념사에서 유신 체제의 정당성, 국력 배양, 국론 단결, 북한에 관련된 내용을 주로 다루었다. 첫째, 박정희는 남북 대화와 평화통일을 내세워 유신 체제의 도입을 정당화했다.[20] 박정희는 유신 체제를 "민주주의의 참된 가치를 우리의 문화전통과 현실여건에 가장 알맞게 재정립하고, 비능률과 낭비를 제거하여 민주제도가 더욱 효율적으로 운영될 수 있도록 내부체제를 정비 강화"한 것이라고 주장했다(대통령비서실 1975, 125).

둘째, 박정희는 광복을 통일에 연결시키고, 통일을 국력 배양에 연결시키는 논리를 내세웠다.[21] 또한 새마을운동과 깨끗하고 능률적인 국가 운영이 국력 배양의 활력소이며, 국력 배양을 위해 국민 각자는 "투철한 국가관과 강력한 자주의식을 견지하고, 근면과 인내로써 맡은 바 직분을 충실히 수행해야"한다고 주장했다(대통령비서실 1975, 126).

셋째, 이런 논리의 연장선상에서 박정희는 국민 정신과 사회 기강을 강조했다. 1978년 박정희는 "우리의 당면목표는 국력배양을 가속화하여 하루빨리 부강한 국가를 건설하는 일입니다. …… 그러나 부강한 국가가 되기 위해서는 경제자립과 자주국방도 중요하지만, 더욱 중요한 것은 건전한 국민정신과 사회 기강의 확립"이라고 주장했다(대통령비서실 1979, 336). 다시 말해 국민정신, 사회 기강의 확립, 국론 집약이 국력을 배양하여 부강한 국가를 만들기 때문에 통일의 전제 조건이라는 것이다. 이런 사고에 근거하여 박정희는 유신 체제에 반대하는 사고와 행동이 국력 배양, 곧 평화통일의 길을 방해한다는 논리를 내세웠다. 따라서 국력 배양과 평화통일을 위한 최상의 체제인 유신 체제를 반대하는 행

---

**19** "북괴에 대해 지금이라도 늦지 않았으니 우리의 평화통일 제의를 하루속히 수락하고, 무력과 폭력을 포기할 것을 거듭 촉구하면서, 평화통일만이 우리가 추구하는 통일의 길임을 다시 한번 중외에 천명하는 바입니다"(대통령비서실 1973d, 35).

**20** "남북대화의 적극적인 전개를 뒷받침하기 위해 '10월유신'을 단행하여 '평화통일'을 헌법의 기본 정신으로 정립했습니다"(대통령비서실 1975, 125).

**21** "8·15 광복의 진정한 의의는 통일조국의 건설에 있으며, 그 참뜻을 구현하는 길은 국력배양에 있습니다. …… 우리 모두 통일에 대한 열망을 국력배양의 의지로 승화시켜서 총화된 단결과 불퇴전의 용기로 이 위대한 전진을 계속해 나아갑시다"(대통령비서실 1975, 126).

동을 '반국가적인 행동'으로 낙인찍었다.

넷째, 유신 체제 수립 직후인 1973년 박정희는 민족적 신뢰를 조속히 회복하고 북한과 함께 유엔에 가입하는 것을 반대하지 않는다고 말했지만, 북한을 국가로 인정하지 않는다고 선언하기도 했다. 이것은 박정희가 더는 남북 대화에 연연하지 않았다는 점을 보여준다(심지연 2001, 65). 남북 대화가 중단된 1974년에도 박정희는 북한에 상호불가침협정을 체결하자고 제의하는 한편, "동족의 분열과 무력남침만을 획책"한다고 북한을 비난했다. 1976년에는 체제 경쟁에서 남한이 승리했다고 결론을 내리면서 북한이 "종국에는 국민으로부터 외면당하고 도전받게" 될 뿐 아니라 붕괴할 것이라고 주장했다.[22]

다섯째, 박정희는 1977년에 '1980년대 초 일인당 국민총생산 1500불과 수출 2000불 달성'이라는 목표를 제시하고, '앞으로 4~5년간이 매우 중요하기 때문에 현재의 성과에 만족하지 않고 더 부지런히 국력배양을 가속화'하는 것이 필요하다고 주장했다.

마지막으로 유신 시기 박정희가 8·15를 어떤 의미로 사용했는지를 살펴보자. 유신 시기 내내 박정희는 광복의 참뜻이 민족의 자주와 독립이며, 우리 세대의 시대적 사명은 평화롭고 번영된 통일 조국의 실현이라고 주장했다(대통령비서실 1979, 143). 곧 진정한 광복의 의의가 조국의 평화통일, 더 나아가 민족사적 정통성을 이어 나가면서 부강하고 통일된 자주독립 국가를 건설하여 인류의 발전에 적극 기여하는 것이라고 주장했다.[23]

결국 박정희는 기념사에서 군정기와 제3공화국 초기에는 군사 쿠데타의 정당성과 경제발전의 중요성을, 1960년대 중반에는 경제발전의 성과와 한일 국교 정상화와 국군 베트남 파병의 정당성을, 1960년대 후반에는 삼선 개헌의 정당성에 더해 북한의 도발에 대한 비난과 통일 방안을, 유신 시기에는 유신의 정당성과 국력 배양, 북한 비난 등을 주 내용으로 다루었다. 또한 그 과정에서 8·15의 의미를 1960년대 중반까지는 경제 자립, 부강한 나라와 번영, 1966년부터는 조국의 통일과 북한 동포의 해방, 1970년대에는 평화롭고 번영된 통일 조국의 실현과 자주독립 국가 건설에 동일시했다. 곧 박정희는 기념사에서 유신 체제가 국력 배양을 통한 조국의 평화통일을 지향한다는 점을 강조했다.

### (4) 과도기(1980년)

1980년 8·15 대통령의 기념사는 1979년 12·12 신군부의 군사 쿠데타 때문에 이름만 대통령이던 최규하로 발표되었다. 여기서는 8·15 해방과 건국의 의의를 다루지 않은 대신 당시의 불안한 국내외 정세를 반영해 사회의 안정과 질서 유지, 국민정신 함양만이 다루어졌다. 우선 국제적인 긴장 고조와 북한의 직간접 침략 격화라는 상황에 대처하기 위해 "국가보위를 확고히 하고, 사회의 안정과 질서를 유지하면서 국민생활의 안정과 경제성장의 지속"할 것을 강조했다(대통령비서실 1981, 248). 다음으로 국민들도 당면한 난국을 극복하고 조국의 번영된 미래를 개척하기 위해 건전한 국민정신을 함양할 것을 요구했다. 또한 남북 대화를 위한 그동안의 노력을 설명한 뒤 북한에 동족을 향한 무력 사용을 포기한다고 공식 선언할 것을 제안하면서, 자신은 남북 대화의 재개를 위해 현실적이며 성의 있는 태도를 지속할 것이라고 주장했다. 최규하가 명목상 대통령이었다는 점을 고려하면, 이런 주장은 당시 신군부의 현실 인식을 반영하는 것이라고 볼 수 있다.

---

**22** "과연 어느 체제가 국민이 더 잘 살 수 있고 민족의 전통을 지키며 항구적인 번영을 이룩할 수 있는 우월한 체제인가에 대한 결론은 이미 났다고 나는 봅니다. … 계속해서 남침전쟁노선을 추구한다면, 정치, 경제, 사회 등 모든 면에서 파국을 자초하여 북한공산체제는 멀지 않은 장래에 결국 와해될 것으로 내다보고 있습니다"(대통령비서실 1979, 77).

**23** "8·15광복의 진정한 의의는 조국 통일의 건설에 있으며, 그 참 뜻을 구현하는 길은 국력배양에 있다"(대통령비서실 1976, 126).

표 2. 박정희 대통령 시기

| | | 8·15의 의미 | 기념사의 주요 내용 |
|---|---|---|---|
| 군정기 (1961~1963년) | | • 경제 건설, 혁명 과업 완수<br>• 빈곤으로부터의 해방 | • 해방 후 정치사 부정적 평가, 국가 재건 사업 강조, 한국 토양에 맞는 민주주의 재건 |
| 제3 공화국 시기 | 전기 (1964~ 1967년) | • 잘사는 나라, 부강한 나라<br>• 자주, 민주, 자립의 번영된 조국<br>• 조국 통일, 북한 동포 해방 | • 조국 근대화, 민족 중흥, 경제발전, 정치 일반의 부정적 묘사, 한일 국교 정상화와 월남 파병 옹호, 선건설 후통일론 |
| | 후기 1968~ 1972년) | • 자립 경제 건설, 국력 증강<br>• 남북(국토, 조국) 통일<br>• 민족 자유 회복(북한 동포 해방) | • 국방력 강화, 애국심 강조, 민족 총역량 결집, 민족의 단결, 민족의 총화 강조, 북한에 대한 평화통일 제의 |
| 유신 체제 시기 (1973~1979년) | | • 민족의 자주와 독립, 평화롭고 번영된 통일 조국의 실현 | • 유신 체제 정당화, 통일을 위한 국력 배양 강조, 건전한 국민정신과 사회 기강 강조, 북한 비난, 1980년대 초 국민총생산 1500달러와 수출 2000달러 달성 전망 제시 |
| 과도기(1980년) | | • 의미 언급 없음 | • 사회 안정, 질서 유지, 국민정신 함양 강조 |

### 4) 전두환 대통령

전두환의 집권기는 1983년 말 학원자율화 조치를 기준으로 전기(1981~1983년)와 후기(1984~1987년)로 구분하여 살펴본다.

### (1) 전기(1980~1983년)

전두환은 불법적인 12·12 군사 쿠데타를 통해 권력을 장악했기 때문에 8·15 기념사에서 제5공화국 수립의 정당성을 강조하는 내용을 다루었고, 이것을 보완하는 민족주의 담론으로 독립기념관 건립과 통일을 다루었다. 첫째, 전두환은 기념사에서 신군부의 불법적인 권력 장악을 정당화하기 위해 이전 시기를 부정적으로 묘사했다. 1981년에는 해방 이후 각 분야의 숱한 시행착오가 우리의 전진을 느리게 했고, 국민 화합의 기반 조성을 저해했으며, 국권을 튼튼히 다지는 데 결정적 위해 요소로 작용했다고 평가했다. 또한 이러한 "방황과 혼돈을 떨어버리고 새로운 도약을 이룩하고자 하는 국민적 의지는 우리의 역사에 길이 빛날 제5공화국을 탄생토록 했"다고 주장했다(대통령비서실 1982, 218). 곧 해방 이후 각 분야의 시행착오(또는 방황, 혼돈)를 떨쳐버리려는 국민들의 도약 의지라는 추상적이고 모호한 근거를 통해 제5공화국의 탄생을 정당화했다.

이런 논리는 민주당 정권의 무능을 근거로 5·16 군사 쿠데타를 정당화한 박정희의 논리와 유사하지만, 전두환은 전임자인 박정희 정권을 비판하지는 않았다. 그 이유는 박정희 정권과의 차별성을 내세울 자신들만의 특성이 없었기 때문이었다. 예를 들어 전두환이 1981년 기념사에서 제시한 '국가적 과제'는 박정희 정권이 줄곧 주장하던 목표들과 별로 다르지 않았다.[24] 따라서 전두환은 박정희 정권의 실정을 노골적이고 공공연하게 비판하지 못한 채 모호한 표현을 사용했다.

다만 예외적으로 전두환은 박정희와의 차별성을 보여주는 논리를 제시했다. 바로 '대통령 단임제=평화적 정권 교체=민주주의'라는 논리로서, 자신의 집권을 정당화하는 중요한 근거였다. 전두환은 삼선 개헌과 유신 체제 수립을 통한 박정희의 장기 집권을 공개적으로 비판하지는 않았다. 그러나 "좌절의 최대 원인은 정권의 평화적 교체가 차단된 데 있"다고 말하면서 자신은 "평화적 정권 교체를 헌법상 철저하게 보장"할 것이라고 주장했다(대통령비서실 1982, 220). 곧 자신은 7년 단임제 대통령이 될 것이기 때문에 박정희와 다르고, 자신의 집권도 정당하다는 것이었다.

그러나 '대통령 단임제'가 '평화적 정권 교체'라는 논리, 더 나아가 민주주의

---

**24** "국가를 부강하게 하고 국권을 튼튼하게 다지기 위한 오늘의 국가적 과제는 평화적 조국통일을 완수하고 산업화를 촉진하며 민주화를 실현하는 일입이다"(대통령비서실 1982, 218).

라는 논리는 전혀 성립하지 않는다. 제5공화국 헌법에 규정된 대통령 단임제는 여당과 야당의 평화적 정권 교체를 의미하지도, 그것을 보장하지도 못한다. 뿐만 아니라 대통령이 바뀌더라도 그것이 민주주의를 의미하는 것도 아니다.

'평화적 정권 교체=민주주의' 논리로 자신의 집권을 정당화하려 한 전두환 정권은 8·15와 통일 역시 민주주의에 연결시켰다. 전두환은 광복절을 '세습왕조통치로부터의 해방'(1982년),[25] 또는 '국권회복과 민주출항의 신기원'(1983년) 등으로 평가하고, 통일은 북한 주민에게 민주주의를 경험하도록 만들기 위해 필요한 것이라고 주장했다.[26]

그러나 이렇게 전두환은 한편으로 민주주의를 강조한 반면, 다른 한편으로는 '국내적인 단합'과 '국민 화합'을 강조했다. 전두환은 조선이 일본 식민지가 된 것은 국력이 약하고 국내적인 단합을 기하지 못한 때문이라는 논리를 내세워 국력 신장과 평화통일을 위해 국민 화합을 굳게 다져야 한다고 주장했다. 물론 민주주의와 국민 화합을 동시에 주장할 수 있다. 하지만 집권 기간 내내 언론, 집회, 결사의 자유 등 민주주의의 가장 기본적인 전제를 억압하고 민주화 요구를 무시한 사실을 고려할 때, 전두환이 원한 것은 저항하지 않는, 곧 '순종하는 국민들의 화합'이었다.

둘째, 전두환은 그동안 8·15 기념사에 거의 등장하지 않던 반일反日 내용을 다루었다. 1983년 기념사에서 독립기념관 건립 운동 1년은 "민족화합의 일대승리이자 민족자존의 위대한 궐기였을 뿐 아니라, 바로 제2의 광복운동"이라고 평가했다. 또한 "이 역사적인 기공식을 민족저력의 도약대로 하여 굳건한 민족사관과 국민화합을 지켜 국력신장과 조국통일의 새로운 광복을 이룩하는 노력을 가일층 강화해 나가야" 한다고 주장했다(대통령비서실 1984, 106).

그런데 독립기념관 건립은 전두환이 전혀 계획하지 않던 정책으로, 1982년 국민들의 반일 감정에서 유래한 것이었다. 국내에서는 1982년 6월경부터 일본의 역사 교과서에서 조선 관련 내용이 왜곡되어 있다는 사실이 알려지면서 반일 감정이 고조되었다. 일본에서 수십억 달러의 경제협력 자금을 빌릴 예정이던 전두환 정권은 이 문제에 미온적으로 대응했다. 그러나 비판 여론이 높아지자 대일 외교 교섭을 중단하는 한편, 국내 여론을 무마시키기 위해 '극일克日'을 내걸고 독립기념관 건립을 위한 범국민 모금 운동을 시작했다(일본교과서바로잡기운동본부 2002, 118~119). 그 결과 1983년 8·15 독립기념관 건립이 시작되었다. 이것은 전두환이 국민들의 반일 감정을 이용하여 독립기념관을 건립함으로써 자신들의 정통성을 강화하려 한 사실을 보여준다.

셋째, 전두환은 이전 대통령들과 마찬가지로 기념사에서 통일을 강조하고 북한에 대해서는 비난과 동시에 대화를 제의했다. 1981년에는 자신이 평화통일을 위해 '1·22'와 '6·5' 제의를 했지만 북한이 "번번히 이를 거부함으로써 반평화, 반통일, 반민족의 자세를 버리지 않고" 있다고 비난하면서도 "북한을 대화의 탁자로 끌어내기 위하여 모든 성의와 역량을 아끼지 않을 것"이라고 주장했다(대통령비서실 1982, 219). 그 후에도 전두환은 북한을 비난하면서도 '남북한 최고책임자 회담'(1982년)과 '남북 이산가족' 문제의 해결(1983년)을 촉구했다. 그러나 1980년대 초는 전세계적으로 냉전이 강화되던 시기였기 때문에 이런 제안에 북한이 호응하리라고 기대하기는 힘들었다. 그럼에도 불구하고 전두환이 지속적으로 이런 제안을 한 이유는 국민들의 통일 열망을 이용하여 취약한 정통성을 보완하려는 의도 때문이었다.

마지막으로 전두환이 전기에 8·15를 어떤 의미로 인식했는지를 살펴보자. 전두환은 기념사에서 식민지 해방과 역사상 최초로 민주주의 정부를 수립한 사

---

**25** "8·15는 우리가 한국인으로서의 명맥을 다시 되살린 날이면서 동시에 국민이 나라의 주인이 되는 민주주의인으로 새롭게 태어난 날이라고 하겠습니다"(대통령비서실 1983, 126).

**26** "국토의 반 저쪽에 있는 우리의 형제들은 민주주의의 진정한 즐거움이 무엇인지를 경험하지 못한 채 오늘에 이르고 있습니다. …… 극복의 길은 …… 조국의 민주적 통일을 실현하는 것입니다"(대통령비서실 1983, 127).

실을 강조했다.[27] 전두환은 8·15의 역사적 의미를 '이민족의 압제로부터의 해방'
과 '세습왕조정치로부터의 해방'이라고 지적했고, 광복에 대해서는 아직 미완
성이기 때문에 통일을 이루어야 한다고 주장했다.[28] 따라서 "광복의 참다운 의
미는 조국통일을 성취하고 번영의 선진국을 건설하는 위대한 새 역사 개척의
소명에 있다"고 주장했다(대통령비서실 1984, 105). 곧 전두환 역시 박정희와 마찬가
지로 8·15의 역사적 의미를 해방으로, 광복의 참다운 의미를 통일조국 성취와
선진국 건설로 인식하고 있다.


### (2) 후기(1984~1987년)

집권 후 초반기를 '무사히' 넘긴 전두환은 1983년 12월 '학원자율화 조치' 등 정
치적 자유화를 시작했다. 1984년부터 8·15 기념사에서는 자신의 '치적'(?), 평화
통일, 북한, 국내 정치에 관련된 내용을 주로 다루었다.

　첫째, 전두환은 1984년 기념사에서 자신의 치적을 자랑하며 자신감을 표명
했다. 전두환은 "민족적 정통성을 계승하고 국민적 의지를 결집하여 불과 4년
도 못되는 짧은 기간에 새 역사 도약의 튼튼한 토대를 쌓아 올"렸다고 주장하
면서, "인류 최대의 제전인 88올림픽 대회를 주최"한 사실과 자신이 "일본을 우
리 겨레를 대표하여 최초로 공식 방문"하게 되었다는 사실을 강조했다(대통령비
서실 1985, 139~140).[29] 1985년과 1986년에도 전두환은 "인류 최대의 제전인 88올
림픽을 개최하게 됨으로써 세계의 진운에 공헌하는 위치에 서게 되었다"(대통령
비서실 1986, 139)거나 "대한민국은 …… 올림픽이라는 인류 최대의 제전을 개최하
는 세계사의 중심국가로 부상 …… 우리는 이제 민족의 번영을 달성하는 주체
일 뿐만 아니라, 세계평화와 인류발전에 기여하는 주역"이라고 주장하면서 올
림픽 유치 성공을 자신의 치적으로 계속 강조했다(대통령비서실 1987, 174).

　둘째, 전두환은 기념사에서 평화통일 문제를 언급하면서 이전 시기와 마찬
가지로 북한을 비난하면서도 동시에 대화를 제의했다. 흥미로운 점은 북한이

자주 사용하는 '주체의식'과 '자주'라는 개념을 사용하여 북한을 비난한 것이다.[30] 전두환은 자신의 남북 대화 노력이 "민족의 문제를 민족 자주적으로 해결하기 위한 것"이었는데 외면했다며 북한을 비난하고, 올림픽 단일팀 구성을 위한 체육 회담을 거부한 것에 대해서는 1984년 로스앤젤레스 올림픽에 다른 사회주의 국가들과 함께 불참한 사실을 연계시켜 "타민족의 올림픽 불참 의사를 추종하여 유산시키는 외세의존적 자세"라고 비판했다(대통령비서실 1985, 141).

반면 1985년에는 이산가족 문제와 경제 분야에서 남북 대화가 진행되던 사정을 반영하여 비판의 강도를 약화시키고 남북의 정상적 관계를 여는 데 필요한 제반 사항을 토의를 통해 해결하자고 제의했다. 특히 남북 상호불가침조약 체결을 강조하면서 남북의 불필요한 외교적 경쟁과 대결을 지양하고 국제 무대에서 상호 협력할 것을 제안했다.

셋째, 전두환은 민주화운동이 치열하게 전개되자 1980년대 중반부터 기념사에서 민주화운동 세력을 비판했다. 자신들이 "진정한 민주주의 토착화의 확고한 의지가 있는 국정주도세대"라면서 전두환은 "지금은 민주에 대한 부질없는 논란을 할 때가 아니라 그 실천에 정진할 때"라고 주장했다. 또한 "불안과 혼란

---

27 "오늘은 겨레가 이민족 통치의 예속에서 해방된 뜻깊은 기념일입니다. 따라서 오늘은 겨레의 긍지를 회복하고 자주독립을 다짐한 영광의 날로 길이 빛나야 할 것입니다"(대통령비서실 1982, 216). "오늘은 우리 역사상 처음으로 국민이 국정의 주인이 되는 민주주의 정부를 출범시킨 지 서른 네 돌이 되는 날"(대통령비서실 1983, 123).

28 "8·15는 우리가 한국인으로서의 명맥을 다시 되살린 날이면서 동시에 국민이 나라의 주인이 되는 민주주의 인으로서는 새롭게 태어난 날." 위의 책, 126쪽. "조국통일은 8·15의 반토막 광복을 진정한 광복으로 완성하는 겨레의 숙원입니다"(대통령비서실 1982, 21).

29 그러나 반일감정이 고조된 상황에 일본을 방문을 하는 것을 정당화하기 위해 '민족자활의지의 실천'이라는 '궁색한' 표현을 사용한다. "과거 우리 민족에게 고통을 안겨준 가해자였던 일본을 우리 겨레를 대표하여 최초로 공식 방문하게 된 것도 우리의 평화와 번영의 터전을 자주적인 노력과 주체적인 역량을 개척해 나가는 민족자활의지의 실천에 그 참뜻이 있는 것입니다"(대통령비서실 1984, 141).

30 '광복의 참뜻은 자주와 독립이며 그것을 확보하는 길을 드높은 민족자존과 튼튼한 주체의식을 행동지표로 삼아 실천하는데 있습니다. 자주와 주체의식의 행동지표는 무엇보다도 남북한이 동족으로서 평화와 통일을 이룩해 나가는데 있어 실천되어야 할 제1의 가치인 것입니다'(대통령비서실 1985, 141).

의 악순환은 이러한 우리의 노력에 후퇴를 가져올 뿐 아니라, 자유민주주의의 터전 자체를 파괴할 수 있다"고 경고했다(대통령비서실 1986, 141~142).

한편 1987년 민주화 전환 이후 발표된 8·15 기념사에서는 민주화를 주요한 내용으로 다루었다. 전두환은 "자유민주주의의 새로운 발전을 이룩하기 위해서 우리는 화합의 정신으로 갈등을 해소하고 성숙한 분별력으로 민주와 개방의 원리를 실천해 나가야 할 것"이며, "국민 모두가 침착한 자세로 안정과 화합의 바탕을 굳게 다지면서 욕구와 주장을 합리적으로 조정해 나가야만 우리의 국운은 계속해서 뻗어갈 수 있는 것"이라고 주장했다.

마지막으로 후기 전두환의 8·15에 대한 인식을 살펴보면, 전기와 다르지 않다. 전두환은 1984년 기념사에서 광복의 참뜻이 자주와 독립이며, 자주와 독립을 확보하는 길은 드높은 민족자존과 튼튼한 주체 의식을 행동 지표로 삼아 실천하는 것, 곧 분단을 극복하고 통일을 이룩하는 것이라고 주장했다(대통령비서실 1985, 141). 1985년에는 광복의 소명을 자주와 독립, 통일과 번영으로, 1986년에는 진정한 광복, 나아가 민족과 개인의 참다운 해방에 도달하는 길은 자주와 독립의 민족국가, 자유와 평등이 보장되는 민주국가, 그리고 모든 구성원이 인간답게 살 수 있는 복지국가의 실현이라고 규정했다. 곧 8·15의 역사적 의미를 통해 통일된 자주와 독립의 민족국가, 자유와 평등의 민주국가, 복지국가의 실현이라는 과제를 제시했다.

결국 전두환은 8·15 기념사에서 군사 쿠데타를 통한 자신의 불법적 집권을 정당화하는 내용, 국민들에게 제5공화국의 차별성을 강조하는 내용, 독립기념관 건립, 일본 방문, 올림픽 유치 등 주요한 사건을 통해 자신의 통치를 정당화하는 내용, 통일 노력을 과시하기 위해 북한에 한 제안, 자신의 퇴진을 요구하는 민주화운동 세력에 대한 비난 등을 다루었다.

표 3. 전두환 대통령 시기

| | 8·15의 의미 | 기념사의 주요 내용 |
|---|---|---|
| 전기<br>(1981~1983년) | • 식민지 해방과 민주주의 정부 수립, 이 민족의 압제와 세습 왕조 통치로부터 의 해방(1981, 1982년)<br>• 조국 통일 성취와 번영의 선진국 건설 (1983년) | • 7년 단임제=평화적 정권 교체=민주주 의 논리 강조, 국내적인 단합/국민 화 합 강조<br>• 독립기념관 건립 운동의 의의, 통일과 대북 제의, 비난 |
| 후기<br>(1984~1987년) | • 자주와 독립, 통일(1984년)<br>• 자주와 독립, 통일과 번영(1985년)<br>• 자주와 독립의 민족국가, 자유와 평등 의 민주국가, 복지국가의 실현(1986년) | • 88 올림픽 개최, 일본 공식 방문 등 자 신의 치적(?) 강조, 평화통일을 위한 남북 회담과 이산가족 회담 제의, 민주 화운동 세력 비판, 국민 화합과 민주화 |

## 5) 노태우 대통령

노태우는 민주 선거로 선출되었지만 12·12 군사 쿠데타의 주역이라는 결정적 약점을 갖고 있었다. 그러나 여소야대 정국에서 진행된 5공 청산 과정에서 전두 환 정권과의 차별성을 부각시킬 수 있었다. 따라서 8·15 기념사에는 전 정권과 의 차별성을 담은 내용보다는 주로 통일과 북한, 민족적 자신감과 긍지, 민주 주의와 민주화 세력 비판 등 현안에 관련된 내용을 다루었다.

첫째, 노태우는 기념사에서 사회주의권의 개혁과 개방, 체제 전환이라는 시대 적 변화에 따라 임기 동안 북방 정책을 비롯하여 북한에 대한 다양한 대화와 평 화통일 방안을 제의했다. '7·7 선언'(민족자존과 통일 번영을 위한 특별 선언)을 발표한 1987년에는 김일성 주석에게 '남북한 낭국 최고책임자 내화'를 제의했 고, 1989년에는 '남조선 적화통일' 노선의 포기, 일체의 대남 도발 테러 행위와 남한에 대한 전복 기도 중단, 북한 동포의 자유와 인권 보장을 요구했다.

동구 사회주의 국가들이 붕괴되고 한소 정상회담이 진전된 1990년에는 9월 로 예정된 '남북고위급회담'에 대한 기대, 남북정상회담의 조속한 실현, 남북 간 무력 사용 포기 선언, 불가침협정 체결을 제의했고, 1991년에도 남북 관계의 정상화와 진전을 요구하고 남북고위급회담에 대한 기대를 표명했으며, 북한 특정 지역에 합작 공장 건설, 관광 자원과 지하자원 공동 개발, 남북의 제3국 공동 진출 등을 제의했다. 1992년에는 2월 남북한 기본합의서와 비핵화 선언이 발효됨으로써 남북 관계가 대결과 불신에서 '화해와 협력'의 새 길로 들어섰다고 평가한 뒤, 남북 정보 개방과 왕래 촉진, 핵개발 의혹 해소, 이산가족 고향 방문 사업 정례화와 특정 지역 개방, 경제협력의 본격적 추진을 주장했다.

노태우가 기념사에서 대북 관계와 통일 문제에 가장 많은 비중을 둔 것은 1980년대 중반 이후 소련과 동구 사회주의 국가의 개혁과 개방이라는 국제적 요인과 1987년 민주화 이후 통일운동의 활성화라는 국내적 요인에 기인한 것이다. 노태우는 태생적인 정통성 시비와 함께 실정失政 때문에 지지 기반이 약화되자 국제적인 변화의 흐름을 이용하여 공세적인 통일 정책을 전개함으로써 돌파구를 찾으려 했다. 북한 역시 국제적인 고립에서 기인한 위기에서 탈출할 필요성 때문에 이러한 노태우의 제안에 호응했다. 그 결과 1991년 남북한이 유엔에 동시 가입하고 1992년 '남북 사이의 화해와 불가침 및 교류·협력에 관한 합의서'와 '한반도의 비핵화에 관한 공동선언'이 채택되면서 노태우의 대북 정책은 어느 정도 성과를 거두게 된다.

둘째, 노태우는 기념사에서 '민주주의 새 시대'나 올림픽 등을 소재로 민족의 발전에 대한 긍정적인 상을 제시했다. 1988년에는 올림픽이 우리 겨레에게 무한한 자신과 긍지를 심어줄 것이며 선진국으로 뛰어오를 도약대가 될 것이라고 주장하면서 "유구한 역사를 통해 우리가 이렇게 세계 앞에 당당히 우뚝 선 적은 없었"다고 주장했다(대통령비서실 1989, 188). 1989년에는 올림픽이 동서남북의 세계가 한마당에 모인 인류 화합의 대축제였다고 평가하면서, "우리가 땀흘려 이룩한 이 성취는 세계 모든 개발도상국에게 희망과 용기를 주는 발전의 본보기"가 되었다고 주장했다(대통령비서실 1990, 212).

1990년에는 20세기 후반을 '위대한 성취의 시대'로 만들었기 때문에 "이 세계 누구도 이제 우리를 힘없는 민족으로 넘보지 못"하고 "한국은 세계무대에서 새롭게 떠오르는 한 중심국가가 되고 있"다고 주장했다(대통령비서실 1991, 428). 1991년에는 지난 4년간 민주주의의 새로운 시대를 열었기 때문에 이제 국민적 합의 위에 안정의 기반이 굳건해졌고, 지금 국민들의 생동감과 자신감이 충만하며 약소민족으로서 세계의 중심에 우뚝 섰다고 주장했다(대통령비서실 1992, 429). 1992년에도 해방 이후의 역사를 "민주·번영이 넘치는 한민족의 통일조국을 실현해 나가는 위대한 역사"였다고 서술했다(대통령비서실 1993, 367). 또한 국민들에게 비관주의와 냉소주의를 경계하고 긍지와 자신감으로 민족의 위대한 시대를 열 것이라는 낙관적인 전망을 제시했다.[32] 이것은 해방 후의 역사를 매우 부정적으로 서술한 이전 대통령들의 기념사에 매우 대조되는 모습이다. 물론 박정희와 전두환도 자신들의 치적을 자랑했지만, 노태우는 6·29 선언을 발표한 후 민주선거에 따라 당선된데다가 동구권 국가 관계와 남북 관계가 개선되었기 때문에 민족의 긍지를 자극할 수 있는 소재가 풍부한 데 기인한 결과라고 볼 수 있다.

셋째, 노태우는 기념사에서 자신의 '6·29선언'으로 한국에서 민주주의 시대가 열렸다고 주장하면서 대항 세력의 활동을 민주주의를 위협하는 것으로 규정했다.[33] 1988년에는 민주주의의 진전을 방해하는 두 가지 도전을 제시했는데, "하나는 폭력혁명으로 우리의 자유민주주의체제를 전복하여 계급독재체제를 세우겠다는 세력이며, 또 다른 하나는 욕구와 갈등의 무분별한 분출로, 애

---

**31** "우리는 독재와 정통성 시비로 얼룩진 파란 많은 지난 시대를 청산하고 진정한 민주주의의 밝은 시대를 다함께 열어가고 있습니다"(대통령비서실 1989, 187).

**32** "겨레의 수난으로 시작한 20세기를 성취와 보람으로 매듭지어 한민족의 위대한 시대를 열 것입니다"(대통령비서실 1993, 370-371).

**33** "'6·29 선언'으로 오랜 권위주의 통치를 청산하고 자유의 활력에 넘치는 민주주의 시대를 열었습니다"(대통령비서실 1993, 367).

써 이룩한 민주주의의 틀을 위협하고 있는 사회 일각의 현상'이다. 전자는 학생운동을 비롯한 통일운동 세력을 지칭하고, 후자는 노동운동을 비롯하여 그동안 억눌려 있던 사회 각 계층의 민주화 투쟁을 지칭한다. 노태우는 이런 세력들이 올림픽을 방해할 것을 걱정하면서 단호한 조치를 취하겠다고 주장했다.

1991년에도 노태우는 상해 대한민국 임시정부가 민주공화국을 선포한 것을 근거로 대항 세력의 주장을 비판했다.[34] 그 과정에서 자신의 정부가 '진정한 민주주의 시대', 곧 1987년 민주화 이후에 등장했기 때문에 정통성이 있다는 논리를 내세운다.[35] 반공 이데올로기를 동원하여 대항 세력을 비판함으로써 3당 합당과 공안 통치에 대한 비판을 약화시키려는 의도를 지닌 것이었다. 마지막으로 8·15에 대한 노태우의 인식을 살펴보면, 1988년에는 8·15를 일제 식민 통치의 굴레를 벗어난 해방의 날이자 이 땅에 처음으로 민주 공화국을 세운 날이라는 사실을 강조하고, 미완의 광복을 완성하기 위한 당면 과제는 번영된 통일 조국을 이룩하는 것이라고 주장했다.[36] 이후에도 "겨레 모두의 존엄이 보장되는 자유로운 나라, 민족의 자주와 자존이 온 세계에 빛나는 번영하는 나라, 그리고 민족사의 소망을 실현해 줄 통일된 나라"(대통령비서실 1989, 216), "자유·평등·평화·행복이 넘치는 나라"(대통령비서실 1990, 432), "7000만 우리 겨레가 한 울타리 속에서 자유와 행복을 누리는 날"(대통령비서실 1991, 434), '선진·통일' 등 긍정적 가치가 실현된 나라를 통해 광복을 규정했다. 이러한 노태우의 인식은 통일을 광복의 완성으로 인식한다는 점에서 이전 대통령들과 차이를 보이지 않지만, 통일이라는 현실적 목표와 함께 '자유·평등·평화·행복' 등 인간 사회가 추구하는 바람직한 가치를 광복에 연결시켰다는 점에서 차별성을 보인다.

결국 노태우는 기념사에서 통일과 대북 문제, 한국의 발전상을 가장 많이 다룬 데 견줘, 다른 대통령과 달리 국내 정치적 쟁점은 거의 다루지 않았다. 이것은 노태우가 기념사에서 북방 정책과 남북 관계 개선, 3저 호황에 따른 경제적 번영 같은 긍정적 측면만을 다루었음을 보여준다.

## 6) 김영삼 대통령

김영삼은 8·15 기념사에서 주로 문민정부의 의미, 한국의 높아진 국제적 위상, 자신이 강력히 추진하는 정책들을 다루었고, 다른 대통령들과 마찬가지로 북한 문제와 통일 문제 역시 상당한 비중으로 다루었다. 첫째, 김영삼은 1993년 기념사에서 자신이 4·19 이후 최초의 '문민' 대통령이라는 점을 강조하면서 자신의 정부가 임시정부의 정통성과 민주화운동의 정신을 계승했다고 주장했다.[37] 또한 1994년에는 상해 임정 청사를 복원하고 애국선열의 유해를 고국 땅에 모신 사실을, 1995년에는 옛 총독부 건물과 총독 관사를 철거하고 1400여 분의 애국선열을 새로 독립 유공자로 모심으로써 식민 잔재를 깨끗이 하고 민족정기를 회복하려 한 점을 강조했다(대통령비서실 1996, 366). 1995년에도 일본에 "과거 침략행위와 식민지 지배에 대한 진정한 반성"을 촉구하는 등 반일 민족주의 공세를 취했다. 이것은 시마무라 요시노부 신임 일본 문부성 장관의 망언 등에서 비롯된 국민들의 반일 감정을 반영한 조치였다.

김영삼이 이렇게 문민정부와 임시정부 또는 독립운동을 연결시키면서 반일 담론을 동원하여 이전 정권들과 자신의 차별성을 드러냈다. 또한 이전 정권들이 경제발전에서 정통성을 찾던 것과 달리, 김영삼은 민주화운동에서 자신의 정통성을 찾았다. 김영삼이 굳이 이전 정권들, 곧 군부 권위주의 정권들과 차별

---

**34** "우리 사회 일각에 우리 역사를 비뚤게 보고 왜곡하는 시각이 자리잡아 왔습니다. 시대착오적인 계급혁명론에 바탕하여 나라의 정체성 자체까지도 부정하는 주장이 일부 젊은 세대를 현혹하고 있습니다"(대통령비서실 1992, 433).

**35** "민주공화국을 선포한 상해 대한민국임시정부를 계승한 이 나라의 정통성은 이제 세계와 역사 속에 더욱 확고하게 정립되었습니다. 진정한 민주주의의 시대와 함께 정부의 정통성도 바로 섰습니다"(대통령비서실 1992, 434).

**36** "번영된 통일조국을 이룩하는 것만이 우리 민족사의 진정한 정통성을 되찾아 미완의 광복을 오늘에 완성하는 길입니다"(대통령비서실 1989, 192).

**37** "새 문민정부는 이같은 임시정부의 빛나는 정통성을 이어받고 있습니다. …… 민족의 역사는 바로 서야 합니다. 민족의 자존심은 회복되어야 합니다. …… 겨레의 빛나는 독립운동과 우리 국민의 자랑스런 민주화운동 정신을 이어받고 있습니다"(대통령비서실 1994, 369).

성을 드러내려 한 이유는 자신이 군부 권위주의 세력의 후예인 민자당의 후보로 대통령에 당선한 때문으로 보인다. 김영삼은 임시정부와 민주화운동을 강조함으로써 군부 권위주의 세력과의 차별성을 드러내려 했다.

둘째, 김영삼은 기념사에서 지속적으로 한국의 높아진 국제적 위상을 강조함으로써 국민들에게 자부심을 불어넣으려 했다.[38] 1993년에는 "오직 우리만이 올림픽에 이어 엑스포를 주최하는 나라"이며 "금세기 안에 선진국에 진입하고 통일을 이룰 것"(대통령비서실 1994, 371)이라고 주장했다. 1994년에도 우리 민족이 광복, 민주주의, 한강의 기적을 이루어내었기 때문에 "민주와 번영이 넘쳐흐르는 통일조국, 신한국을 기필코 창조"할 것이며, "새로운 세계 문명의 중심에 우뚝서게 될 것"이라고 주장했다(대통령비서실 1995, 331).

1995년에는 '세계 11위의 경제대국'이자 '세계의 당당한 중심국가'가 되었음을 강조하면서 "세계의 중심에 우뚝서는 일류국가로 만드는 것이 민족사적 소명"이라고 주장했다(대통령비서실 1996, 365). 1996년에도 "이제 세계 11위의 경제력과 국민소득 1만 달러의 나라"가 되었으며, "열흘 전, 애틀랜타 올림픽에서도 우리는 민족의 저력을 다시 한번 확인"했고, "우리나라의 위상이 이렇게 높아진 것은 역사상 유례가 없는 일"이라면서, "세계의 중심에 우뚝 선 일류국가, 한민족의 위대한 시대를 우리 손으로 창조하자"고 제안했다(대통령비서실 1997, 380~381). 집권 마지막 해인 1997년에는 "오늘 우리는 다가오는 세기에 반드시 위대한 한민족의 시대를 열 수 있다는 희망과 자신에 차 있다"고 평가하고, "희망의 새 세기에는 통일된 조국, '위대한 한민족 시대'가 우리 앞에 펼쳐지게 될 것"이라는 희망을 피력했다(대통령비서실 1998, 245~248).

셋째, 김영삼은 다른 어떤 주제보다도 통일과 북한 문제를 자주 다루었다. 김영삼은 선열들이 세우려 한 '민주 공화국'이 분단된 조국이 아니었다고 주장하면서 통일 조국의 당위성을 강조했다. 주목할 점은 김영삼이 1994년 통일 한국의 이념 체제를 자유민주주의라고 천명하면서 흡수 통일의 가능성을 표명했다는 점이다.[39] 곧 세계적인 체제 대결에서 사회주의가 실패했기 때문에 자유민주주의로 통일하는 것이 당연하며, 흡수 통일을 원하지 않지만 통일이 예기치 않은 순간에 갑자기 닥쳐올 수 있기 때문에 대비해야 한다고 주장했다.[40]

북한에 대해서는 비난과 동시에 대화를 모색했다. 1993년에는 북한의 핵무기 개발 의혹 해소, 남북 기본합의서의 실천, 상호 방문과 서신 교환, 판문점 이산가족 면회소 설치, 경제협력 등을 주장했다. 1994년에는 북한의 연방제 통일 방안에 대한 부정적 입장을 재확인하는 한편, 경수로 지원 방침과 경제협력 가능성을 제시하고, 대남 적화 전략 포기, 인권 개선, 이산가족 문제 해결, 남북 기본합의서와 한반도 비핵화 공동선언의 즉각 이행, 남북한 상호 비방 중지, 군사적 대결 종식을 위한 군사적 신뢰 구축 등을 요구했다. 1995년에는 "한반도 평화체제 구축 문제는 반드시 남북 당사자 간에 협의, 해결되어야 한다"는 기본 원칙을 재천명하고 남북기본합의서와 한반도 비핵화 공동선언 존중, 평화체제 구축을 위한 관련국들의 협조 촉구 등을 주장했다(대통령비서실 1996, 366).

1996년 김영삼은 기념사의 절반 이상을 남북 관계에 할애하면서 남북 관계의 돌파구를 마련하려 했다. "지난 해 1900억 원에 달하는 엄청난 규모의 쌀을 아무 조건 없이 북한에 지원"한 것이 "민족사의 긴 안목으로 보면 획기적인 의의"를 갖는 일이 될 것이라 주장하면서 북한에 '한반도 평화와 남북간 협력을 위한 우리의 입장'을 제시했다(대통령비서실 1997, 384). 김영삼은 북한의 불안이나 고립도, 일방적인 통일도 원하지 않는다는 점을 분명히 함으로써 흡수 통일에

---

**38** "이제 한반도는 세계의 변방이 아닙니다. 세계의 중심은 아시아·태평양 지역으로 옮겨지고 있습니다. …… 우리 민족이 새로운 세계문명 창조에 적극 기여할 때입니다"(대통령비서실 1994, 371).

**39** "통일은 계급이나 집단 중심의 이념보다도 인간 중심의 자유민주주의가 바탕이 되어야 합니다"(대통령비서실 1995, 327).

**40** "우리는 점진적이고 단계적인 통일을 희망하고 있습니다. 그러나 통일은 예기치 않은 순간에 갑자기 닥쳐올 수도 있습니다. 우리는 모든 가능성을 점검하고 충분히 준비해야 합니다"(대통령비서실 1995, 330).

대한 북한의 의심을 해소하려 했다. 또한 북한 경제난 해소를 위해 남한이 취할 수 있는 조처를 구체적으로 열거하면서 북한의 4자 회담 참여를 독려했다. 마지막 해인 1997년에는 기념사에서 획기적인 대북 제의는 없었고, 지난 4년간의 남북 관계를 정리한 뒤 평화 정착과 북한 식량난 해결을 위한 기존 원칙만을 다시 강조했다. 여기서 제시된 '한반도 평화 정착을 위한 4대 원칙'은 북한의 무력 포기, 남북 상호 존중, 신뢰 구축, 상호 협력이었다. 또한 대북 경수로 지원 사업 추진, 4자 예비회담 개최 등을 예로 들면서, "지난 4~5년간 때론 좌절도 없지 않았지만 민족사의 긴 안목에서 볼 때 남북관계는 분명 진전을 이루어가고 있다"고 재임 중 대북 정책에 스스로 후한 평가를 내렸다(대통령비서실 1998, 246).

넷째, 김영삼은 기념사에서 자신이 강력히 추진하는 정책의 의미와 정당성을 다루었다. 1993년에는 '신한국'을 지향하는 '제2의 광복운동'을 추진하고 있다면서 그 사례로 금융실명제와 공직자 재산 공개의 중요성을 강조했다.[41] 여기서 흥미로운 점은 김영삼이 자신의 정책을 정당화하기 위해 '제2의 광복운동', '민족사의 복원', '애국심' 등 민족주의 담론을 동원한 점이다. 이것은 자신이 추진한 정책들의 정당성을 높이기 위해 국민들의 지지가 높은 반일 담론을 이용하려 한 사실을 보여준다.

마지막으로 8·15에 대한 김영삼의 인식을 살펴보자. 김영삼은 1993년 기념사에서 자신이 추진하는 정책들이 '제2의 광복운동'이며, 통일이 광복운동의 대단원이라고 주장했다. 또한 문민정부가 정통성을 이어받은 임시정부가 자유, 평등, 인권이 보장되는 민주 공화국을 건설한 점을 강조하면서 민족의 역사를 바로 세우고 자존심을 회복시켜야 한다고 주장했다. 이후에도 '제2의 광복' 또는 참다운 '광복의 완성'을 "민주와 번영이 넘쳐흐르는 통일조국, 신한국"(대통령비서실 1995, 331), "남북의 민족성원 모두가 자유와 번영을 누리는 통일국가를 건설하는 것"(대통령비서실 1996, 365), "민주와 번영으로 세계를 앞서가는 선진국가, 정신적 가치와 도덕성이 존중되는 문화국가, 세계의 평화와 번영에 기여하는 통일국가"(대통령비서실 1997, 381), "자랑스런 '통일국가', 세계에서 앞서가는 '일류국가'"(대통령비서실 1998, 249) 등으로 규정했다.

김영삼 역시 노태우와 마찬가지로 광복을 통일이라는 현실적 목표와 함께 민주, 번영, 평화 등 추상적 목표로 정의했다. 주목할 점은 김영삼이 제시한 목표들이 노태우가 제시한 것보다 더 현실성을 띠었다는 점이다. '세계화'나 '세계 일류국가' 같은 목표는 국민들을 다시 경제발전에 동원하려는 의도를 지닌 것이었고, 통일 조국과 통일 국가라는 목표는 1990년대 중반의 북한붕괴론 또는 흡수통일론에 연결되면서 설득력을 지녔다. 따라서 김영삼이 제시한 목표들은 추상적 구호에도 불구하고 당시 현실에 맞물리면서 현실성을 띠었다.

김영삼은 기념사에서 통일과 북한 문제에 많은 관심을 표명하고 국민들에게 자부심과 희망을 주려 했다. 이것은 당시 북한 핵 문제 때문에 한반도에 긴장이 높아지고, 식량 부족과 경제 침체로 북한이 위기에 처하고, 김일성 주석이 사망하는 등 북한 이슈가 부각된 데 따른 자연스러운 결과였다.

### 7) 김대중 대통령

한국 역사상 최초로 여야 정권 교체로 대통령에 당선한 김대중은 당선 직후부터 국제통화기금IMF 경제위기를 해결해야 할 과제는 물론 민주주의의 공고화와 남북 관계의 해결이라는 과제를 안고 있었다. 그래서 그런지 김대중은 8·15 기념사에서 당면한 국정 운영과 남북 문제를 주로 다루었다.

---

41 "우리는 지금 '제2의 광복운동'에 나서고 있습니다. 변화와 개혁이 바로 그것입니다. 부정부패로부터의 해방입니다. 전도된 가치관과 나태로부터의 해방입니다. 무질서로부터의 해방입니다. 그리하여 깨끗한 정부, 튼튼한 경제, 건강한 사회를 이룩해 나갈 것입니다. 민족구성원 모두가 넘치는 자유로 웃고, 풍요한 생활로 흐뭇해하며, 인간다운 존엄한 삶을 누리는 통일조국을 이룩해 나갈 것입니다. 이것이 '신한국'입니다"(대통령비서실 1994, 369).

김대중은 1988년 기념사에서 평화적 정권 교체로 탄생한 '국민의 정부'가 외환위기를 극복하기 위해 기울인 노력을 긍정적으로 평가한 뒤 "국가의 나아갈 방향을 새로 정립하고 나라의 기강을 바로세우며 민족의 재도약을 이룩하기 위해 국민 모두가 동참하는 '제2의 건국'"을 추진할 필요가 있다고 주장했다(대통령비서실 1998, 425). 또한 새로운 국정 철학으로 '민주주의와 시장경제의 병행 발전'과 '자유·정의·효율'의 3대 원리를 제시하고, 참여민주주의와 시장경제의 완성, 세계주의와 지식 기반 국가의 실현, 신노사문화의 창조와 남북 간 교류·협력 촉진 등 '제2의 건국'을 계획하고 추진하기 위한 국정 운영 6대 과제를 제시했다. 이처럼 1998년 기념사는 대부분 국정 운영 관련 내용을 다루고 있다.

1999년에는 새천년을 앞둔 20세기의 마지막 경축일이었기 때문에 지난 민족사를 돌아보고 새천년의 미래를 다루었다. 우선 지난 100년을 평가하면서 특히 자신과 관련된 사건인 1997년의 정권 교체와 외환위기 극복을 강조했다. 또한 집권 후 외환위기 극복과 남북 교류의 진전이라는 약속을 지킨 데 비해 내각책임제 약속을 지키지 못한 점을 해명했다.

다음으로 임기 중반의 국정 운영 방향을 제시했다. 첫째, 선거 제도의 개혁, 선거공영제 강화, 본회의 중심의 국회 등 정치 개혁 방안, 인권법 제정, 인권위원회 설치, 국가보안법 개정, 통합방송법, 민주유공자보상법, 의문사진상규명특별법, 비영리 민간단체 지원법 등의 개정과 제정, 대통령 직속 반부패특별위 구성 등 인권과 민주주의를 증진시키는 법률의 제정 또는 개정 추진을 제시했다. 둘째, 중산층과 서민 중심의 개혁적 국민 정당, 인권과 복지를 중시하는 정당, 지역 구도를 타파하는 전국 정당을 만들겠다고 신당 구상을 밝혔다. 셋째, "더불어 성공할 수 있는 경제번영"을 위해 재벌 개혁에 역점을 둘 것을 강조하고, 2002년 국민소득을 1만 2000달러 수준으로 향상시키고, 200만개 일자리 창출로 사실상 완전고용을 실현하고, 금융소득종합과세 실시로 공정한 과세를 통해 경제적, 사회적 정의를 실현함으로써 임기 안에 세계 일류의 경제발전과 건전한 경제 체제 건설에 전력을 다할 것을 다짐했다(대통령비서실 2000, 405~414).

2000년에는 6·15 남북정상회담의 의의와 지난 2년 반 동안 이룬 자신의 업적을 열거한 후, 여전히 "4대 개혁의 미완성, 도덕적 해이, 개혁피로 증후군, 집단이기주의, 정치의 불안정 등 나라 발전의 발목을 잡고 있는 일이 많다"는 점을 지적하면서 개혁을 강조했다.[42] 김대중은 국정 제2기의 5대 목표로 인권 국가, 모범적인 민주주의 국가, 4대 개혁과 지식정보화를 통한 세계 일류 국가, 생산적 복지의 정착, 국민의 대화합 실현, 한반도의 전쟁 위협 제거와 남북 평화 교류 협력의 민족 상생 시대를 제시했다. 특히 그중에서 지식정보 강국 건설을 통한 세계 일류 국가의 건설과 남북 화해 협력 실현, 민족의 평화적 통일을 역사적 소명으로 강조했다.

2001년에는 임기 후반 국정 전반에 대한 소회를 토로하고 개혁 방향을 제시했다. 김대중은 국민의 정치 불신을 근거로 국회, 정당, 선거 등 정치 개혁의 필요성을 역설했고, 대화와 화합의 정치를 위해 이회창 한나라당 총재에게 영수회담을 제의했으며, 이듬해에 예정된 선거를 공정하게 치를 것을 다짐했다. 또한 경제 회복을 위해 신노사문화의 창출, 금융, 기업, 공공, 노동 등 4대 개혁 추진, 내수 시장 확대, 중산층과 서민 대책, 4대 보험 확충, 교육 여건 개선, 국민 보건 증진, 농어민 소득 증대 등의 방안을 제안한 후 국민의 협력을 요청했다.

한편 2001년의 기념사에는 일본의 역사 왜곡과 총리의 신사 참배를 비난하는 내용이 포함되었다. 김대중은 1998년 일본 국빈 방문 당시 일본 정부가 과거를 반성하고 우리 국민들의 손해와 고통에 대해 '사죄'한 일을 상기시킨 후 일본 정부에 "확실한 역사 인식 토대 위에서 두 나라 관계가 올바르게 발전돼

---

42  "개혁이야말로 국민과 시대가 국민의 정부에 부여한 역사적 소임", "개혁은 선택의 문제가 아니라 생존의 문제", "개혁을 하지 않으면 우리에게 미래는 없다"(대통령비서실 2001, 394).

나갈 것을 강력히" 요청했다(대통령비서실 2002, 367~368). 그러나 일본이 역사를 왜곡하고 총리가 신사 참배를 하는 등 우경화 움직임을 보이자 비판한 것이었다.

임기 마지막 해인 2002년에는 월드컵의 성공적 개최를 언급하면서 국민들에게 미래에 대한 희망을 제시하고 남은 임기 동안 자신이 전념할 과제의 구체적 내용을 설명했다. 그 과제는 민관 합동으로 추진 중인 '포스트 월드컵' 대책의 성공적 추진, 경제의 구조 개혁 지속, 한반도의 평화와 안정을 위한 남북 관계 개선 노력, 중산층과 서민의 생활 개선 노력, 연말 대선의 공정한 관리와 사회 기강의 확립, 부산 아시안게임과 부산 아·태 장애인 경기대회의 성공을 위한 준비였다. 또한 2010년 세계박람회와 동계올림픽 유치에도 총력을 기울여 국가적 위상을 다시 세계에 과시하고 경제 도약의 새로운 전기를 마련하도록 할 것이라고 밝혔다.

다음으로 김대중이 집권 기간 내내 중점을 기울인 분야는 남북 관계였다. 매년 어떤 내용을 다루었는지 살펴보면, 1998년에는 무력 도발 불용, 흡수 통일 배제, 교류 협력 추진 등 기존 3대 원칙을 제시했다. 이것은 확고한 안보 위에 남북 간 교류 협력을 하겠다는 의미를 담은 것이었다.

1999년에는 서해교전을 사례로 들면서 한반도 평화 실현을 위해 안보와 화해가 정착되어야 한다고 강조하면서 안보를 위해 한미 공동방위 체제를 굳건히 유지할 것을 밝혔다. 또한 남북 간 평화와 협력을 위한 포용 정책을 계속 추진할 것이며, 한반도 문제의 남북 당사자 간 해결을 주장하면서 남북 간 정부 차원에서 교류할 것을 희망했다.

2000년에는 6·15 남북정상회담에서 합의한 내용들을 다시 언급했다. 대표적으로 남한의 '남북연합'과 북의 '낮은 단계의 연방제'에는 상당한 공통점이 있기 때문에 "이를 토대로 평화공존, 평화교류를 확립하는 통일의 제1단계를 실현시켜 나가도록 노력할 것"이라고 밝혔다(대통령비서실 2001, 397). 또한 남북 간의 평화와 동북아의 안정을 위해 주변 4대국을 상대로 협력을 강화할 것이며, 이것을 위해 한반도와 일본에 미군이 존속할 필요가 있다고 밝혔다.

2001년에는 한반도의 냉전 유산을 청산하기 위해 시작한 햇볕정책이 주변 4대국과 전세계의 적극적 지지를 얻었고, 북한도 6·15 남북공동선언을 통해 수용한 점을 강조했다. 또한 미국에는 북미 회담 재개를 위해 노력할 것을 분명히 하고, 북한에는 "6·15 남북 공동선언을 준수"할 것과 이미 합의된 사항들의 "계속적인 추진"과 "미국과의 대화 재개"를 촉구했다. 그렇지만 여전히 주한미군의 주둔이 한반도와 동북아의 평화와 안전을 위해 절대 필요하다는 점을 분명히 했다(대통령비서실 2002, 367).

임기 마지막 해인 2002년에는 북한과 약속한 경의선 철도 연결, 금강산 육로 관광, 개성공단 건설 등 군사적 긴장을 완화할 남북 간 합의가 실현되지 못하고 서해 사태가 일어난 점에 아쉬움을 표명하고, 철저한 안보 태세의 확립과 한반도의 평화를 지키기 위해서는 가능한 모든 일을 할 것이라는 점을 밝혔다. 그러면서도 한반도의 항구적인 평화와 안정을 위한 남북 간의 화해 협력 정책이 지속되어야 한다고 역설했다.

마지막으로 8·15에 대한 김대중의 인식을 살펴보자. 김대중은 1998년 기념사에서 8·15에 대해 광복과 정부 수립 기념일이라는 사실을 언급한 후, 국난 극복을 위해 "산업화와 민주화의 저력을 바탕으로 민주주의와 시장경제를 완성하기 위한 국정의 총체적 개혁이자 국민적 운동"인 '제2의 건국'이 필요하다는 점을 강조했다(대통령비서실 1999, 425~427). 1999년에는 21세기 일류 국가의 완성을 위한 정치 개혁, 재벌 개혁, 한반도 평화 실현을 위한 안보와 화해의 정착을 제시했고, 2000년에는 6·15 남북공동선언을 강조하면서 인권 국가, 모범적인 민주주의 국가, 세계 일류 국가, 생산적 복지의 정착, 국민 대화합, 남북 평화 교류와 협력을 통한 민족 상생이라는 목표를 제시했다. 2001년에는 과감한 개혁과 국민의 협력을 통한 희망의 미래를, 2002년에는 경제 4강, 세계 일류 국가로 도약할 기반 건설을 제시했다. 기념사에서 8·15의 의미를 거의 언급하지 않은 대신 김대중은 자신이 추진하는 국정 철학과 구체적인 정책을 통해 광복의 의미를 간접적으로 제시했다. 예를 들어 남북 교류 협력에서 획기적인 진전을 가져옴으로써 8·15가 지닌 통일 지향성을 현실화시켰다.

김대중은 기념사에서 국정 운영 내용을 자세히 설명했다는 특징이 있다. 추상적인 국정 운영의 철학과 원리부터 구체적인 개별 정책에 이르기까지 모든 내용을 백화점식으로 열거했다. 특히 정치, 경제, 사회 부문의 개혁과 북한과의 화해 협력 정책을 강조했다. 이것은 김대중이 한국 사회 개혁 세력의 지지를 통해 정권 교체에 성공하고, 남북정상회담을 실현시키고, 남북 교류를 획기적으로 확대시킨 사실에서 기인한 것이었다.

표 4. 노태우, 김영삼, 김대중 대통령 시기

| | 8·15의 의미 | 기념사의 주요 내용 |
|---|---|---|
| 노태우 시기 (1988~1992년) | • 해방의 날이자 민주 공화국 세운 날, 번영된 통일 조국 건설(1988년)<br>• 자유, 번영, 통일 나라(1989년)<br>• 자유·평등·평화·행복의 나라(1990년)<br>• 통일된 자유와 행복의 나라(1991년)<br>• 선진, 통일(1992년) | • 북한에 다양한 대화 및 통일 방안 제의, 올림픽의 성과와 민족적 자신감 및 긍지 강조, 민주화운동 세력 비판 |
| 김영삼 시기 (1993~1997년) | • 통일(1993년)<br>• 민주와 번영이 넘쳐흐르는 통일 조국(1994년)<br>• 남북의 민족 성원 모두가 자유와 번영을 누리는 통일국가(1995년)<br>• 선진국가, 문화국가, 통일국가(1996년)<br>• 통일국가, 일류국가(1997년) | • 임시정부와 민주화운동의 정신을 계승한 문민정부의 의미 강조, 한국의 높아진 국제적 위상(경제대국, 일류국가, 중심국가) 강조, 흡수통일론, 북한 비난과 대화 제의, 금융실명제, 공직자 재산 공개 등 자신 정책의 중요성 강조 |
| 김대중 시기 (1998~2002년) | • 민주주의와 시장경제의 완성(1998년)<br>• 21세기 일류 국가의 완성(1999년)<br>• 인권 국가, 모범적인 민주 국가, 세계 일류 국가, 생산적 복지의 정착, 국민 대화합, 민족 상생(2000년)<br>• 과감한 개혁과 국민의 협력(2001년)<br>• 경제 4강, 세계 일류 국가로의 도약 기반 건설(2002년) | • 민족 재도약을 위한 제2건국의 철학과 원리, 총체적 개혁의 미래상 제시, 정치 개혁, 경제 개혁, 평화 협력을 위한 남북 관계 방향 제시, 민주주의, 시장경제, 생산적 복지의 3대 국정 철학을 달성하기 위한 5대 목표 제시, 6·15 남북정상회담 및 남북공동성명 등 남북 관계의 방향 제시, 세계 일류 국가 건설을 위한 방안 제시 |

## 3. 나가는 말

1948년부터 2002년까지 대통령들의 8·15 기념사를 살펴보았다. 개략적으로 정리하면, 한국 대통령들은 서두에서 식민지 해방과 대한민국 정부 수립이라는 8·15의 의미를 지적한 후 해방 이후 한국이 겪은 어려움과 그 어려움을 극복한 자신의 업적을 서술하는 방식으로 기념사를 전개했다. 다만 대통령이 된 첫해에는 자신의 집권 정당성과 집권 의의를 언급했다. 기념사에서 가장 자주 다루어진 주제는 북한과 통일 관련 내용인데, 이것은 8·15의 성격상 자연스러웠다. 8·15에는 당연히 진정한 광복을 맞이하기 위해 통일을 언급해야 했고, 통일을 방해하는 북한을 비난하지 않을 수 없었다. 따라서 8·15 기념사에는 항상 진정한 광복을 위한 통일 국가의 수립, 그리고 자주, 평화, 번영의 통일 국가 같은 바람직한 미래의 국가상 등이 제시되었다. 그 밖에도 한국 대통령들의 8·15 기념사에서 주목할 만한 내용은 다음과 같다.

첫째, 대부분의 기념사는 8·15의 가장 중요한 의미인 해방을 비중 있게 다루지 않았다. 물론 일부 기념사는 해방을 가져온 한 요인으로 애국선열의 투쟁을 언급하거나 또는 애국선열에 대한 경의를 표했다. 그러나 일제의 강압 통치에 대한 내용은 거의 등장하지 않는다. 이것은 8·15 기념사가 해방이 내포하는 반일이라는 정치적 의미를 재현하고 있지 않다는 점을 보여준다.

그러면 8·15의 가장 중요한 정치적 의미인 반일이 왜 기념사에서 비중 있게 다루어지지 않았는가? 북한과의 내치라는 상황이 일본 식민지의 기억을 압도했기 때문이다. 특히 세계적인 냉전 체제가 한반도에서 충돌하고 있는 상황에서 한국 대통령들은 일본을 적대 세력으로 설정할 수 없었다. 양국은 공산주의의 침략을 막기 위해서는 전략적 동반자가 되어야 했고, 더욱이 한국의 경제발전을 위해서는 일본의 도움이 반드시 필요했다. 따라서 역사 왜곡이나 식민 지배에 대한 망언 같은 특별한 사건이 발생하지 않는 한 8·15 기념사에서도 반일

적인 내용이 등장하지 않았다.[43]

다음으로, 8·15의 중요한 정치적 의미는 대한민국 정부의 수립을 기념하는 것이다. 그런데 대한민국이 정통성을 가질 수 있는 근거는 국민의 자유로운 선거에 의해 수립된 역사상 최초의 민주주의 정부라는 사실이었다. 따라서 일부 기념사에는 도입부에 공산주의자들의 침략에 맞서 민주주의를 지킨 순국열사들의 투쟁과 희생에 경의를 표하거나 북한 동포가 민주주의를 체험하기 위해 통일이 필요하다는 논리를 제시했다.

또한 모든 대통령은 8·15의 민주적 의미를 부각시키면서 자신이 민주주의를 위해 특별한 역할을 했다거나 민주주의 정신을 이어받았다는 점을 강조했다. 이승만은 공산 침략을 격퇴함으로써 민주 정부를 보존한 점을 강조하면서 자신의 권위주의적 통치를, 박정희는 서구식 민주주의의 병폐 때문에 한국의 토양에 맞는 민주주의 건설이 필요하다고 주장하면서 군사 쿠데타와 유신 체제 도입을, 전두환은 5공화국 헌법이 대통령 단임제를 채택함으로써 평화적 정권 교체가 가능하게 되었다는 점을 강조하면서 자신의 불법적 집권을 정당화했다. 노태우는 대통령 직선제를 통해 집권했다는 점을, 김영삼은 '문민정부'가 민주화운동의 정신을 이어받았다는 점을, 김대중은 최초의 정권 교체를 통해 당선되었다는 점을 강조했다.

셋째, 일반적으로 8·15 기념사는 대한민국 정부 수립이 북한의 방해 때문에 한반도 전체를 포괄하는 정부가 되지 못한 점을 지적하면서 현재의 8·15가 미완의 광복인 점을 강조했다. 이러한 논리는 분단이 한민족의 진정한 광복을 가져오지 못하게 만들었기 때문에 진정한 광복을 맞이하기 위해서는 하루빨리 북한을 공산주의자들의 지배에서 해방시켜 통일 국가를 수립해야 한다는 논리로 연장되었다. 따라서 지난 50여 년간의 8·15 기념사는 대부분 '적대적' 반공주의적 시각에서 북한과 통일을 논의했다. 그러나 국내외 정세의 변화, 특히 1980년대 말 이래 사회주의권의 붕괴에 뒤이은 북한의 경제난, 핵 위기와 미사일 위기, 그리고 남한의 경제발전에 따른 확실한 대북 우위의 확립, 민주화 전환과 민주주의의 공고화는 적대적 반공주의의 토양을 약화시켰다. 따라서 권위주의 정권 시기 8·15 기념사에 담겨 있던 적대적 반공주의 시각은 탈냉전으로 가던 노태우 정권 시기부터 변화하기 시작했고, 화해 협력과 공존 정책을 실시한 김대중에 와서 약화되기 시작했다.

넷째, 국가 탄생일이라는 중요성 때문에 역대 대통령들은 8·15 기념사에서 자신의 현실 인식과 국정 전반에 대한 내용을 다루었다. 집권 첫해 대통령 기념사는 대부분 과거와의 차별성을 강조하기 위해 이전 정부를 비판한 뒤 자신의 정책이 과거의 실책을 극복할 것이라고 주장했다. 박정희는 이승만 정권과 민주당 정권의 실정을 강조했고, 전두환은 기존의 숱한 시행착오가 방황과 혼동을 가져왔다고 주장하면서 자신의 집권을 정당화했다. 또한 대부분의 대통령은 집권 중 자신의 정책이 성과를 거두었기 때문에 '진정한' 광복에 다가갔다고 주장했다. 이승만은 한국전쟁 이후 나라가 안정된 점을, 박정희는 제3공화국 중반부터 경제개발 정책이 성공하여 국력이 신장한 점을, 전두환은 새 역사 도약의 튼튼한 토대를 쌓아올리고 올림픽을 주최하게 된 점을 강조했다. 반면 김영삼은 독특하게 문민정부의 정통성을 자신이 독립운동과 민주화운동의 정신을 이어받았다는 데서 찾고 있다.

한국 대통령들의 8·15 기념사는 시기별로 당대의 중요한 과제들을 담고 있었고, 그중에서도 통일 국가의 수립은 전 시기를 관통하는 핵심 주제였다. 곧 역대 대통령들이 강조한 8·15의 가장 핵심적인 내용은 '진정한 광복'을 실현하는 통일 국가의 수립이라고 볼 수 있다.

---

**43** 이승만이 반일을 국민을 동원하는 주요한 담론으로 이용한 반면, 박정희는 임기 내내 반일 담론을 거의 이용하지 않았다. 역대 정부의 반일 담론에 대한 논의는 전재호(2002)를 참고하시오.

## 참고 문헌

/

김광섭 편. 1950. 《리대통령훈화록》. 중앙문화협회.

_____. 2000. 《리대통령훈화록》. 중앙문화협회.

김광운. 2002. 〈1945년 '8·15'에 대한 인식의 변화 과정〉. 《내일을 여는 역사》 제8호.

김민환. 2000. 〈한국의 국가기념일 성립에 관한 연구〉. 서울대학교 대학원 사회학과 석사 학위 논문.

공보실. 1956. 《대통령리승만박사담화집(2)》. 공보실.

_____. 1959. 《대통령리승만박사담화집》. 공보실.

공보처. 1953. 《대통령리승만박사담화집(3)》. 공보처.

대통령비서실. 1973a.《박정희대통령연설문집 1: 군정편》.

_____. 1973b.《박정희대통령연설문집 2: 제5대편》.

_____. 1973c.《박정희대통령연설문집 3: 제6대편》.

_____. 1973d.《박정희대통령연설문집 4: 제7대편》.

_____. 1976.《박정희대통령연설문집 5 (상): 제8대편》.

_____. 1979.《박정희대통령연설문집 5 (하): 제8대편》.

_____. 1981.《최규하대통령연설문집》.

_____. 1982.《전두환대통령연설문집》 제1권.

_____. 1983.《전두환대통령연설문집》 제2권.

_____. 1984.《전두환대통령연설문집》 제3권.

_____. 1985.《전두환대통령연설문집》 제4권.

_____. 1986.《전두환대통령연설문집》 제5권.

_____. 1987.《전두환대통령연설문집》 제6권.

_____. 1988.《전두환대통령연설문집》 제7권.

_____. 1989.《노태우대통령연설문집》 제1권.

_____. 1990.《노태우대통령연설문집》 제2권.

_____. 1991.《노태우대통령연설문집》 제3권.

_____. 1992.《노태우대통령연설문집》 제4권.

_____. 1993.《노태우대통령연설문집》 제5권.

_____. 1994.《김영삼대통령연설문집》 제1권.

_____. 1995.《김영삼대통령연설문집》 제2권.

_____. 1996.《김영삼대통령연설문집》 제3권.

_____. 1997.《김영삼대통령연설문집》 제4권.

_____. 1998.《김영삼대통령연설문집》 제5권.

_____. 1999.《김대중대통령연설문집》 제1권.

_____. 2000.《김대중대통령연설문집》 제2권.

_____. 2001.《김대중대통령연설문집》 제3권.

_____. 2002.《김대중대통령연설문집》 제4권.

_____. 2003.《김대중대통령연설문집》 제5권.

《동아일보》 1960년 8월 16일.

일본교과서바로잡기 운동본부. 2000. 《문답으로 읽는 일본교과서 역사왜곡》. 역사비평사.

심지연. 2001. 《남북한 통일방안의 전개와 수렴》. 돌베개.

전재호. 1998. 〈박정희 체제의 민족주의〉. 《한국정치학회보》 32집.

_____. 2002. 〈한국민족주의와 반일〉. 《정치비평》 제9호.

### 2장

# 분단: 남북 분단이 한국 정치에 미친 영향

## 1. 들어가며

해방과 함께 시작된 남북 분단은 이후 한반도의 운명에 가장 결정적인 영향을 미친 사건이었다. 1945년 8월 미국과 소련이 잠정적으로 합의한 분단은 1948년 가을 한반도의 남과 북에 대한민국과 조선민주주의인민공화국이라는 두 개의 정부를 탄생시켰고, 이것은 다시 한국전쟁에 이은 이질적인 국가 건설과 국민 형성 과정을 거쳐 적대적 이데올로기에 기초한 두 개의 국민국가를 건설함으로써 분단을 고착시켰다. 따라서 분단은 상수이자 구조로서 한국 정치에 가장 결정적인 영향을 미치는 요인의 하나가 되었다.

분단은 한국 정치에 어떤 영향을 미쳤는가? 사실 한반도에는 해방과 동시에 분단되었기 때문에 현실에 기초하여 이 질문에 답하는 것은 불가능하다. 이 질문에 답하려면 두 가지 추론에 의존해야 한다. 첫째, 분단되지 않은 상황을 전제한 후 그 상황을 남북 분단 이후 전개된 한국 정치의 궤적과 비교하는 것이다. 물론 가정에 기초한 비교는 가정에 기초한 결론밖에 제시할 수 없는 한계를 지닌다. 그러나 한반도가 분단되지 않은 상태가 존재한 적이 없었기 때문에 가정이지만 그것에 기초해 비교 연구를 수행해야 한다.

둘째, 현실에 기초한 비교가 가능하다. 2차 대전 이후 한국과 마찬가지로 미국의 후원 아래 자유민주주의에 기초하여 (분단되지 않은) 국가를 형성한 다른 비서구 국가와 한국을 비교하는 것이다. 다만 역사나 문화가 한국과 아주 상이한 나라들보다는 타이완과 일본같이 어느 정도 유사성이 있는 동아시아 나라들과 비교하는 것이 적절하다. 타이완은 분단이라는 공통점이 있지만, 그 점은 도리어 비교에 도움이 되지 않는다. 오히려 분단된 한국과 분단되지 않은 일본을 비교하는 것이 이 연구의 목적에는 적절하다. 일본은 패전 후 미군정의 지배를 받고 미국의 압도적 영향력 아래 성장한 점에서 유사성이 있지만, 분단되지 않았기 때문에 한국과 비교하는 데 적절하다. 물론 한국과 일본의 역사와 문화의 차이가 크기 때문에 비교에 한계는 있다. 따라서 이 연구는 첫 번째 추론과 함께 일본의 사례를 염두에 두는 '느슨한' 비교의 시각에 기초하여 분단이 한국 정치에 미친 영향을 고찰한다.

한편 분단이 한국 정치에 미친 영향을 고찰한 기존 연구를 살펴보면, 정확히 이 문제를 고찰한 연구는 거의 없었다. 다만 '분단체제론'(백낙청 1994), '거울영상 효과'와 '적대적 의존관계'(이종석 1998), '대쌍관계적 동학'(박명림 1997), '적대적 상호의존성'(박명림 2006) 등의 연구가 유사한 문제의식을 지녔다. 이 연구들은 남한의 유신 체제와 북한의 사회주의 헌법 선포 같은 사례나 남북 대결 과정에서 일방이 체제 강화를 위해 적대 정책을 강화한 것처럼 남북 간의 적대성에 내재한 상호의존성 또는 공생성을 부각시킴으로써 인식의 지평을 확대한 점에서 일정한 기여를 했다. 그러나 개별 사례만 제시했을 뿐 구조로서 분단이 한국 정치에 미친 영향을 다루지는 않았다는 한계를 지니고 있다(손호철 223, 2006). 따라서 이 연구는 기존 연구들의 기여와 한계를 고려하여 분단이 한국 정치에 미친 영향을 고찰한다.

다른 한편 분단이 한국 정치에 미친 영향을 고찰하는 데서 이 글이 견지하는 연구 시각을 정리해보자. 먼저 이 글은 냉전 체제 같은 국제정치와 남북 관계에 주목한다. 냉전이 분단을 가져왔고 냉전의 격화가 분단을 공고화했기 때문에 냉전은 반드시 고려해야 하는 국제정치적 요인이다. 물론 냉전이 해체되었는데도 남북 분단이 지속되는 현실에서는 분단이 냉전과 별개로 작동하는 일종의 '독립된' 구조로 보인다. 그러나 탈냉전 시기에도 한국 정치뿐 아니라 남북 관계도 주변국들과 밀접히 연결되어 있기 때문에 국제정치는 시기를 불문하고 반드시 주목해야 한다. 또한 남북 관계 역시 분단 이후 지속적으로 한국 정치에 영향을 미치는 요인이다. 따라서 이 연구는 분단이 한국 정치에 미친 영향을 고찰하는 과정에서 냉전 시기는 물론 탈냉전 시기에도 국제정치와 남북 관계를 중요하게 고려한다.

다음으로 분단과 한국 정치에 대한 기존 연구나 기성관념은 분단이 한국 정치에 무조건 부정적인 영향만을 미쳤다는 것을 전제한다. 곧 대부분은 만일 분단되지 않았으면 현재보다 훨씬 더 발전되고 민주적인 나라가 되었을 것이라고 암묵적으로 전제하거나, 또는 남북 간 경쟁에 사용된 군사비를 국가 건설에 돌렸더라면 훨씬 부강한 통일 국가가 되었을 것이라고 전제한다. 그러나 이런 생각들은 가정일 뿐이다. 실제로 휴전 이후 동서 간의 경제적 경쟁(냉전)은 남북한에 대한 미소(와 우방국들)의 전폭적인 지원을 가져왔다. 만일 분단되지 않았으면 미소가 한반도에 그렇게 많은 지원을 하지 않았을 가능성이 높다.

민족 정통성을 둘러싼 남북 간 경쟁이 남북에서 모두 빠른 경제발전을 가져왔다는 주장도 있다. 물론 이 글도 분단이 한국 정치에 미친 부정적 영향이 지대하다는 인식을 수용하지만, 모든 현실을 부정적으로 인식하지 않고 분단이 한국 정치에 미친 '긍정적' 영향도 존재할 수 있다는 가능성을 열어놓는다.

이 글은 먼저 미국의 강한 영향력 아래에서 진행된 분단 정부 수립 과정에서 한국 정치의 기본틀이 어떻게 형성되었는지를 고찰한다. 당시 한국에서는 자유민주주의가 도입되고 반공 체제가 형성되면서 정치 이념 지형이 '우경화'되었다. 곧 좌파 이념이 부정되면서 반공이 국시國是가 되고, 좌파와 중도파를 허용하지 않는 '협소'한 정당 체제와 노동 배제의 정치 지형이 형성되었다.

다음으로 권위주의 시기와 민주화 시기 분단이 한국 정치에 어떤 영향을 미쳤는지를 분단 정부 수립 과정에서 형성된 한국 정치의 기본틀을 중심으로 고찰한다. 이런 고찰을 통해 분단이 한국 정치에 끼친 영향을 구조적이고 역사적으로 조망한다. 마지막으로 분단이 한국 정치에 미친 영향을 정리한다.


## 2. 남한 단독 정부 수립과 한국 정치 — 자유민주주의와 반공 체제

한반도의 분단은 1945년 미국과 소련이 결정한 38도선 분할 점령에서 시작되었고, 이것은 1948년 말 한반도의 남과 북에 대한민국과 조선민주주의인민공화국이 수립되는 결과로 이어졌다. 두 번의 분단에는 국내 정치 세력들 사이의 갈등이라는 국내 요인과 냉전 심화라는 국제 요인이 모두 영향을 미쳤지만, 당시에는 국제 요인이 국내 요인보다 더 결정적인 역할을 했다. 따라서 이 연구도 초기 한반도 분단 체제의 형성을 고찰하는 데 미국과 소련의 냉전이라는 국제 요인을 가장 중요하게 고려한다. 특히 국제 요인 중 미국에 집중한다. 그 이유는 미국이 1945년 8월 소련에 38도선을 기준으로 한반도를 분단하자고 제안했고, 1948년에 대한민국 정부가 수립되는 시기까지 한국 정치의 기본틀을 만들었으며, 한국전쟁에서 공산주의자들을 물리치고 휴전을 주도했기 때문이다. 더욱이 그 뒤에도 미국은 한국의 전후 복구와 경제발전 과정에서 결정적인 역할을 했기 때문이다.

그러면 지난 수십 년간 지속된 한국 정치에 대한 미국의 강한 영향력, 다시 말해 미국의 개입을 어떻게 설명해야 하는가? 미국이 1945년 8월 한반도 분할 점령 시기부터 한반도에 깊이 개입할 계획이 있었는가, 아니면 처음에는 계획이 없다가 한반도에서 의외의 상황이 전개되면서 개입하게 된 것인가?

이 글은 후자라고 생각한다. 2차 대전 이후 미국의 목표는 전세계적으로 공산주의의 확산을 막는 것이었고, 최우선 관심 대상은 유럽이었다. 동아시아 지역에 국한한다고 해도 한반도는 중국과 일본에 견줘 우선순위가 뒤처지는 곳이었다. 그런데 미소 냉전이 심화되고 동아시아에서 공산주의자들의 공세가 강화되면서 한국의 전략적 가치는 상승했고, 한국전쟁을 계기로 한국에 대한 미국의 개입이 확대되었다.

1945년 8월에 잠정적으로 시작된 분단은 1948년 두 개의 국민국가 형성과 1950~1953년의 한국전쟁을 거치면서 공고화되었고, 이 과정에서 미국은 한반도에 의도하지 않게 '깊이' 개입하게 되었다. 이후 냉전 기간 내내 미국은 한국의 중요성과 전략적 가치를 높게 평가했다. 그 이유는 한국이 공산주의의 침략에 맞서 자신들을 방어하려는 자유주의 국가를 후원하려는 미국의 의지를 상징적으로 보여주는 지역이기 때문이었다(브라진스키 2011, 16). 이것은 냉전과 분단이 미국의 한국 정치 개입을 가져왔다는 사실을 보여준다. 물론 한국 정치에 대한 미국의 개입을 모두 분단의 결과로 환원할 수는 없지만, 남북 분단의 고착화가 미국의 개입 강화를 가져온 점은 부정할 수 없는 사실이다. 따라서 이 글은 냉전과 분단이 강화시킨 미국의 개입에 특히 주목하여 분단이 한국 정치에 미친 영향을 고찰한다.

먼저 1948년 대한민국 정부 수립이라는 분단 체제의 틀이 형성되는 과정에서 미국이 한국 정치에 미친 영향부터 살펴본다.

## 1) 자유민주주의 체제의 도입

1948년 8월 15일 수립된 대한민국은 자유민주주의를 근간으로 헌법을 제정했다. 이것은 식민지 시기나 해방 직후 결정된 것이 아니라 해방 이후 국내에서 전개된 이념 대립의 과정에서 우익이 승리한 결과였다.[1] 사실 해방 이후 정치 체제를 둘러싼 의견은 분분했지만 현실적인 대안은 미국식이냐 소련식이냐 하는 두 가지 뿐이었다. 물론 제헌 헌법의 내용은 국내 정치 세력들의 이념 투쟁을 통해 결정되었지만, 당시 남북한의 정치 체제는 미국과 소련이 설정한 범위에서 벗어날 수 없었다.[2] 곧 한국에 자유민주주의가 도입된 것은 미국 점령과 냉전 격화가 가져온 필연적 결과였다.

그러나 한국에서 자유민주주의는 처음부터 원리 그대로 도입되지 않았다. 국내에 자유민주주의를 실시할 기반이 없었기 때문이기도 했지만, 더 큰 이유는 분단과 분단을 이용한 우익의 정치적 계산 때문이었다. 미국은 냉전이 격화되고 미소공동위원회(미소공위)를 통해 한반도 문제를 해결하기가 사실상 어려워지자 남한만이라도 자유민주주의에 기반을 둔 정부를 건설하려 했다. 이런 의도에 따라 미국은 1947년 초반 모스크바 협정에 따라 한반도 문제를 해결하는 방안을 포기했고, 2차 미소공위가 결렬되자마자 남한 단독 정부의 수립을 구체화시켰다. 이때 미국이 부딪친 문제는 바로 분단, 곧 남한 단독 정부 수립을 어떻게 정당화할 것이냐는 문제였다. 본래 한반도 문제는 1945년 12월 모스크바 회의에서 미국과 소련의 합의하에 통일 정부를 구성하기로 결정되었다. 그러나 냉전이 격화해 이런 방안이 불가능해지자 소련은 미소 양군 철수 후 한국인에게 자신들의 운명을 맡기자고 주장했고, 미국은 한반도 문제의 유엔 이관을 주장했다. 소련은 당시 유엔이 미국의 압도적 영향력 아래 있었기 때문에 이런 주장을 수용하지 않았다. 미국과 소련 모두 자국에 유리한 대안을 제시했지만, 유엔이라는 외부 기구에 결정을 맡긴 미국의 대안이 한국인 스스로 결정하도록 맡긴 소련의 대안보다 근거가 약했다. 미국은 민주주의를 도입하여 이런 약점을 극복하려 했고, 그것이 바로 유엔 감시하의 '자유로운' 선거였다. 곧 명목상 국제기구라는 유엔의 대표성과 민주주의라는 절차적 정당성을 이용하여 남한만의 단독 정부 수립을 정당화하려 했다(박찬표 1997, 222). 결국 미국과 소련은 남한과 북한에서 각자 자국이 원하는 정책을 실시했고, 그 결과가 1948년 남북한에서 벌어진 별개의 정부 수립이었다. 그러면 남한 단독 정부 수립, 곧 분단을 정당화하기 위해 미국이 추진한 자유민주주의의 제도화 과정을 좀더 구체적으로 살펴보자.[3]

미국이 남한에서 자유민주주의를 제도화한 과정은 상당히 흥미롭다. 미국에서 자유민주주의의 제도화를 위임받은 한국의 우파 세력이 자유민주주의의 원칙에서 벗어나는 법률을 제정했는데, 미국은 처음에는 이 방안을 수용했다가 상황이 바뀌자 원칙에 맞게 수정했기 때문이다. 이것은 정부 수립 초기의 한국에서 자유민주주의가 제도화되는 과정에서 분단의 영향과 미국의 역할을 잘 보여주는 사례다.

당시 미군정과 이승만을 비롯한 우파 세력이 주도한 남한 단독 정부(단정) 수립은 '민족적' 정당성이 결여되어 있었다. 왜냐하면 당시 한국인들의 염원이던 민족 단일 국가 수립에 반하는 행위였기 때문이다. 따라서 미군정은 단정이 결여한 민족적 정당성을 보완하기 위해 자유민주주의의 원칙에 따른 보통선거

---

1 이것에 대해 박명림은 "1948년 건국헌법은 미국의 영향보다는 초기 한국 헌법혁명의 영향을 훨씬 더 많이 받았"다고 주장한다(박명림 2003, 114). 그러나 남한의 정치 체제가 미국의 영향하에 있지 않았다면 자유민주주의 헌법이 채택되지 못했을 것이고, (이 글이 서술하듯이) 법과 제도의 측면에서 미국이 한국에 큰 영향을 끼친 사실을 부정할 수는 없다.

2 문지영은 대한민국 정부의 자유민주주의 체제는 "단순히 미국에 의해 '이식'된 것이라기보다, 미국의 영향력과 함께, 아래로부터 제기된 토지개혁과 식민 잔재 청산에 대한 요구, 그와 관련해 북한 측이 보이는 가시적인 성과라는 당시의 역사적 상황과 그 속에서 나름대로 이해관계를 견주며 대립·갈등했던 국내 정치 세력들의 이념 투쟁의 결과를 반영한다"고 주장한다(문지영 2011, 89).

3 이 부분은 박찬표(1997)의 제5장에 의존했다.

를 도입하려 했다. 그리고 이러한 선거가 정당성을 얻기 위해서는 공정한 규칙에 따라 자유롭고 민주적인 선거가 치러져야 하는 동시에 가능한 한 많은 유권자가 선거에 참여해야만 했다. 곧 선거의 절차적 정당성과 함께 유권자의 적극적 참여가 필요했다. 그런데 당시 이승만과 한민당을 제외한 많은 정치 세력들이 남한 단독 선거에 참여하기를 거부했기 때문에 유권자들의 선거 참여 또한 불확실했다. 미군정은 유권자들의 선거 참여를 독려하기 위해 위협과 압력을 행사하는 동시에 유권자들의 자발적 동의를 이끌어내는 수단을 사용했다. 그것은 토지개혁 같은 사회경제적 개혁 작업과 보통선거 제도를 핵심으로 하는 자유민주주의 제도의 도입, 그리고 자유민주주의 이념의 대대적 선전이었다(박찬표 1997, 263).

　미군정은 남한 단독 선거의 정당성을 판가름하는 가장 중요한 기준이 될 민주적인 선거법을 도입하려 했다. 이미 미군정은 1946년 제1차 미소공위가 결렬되자 남조선과도입법의원(과도입법의원)에게 보통선거법을 제정할 것을 요청했다.[4] 그런데 1947년 6월 과도입법의원에서 만든 선거법은 미국의 의도에 부합되지 않는 것이었다. 곧 높은 선거권과 피선거권 연령(각 23세, 25세), 문맹자 배제 조항(자서의 투표 방식), 월남민들을 위한 특별선거구, 중앙선관위 조직권의 행정부 부여 등의 내용은 민주적인 선거 규정이 아니었다. 과도입법의원이 선거권과 피선거권 연령을 높인 이유는 좌익에 투표할 것으로 예상되는 젊은층을 투표에서 배제하기 위해서였다. 또한 투표 방식으로 일반적으로 사용하는 기표 방식이 아니라 자서自署 방식을 선택한 것은 문자 해득 능력이 없는 70~80퍼센트의 유권자를 사실상 선거에서 배제하기 위한 것이었다. 그리고 월남민을 위한 특별선거구는 38도선 이북에 본적을 둔 남한 거주자들의 투표를 따로 집계하여 의석의 일정 부분(총 266석 중 36석)을 할당하는 것이었다. 당시 월남민들의 강한 반공 성향을 고려하면, 이 규정은 사실상 우익의 의석을 보장하는 장치였다. 마지막으로 중앙선거관리위의 조직권을 행정 수반에게 부여한 것은 사실상 공정한 선거 관리를 포기하는 것이었다. 결국 과도입법의원이 이러한 반민주적 선거법을 제정한 이유는 당시만 해도 선거에 참여할 가능성이 있던 좌익을 배제하고 우파가 안정적인 다수 의석을 확보하기 위해서였다. 미 군정은 이러한 '독소' 조항을 수정하라고 요구했지만 과도입법의원은 "극히 일부만을" 수정했다(박찬표 1997. 273). 결국 미군정은 중도파나 좌파가 아닌 우파 세력이 집권하도록 과도입법의원안을 그대로 수용하여 9월 3일에 정식 공포했다. 이후 1947년 하반기부터 이승만과 한민당 등 단정을 주도한 우파 세력은 이 선거법에 기초하여 남한만의 단독 선거를 치를 것을 요구했고, 심지어는 유엔 감시하의 남북한 총선거 실시가 결정된 뒤에도 이러한 요구를 지속했다. 그러나 미군정은 이 요구를 무시하고 유엔 감시하의 선거를 관철시켰다. 뿐만 아니라 미군정은 5·10 선거를 치르기 위해 과도입법의원이 공포한 선거법을 수정했다(박찬표 1997. 264).

그러면 5·10 선거를 맞이하여 미국은 왜 자신들이 이미 수용한 선거법을 수정했는가? 결론부터 말하자면 유엔한국임시위원단(유엔한위)이 과도입법의원이 만든 선거법을 수정하라고 요구했고, 미국 역시 대내외적으로 남한 단독 선거의 정당성을 확보하려면 이 요구를 수용해야 한다고 판단했기 때문이다. 또한 남한 단독 선거에 좌파 세력은 물론 단선 반대 세력도 불참하기로 해서 우파의 승리가 확실시된 상황이었기 때문에 굳이 반민주적 선거법을 채택할 필요가 없었다. 그래서 과도입법의원 선거법은 수정되는데, 여기에는 이후 한국정치의 기본틀이 담겨 있다는 점뿐 아니라 분단이 한국 정치에 끼친 영향을 보여주는 가장 적절한 사례라는 점에서 중요한 의미를 지닌다.

당시 선거법 수정 과정과 수정 내용을 좀더 구체적으로 보면, 유엔한위는 남

---

4  이것은 장차 미소공위가 재개될 경우 남한 측 협의 대상이 될 새로운 기구를 선출하기 위해서였다.

한 선거를 준비하는 과정에서 과도입법의원이 제정한 선거법과 중앙선거준비위원회가 준비한 남조선과도입법의원의원선거법 시행규칙 초안이 유엔 총회의 권고와 민주적 관행에 일치하는지를 검토했다. 이 과정에서 소선거구–단순다수제라는 과도입법의원 선거법의 기본 형태는 그대로 유지됐다. 유엔한위의 법률고문관인 마크 슈라이버가 비례대표제 도입을 시도했지만, 미군정과 중앙선거준비위원회를 장악한 우파 세력의 반대에 부딪혀 실현되지 못했다. 슈라이버는 네덜란드의 선거법과 유사한 비례대표제와 복수투표제의 혼합 체계를 구상했지만, 미국 연락관과 중앙선거준비위원회가 "너무 복잡하고 민주적 전통이 없는 나라에서는 맞지 않는다"는 이유로 반대했다(박찬표 1997, 282).

이렇게 결정된 소선거구–단순다수제는 미국의 선거 제도로서 '소수 정당의 난립 방지 및 대정당으로의 규합'을 목표로 했고, 정당체제가 자리 잡기 시작한 1950년대 후반 이후 한국 정치에서 보수 양당 체제가 지속되는 데 기초가 되었다. 그런데 당시 미군정과 우파 세력이 비례대표제가 아니라 소선거구제–단순다수제를 도입한 이유는 좌익의 의회 진출을 막기 위해서였다. 일반적으로 비례대표제는 소수 세력의 의회 진출을 가능하게 했기 때문에 좌파가 비례대표제를 통해 의회에 진출할 것을 염려하여 비례대표제를 배제했다. 물론 이후 한국에도 비례대표제가 도입되었지만, 항상 소선거구–단순다수제에 견줘 수가 적고 보완적인 위상에 머물렀다. 결국 좌익 배제를 위해 도입된 소선거구–단순다수제는 한국 정치의 특징으로 자리 잡게 되었다.

한편 유엔한위는 선거권 연령, 자서 규정, 특별선거구 등 과도입법의원 선거법의 반민주적 조항을 모두 수정할 것을 요구했다. 그 결과 선거권 연령은 21세로 낮추어졌고, 투표 방식도 자서 방식에서 기표 방식으로 수정되었다. 유권자 등록 방법에서도 등록용지에 직접 서명하도록 하여 문맹자의 유권자 등록을 사실상 제약하던 조항을 수정하여, 문맹 유권자는 자신이 선택한 사람의 도움을 받아 등록양식에 날인만 하면 되도록 만듦으로써 선거권을 보장했다. 이북 출신을 위한 특별선거구도 폐지되었다. 선거 관리 업무는 공정성을 확보하기 위해 도 선거관리위원은 각도 도지사와 최고 지위 판사 양인의 추천으로 국회선거위원회가 선임하도록 하고, 선거구 선거위원회의 장과 위원의 절반은 판사가 임명하고 나머지 위원은 선거구가 위치하고 있는 행정 구역의 장이 임명하도록 수정했다. 이 결과 최종 결정된 선거법에서 선거권 제한 요소들이 모두 배제됨으로써 한국에서 보통선거권이 실질적으로 확립되었다(박찬표 1997, 283~286). 결국 미국은 유엔한위를 상대로 하는 합의를 통해 한국의 우파 세력이 만든 비민주적 선거법을 개정함으로써 기본적으로 남한 단독 정부 수립의 절차적 정당성을 확보했다. 이것은 한반도 분단의 또 다른 시작인 남한 단독 정부 수립이 한국에 자유민주주의가 제도화되는 데 긍정적 역할을 했다는 역사의 역설을 보여준다.

### 2) 자유민주주의 헌법의 제정과 대통령제 권력 형태, 그리고 이념 지형의 우경화

한반도 남쪽에서 유엔의 감시하에 '민주적'으로 치러진 5·10 선거는 분단 정부의 수립을 최종 확인하고 이 사실을 사후에 정당화하는 과정이었다. 그것은 남한 국가 권력 집단의 성격을 결정했고, 이후 한국의 국가와 정치 체제의 기본 방향과 성격을 규정했다(박찬표 1997, 265).

그런데 5·10 선거는 당시 한반도의 모든 정치 세력이 참여하지 않았다는 점에서 볼 때, 원천적으로 '불완전한' 선거였다. 당시 선거에 좌파는 물론 통일 정부 수립을 주장하던 우파와 중도파들이 참여하지 않았다. 좌익은 미군정에 의해 불법화된 상태에서 단정 반대 투쟁을 전개했고, 김구의 한독당과 김규식 등 상당한 영향력을 지닌 우익 인사들도 참여하지 않았다. 물론 일부 중도 인사와 한독당 출신들이 개별적으로 무소속으로 출마하여 당선되기도 했지만, 제헌국회는 한민당과 이승만 세력 등 분단 정부 수립을 적극적으로 주도한 세력들이

다수를 차지했다. 그 결과 제헌국회는 물론 이후 한국의 정치 지형은 우익에 의해 주도되었다. 특히 1948년 10월에 좌익이 주도한 여순 사건의 발발은 한국의 반공 체제를 강화시키는 데 기여함으로써 좌익의 몰락과 중도파의 약화, 사회의 전반적인 우경화를 가져왔다. 이러한 상황을 고려할 때 분단 정부 수립과 이후 전개된 국내의 냉전은 한국의 우경화된 정치 지형을 만든 결정적인 요인이라고 할 수 있다.

한편 제헌의회에서 제정된 대한민국 헌법은 자유민주주의를 기본으로 하고 있었다. 제2조에서 인민주권의 원리를 천명하고, 제27조에서는 정치적 지배와 복종을 주권의 위탁-수임 관계로 설명하며, "미·불 혁명 시대 이후 민주주의 제 국가에서 인정되고 있는 자유권의 중요한 것을 거의 망라"하는 등 정치적 자유주의의 원리를 충실히 반영했다. 물론 제헌헌법은 사회정의의 실현과 균형 있는 국민경제의 발전을 국가 경제 질서의 기본으로 천명하면서 그것을 개인의 경제적 자유에 대한 한계로 제시하는 한편, 국가에 경제의 조정과 개인의 자유 실현을 위한 적극적인 역할을 부여했다. 이것은 당시 국내외 정세, 그리고 그것에 반응하고 대처하는 정치 세력들의 갈등과 타협의 결과였다(문지영 2011, 90). 그러나 헌법에 자유민주주의의 원리가 충실히 반영된 데는 미국의 영향이 상당히 컸다. 따라서 한국에서 자유민주주의 헌법의 제정은 구조적 차원에서 분단과 미국의 영향에 기인한 것이었다.

헌법 제정에서 자유민주주의의 원리가 큰 갈등 없이 도입된 데 견줘, 권력 형태는 국내 정치 세력들 사이의 상이한 이해관계가 충돌하는 쟁점이었다. 본래 제헌헌법 초안은 내각책임제를 선택했지만, 당시 대통령이 유력시되던 이승만이 신생 국가에는 강력한 지도력이 필요하고 그러려면 대통령제를 도입해야 한다고 강력히 주장함으로써 내각책임제가 채택되지 못했다.[5] 본래 내각책임제는 이승만을 국가 원로로 앞세운 채 실권은 자신들이 가지려 한 한민당의 구상이었다. 그러나 이승만이 지닌 대중적 지지가 필요한 한민당은 결국 내각책임제를 포기했다(박광주 1998, 270). 결과적으로 헌법에는 내각제처럼 행정부 수장인 대통령을 의회가 선출하고 국무총리도 존재하는, 미국과 다른 대통령제가 도입되었다. 물론 대통령 선출 방식은 1952년에 국민의 직접선거로 바뀌었지만, 제헌헌법에 등장한 대통령과 국무총리의 공존이라는 권력 형태는 제2공화국의 내각제 시기를 제외하고는 현재까지 지속되는 한국 정치의 특징이 되었다.

그러면 제헌헌법의 대통령제는 분단의 결과로 볼 수 있는가? 물론 이것은 이승만과 한민당 사이에 벌어진 권력 투쟁 과정의 산물로 등장했다. 그러나 남북에 적대적인 정부가 수립되지 않았다면 한국의 헌법 제정 과정을 이 두 세력이 주도할 수 있었을까? 이 역시 구조적 차원에서 분단이 존재했기 때문에 가능한 것이었다. 특히 당시 우파 세력 중 다수가 내각제를 요구한 점을 고려하면, 한국의 대통령제는 냉전과 분단이 낳은 남북 적대의 결과다.

### 3) 국가 물리력 확충을 통한 반공체제의 형성

한국 정치에 분단이 미친 영향의 대표적인 사례가 반공 체제의 형성이다. 반공 체제는 1946년 중반 미국이 남한 단독 정부 수립 노선을 확정하면서 시작되었다. 미군정은 냉전이 격화되고 1차 미소공위가 결렬되자 장래에 미소 합의에 의한 한반도 문제 해결과 무관하게 남한 단독 정부를 수립하기로 결정했다. 미국은 1946년 전반부터 행정의 한인화 작업을 시작했고, 1947년 6월에는 남조선과도 정부를 수립했다. 물론 최종 결재권자는 미군정이었지만, 행정의 한인화를 통해 미국은 한국인을 통치의 전면에 배치했다.

---

5  이승만은 개인 정치고문 로버트 올리버에게 보낸 편지에서 '정부의 안정을 어렵게 할 것', '적어도 대통령 임기 동안은 정부가 안정된 상태에 있도록 되어야 할 것이고, 국회가 이것을 변경할 권한을 가져서는 안될 것'이라며 내각제를 반대했다(박명림 1996b, 390).

반공 체제는 남한 단독 정부 수립 과정에서 서서히 형성되었는데, 미군정이 가장 먼저 시행한 조치는 좌파의 탄압과 제거를 노린 '레드 퍼지'였다. 이것은 1947년 7월 2차 미소공위가 교착 상태에 빠지고 미국이 한국 문제를 유엔으로 이관하기로 결정한 시점과 정확히 일치했다. 미군정은 8월 11일부터 좌익 계열에 대한 전면적인 검거를 시작해 23일경까지 전국에서 2000여 명을 체포했고, 남로당을 비롯한 좌익 정당과 사회단체를 사실상 불법화했다. 또한 8~9월에는 경찰, 형무소, 사법부 등 억압적 국가기구, 재무부, 농무부, 운수부, 체신부 등 중앙 핵심 부서, 방송국, 각급 학교 같은 이데올로기적 국가기구 등 국가의 전 부문, 그리고 중앙기관뿐 아니라 지방의 각급 행정기관에서도 좌익 세력에 대한 숙청을 실시했다. 1947년 8월부터 1948년 5월까지 검거된 인원은 1300여 명에 이르렀다. 이런 레드 퍼지는 미국이 소련을 상대로 협상을 벌여 한반도에서 단일 정부를 수립하는 구상을 완전히 포기했다는 사실을 보여준다(박찬표 1997, 246~247). 결국 미국의 남한 분단 정부 수립 노선에 따라 한국 내의 좌파 세력이 국가와 사회의 모든 영역에서 배제되게 된 사실은 이후 한국 정치의 우경화를 보여주는 예시였다.

다음으로 남한 단독 정부 수립을 결정한 뒤 미국이 반공 체제를 강화하기 위해 추진한 정책은 억압적 국가기구의 확장이었다. 첫째, 미군정은 진주 직후부터 남한에 정규군을 만들려 했는데, 미국 정부는 소련을 의식하여 '경찰예비대'라는 명칭으로 남조선국방경비대(경비대)를 창설했다. 곧 1945년 12월 군사영어학교Military English School을 개설해 졸업자들에게 경비대 운영을 맡겼고, 1946년 봄부터 경비대원을 모집하여 1948년 8월까지 5만 명 이상을 배출했다. 이것은 미국이 초기부터 분단 정부를 예상하여 군대를 준비한 사실을 보여준다(브라진스키 2011, 135~136). 또한 미군정은 1947년 말 미군의 조기 철수 방침이 확정되자 북한군에 맞서 남한을 방어하기 위해서는 최소 6개 사단, 10만 명의 한국군을 창설해야 한다고 제안했다. 비록 이 제안은 군대 창설을 시기상조로 생각한 본국의 반대에 부딪혀 경비대의 확대와 강화로 귀결되었지만, 1948년 5월이 되면 경비대는 9개 연대에서 15개 연대로 확장되기에 이르렀다. 경비대의 성격도 경찰예비대 또는 경찰 보조 부대에서 국방군으로 변화했고, 정규 군사훈련도 실시되었다. 미군정은 경찰력도 증강했는데, 1947년 7~8월 2만 8000명에서 단정 수립을 앞두고 급격히 늘어나 1948년 초 3만 명, 1948년 6월 3만 5000명, 1949년 3월 4만 5000명으로 증강했다(박찬표 1997, 251).

이러한 무장력의 급격한 증강은 기본적으로 단선과 단정의 저지를 내세운 좌파의 무장투쟁과 맞물렸다. 미군정의 강력한 탄압에 시달리던 좌파는 1948년 초부터 단선과 단정을 저지하기 위해 '2·7 구국투쟁', '제주 4·3 사건', '5·10 선거 반대 투쟁', 빨치산 투쟁 등 무장투쟁을 본격화했다. 따라서 이러한 투쟁을 진압한다는 명분으로 미군정은 자연스럽게 한국의 무장력을 증강시킬 수 있었다. 결국 미국의 남한 단독 정부 수립 결정과 이 과정을 둘러싼 좌익의 무장투쟁은 무장력에 기초한 반공 체제를 강화시키는 결정적 요인이었다.

대한민국 정부가 수립되자 미군정은 철수했지만, 미국은 한국군 창설과 훈련 임무를 담당하기 위해 100여 명의 임시군사고문단Provisional Military Advisory Group을 파견했다. 또한 얼마 뒤 한국군에 2000만 달러의 예산을 책정하고, 이 기구를 500명 규모의 주한군사고문단Korean Military Advisory Group이라는 상설 기구로 확대했다. 주한군사고문단은 한국군 장교와 병사를 양성하기 위해 일련의 군사학교를 설립했다. 1948년 9월에는 2개의 포병훈련소를 설립했고, 이후 보병학교, 통신학교, 병참학교, 공병학교를 설립했다. 1948년 8월에는 미국 군대의 훈련과 조직에 관한 지식을 습득하고 이것을 한국군에 적용하기 위해 한국군 장교 6명을 미국으로 파견했다(브라진스키 2011, 136~137). 이렇게 미국은 한국 반공 체제의 가장 핵심 기구인 한국군의 전력 향상을 위해 인적, 물적 지원을 아끼지 않았다. 이것은 결국 분단이라는 조건에 크게 힘입은 것이다.

### 4) 소결

미국의 압도적 영향 아래 있던 미군정 시기에 한국 정치의 기본틀이 형성되었다. 자유민주주의에 기초한 헌법이 제정되었고, 자유민주주의 정치 체제, 곧 대통령제 권력 형태와 소선거구-단순다수제 선거 제도가 도입되었다. 또한 국내외적 냉전이 격화되면서 좌파가 제거되고 남한 단독 선거 과정에서 중도파와 우파 일부가 제외되면서 우경화된 정치 지형이 형성되었다. 그리고 미국의 남한 단독 정부 수립 구상이 등장한 뒤 남한에는 경찰과 군대가 확대되고 강화되었는데, 이것은 바로 물리력에 기초한 한국 반공 체제의 형성 과정이었다.

그럼 초기에 등장한 한국 정치의 특징이 분단의 공고화 과정에서 어떤 형태로 지속되거나 변화되었는지를 살펴보자.


## 3. 권위주의 시기의 한국 정치 — 자유민주주의의 왜곡과 반공 체제의 강화

### 1) 이승만 정권 시기

#### (1) 반공 체제의 강화 — 국가보안법 제정

신생 대한민국의 이승만 정권은 정부를 구성하고 북진통일을 내세웠지만 처음부터 국내외의 심각한 도전에 직면했다. 이승만 대통령은 한민당과 국회 소장파의 공세, 제주 4·3 사건 이후 지속된 좌파의 무장투쟁과 북한의 위장 평화 공세에 시달렸다. 특히 당시 국민들의 민족주의적 열망을 반영한 국회 소장파의 친일 반민족 행위자 척결 주장은 친일파를 기용한 이승만 정권에 도덕적 측면뿐 아니라 실질적으로 위기를 초래했다. 특히 국회에서 친일반민족행위자처벌법이 시행되자 이승만 정부의 위기는 현실화되었다.

그런데 1948년 10월 제주 출동에 반대하여 군대 내부의 좌파가 일으킨 여순 사건은 이승만 정부가 위기에서 탈출하는 계기가 되었다. 이승만 정권은 전남 일원에 계엄령을 선포하고 군내 반란을 바로 진압했지만, 좌파 세력이 산악 지역을 중심으로 무장투쟁을 전개하자 공산주의자를 색출한다는 명분으로 국가보안법을 제정했다. 이승만 정권은 당시 국내 정세가 "총칼이 눈앞에 닥쳐오는" 시기이므로 말이나 사상은 무력한 시기라고 규정하고, 국가보안법이 반드시 필요하다고 주장했다. 이승만 정권에 국가보안법은 이념이 아니라 상황의 산물이며, 대한민국의 정체가 생존하기 위해서는 반드시 필요한 선택이었다(서희경 2004, 20). 이런 주장에 대해 제헌의원의 다수는 신생 대한민국의 정부를 유지하고 보호하기 위해 좌익 세력의 폭동과 내란 행위를 제거해야 한다는 국가보안법의 필요성에 공감했다. 또한 공산주의 세력이 확산되는 데 큰 위기의식을 느끼고 있었고, 그래서 "평화시대의 평화스러운 민주주의"를 할 수 없는 상황이라고 생각했다(서희경 2004, 25).

그러나 국가보안법은 반공 체제의 억압성을 가장 잘 함축한 법률로, 정치를 극도로 위축시킬 뿐 아니라 궁극적으로 정치를 폐기하는 법률이었다. 국가보안법은 공산주의자들과 대결하여 체제를 지키는 데는 유용했을지라도, 정부 형태 변경 논의와 통일운동 등 정부 비판 세력의 정치 활동을 극도로 제약했다. 이승만 정부는 국가보안법을 통해 임의적인 사법 권력까지 갖게 되었다. 그러나 그것은 사법 권력을 넘어선 일종의 이념 권력이었다. 왜냐하면 정부는 무엇이 국가 이념에 적당하며 그 이념을 위반하는 것이 구체적으로 무엇을 의미하는지에 대한 해석 권한까지 갖게 되었기 때문이다(서희경 2004, 26).

여기에 더해 국가보안법이 통과된 이후 국회는 전신, 전화, 통신을 검열하는 우편단속법을 제정했다. 이것은 국회가 자유보다 질서를, 민주주의보다 권위주의를 강화하는 시도를 용인한 사실을 보여준다. 자유민주주의라는 정치 원리를 기초로 탄생한 제헌국회는 대한민국 정부, 곧 분단 체제가 위협받자 스스로 근본 원리를 부정했다. 이 시기 제정된 국가보안법은 이후 권위주의 시기뿐 아니라 민주화 이후에도 권력을 지닌 세력이 적대 세력을 공산주의자로 몰아 탄압하고 제거하는 수단으로 사용되었다.

결국 남한 단독 정부가 수립되는 과정에서 등장한 반공 체제는 좌익의 무장 투쟁을 계기로 국가보안법이 제정되면서 더욱 강화되었고, 그 뒤 한국 정치에 큰 영향을 미쳤다. 이것은 분단이 한국 정치에 미친 영향을 잘 보여주는 또 하나의 사례다.

### (2) 반공 체제의 토대 강화 — 한국군의 성장과 미국의 지원

분단은 한국전쟁을 거치면서 한미 동맹으로 대표되는 '독특한' 한미 관계를 형성시켰다. 이것은 한국 정치가 미국의 절대적 영향력 아래 들어가게 되는 계기인 동시에 미국 중심의 아시아 반공 동맹의 일환이 되는 시발점이었다. 미국은 한국전쟁을 계기로 한반도의 지정학적 중요성을 높게 평가했다. 미국은 남한이 소련, 중국, 북한으로 이어지는 공산 진영과 군사적으로 대치하게 되자 한반도를 동아시아 지역 전반의 안보에 직결되는 핵심 지역으로 주목했다. 한국전쟁이 진행되던 1950년 말 구호와 재건 계획의 일환으로 국제연합한국재건단United Nations Korean Reconstruction Agency이 설립된 이후 미국은 상호안보계획U.S. Mutual Security Program, 국제협력위원회International Co-operation Administration, 미공법 480Public Law 480 등을 통해 한국에 재정을 지원했다. 그리고 휴전협정 체결 이후인 1953년 10월에는 한국과 상호방위조약을 체결했고, 일본과 마찬가지로 한국하고도 정치, 경제, 군사 등 여러 영역에서 협조 관계를 강화했다(강진연 2012, 76). 곧 한국 정부가 수립된 이후에는 한반도에 대한 개입을 축소하려던 미국의 구상은 한국전쟁을 계기로 역전되었다. 한반도에서 전개된 미국과 소련 사이의 열전은 남한을 미국이 포기할 수 없는 마지노선으로 만들었다.

한국전쟁 발발 당시 한국군은 10만 명 정도의 규모였고 각종 병과학교와 훈련소에서 비교적 체계적인 군사 교육이 실시되고 있었다. 한국전쟁이 발발하자 미국은 즉각 전쟁에 개입하여 대규모 군대를 파견했고, 한국군을 육성하기 위해 주한미군사고문단(고문단)을 2000여 명으로 확대했다. 고문단 소속 미군 고문관들은 훈련소를 만들어 매일 수백 명의 신병에게 기초 군사훈련을 실시한 뒤 일선 부대에 보냈다. 이 과정에서 한국군은 1950년 12월경 24만 2000명으로 늘어났고, 중공군이 참전하자 미국은 더 빨리 한국군을 강화시켰다. 그 결과 1952년 6월 한국군의 규모는 35만 7000명으로 증가했고, 휴전협정이 체결된 1953년 7월에는 49만 2000명으로 늘어났다. 미국은 한국군의 실력을 키우기 위해 먼저 장교단의 수준을 높여야 한다고 생각했다. 그래서 미군 고문단은 주로 한국군 장교를 훈련시켰다. 특히 '카운터파트 시스템counterpart system'을 통해 미군 고문관이 개인별로 한국군 지휘관이나 참모 장교를 담당하게 했고, 자신이 맡은 부대와 함께 생활하고 훈련하며 전투를 수행했다. 곧 미군 고문관은 한국군 지휘관을 가까운 곳에서 가르치고 보좌하면서 미군의 기준에 근거한 군사 작전과 행정을 집행하도록 이끌었다(브라진스키 2011, 142~145). 따라서 한국군은 미국의 압도적 영향력 아래서 양적은 물론 질적으로 성장했다. 곧 한국군은 미국에 의해 만들어진 것이나 마찬가지였다.

한국전쟁을 전후하여 한국군의 양적이고 질적인 성장을 가져온 미국의 활동을 살펴보면, 우선 미국은 한국군 고위 지휘관에게 계속 직업의식을 심어주고 미군의 기준과 가치를 따르도록 유도하기 위해 학교를 설립했다. 한국전쟁 시기에는 통신학교, 공병학교, 보병학교, 포병학교에 장교 훈련 과정을 개설하여 한국군 장교들에게 새로운 지식과 기술을 가르쳤다. 다음으로 좀더 체계적으로 미군의 군사 교리를 가르치기 위해 1952년 1월에 소수 엘리트 장교를 육성할 수 있는 육군사관학교를 설립했다. 또한 한국군 고급 장교를 재교육하기 위해 1951년 12월 육군대학을 설립했고, 1950년대 중반에는 공군대학과 해군대학을 설립했으며, 1956년 10월에는 엘리트 장교를 교육하기 위해 국방대학원을 설립했다. 그리고 한국에서 실시되는 엘리트 장교 훈련의 한계를 극복하기 위해 한국군 고급 지휘관을 선발하여 미국에서 시행되는 특별 훈련에 보냈다. 1950년부터 1957년까지 7000여 명의 한국군 장교가 코누스<sup>Continenatl United</sup> <sup>States</sup> 프로그램에 따라 미군 군사학교에서 교육받았다(브라진스키 2011, 149~159). 이런 미국의 프로그램들을 통해 한국군은 민간 사회보다 높은 수준의 기술과 전문성을 갖게 되었고, 공산주의의 확산을 막는 강력한 보루가 되었다.

결국 분단과 한국전쟁, 냉전은 미국이 한국에 깊숙이 개입하도록 만들었다. 이러한 점을 고려할 때 한국군의 성장과 한미 동맹의 공고화, 더 나아가 전후 미국의 막대한 대한 원조 역시 분단이 가져온 결과로 볼 수 있다.

### (3) 이승만 정권 시기 자유민주주의의 왜곡

대한민국 수립과 함께 등장한 한국의 자유민주주의는 이승만 정권의 집권 연장 과정에서 왜곡되기 시작했다. 물론 이 정권은 공산주의 침략의 격퇴 등 남북 분단과 적대 상황을 명분으로 자신들의 행위를 정당화했지만 꼭 자유민주주의가 왜곡되어야 할 필연성은 없었다. 그렇지만 남북 분단과 적대가 없었으면 이러한 명분이 성립될 수 없었을 것이라는 점에서 이승만 정권 시기 자유민주주의의 왜곡은 분단의 결과라 볼 수 있다.

그럼 이승만 정권이 자유민주주의를 왜곡한 사례를 살펴보자. 이 정권은 1949년 6월 국회 소장파의 주도로 설립되어 정당한 활동을 펼치던 '반민족행위특별조사위원회'를 습격하여 조사원을 체포하는 등 공권력을 이용하여 정치 사회를 억압했다. 그리고 1949년 5월부터 8월까지 유엔한국위원단에 제출한, 외국군 철퇴와 군사고문단 설치에 반대하는 국회의 진언서가 남로당의 지시에 따른 것이라는 혐의로 '소장파' 국회의원 10여 명을 검거했다. 이렇게 이 정권은 한국전쟁 이전부터 자유민주주의를 왜곡했다.

이러한 자유민주주의 왜곡은 한국전쟁 시기에도 계속되었는데, 대표적인 사례가 1952년 이승만 대통령의 임기 연장을 위해 헌법을 개정한 '부산 정치 파동'이다. 1951년 11월 이승만은 재선될 가능성이 없자 국회에서 대통령을 선출하는 간선제를 국민의 직접투표에 의해 선출하는 직선제로 바꾸기 위해 국회에 대통령 직선제 개헌안을 제출하지만 부결되었다. 그러자 이승만은 자신의 대통령 직선제 개헌안을 지지할 '진정한 민의'의 대변 기관을 만든다는 명분으로 1952년 4월에 시·읍·면의회 의원 선거를 실시하고 5월에는 도의회 의원 선거를 실시하여 자신을 지지하는 원외 자유당 세력을 대거 당선시켰다. 그리고 그 의원들을 동원하여 국회의원 소환 운동을 벌이는 등 직선제 개헌안에 반대하는 국회를 압박했고, 5월 25일에는 공비 잔당 소탕이라는 명분으로 경남과 전북에 비상계엄령을 선포하여 공포 분위기를 조성했으며, 5월 26일에는 부산에서 반대파 국회의원 10여 명을 국제공산당 관련 혐의로 체포해 감금했다. 결국 이러한 압력에 밀린 국회가 7월 4일에 기립 표결로 대통령 직선제를 포함한 '발췌개헌안'을 통과시킴으로써 한국의 자유민주주의는 다시 왜곡되었다.

다음으로 이승만 정권은 1954년 이승만 개인의 종신 집권을 가능하게 하는 '사사오입' 개헌을 통해 다시 자유민주주의를 왜곡했다. 이 정권은 '초대 대통령에 한해 중임 제한을 철폐한다'는 조항을 넣은 헌법 개정안을 국회에 제출했지만, 재석 203석 중 135표의 찬성에 그쳐 부결이 선포되었다. 그러나 며칠 뒤 자유당 소속 국회 부의장은 203석의 3분의 2인 135.3에서 사사오입하면 135이므로 개헌안이 통과되었다고 선포했다. 이러한 해석은 헌법 개정의 엄격성을 위해 3분의 2 조항을 넣은 헌법에 위배되는 것으로, 대통령의 임기 연장을 위해 헌법을 파괴한 행위였다.

또한 이승만 정권은 1958년 12월에 야당과 언론의 비판을 봉쇄하여 1960년 정부통령 선거에서 승리하기 위해 국가보안법을 개정했다. 개정 과정에서 이 정권은 무술 경관을 동원하여 야당 의원들을 쫓아내고 자유당 의원들만으로 개정안을 통과시켰고, 이 법을 이용하여 1959년 5월에 야당인 민주당 신파의 기관지로 역할하던 《경향신문》을 폐간했다. 더욱이 이 정권은 1960년 정부통령 선거에서 대대적인 부정 선거를 자행함으로써 자유민주주의의 가장 기본적인 절차인 자유롭고 민주적인 선거를 완전히 파괴했다.

이러한 과정은 분단 정부 수립과 함께 등장한 자유민주주의가 이승만 정권을 거치면서 사실상 형해화된 현실을 보여준다. 초기 형성된 한국 정치의 특징 중 대통령제 권력 형태는 유지되었지만, 선출 방식이 국회에서 국민으로 변경되고 사사오입 개헌으로 내각제적 요소인 국무총리가 폐지되었다. 또한 국회의원 선거 제도인 소선거구-단순다수제가 지속되는 과정에서 1955년 통합 야당인 민주당이 결성됨으로써 한국 정치에 '보수 양당 체제'가 등장했다. 일반적으로 소선거구-단순다수제는 양당 제도를 만들어내는 경향이 있는데, 분단 정부 수립 이후 좌익과 중도 세력이 존재하지 못하는 우경화된 이념 지형과 맞물리면서 보수 양당 체제가 등장했다.

당시 우경화된 한국 정치의 이념 지형을 잘 보여주는 사건이 일어났는데, 바로 진보당 사건이다. 이승만 정권은 1958년 1월 12일 조봉암 진보당 위원장과 간부 10여 명을 간첩 혐의와 국가보안법 위반 혐의로 검거했다. 그해 2월 25일에는 진보당의 등록을 취소했으며, 1959년 7월 31일에는 비밀리에 조봉암에 대한 사형을 집행했다. 이승만 정권은 진보당의 평화통일론이 국시를 위반했다는 명분을 내세웠지만, 실제로는 1956년 제3대 대통령 선거에서 선전한 조봉암을 제거하려는 조작 사건이었다. 그런데 이 과정에서 야당인 민주당이 이 사건에 적극적으로 개입하지 않은 사실은 당시 중도 좌파 세력도 존립하기 어렵던 한국의 우경화된 이념 지형을 잘 보여준다.[6]

결국 남북 분단은 이승만 정권 시기 한국에서 자유민주주의가 왜곡되고 우경화된 정치 지형이 지속되는 데 큰 영향을 미쳤다. 물론 단순 비교가 무리지만, 한국에서 분단이 미친 강력한 영향력은 당시 미국의 강력한 영향력 아래서 자유민주주의를 진전시킨 일본과 비교할 때 두드러진다. 일본은 패전 이후 미국에 의해 자유민주주의 제도가 도입되고 '공정한' 게임의 룰 아래에서 선거를 치르면서 좌익과 우익 사이의 갈등을 제도 내부로 포섭하는 데 성공했다. 특히 사회당과 공산당 등 좌익 정당을 합법화하면서 형식적이나마 이념 지형의 좌우 '공존'이 가능했다. 물론 이후 일본 정치는 자민당 일당 지배 체제가 지속되고 중도나 중도 좌파 야당은 1990년대까지 큰 역할을 하지 못했다. 그러나 만일 일본도 적대 이념에 기초한 두 국가로 분단되었다면 이런 방식의 좌우 공존이 존립하기 어려웠을 것이다. 곧 분단이 없는 일본 사례는 한국 역시 분단이 없었으면 사태가 다른 방향으로 전개될 가능성이 있었다는 점을 보여준다. 따라서 이승만 정권 시기의 자유민주주의 왜곡, 이념 지형의 우경화, 보수 양당 체제의 등장은 한국 정치에 분단이 미친 영향을 잘 보여준다.

## 2) 민주당, 박정희 정권 시기

민주주의의 회복을 요구한 4월 혁명으로 이승만 정권이 붕괴하자 한국 사회에는 자연스럽게 자유민주주의를 부활하는 움직임이 시작되었다. 제2공화국 헌법은 자유민주주의의 기본 원리를 강화하고 대통령제 대신 내각(책임)제를 채택했다. 그리고 반공 체제의 이완에 힘입어 그동안 정치사회에서 배제되던 중도와 중도 좌파의 혁신계 세력이 등장했다. 그러나 혁신계는 1960년 7월 제5대 국회의원 총선거에서 참패했다. 대신 보수 세력인 민주당이 압승했다. 이러한 결과는 분단이 만든 우경화된 이념 지형이 한국전쟁과 미소 냉전의 격화를 거치면서 한국 사회에 확고히 자리잡았다는 사실을 보여주었다.

---

6  사실 이 사건이 벌어지기 전인 1955년에 이승만에 반대하는 세력들이 모여 단일 야당을 구성할 때 이미 상당수 야당 인사들이 조봉암의 참여에 반대했다.

## (1) 자유민주주의 체제의 붕괴와 '일시적' 회복 — 5·16 군사 쿠데타와 민정 이양

4·19 혁명을 통해 제도로서 부활한 자유민주주의는 제대로 뿌리를 내리기도 전에 분단(북한의 남침 위협)을 내세운 군부 쿠데타 세력에 의해 다시 와해되었다. 1961년 5월 16일 일부 군부는 민주적 절차에 따라 선출된 정통성 있는 정부를 불법 쿠데타로 붕괴시켰다. 명백히 자유민주주의를 파괴한 행위였다. 게다가 쿠데타 세력은 헌법을 중단하고, 2년 이상의 군부 통치를 실시하고, 합법적 절차 없이 헌법을 제정하는 등 자유민주주의에 반하는 행위들을 실행했다.

이 과정에서 쿠데타 세력은 분단을 자신들의 불법 행위를 정당화하는 데 이용했다. 쿠데타 세력은 '혁명' 공약에서 반공을 국시의 제1의<sup>第一義</sup>로 내걸고 "지금까지 형식적이고 구호에만 그친 반공체제를 재정비 강화할 것"을 강조했다 (한국군사혁명사편찬위 1963, 7). 특히 '북한괴뢰와의 협상론', '남북 경제·문화교류 또는 남북 연합국가론'을 모두 '공산주의자의 농간'으로 간주하면서 제2공화국 시기 통일운동을 펼친 혁신계를 제거했다(대통령비서실 1973b, 117). 또한 북한이 '적화야욕'에 사로잡혀 '호시탐탐' '무력남침'을 자행하려 한다고 주장하면서 국민들에게 '전쟁에 대한 공포'를 환기시켰다. 이렇게 분단은 쿠데타 세력이 자신들의 불법 행위를 정당화하는 데 이용되었다.[8]

그러나 쿠데타 세력은 미소 냉전 아래서 자유민주주의의 우월성을 내세운 미국의 압력과 여론의 민정 이양 요구에 떠밀려 결국 민주적 절차를 무시한 채 자유민주주의에 기초한 제3공화국 헌법을 만들었다. 그리고 1963년에 '민주' 선거를 실시함으로써 형식적으로나마 자유민주주의를 제도화했다. 물론 그 뒤에도 반공을 국시로 내세우면서 강력한 반공 정책을 실시했고, 언론, 출판, 집회, 시위의 자유 같은 자유민주주의의 기본 원리를 부정하면서 대항 세력을 무력으로 억압했다.

박정희 정권의 '형식적' 자유민주주의는 1960년대 후반 박 정권이 집권 연장을 시도하면서 다시 훼손되었다. 박 정권은 3선 개헌에 필요한 헌법 개정 정족

수를 확보하기 위해 1967년 6월 제7대 국회의원 총선거에서 대거 부정을 저질 렀다. 또한 1969년 9월에는 대통령의 3선 연임을 허용하는 개헌안을 변칙적으로 통과시켰다. 3선 개헌은 민주적 절차를 무시한 행위였기 때문에 박 정권의 정당성뿐 아니라 한국의 자유민주주의를 훼손시켰다. 이때도 박정희 정권은 분단 상황을 강조하면서 자신들의 행위를 정당화했다. 그런데 마침 1968년 1월 21일 게릴라 침투(1·21 사태), 1월 23일 미국 정보함 푸에블르호 나포, 10월 울진과 삼척 지역 무장 게릴라 침투 등 북한이 연이어 무력 도발을 자행함으로써 박정희 정권의 논리를 정당화시켰다. 곧 분단이 낳은 남북 적대는 집권 연장을 위한 박 정권의 자유민주주의 왜곡을 반공을 위해서 불가피한 행위로 포장하는 데 이용되었다.

박정희 정권은 분단에 기인한 반공을 내세워 불법 쿠데타를 정당화했지만, 냉전 체제 아래서 자유 진영에 요구되는 자유민주주의라는 명분을 부정할 수 없었다. 그래서 형식적이나마 자유민주주의에 기초한 헌법을 제정했지만, 1960년대 후반에는 집권 연장을 위해서 그것마저도 훼손했다. 또한 반공을 국시로 삼아 쿠데타 직후 혁신계를 철저히 제거하는 등 반공을 내세워 반대 세력을 철저히 억압했다. 이런 상황은 쿠데타 이후 한국 정치의 이념 지형이 이승만 정권 시기와 마찬가지로 우경화된 것을 보여준다. 결국 1967년에 박 정권에 대항하여 보수 야당들이 통합하여 신민당을 결성함으로써 한국의 정당 체제는 다시 보수 양당제가 되었다.

---

7 새 헌법은 국민의 대표가 아닌 소수의 쿠데타 세력에 의해 제정되었다는 점에서 민주 헌법이 갖추어야 할 대표성과 민주성을 완전히 결여한 정통성이 없는 헌법이었다(박명림 2003, 112~113).
8 물론 1960년대 후반 북한의 군사모험주의는 한국군의 베트남전 참전 같은 국제적 원인도 존재한다. 곧 남북 간 적대의 심화는 국제적인 냉전의 영향에 밀접히 연관되어 있으며, 국제적 냉전도 한국 정치에 영향을 미쳤다.

### (2) 자유민주주의의 폐기 — 유신 체제와 긴급조치

박정희 정권하의 형식적 자유민주주의는 1972년 10월 17일 박정희 대통령의 갑작스러운 전국 비상계엄 선포와 '대통령 특별선언', 곧 10월 유신으로 붕괴되었다. 10월 유신은 기존 헌법을 폐지하고 국회를 해산하는 등 명백한 불법 쿠데타였다. 박 정권은 국내외적 안보 위협을 근거로 10월 유신을 정당화했는데, 특이한 점은 "남북대화를 진정으로 뒷받침"하겠다는 주장이었다(대통령비서실 1973b, 321~326). 곧 박 정권은 10월 유신 선포를 정당화하는 논리로 분단에 기인한 안보 위협과 남북 대화를 내세웠는데, 이 두 목적이 모두 분단에서 기인한 것이었다. 물론 분단의 다른 한쪽인 북한이 없더라도 일본, 중국, 소련 등 주변국 때문에 안보 위협이 존재할 수 있다. 그러나 주변국이 가하는 안보 위협은 한국전쟁 때의 남침과 휴전선의 항상적인 군사적 긴장 등 북한이 가져다주는 안보 위협에는 비교할 수 없을 것이다. 또한 남북 대화는 분단이 존재하기 때문에 성립하는 조건이다. 곧 분단은 안보 위협과 남북 대화 담론을 가능하게 만든 조건이기 때문에 10월 유신의 정당화에 이용되었다. 따라서 10월 유신은 분단이 한국 정치에 영향을 미친 또 다른 사례였다.

박정희 정권은 헌법의 일부 조항을 정지시켜 국회를 해산하고 정당과 정치 활동을 금지한 초헌법적 비상계엄 상태에서 유신 헌법을 제정했다. 유신 헌법은 제3공화국 헌법과 마찬가지로 대표성과 민주성을 상실한 상태에서 제정되었기 때문에 절차적 정당성이 없었다. 또한 내용 역시 제3공화국 헌법이 지닌 민주주의 제도를 축소하고 폐지함으로써 민주적 정당성이 부재했다. 유신 헌법의 대표적인 반민주적 내용은 다음 같다. 첫째, 대통령을 국민의 직접선거가 아니라 통일주체국민회의 대의원의 간접 선출로 만든 점, 게다가 대통령이 임기 제한 없이 무제한으로 재선될 수 있는 점이다. 둘째, 입법부와 사법부의 권한을 약화시키고 두 기관에 대한 실질적 통제권을 대통령에게 부여함으로써 민주주의의 가장 기본적인 원리인 삼권 분립을 무력화시킨 점이다. 심지어 국민은 국회의원의 3분의 2만을 직접선거로 선출하고 나머지 3분의 1은 대통령이 임명하도록 했다. 그리고 대통령이 대법원장의 제청으로 대법원 판사를 임명하고 법관 임면권도 갖게 됐다. 셋째, 대통령이 필요하다고 판단하면 국정 전반에 걸쳐 긴급조치권을 선포하고 국민의 자유와 권리를 제약할 수 있게 한 점이다. 결국 유신 헌법은 평화통일을 위해 국가 권력의 조직화와 능률의 극대화가 필요하다는 명분을 내세웠지만, 국가 권력을 박정희 개인에게 집중시키고 집권 연장을 정당화한 '사인화私人化'된 헌법이었다.[9]

박정희 정권의 자유민주주의 훼손에 맞서 1973년부터 종교계, 재야, 대학, 언론 등 사회 각 부문에서 유신 철폐를 요구하는 민주화운동이 분출했다. 의회민주주의조차 제대로 기능하지 못하는 상황에서 자유민주주의의 회복을 요구하는 아래에서 시작된 저항이었다. 이러한 저항에 대해 박정희 정권은 국민총화, 총화단결, 총력안보 태세 강화 등 반공 안보 담론을 내세우면서 반민주적 긴급조치를 선포하고 인혁당 사건 관련자들의 사형을 집행하는 등 강압 통치로 일관했다. 특히 1975년 4월 남베트남 정부가 붕괴하자 박 정권은 대규모 안보궐기대회를 주도하면서 반공과 반북 분위기를 고조시켰고, 많은 국민이 방위성금 모금에 적극 참여했다. 이것은 당시 한국의 이념 지형이 극도로 우경화되어 있었다는 사실을 보여준다.

1970년대 후반에는 유신 체제에 대한 반발이 내부뿐 아니라 외부에서도 등장했다. 미국 의회 하원의 프레이저 소위원회는 박 정권의 비리를 폭로해 압박을 가했고, 주한미군 철수를 공약으로 내걸고 당선한 지미 카터 행정부는 '인권 외교'를 내세우면서 박 정권에 민주화를 요구했다. 국내에서도 재야와 학생 세

---

9  따라서 뉴라이트 교과서도 "유신헌법이 허용한 대통령의 절대권력과 종신집권의 가능성은 박정희가 개인적 권력욕에서 10월유신을 감행했다는 주장을 뒷받침한다"고 인정한다(교과서포럼 2008, 205).

력은 계속 반유신 민주화 투쟁을 펼쳤고, 박 정권은 강압 통치로 맞섰다. 그러나 1978년 12월 총선에서 야당이 거둔 승리는 박 정권에 대해 민심이 이반한 현실을 보여주었다.

결국 분단에서 유래한 반공 체제, 군부의 비대화, 남북 간의 경쟁 등은 1970년대에 유신 체제라는 한국 정치사에서 가장 강력한 권위주의적 통치를 가져왔다. 박 정권은 유신을 통해 의회 민주주의를 압살했고, 새마을운동, 민방위 훈련, 반상회 등을 수단으로 반공 체제를 더욱 강화했다.

## 3) 전두환 정권 시기

### (1) 전두환의 집권과 자유민주주의의 파괴

1979년 10월 26일 박정희 대통령의 갑작스런 사망은 자유민주주의의 회복을 향한 기대를 높였다. 그러나 12월 12일 전두환을 중심으로 한 신군부 세력이 군사 반란을 일으키고, 최규하 정부도 유신 헌법에 따라 대통령 선거를 치르면서 헌법 개정을 지연시키자 민주화의 전망이 불투명해졌다. 재야 세력과 야당은 최규하 정부에 민주화 일정을 제시하라고 요구했고 대학생들은 1980년 4월부터 민주화를 요구하는 집회와 시위를 시작했다. 신군부는 반공과 안보 담론을 내세워 민주화 요구를 묵살하고, 5월 17일 밤 비상계엄을 전국으로 확대하면서 시위 지도부와 정치인들을 검거했다.

그런 상황에서도 5월 18일 광주에서는 민주화 시위가 벌어졌고, 군이 강경 진압을 하자 일반 시민까지 시위에 참여했다. 신군부는 김대중 내란 음모 사건을 조작해 발표하고, 남파 간첩과 유언비어 등 전형적인 반공과 안보 담론을 동원해 민주화 요구를 묵살했다. 군이 투입되면서 광주 시민의 저항은 막을 내렸지만, 광주항쟁은 부당하게 집권한 신군부에 맞선 정당한 저항이자 자유민주주의 회복을 요구한 민주화운동으로 평가받게 되었다(교과서포럼 2008, 219~220).

또한 신군부는 권력 장악을 위해 기성 정치인의 정치 활동 규제, 김대중 내란 음모 사건, 언론 통폐합, 삼청교육대 등 불법적이고 부당한 조치를 통해 국민 기본권을 완전히 무시할 뿐 아니라 정치적 반대자를 제거하는 등 자유민주주의를 파괴했다. 또한 경제 안정을 최우선 정책으로 추구하면서 노동운동을 강하게 억압했다. 게다가 신군부는 국민에 의해 선출되지 않는 집단을 통해 불법으로 대표성과 민주성이 결여된 제5공화국 헌법을 제정했는데, 내용도 유신 체제와 대동소이해서 선거인단이 대통령을 뽑는 대통령 간선제를 채택했다. 그 뒤 신군부는 관제 정당을 구성하여 대통령 선거와 국회의원 선거를 실시해 전두환 정권을 출범시켰다. 이것은 형식적인 의회 민주주의의 부활일 뿐이었다.

한편 한국에 가장 큰 영향력을 지닌 미국은 개입하지 않음으로써 신군부의 쿠데타와 정권 장악을 승인했다. 미국은 공식적으로는 내정 불가침을 내세웠지만, 신군부의 집권이 한국의 안보를 가장 잘 보장할 것이라고 판단했기 때문에 자유민주주의라는 가치를 포기했다. 특히 신군부의 부대 이동과 무력 진압을 안보를 위한 불가피한 행동으로 승인함으로써 그 뒤 광주민주화운동과 신군부의 불법적인 정권 장악에 대한 책임에서 자유롭지 못하게 되었다.

신군부는 하극상의 군사 반란, 민주화 요구 억압, 광주민주화운동 무력 진압, 반대 세력의 제거를 통해 불법으로 권력을 장악함으로써 한국에서 자유민주주의를 다시 압살했다. 이 과정에서 신군부가 분단에서 유래한 반공과 안보 담론을 통해 쿠데타를 정당화하고 미국도 안보를 내세워 신군부의 권력 장악을 사실상 승인한 사실은 분단이 한국 정치에 미친 영향을 잘 보여준다.

### (2) 전두환 정권의 권위주의적 통치와 좌파 이념의 등장

전두환 정권은 형식적인 의회 민주주의의 복구 이후에도 여전히 권위주의적 통치를 실시했다. 당시 여당인 민정당과 관제 야당들로 구성된 국회는 행정부를 전혀 견제하지 못했고, 언론, 집회, 결사의 자유, 인권 등 국민의 기본권도 계속 억압됐다. 그런데 이 시기에 한국의 정치 이념 지형에서 주목할 만한 균열이 발생했다. 1980년대 광주민주화운동을 겪으면서 민주화 세력은 미국과 자유민주주의의 한계를 뼈저리게 느꼈고, 새로운 대안으로 종속이론, 마르크스주의, 주체사상 등 좌파 이념을 수용했다. 특히 1985년경부터 좌익 사상을 담은 서적이 활발히 출판되면서 학생운동을 중심으로 역사 발전의 원동력을 계급투쟁과 반제 민족운동에서 찾는 급진 좌파 이념이 확산되었다. 이것은 한국전쟁 이후 견고하게 유지되던 반공 체제에 중요한 균열이 발생한 사실을 보여준다.

또한 1985년 2월 총선에서 선명 야당 신한민주당이 돌풍을 일으키면서 그동안 잠잠하던 정치사회가 부활했다. 신민당이 국회에서 헌법 개정을 요구하고, 학생운동과 재야운동은 거리에서 지원하며 전두환 정권을 압박했다. 전 정권은 반미, 반제, 반파쇼 등의 구호를 근거로 민주화운동 세력을 좌경 용공 세력으로 규정하고, 집회와 시위를 억압하면서 용공 조직 사건을 조작하고, 강제 징집, 구타, 고문을 비롯해 부천서 성고문 사건과 박종철 군 사건 같은 인권 유린을 자행했다. 이러한 대응은 정권 안정을 가져오기보다는 정권의 억압성과 몰도덕성을 드러냄으로써 민주화운동에 대한 대중적 지지를 확산시켰다. 결국 국민들이 대통령 직선제를 내걸고 결합한 야당과 민주화운동 세력에 호응함으로써 1987년 6월에 전 정권은 저항 세력의 민주화 요구를 수용했다. 그 뒤 민주화 조치가 시행되었고, 여야 합의로 1960년 이후 처음으로 대표성과 민주성을 지닌 정통성 있는 제6공화국 헌법이 제정되었다.

한편 미국은 1987년 6월 민주화 세력의 시위에 군을 동원해 대응하려는 전두환 정권에 반대하면서 한국 정치에 개입했다. 미국은 민주화 시위가 공권력을 압도한 상황을 보면서 권위주의보다 자유민주주의가 한국의 안정을 가져올 것이라고 판단했다. 이렁 상황은 분단을 계기로 미국이 한국에 도입하려 한 자유민주주의가 한국인들의 의지에 의해 회복되었고, 그 과정에서 미국은 자신들의 최종 목표인 한반도의 안정을 위해 대세에 편승한 것을 보여준다.

결국 1980년대 중반부터 크게 성장한 민주화운동은 30여 년간 지속되던 권위주의적 통치를 종식시키고 자유민주주의의 제도화를 가져왔다. 그리고 이 시기 민주화운동은 좌파 사상에 크게 영향을 받아 우경화된 한국의 정치 지형에 변화를 가져왔다. 그러나 이러한 변화가 분단에 기인한 반공 체제를 이완시키거나 우경화된 정치 이념을 근본적으로 바꾸지는 못했다.

## 4. 민주화 시기 한국 정치 — 자유민주주의의 발전과 지체, 반공 체제의 공고화

### 1) 노태우 정권과 김영삼 정권 시기

#### (1) 노태우 정권 시기 — 자유민주주의의 발전과 지체 및 반공체제의 변화

민주화 이후 민주적인 선거로 등장한 노태우 정권은 낮은 지지율(약 36.6퍼센트)과 군부 권위주의 정권의 후계자라는 '원죄' 때문에 정통성 시비에서 자유롭지 못했다. 또한 노 정권은 1988년 4월 제13대 국회의원 선거에서 집권 여당이 과반수 의석 획득에 실패하면서 정국 운영권을 상실했다. 반면 한국 정치사상 최초인 여소야대 정국은 5공 청산을 주도했다. 국회는 6월 27일 '5·18 광주민주화운동진상조사특위'와 '제5공화국에 있어서의 정치권력형 비리조사특위'라는 특별위원회를 구성하고, 청문회를 통해 '광주사태' 진상 규명, 군부 책임자 처벌, 김대중 내란 음모 사건 조작 규명, 전두환 대통령 친인척 비리 척결, 정경유착 규명, 1980년 언론 통폐합과 기자 강제 해직 규명 등의 쟁점을 다루는 등 권위주의 청산을 주도했다. 그 결과 1988년 11월 23일 전두환 전 대통령이 사과 성명을 발표하고 백담사로 '유배'를 갔다. 비록 권위주의 정권의 유산을 완벽히 청산하지는 못했지만 이러한 일련의 작업은 한국 자유민주주의의 중요한 진전을 가져왔다.

그러나 노태우 정권 시기에도 분단에서 기인한 우경화된 정치 지형과 반노동적인 정치 행태는 지속되었다. 1987년 민주화 직후 전개된 7~9월 노동자 대투쟁으로 급속히 성장한 노동운동은 사업장 내부의 민주노조를 넘어서 지역별, 기업별 상급 노조가 만들어지고, 그 범위를 블루칼라에서 화이트칼라로 확장시켰다. 따라서 노동은 한국 사회의 중요한 정치 세력으로 부상하게 되었다. 그러나 노 정권은 권위주의 정권과 마찬가지로 억압적 노동 행정과 노동 배제 전략을 고수하면서 노동의 '시민권'을 허용하지 않았다. 특히 노 정권은 복수 노조금지, 제3자 개입 금지, 노조의 정치 활동 금지, 공무원/교원의 단결 금지 조항 등을 고수하면서 노동계의 요구를 허용하지 않았다(노중기 2010, 44). 따라서 분단의 결과인 노동에 대한 배제와 억압은 민주화 뒤에도 여전히 지속되었다.

또한 노태우 정권은 1990년 1월 여당을 견제하라는 유권자의 의지를 거스르며 3당 합당을 감행해서 자유민주주의를 후퇴시켰다. 3당 합당의 결과인 민주자유당은 여소야대 때 야 3당이 합의한 민주적 의제를 포기하고 공안 정국을 조성해 민중운동과 노동운동을 탄압했다. 여기에 맞서 학생운동, 민중운동, 노동운동이 합세해 1991년 5월 투쟁을 벌이지만 공권력의 탄압에 밀려 노 정권 퇴진이라는 목표를 달성하는 데 실패했다. 노 정권은 '좌경 용공 세력' 등 반공 담론과 안보 담론을 이용하여 저항 세력을 공격했는데, 이것은 민주화 이후에도 한국 사회에 분단에서 기인한 반공 체제가 여전히 강력한 영향력을 발휘하고 있다는 사실을 보여준다.

한편 노태우 정권은 1985년 소련의 페레스트로이카 정책 이후 시작된 사회주의권의 개혁과 개방 분위기에 따라 1988년부터 사회주의 국가들을 상대로 관계 개선을 추진하는 등 북방 정책과 개방적인 대북 정책을 펼쳤다. 노 대통령은 1988년 7월 7일 남북 상호 인적 교류와 왕래를 위한 문호 개방, 이산가족의 서신 교환과 상호 방문 등의 내용을 담은 '민족자존과 통일번영을 위한 대통령 특별선언'(7·7 선언)을 발표하면서 북한을 경쟁과 적대의 대상이 아니라 민족

공동체의 일원으로 규정했다.

노 정권은 1989년 9월 11일 평화공존에 기초한 '한민족공동체 통일방안'을 발표하고 대북 대화를 추진했다. 북한도 탈냉전의 흐름에서 생존을 도모하기 위해 한국의 제안을 수용했다. 그 뒤 예비 회담, 남북 고위급 회담 등 123회의 각종 실무 대표 회담과 분과위원회 회의가 진행되었고, 그 결과 1991년 12월 13일 남북은 '남북 사이의 화해와 불가침 및 교류·협력에 관한 합의서'('남북 기본합의서')를 체결했다. 또한 1991년 주한미군이 한국에서 핵무기를 철수하고 12월 18일 노태우 대통령이 이 사실을 확인하자, 남북은 12월 31일 '한반도의 비핵화에 관한 공동선언'(비핵화 선언)에 합의했다. 비록 노 정권 시기 남북 기본합의서의 내용은 실천되지 않았지만, 남북 간의 공식 합의는 분단이 가져온 반공 체제에 변화가 시작되었다는 점에서 중요한 의미를 가졌다.

그러나 이 과정에서도 노 정권은 1988년부터 시작된 시민사회의 통일운동을 허용하지 않았을 뿐 아니라 1989년에는 반공 담론과 안보 담론을 이용하여 통일운동을 탄압했다. 이것은 노 정권의 대북 정책이 북한에 대한 적대적 인식의 변화에 기인한 것이 아니라 탈냉전의 흐름을 이용하여 북한을 흡수 통일하려는 전략적 선택에서 기인한 사실을 보여준다.

결국 노태우 정부 시기에는 분단이 주조한 한국 정치의 특징들이 약간 변화했지만 분단이 낳은 반공 체제는 여전히 강고히 유지되었다. 우선 여소야대 정국이 조성되면서 의회 민주주의가 부활했고 7~9월 노동자 대투쟁으로 등장한 노동운동이 조직적으로 성장함으로써 자유민주주의가 어느 정도 발전했다. 그러나 노 정권은 노동운동을 탄압하고 1990년 3당 합당으로 의회 민주주의를 약화시켰다. 한편 탈냉전이라는 국제 정세를 이용하여 남북 합의에는 성공했지만 민간의 통일운동을 억압하는 이중적 태도를 보였다. 이것은 노 정권이 분단이 가져온 우경화된 정치 이념의 틀에서 벗어나지 못한 사실을 보여준다.

### (2) 김영삼 정권 시기 — 군부 권위주의의 청산과 자유민주주의의 진전

김영삼 정권은 권위주의 세력과 3당 합당을 해서 집권했지만 자신들을 문민정부로 명명하면서 집권 직후부터 권위주의 청산에 나섰다. 김 정권은 군부 내 하나회 인사 숙청, 정치인과 공직자에 대한 대대적 사정, 공직자윤리법 제정, 공직자 재산 공개, 금융실명제 실시, 재벌 개혁, 권위주의적 노무 관리 관행과 노동 억압적 제도 개선, 농산물 개방 불가 등의 개혁 정책을 실시했다. 특히 분단을 빌미로 정치에 개입한 군부의 퇴진은 자유민주주의의 제도화에 기여했다.

김영삼 정권은 집권 초기 민족 중심적 시각을 견지하면서 대북 관계를 적대적 대결에서 화해와 협력의 장으로 변화시키겠다고 주장했다(김영삼 2001a, 98). 그래서 '진보' 인사로 알려진 한완상을 통일부총리에 임명하고, 북한의 핵확산금지 조약NPT 탈퇴에도 불구하고 미전향 장기수 이인모를 북한으로 송환하고, 남북정상회담 개최를 추진하는 등 남북 관계의 개선을 모색했다. 그러나 1994년 7월 김일성 사망 이후 조문을 둘러싸고 남한 내부의 반공과 반김일성 분위기가 고조되면서 남북 관계는 다시 악화되었다. 미국과 북한의 합의로 북한 핵위기가 해소된 뒤에도 김 정권이 추진한 이산가족 교환과 경제 지원 등은 실행되지 못했다. 이것은 김 정권의 한계에도 기인한 결과지만, 전향적 대북 정책을 뒷받침하지 못한 한국 사회의 우경화된 이념 지형에 더 큰 원인이 있다.

한편 김영삼 정권의 초기 개혁 정책은 권위주의 세력과 재벌, 언론 등 보수 세력의 반발로 후퇴했다. 특히 김 정권은 1993년 무노동 부분 임금 등 친노동 정책을 내세웠고, 노동계 역시 1993년 6월에 민주노조 세력이 모여 전국노동조합대표자회의를 결성하고 1995년 11월에 전국민주노동조합총연맹(민주노총)을 결성하는 등 양적이나 질적으로 발전하고 있었다. 이러한 상황에서 김 정권은 1994년 경제위기를 빌미로 노동 억압을 강화하기 시작했다. 공권력을 이용하여 노동계의 파업과 시위를 탄압하는 동시에 임금 인상을 억제하기 위해 노사 간의 최상급 조직에 의한 자율적 임금 합의를 유도했다. 그러나 김 정권은 기업의 입장에 서서 노사 합의를 유도했기 때문에 노동계와 합의에 실패할 수밖에 없었다. 1994년 시작된 임금 합의가 무산되고, 1996년 노사관계개혁위원회의 노사 합의를 통한 노동법 개정 시도도 실패한 점이 이것을 잘 보여준다.

결국 김영삼 정권은 1996년 12월 노동기본권 보장 유보와 노동조건 유연화 대폭 확대 등 기업의 입장을 반영한 노동법 개정안을 날치기 통과시켰다. 그런데 이 사건은 해방 이후 최대의 총파업 투쟁을 촉발했다. 총파업은 국내 여론은 물론 해외 노동 세력의 지원을 받았고, 결국 김 정권은 1997년 3월 노동계의 요구를 어느 정도 반영하여 노동법을 재개정했다. 개정된 내용에는 상급 단체의 복수 노조 허용, 파업 때 사외 대체 근로 금지, 정리해고 규정 2년 유예, 노동위원회 위상 강화 등 노동에 유리한 내용이 있지만, 공무원 단결권과 단체행동권 제약, 제3자 개입 금지, 노조의 정치 활동 금지 조항 유지, 민주노총 불인정 등 반노동적 내용 역시 상당히 남아 있었다. 이것은 민주화 이후 한국 사회에서 노동계의 힘이 성장하기는 했지만 한계도 분명했다는 사실을 보여준다. 특히 노조의 정치 활동 금지나 민주노총 불인정은 분단이 낳은 노동 배제의 정치 지형이 문민정부에서도 여전히 지속되고 있다는 사실을 보여준다.

다른 한편 김영삼 정권은 1995년 10월 비자금을 둘러싼 노태우 전 대통령의 대국민 사과를 계기로 과거사법을 제정하고 다시 권위주의 청산에 나섰다. 김 정권은 노태우 전 대통령과 전두환 전 대통령을 구속하고, 그해 12월 국회에서 '5·18민주화운동등에관한특별법'과 '헌정질서파괴범죄의공소시효등에관한특례법'을 제정하여 권위주의 정권 시기의 잘못된 권력 행사나 인물과 제도를 청산했다. 이것은 한국 사법사상 처음으로 진행된 과거 청산 작업으로, 오욕된 과거 역사를 바로잡는 노력이자 군부 권위주의 정권에 대한 사망 선고였다. 특히 군부 권위주의 정권은 분단이라는 구조적 조건에 근거하여 집권의 정당성을 주장했기 때문에 군부 권위주의의 청산은 자유민주주의의 진전이자 분단이 만든 한국 정치 구조를 변화시킨 사건이었다.

김영삼 정부는 집권 마지막 해인 1997년 초부터 대기업이 도산하기 시작하고 연말에는 국가 부도 상황에 빠져 국제통화기금의 구제금융을 받으며 '경제주권'을 상실했다. 물론 1997년 경제위기가 김 정권의 경제정책 실패에만 기인하지는 않았지만, 탈냉전 이후 세계적으로 진행된 '지구화Globalization'에 제대로 대응하지 못하고 국가를 위기에 빠트린 사실은 부인할 수 없다. 이러한 상황은 1997년 대통령 선거에서 야당 후보인 김대중이 당선하는 데 큰 영향을 미쳤다. 물론 이인제의 독자 출마도 중요한 원인이지만, 경제위기가 없었으면 김대중의 당선은 쉽지 않았을 것이다. 한국 정치사상 최초의 정권 교체는 분단이 만든 보수 양당 체제의 틀 속에서 일어났지만, 그 뒤 김대중 정부의 대북 화해 정책에서 볼 수 있듯이 분단에 기인한 우경화된 이념 지형의 변화를 추동하는 계기였다는 점에서 중요한 의미를 지닌다. 또한 정권 교체는 분단 이후 한국에 등장한 자유민주주의가 드디어 제도화에 성공한 사실을 입증하는 계기가 되었다.

김영삼 정부 시기 분단이 한국 정치에 직접적으로 영향을 미치는 사례가 발생했다. 우선 북한은 1996년 4·11 국회의원 선거를 일주일 앞두고 판문점에서 무력시위를 전개했다. 이 사건은 한국인들의 안보 불안 심리를 자극했고, 그 결과 접경 지역에서 보수 정당인 신한국당이 압승했다. 그리고 이 사건을 계기로 북한의 정치적, 군사적 행위가 한국의 선거에 미치는 영향을 의미하는 '북풍北風'이라는 용어가 탄생했다. 또한 1997년 12월 대통령 선거를 앞두고 이회창 후보 진영에서 북한에 판문점에서 무력시위를 벌여달라고 요청했다는 '총풍 사건' 의혹이 제기되었다. 사건의 실체에 관해서는 논란이 있지만, 대법원은 관련자들이 북한의 판문점 무력시위 요청을 모의했고 베이징에서 불법으로 북한 측 인사들을 접촉한 사실은 인정했다. 여하튼 이 사건은 미수에 그쳤지만, 분단을 이용하여 한국 정치, 특히 선거에 영향을 미치려 한 대표적 사례다.

결국 김영삼 정부 시기에도 분단은 한국 정치에 여전히 강한 영향을 미쳤다. 김 정부의 개혁 정책과 과거사 청산은 자유민주주의 발전에 기여했다. 그러나 노동운동을 탄압하고 노동기본권을 인정하지 않는 등 분단이 낳은 노동 배제의 이념적 틀에서 벗어나지 못했다. 또한 우경화된 이념의 틀에 갇혀 대북 관계를 진전시키지 못하고 북한을 국내 정치에 이용하는 등 분단이 낳은 정치 지형을 변화시키지 못했다.

## 2) 김대중 정권과 노무현 정권 시기

### (1) 김대중 정권 시기 — 자유민주주의의 발전과 반공 체제의 이완

경제위기 과정에서 집권한 김대중 정권은 위기 극복을 위해 집권 초기부터 기업과 금융 부문의 개혁을 추진했고, 구조조정을 위해 정리해고제와 파견고용제 등 노동시장을 유연화하려 했다. 김 정권은 노사정위원회를 구성해서 노조의 정치 활동 허용, 민주노총 합법화, 공무원 노조 인정 등과 교환하는 방식으로 노동에 불리한 이러한 정책들을 통과시켰다. 노동시장 유연화가 정규직과 비정규직의 분화와 고용 불안을 가져온 반면, 노조의 정치 활동 허용 등을 통해 노동계는 오랜 숙원인 정치적 시민권을 획득했다. 이것은 1997년 경제위기를 계기로 분단 이후 지속되던 노동 배제의 정치 문화가 변화한 사실을 보여준다. 또한 이러한 변화를 계기로 등장한 민주노동당이 2002년 도입한 정당명부식 비례대표제(정당투표제)에 힘입어 국회에 진출함으로써 분단이 낳은 보수 정당 체제에 처음으로 균열이 일어났다.

그렇지만 김대중 정권은 보수 정당인 자유민주연합(자민련)과 만든 선거 연합을 통해 집권했고, 특히 국회에서 다수의 지지를 얻지 못한 탓에 기대와 달리 민주화를 크게 진전시키지 못했다. 다만 1990년대 성장한 시민단체들을 적극 지원했는데, 이러한 정책은 2000년 낙천·낙선운동에서 볼 수 있듯이 시민단체가 정치사회를 견제하게 됨으로써 한국 민주주의 발전에 기여했다. 낙천·낙선운동은 정당 공천의 비민주적 관행 시정, 지역감정 조장 행위 차단, 선관위의 후보자 신상 공개 유도, 현실 정치에 대한 유권자의 비판적 인식 제고 등을 가져왔고, 참여 민주주의의 중요한 사례로 평가되었다. 김 정권의 시민단체 지원은 분단 이후 지속되던 보수 정당의 정치사회 독점에 균열을 일으킴으로써 한국의 자유민주주의를 발전시켰다. 또한 김 정권은 의문사진상규명위원회와 국가인권위원회를 설립하는 등 권위주의 정권 시기의 과거사 문제와 인권 침해 문제에 많은 관심을 기울였다. 이것은 시민의 기본권인 인권을 증진시키는 데 기여함으로써 분단이 가져온 자유민주주의의 영역을 확장시켰다.

한편 김대중 정권은 분단이 만든 반공 체제에 변화를 가져왔다. 김 정권은 한반도 긴장 완화와 평화통일 분위기 조성을 목표로 대북 포용 정책을 실시하여 2000년에는 분단 이후 최초로 남북정상회담을 성사시켰다. 이후 이산가족 상봉, 비전향 장기수 북송, 경제협력 관련 실무 회담, 식량 지원, 경제 교역 등 각종 남북 교류가 확대되었고, 금강산 육로 관광, 경의선과 동해선 철도 연결 착공식 등을 성사시켰다. 물론 1999년 연평해전과 2002년 서해교전 등 군사적 충돌이 발생했지만, 김 정권은 이전과 달리 차분하게 대화로 문제를 해결했다. 이러한 변화는 분단에서 유래한 반공 체제, 곧 적대적 남북 관계를 이완시킴으로써 한국 사회의 우경화된 이념 지형에 균열을 가져왔다.

다른 한편 김대중 정권 시기인 2002년 미군 장갑차 여중생 사망 사건과 여기에 항의하는 촛불시위가 발생했다. 당시까지 한국 사회의 일반적인 대미 인식은 한국을 일본 제국주의에서 해방시켜주고 한국전쟁에서 구해준 해방자이자 구원자라는 절대적으로 긍정적인 성격을 지녔다. 그러나 이 사건을 계기로 한미 간의 불평등한 관계가 알려지면서 많은 시민이 항의 촛불시위에 참여해 불평등한 한미행정협정SOFA 개정을 요구했다. 그 결과 분단이 가져온 한국인의 친미 의식에 변화가 일어났다. 보은 의식에 기초한 친미 의식이 국가 이익에 따라 움직이는 보통 국가로 미국을 바라보는 인식으로 바뀐 것이다(전재호 2012, 107).

마지막으로 김대중 정권은 2000년 4·13 총선 직전인 4월 10일에 남북정상회담을 발표함으로써 남북 관계를 국내 정치에 이용하려 한다는 의혹을 받았다. 사실 분단은 한국인에게 통일을 향한 강렬한 열망을 불러일으켰고, 어떤 정치 세력이 통일을 지향하게 되면 좀더 손쉽게 대중의 지지를 획득할 수 있는 것이 한국 정치의 현실이다. 이런 상황에서 사실 여부를 떠나 남북정상회담은 통일을 지향하는 행위로 보였기 때문에 김 정권이 국민들의 통일 열망을 이용하여 선거에서 지지를 확보하려 했다고 주장하는 것은 자연스럽다. 따라서 이것은 분단(또는 분단 극복)이 한국 정치에 어떻게 영향을 미치는지를 보여주는 또 다른 사례였다.

결국 김대중 정권 시기에는 분단이 낳은 한국 정치의 여러 내용이 변화되기 시작했다. 노동 개혁은 분단에서 기인한 노동 배제 정치 지형의 변화와 진보 정당의 의회 진출을 가져왔고, 시민단체 지원과 과거사 진상 규명, 인권 증진을 위한 노력은 자유민주주의의 발전을 가져왔으며, 대북 포용 정책은 분단이 낳은 반공 체제의 이완과 우경화된 이념 지형의 균열을 가져왔다. 또한 미군 장갑차 여중생 사망 사건은 분단에서 기인한 친미 의식을 변화시켰다.

### (2) 노무현 정권 시기 — 권위주의 청산과 남남 갈등

정치권의 비주류로서 집권에 성공한 노무현 정권은 자신의 명칭을 참여정부로 명명하고 개혁 정책을 추진했다. 집권 직후 특별검사제도를 도입하여 대선 자금을 수사했고, 공직선거 및 부정선거 방지법과 정치자금에 관한 법률을 개정하여 정경유착의 고리를 끊으려 했으며, '제왕적' 대통령제를 폐기하기 위해 당정 분리를 시행했고, 민주적이고 수평적인 국정 운영 제도 도입을 위해 검찰, 경찰, 국정원, 국세청 등 권력 기관에 자율권을 부여하고 검찰 조직을 변화시키려 노력했다. 권위주의에서 탈피하려는 노 정권의 실천을 보여준 이러한 노력들은 한국 민주주의의 진전으로 볼 수 있다. 특히 노 대통령 탄핵소추안이 발의된 직후부터 시작된 '탄핵무효' 촛불시위에 일반 시민들의 참여가 두드러졌고, 4·15

총선에서 열린우리당이 거둔 승리에서 알 수 있듯이 권위주의 탈피를 주장한 노 정권은 시민들의 강력한 지지를 획득했다.

또한 2004년 하반기 노 정권은 사학 비리 해결을 위한 사학법 개정, 친일 청산과 잘못 처리된 과거사 조사를 위한 과거사법 제정, 언론 독과점을 약화시키기 위한 언론법 개정, 국가보안법 폐지 등 4대 개혁 입법을 추진했다. 그런데 이러한 시도는 김대중 정권 이후 결집하기 시작한 보수 세력의 결집을 가져왔고, 한나라당을 포함한 보수 세력의 강력한 반발 때문에 의도대로 추진되지 못했다. 보수 세력의 반발로 노 정권의 개혁 정책이 좌초한 것이다.

한편 2004년 4·15 총선에서 민주노동당이 10석의 의석을 차지함으로써 4월 혁명 시기 이후 처음으로 좌파 세력이 국회에 진출하게 되었다. 이 사건은 당시에는 분단에서 유래한 우경화된 정치 이념과 보수 정당 체제가 변화되는 단초로 인식되었다. 그렇지만 그 뒤 민주노동당이 노선 갈등 때문에 분열되고 그 한 축인 통합진보당이 '종북' 세력으로 매도당하다가 2014년 대법원에서 위헌 정당으로 해산된 사실에서 볼 수 있듯이, 한국의 우경화된 정치 이념 지형과 보수 정당 체제는 강고히 유지되고 있다.

다른 한편 노무현 정권은 김대중 정권의 대북 포용 정책을 계승하여 남북 관계를 더욱 진전시켰다. 미국 부시 행정부의 대북 강경책에도 불구하고 금강산 관광을 육로로 확대하고 경의선 철도를 연결했으며, 남북 합작 개성공단을 본격적으로 가동했다. 또한 2007년 10월 평양에서 제2차 남북정상회담을 개최하여 '남북관계발전과 평화번영을 위한 선언'을 발표하고 한반도 핵문제 해결을 위해 공동 노력할 것을 합의했다. 이것은 김대중 정권에 이어 적대적 반공 체제를 이완시키고 분단 구조를 변형시키려는 노력이었다.

또한 노무현 정권 시기 크게 확대된 남북 민간 교류와 경제 교류는 적대적 대북 의식을 약화시켰지만 모든 부문에서 이질성을 확인하는 계기가 되었다. 특히 남북 간의 경제적 격차는 분단과 한국전쟁이 심어놓은 두려움과 적대 의식에 기초한 맹목적인 반공 의식을 약화시키는 대신 우월 의식에 기초한 반공 의식을 가져왔고, 통일에 대해서도 소극적으로 만들었다(전재호 2012, 103). 이것은 남북 교류의 확대가 분단이 주조한 적대적 반공 체제의 이완을 가져왔지만 반공 의식의 약화를 가져오지는 않는다는 사실을 보여준다.

노무현 정권은 2004년 미국의 요구로 자이툰 부대를 이라크에 파병했다. 이것은 분단 이후 형성된 특수한 한미 관계의 단면을 보여준다. 물론 일본도 이라크에 자위대를 파병했지만, 이것은 군비 확산을 원하는 미국과 일본의 이해관계가 일치했기 때문이다. 노 정권의 경우 국내 지지 세력의 격렬한 반대에도 불구하고 미국의 요구를 수용한 사실은 분단이 만든 불균등한 한미 관계가 얼마나 강고한지를 잘 보여준다.

마지막으로 김대중 정권과 노무현 정권 시기의 대북 화해 정책과 참여민주주의의 확산과 함께 한국 사회에서 '남남 갈등'이 등장했다. 남남 갈등은 분단이 주조한 반공 체제와 우경화된 정치 이념 지형의 변화에 위기의식을 느낀 보수 세력이 두 정부의 정책에 반대하면서 시작되었다. 보수 세력은 전형적인 반공 담론과 안보 담론을 내세우면서 대북 화해 정책을 비판했다. 어느 사회나 이념 대결이 존재하지만 한국은 분단되어 있기 때문에 대북 정책을 둘러싸고 남남 갈등이 존재할 수 있는 것이다. 곧 남남 갈등 역시 분단이 한국 정치에 어떤 영향을 미치는지를 보여주는 중요한 사례다.

결국 노무현 정권은 분단에서 기인한 권위주의를 청산하기 위해 노력했고, 대북 포용 정책을 통해 분단이 주조한 적대적 반공 체제의 이완을 가져왔다. 그러나 분단에서 기인한 특수한 한미 관계 때문에 미국의 이라크 파병 요구를 수용하고, 분단이 낳은 안보 불안 심리를 이용해 개혁 정책과 대북 화해 정책을 비판하는 보수 세력의 강한 반대 때문에 4대 개혁 입법을 의도대로 추진하지 못하는 등 노 정권 시기에도 분단은 한국 정치에 어느 정도 영향을 미쳤다.

## 5. 나오는 말

1945년 8월 38도선을 둘러싼 미소의 분단 점령과 1948년 남한과 북한의 분단 정부 수립에서 유래한 남북 분단은 한국 정치에 가장 큰 영향을 미친 요인이다. 특히 냉전 해체 이후에도 존속하며 여전히 한국 정치에 큰 영향을 미치고 있는 점을 고려할 때, 분단은 해방 이후부터 현재까지 지속적으로 영향을 미치는 한국 정치의 상수이자 구조다.

한국 정치에 분단이 미친 영향은 네 가지로 정리할 수 있다. 첫째, 분단은 한국 정치에 대한 미국의 개입과 영향력 행사라는 특별한 한미 관계를 가져왔다. 약소국에 대한 강대국의 개입과 영향력 행사는 국제 정치에서 일상적인 모습이지만, 한미 관계는 특별하다. 물론 이러한 한미 관계가 전부 분단에서 기인한 것은 아니다. 더 근본적인 원인은 분단을 가져온 국제 요인, 곧 미소 간의 냉전이다. 사실 38도선을 기준으로 한반도를 분단 점령하기로 결정할 시점만 해도 미국이 보기에 한국의 전략적 가치는 일본과 중국에 견줘 작았다.

그러나 냉전이 격화되자 한반도의 전략적 가치가 상승했고, 중국 대륙이 공산화되고 한국전쟁이 일어나면서 한국은 절대 포기할 수 없는 지역이 되었다. 특히 한국전쟁이 승부를 가리지 못한 채 끝나자 한반도의 남북은 경제성장의 우위를 두고 미국과 소련이 경쟁하는 전시장이 되었다. 그 결과 미국은 한국에 더욱 깊이 개입하게 되었다.[10]

한편 미국은 남한 단독 정부 수립과 한국전쟁, 그리고 국가 건설nation building 과정에서 군사 원조 같은 물질적 지원뿐 아니라 자유민주주의로 대표되는 미국식 아이디어와 제도를 이식하려 노력했다. 물론 미국은 한국 이외에도 일본을 비롯한 우방국들에게 경제 지원과 군사 지원은 물론 미국식 아이디어와 제도의 이식을 도왔다. 그러나 미국은 다른 국가들에 비교할 수 없을 정도로 한국에 많은 지원을 했다.

휴전 이후 미국의 원조는 한국의 생존을 가능하게 했고, 1950년대 후반 미국의 경제개발계획 수립과 1960년대 초 미국의 경제개발계획 수정 요구, 일본에 대한 한일 국교 정상화 압박, 대한 차관 공여, 한국 수출품에 대한 미국의 시장 개방 등은 한국의 급속한 경제성장을 가능하게 했다. 그 결과 이승만과 박정희 정권은 일정한 대중적 지지를 획득할 수 있었다. 결국 냉전과 분단이 가져온 미국의 이념적이고 물질적인 지원은 자유민주주의 도입과 함께 권위주의 정권의 물적 토대를 제공함으로써 한국 정치에 영향을 미쳤다.

다른 한편 미국은 한국 정치의 중요한 순간마다 직간접으로 개입(또는 불개입)함으로써 영향을 미쳤다. 우선 미국은 1948년 단독 선거를 앞두고 분단 정부 수립의 정당성을 높이기 위해 민주적 선거 제도가 도입되도록 개입했다.[11] 반면 미국은 분단 정부 수립 이후 30여 년간 한국에서 전개된 권위주의적 통치를 지원 또는 용인했다. 미국에 자유민주주의는 중요한 가치였지만, 한국의 안보는 그것보다 더 중요했다. 한국 안보에 도움이 된다면 독재 정권이라도 미국은 지원 또는 용인했다. 특히 1949년 국가보안법 제정에서 시작된 반공 체제의 강화, 1952년 이승만의 불법적 권력 연장을 가져온 부산 정치 파동, 1961년 군부 쿠데타의 승인, 삼선 개헌 같은 박정희 정권의 불법적 권력 연장, 1979~1980년 신군부의 쿠데타와 전두환의 불법적 권력 장악 등 권위주의적 통치에 대해 미국은 개입 또는 불개입을 통해 묵시적으로 지원 또는 승인했다. 물론 미국은 한국의 민주주의 발전에도 기여했다. 대표적으로 1960년 4월 혁명 시기, 1962~1963년 민정 이양 과정, 1987년 6월 민주항쟁 시기에 미국은 한국의 민

---

**10**  미국인들은 "한반도는 세계에서 유일하게 민주주의와 공산주의가 동시에 실험에 들어간 지역이며, 미국과 소련은 이 지역의 패자로서 3000만 한국인의 생활방식을 지배하기 위해서 앞으로도 대립할 것"이기 때문에 "모든 세계인, 특히 아시아인들이 현재 한반도에서 치러지고 있는 미국과 소련의 대결을 주시하고 있다"고 생각했다(브라진스키 2011, 15: 정일준 2012, 345).

**11**  물론 앞서 지적했듯이 한국의 자유민주주의 도입 자체는 미국뿐 아니라 국내 정치 세력들의 합의에 의한 것이었다.

주화를 돕는 방향으로 개입했다. 결국 미국은 한국의 권위주의 강화와 민주주의 발전이라는 상반된 상황에 모두 연관되어 있다. 미국은 당시 상황에서 자국의 이익이 극대화되는 최선의 선택을 한 것이었다. 이것은 분단이 만든 특수한 한미 관계의 결과다.

마지막으로 분단 때문에 형성된 특별한 한미 관계의 또 다른 내용은 한국의 정치 세력들이 미국에 과도하게 의존하거나 미국의 요구에 순응한다는 점이다. 대표적으로 이승만 정권은 자유세계의 일원으로서 한국이 지닌 위상을 강조하면서 미국에 더 많은 지원을 요구했고, 장면 정권은 미국의 한국 군부 통제를 지나치게 신뢰한 탓에 군부 쿠데타에 제대로 대처하지 못했다. 박정희 정권은 비록 민정 이양, 주한미군 철수, 인권 외교 등에서는 미국과 갈등을 빚었지만, 경제개발계획 수정, 한일 국교 정상화, 베트남 파병 등에서는 미국의 요구를 전적으로 받아들였다. 민주화 이후에도 한국 정권들은 미국과 갈등을 빚기도 했지만 미국의 요구를 대부분 수용했다.[12] 결국 민주화 이후 미국은 노골적으로 한국 정치에 개입하지는 않지만, 여전히 한국의 정책이 자신들에게 유리하게 결정되도록 영향력을 행사했다. 이것은 냉전 시기 분단이 낳은 특수한 한미 관계가 탈냉전 이후에도 여전히 지속되고 있다는 사실을 보여준다.

둘째, 분단은 한국의 정치 이념 지형을 극단적으로 '우경화'시켰다. 분단 이후 미군정에 의해 시작된 좌익 탄압은 한국전쟁을 거치면서 좌익은 물론 중도 세력도 존립할 수 없는 환경을 만들었다. 1950년대 진보당 사건과 1961년 군사 쿠데타 직후 혁신계의 검거는 당시 극도로 축소된 정치 이념 지형을 보여준다. 중도 또는 중도 좌파는 1987년 민주화 이전까지 전혀 정치사회에 진출할 수 없었고, 민주화 이후에도 상당 기간 의회에 진출하지 못했다. 이것은 물론 소선거구-단순다수제 선거 제도와 지역주의 투표 경향에도 원인이 있다.

그러나 2002년 정당투표제 도입 이후에도 진보 정당이 크게 성장하지 못하고, 2000년대에도 여전히 '종북' 담론이 성행하며, 2013년 대법원의 통합진보당 해산 결정이 나온 데서 볼 수 있듯이, 한국 정치 이념의 우경화는 공고화된 상태다. 이러한 상황은 특히 일본과 대조된다. 일본은 자민당의 장기 집권에서 볼 수 있듯이 우경화된 정치 이념 지형인데도 한국과 달리 공산당의 정치 활동이 허용되고 중도(좌)파인 사민당이 집권하는 등 좌파에 대한 지지도 상당히 존재한다. 물론 한국과 일본 사이의 이러한 차이는 상이한 정치 문화에도 기인한 것이지만, 한국에서 우경화된 이념 지형이라는 정치 문화를 형성시킨 요인이 분단이라는 사실을 고려하면, 분단은 한국과 일본 사이의 차이, 곧 한국의 극단적으로 우경화된 정치 이념 지형을 가져왔다고 할 수 있다.

또한 분단은 한국의 우경화된 이념 지형에 밀접히 관련된 노동 배제의 정치 문화를 가져왔다. 일본에서 노동은 합법적인 정치 활동이 가능한 데 견줘, 한국에서는 좌파에 대한 억압과 함께 노동 역시 정치에서 배제되었다. 권위주의 정권 시기에는 노동의 정치 참여는커녕 노동조합 결성도 허용되지 않았다. 이것은 분단 이후 좌우 갈등과 한국전쟁 과정에서 출현한 '레드 콤플렉스'에 기인한 것으로, 노동자의 천국을 내세우는 북한과 대치하는 분단 상황에 밀접히 관련되어 있다.[13] 이런 상황은 민주화 직후인 1987년 7~9월 노동자 대투쟁을 계기로 변화의 가능성을 보였지만, 노태우 정권과 김영삼 정권 시기에도 민주노총 같은 노조 상급 단체는 불법이었고 노조의 정치 활동도 금지되었다. 이러한 사안들은 그나마 1997년 경제위기 이후 노동자의 해고를 쉽게 하려는 구조조정의 반대급부로 합법화되었다. 그러나 2000년대에도 보수 세력은 전국교직원노동

---

12  대표적 사례는 김영삼 정부 시기 금융시장 개방, 노무현 정부 시기 이라크 파병 등이다.

13  레드 콤플렉스, 곧 공산주의 혐오증 역시 분단, 특히 이념이 생사를 가른 해방 후 좌우 투쟁과 한국전쟁이 낳은 산물이다. 레드 콤플렉스는 정치적 불관용과 진영 논리를 가져왔고, 그 결과 반공(체제)에 대한 비판은 무조건 용공 또는 친북, 종북 세력으로 매도당하거나 억압당하게 되었다. 또한 권위주의 세력은 이런 상황을 이용하여 반대 세력을 용공, 또는 친북 세력으로 억압했다. 그리고 민주화 이후에는 보수 세력이 반공에 찬동하지 않는 세력을 종북 세력으로 매도했다. 결국 레드 콤플렉스 역시 분단이 한국 정치에 미친 영향을 보여준다.

**103**

조합에 대한 이념적 공격을 멈추지 않고 공무원 노조도 인정하지 않는 등 노동조합을 적대시한다. 이것은 한국의 정치 이념 지형이 여전히 우경화되어 있다는 사실을 보여준다. 결국 노동 배제의 정치 문화는 한국 정치에 대한 분단의 영향을 보여주는 또 하나의 사례다.

셋째, 분단이 한국 정치에 미친 또 다른 영향은 한국에 자유민주주의를 도입하게 만드는 동시에 자유민주주의의 실천을 왜곡시키는 '이중적' 역할을 했다는 점이다. 자유민주주의는 국내 정치 세력들의 요구를 반영하는 동시에 분단 정부의 정당성을 높이기 위한 미국의 의지에 따라 도입되었지만, 얼마 지나지 않아 분단이 낳은 정부에 의해 왜곡되었다. 그것은 한편으로는 분단 정부 수립에 반대한 좌파의 무장투쟁과 남북 간의 군사적 충돌 때문이었지만, 다른 한편으로는 이승만의 권력 연장 의지 때문이었다. 미국 역시 남북 대결 상황에서 안보를 빌미로 이승만이 저지르는 자유민주주의의 왜곡을 용인했다. 결국 분단은 한국 정부 수립 초기 자유민주주의의 도입과 왜곡이라는 상반된 결과에 모두 영향을 미쳤다. 전후 일본에서 자유민주주의에 기초한 헌법이 채택되었고 좌우 갈등이 무력 투쟁이 아니라 자유민주주의 제도 내부에서 진행되었다는 점을 고려하면, 분단이 자유민주주의를 둘러싼 한국과 일본의 상이한 경로를 결정하는 데 영향을 미쳤다는 것을 알 수 있다.

또한 한국전쟁 이후에도 분단은 권위주의 시기는 물론 민주화 이후 시기에도 자유민주주의의 실천을 가로막는 요인이 됐으며, 권위주의적 통치의 기반으로 작동했다. 물론 한국과 마찬가지로 민주적 정치 문화가 부재하던 2차 대전 이후의 신생국들도 독립 이후 대부분 권위주의적 통치로 귀결되었다. 이것은 분단이 한국에서 권위주의적 통치의 유일한 원인은 아니라는 점을 말해준다. 그러나 한국에서 분단은 동족 간의 전쟁이라는 최악의 결과를 가져올 만큼 큰 비중을 차지했다. 따라서 분단은 어떤 요인보다도 더 강력히 자유민주주의의 왜곡에 영향을 미쳤다. 특히 분단이 가져온 반공의 국시화와 안보 담론은 특히 권위주의 정권 시기 자유민주주의의 왜곡을 정당화하고 그 회복을 방해했다.[14] 권위주의 정권들은 반공 담론과 안보 담론을 내세우며 자유민주주의의 기본적 원리를 무시하고 대항 세력의 민주화 요구를 탄압했다. 이러한 행태는 민주화 이후에도 상당 기간 지속되었고, 김대중 정권과 노무현 정권 시기에 잠시 약화되었다가 이명박 정부 이후에 부활했다. 비록 분단을 가져온 냉전은 해체되었지만, 남북 분단이 해소되지 못함으로써 반공 담론과 안보 담론은 한국 사회에서 여전히 영향력을 지니고 있다. 특히 탈냉전 이후 진행된 북한의 핵과 미사일 개발은 대북 적대감을 강화시킴으로써 한국 민주주의의 발전에 장애가 되었다. 민주화 이후에도 반공과 안보가 한국 민주주의의 발전을 가로막는 현실은 분단이 여전히 한국 정치에 큰 영향을 미치고 있다는 사실을 말해준다.

넷째, 분단은 분단이 낳은 한국인들의 레드 콤플렉스 또는 안보 불안 심리를 정치 세력들이 이용하게 만들었다. 해방 후의 좌우 갈등과 한국전쟁을 계기로 한국인들은 북한은 '침략자'이고 한국은 '피해자'라는 의식을 갖게 되었고, 냉전 시기 북한의 군사적 도발이 반복되면서 이러한 의식은 상당히 깊이 뿌리박혔다. 곧 이러한 한국인들의 안보 불안 심리는 북한 문제와 안보 이슈를 정치적으로 이용할 수 있게 만들었다. 그래서 권위주의 정권들은 불법적 정권 연장을 시도하거나 자신들에게 불리한 위기 국면을 탈출하기 위해 북한의 위협을 과장하거나 간첩 사건과 조직 사건을 발표했다.[15] 그리고 민주화 이후에는 보수 세력들이 불리한 정세를 반전시켜 선거에서 승리하기 위해 북한 문제와 안보 이슈를 이용했고, 심지어는 북한에 무력 도발을 요청하는 '총풍 사건'을 기도하기도 했다.

---

14  분단은 군부의 비대화를 가져왔고, 군부는 1961년 이후 권위주의적 통치에서 핵심 세력이 되었다. 분단은 군부의 비대화를 가져와 한국 정치에 큰 영향을 미쳤다.

15  민주화 이후 법원의 재심에 따르면 많은 간첩 사건을 권위주의 정권이 조작한 사실이 밝혀졌다.

한편 이것과 유사하지만 반대 효과를 발휘하는 것으로, 통일에 대한 열망을 정치적으로 이용하는 사례가 있다. 분단은 한국인들에게 통일에 대한 강한 열망을 갖게 만들었다. 그래서 모든 정권은 자신들에게 유리한 정치적 목적을 위해 통일을 이용했다. 남북 대화와 평화통일을 내세우며 유신 체제를 선포한 박정희 정권이 대표적인 사례다. 민주화 이후에도 노태우 정부의 '7·7 선언'과 '북방 정책'은 물론 박근혜 정부의 '통일 대박론'에 이르기까지 개별 정부들은 자신들의 통일 정책을 제시함으로써 대중적 지지를 확보하려 했다. 물론 통일에 대한 지향점이나 진정성에서는 모든 정부가 동일하지는 않았다. 결국 정치적 지지를 확보하기 위해 통일을 이용하는 방식은 분단되지 않은 나라에서는 존재할 수 없는 현상으로, 분단이 한국 정치에 미친 영향을 잘 보여주는 사례다.

결국 냉전 때문에 등장한 남북 분단은 한국 정치의 상수이자 구조가 되면서 탈냉전 이후에도 여전히 한국 정치에 큰 영향력을 미치고 있다.

**참고 문헌**

/

경남대 극동문제연구소 편. 1996. 《분단 반세기 남북한의 정치와 경제》. 경남대 극동문제연구소.

경남대 북한대학원 편. 2005. 《남북한관계론》. 한울.

강진연. 2012. 〈한국의 탈식민 국가형성과 동아시아 냉전체제〉. 《사회와 역사》 제94집.

권혁범. 1998. 〈반공주의 회로판 읽기: 한국 반공주의의 의미체계와 정치사회적 기능〉. 연세대학교 통일연구원. 《통일연구》 제2권 2호.

교과서포럼. 2008. 《대안교과서 한국 근현대사》. 기파랑.

그렉 브라진스키. 나종남 역. 2011. 《대한민국 만들기, 1945~1987》. 책과함께.

김국신. 1994. 《분단극복의 경험과 한반도 통일》. 한울 아카데미.

김동춘. 2006. 《전쟁과 사회》. 돌베개.

김승렬·신주백. 2005. 《분단의 두 얼굴》. 역사비평사.

김영명. 2013. 《대한민국정치사: 민주주의의 도입, 좌절, 부활》. 일조각.

김영삼. 2001a. 《김영삼 대통령 회고록 (상)》. 조선일보사.

_____. 2001b. 《김영삼 대통령 회고록 (하)》. 조선일보사.

김일영. 2008. 〈현대 한국에서 자유주의의 전개과정〉. 《한국정치외교사논총》 제29권 제2호.

김진균·조희연. 1985. 〈분단과 사회상황의 상관성에 관하여: 분단의 정치사회학적 범주화를 위한 시론〉. 변형윤 외. 《분단시대와 한국사회》. 까치.

노중기. 2010. 〈민주화 20년과 노동사회의 민주화〉. 《기억과 전망》 22호.

노태우. 2011. 《노태우 회고록 (하) ─ 전환기의 대전략》. 조선뉴스프레스.

대통령 비서실. 1968. 《박정희대통령연설문집 5》.

_____. 1969. 《박정희대통령연설문집 6》.

_____. 1973a. 《박정희대통령연설문집 9》.

_____. 1973b. 《박정희대통령연설문집 1: 최고회의편》. 대한공론사.

_____. 1973c. 《박정희대통령연설문집 3: 제6대편》. 대한공론사.

_____. 1990. 《노태우대통령연설문집》. 제2권.

마상윤. 2002. 〈근대화 이데올로기와 미국의 대한정책: 케네디 행정부와 5·16 쿠데타〉. 《국제정치논총》 제42집 3호.

마상윤. 2003. 〈미완의 계획: 1960년대 전반기 미 행정부의 주한미군철수논의〉. 《한국과 국제정치》 제19권 제2호.

문지영. 2011. 《지배와 저항: 한국 자유주의의 두 얼굴》. 후마니타스.

박광주. 1998. 〈제4장 헌법제정과정과 대통령선거〉. 《한국현대사의 재인식 2: 정부수립과 제헌국회》. 오름.

박명림. 1996a. 《한국전쟁의 발발과 기원 I: 결정과 발발》. 나남출판.

_____. 1996b. 《한국전쟁의 발발과 기원 II: 기원과 원인》. 나남출판.

_____. 1997. 〈분단질서의 구조와 변화: 적대와 의존의 대쌍관계 동학. 1945-1995〉. 《국가전략》 3권 1호.

_____. 2003. 〈한국의 초기 헌정체제와 민주주의: '혼합정부'와 '사회적 시장경제'를 중심으로〉. 《한국정치학회보》 제37권 1호.

_____. 2006. 〈한반도 정전체제: 등장, 구조 특성, 변환〉. 《한국과 국제정치》 52호.

_____. 2011. 〈박정희 시기의 헌법, 정신과 내용의 해석〉. 《역사비평》 100호.

박찬표. 1997. 《한국의 국가형성과 민주주의》. 고려대 출판부.

_____. 2012. 〈국내 냉전구조 극복의 시도와 좌절〉. 박인휘 외. 《탈냉전사의 인식》. 한길사.

방인혁. 2014. 〈'적대적 상호 의존관계론' 비판: 1972년 남한 유신헌법과 북한 사회주의 헌법 제정을 중심으로〉. 정영철 외. 《한반도 정치론: 이론, 역사, 전망》. 선인.

백낙청. 1994. 《분단체제 변혁의 공부길》. 창비.

_____. 1998. 《흔들리는 분단체제》. 창작과비평사.

서울대 국제문제연구소 편. 2012. 《남북한관계와 국제정치이론》. 논형.

손호철. 2006. 〈남남갈등의 남남갈등을 넘어서: 뉴라이트와 분단체제론의 비판적 고찰〉. 《진보평론》 제30호.

신종대. 2005. 〈남북한 관계와 남한의 국내정치: 북한요인과 국내정치의 연관과 분석틀〉. 경남대 북한대학원 편. 《남북한관계론》. 한울.

_____. 2013. 〈김대중·노무현 정부의 대북정책과 국내정치〉. 《한국과 국제정치》 제29권 2호.

_____. 2014. 〈남북관계의 분석 수준과 주요 의제〉. 《한국과 국제정치》 제30권 3호.

심지연. 2011. 《남북한 통일방안의 전개와 수렴》. 돌베개.

안득기. 2009. 〈대북 이미지의 이중구조와 통일의식 분석〉. 《한국시민윤리학회보》 제22권 2호.

이교덕. 2004. 〈한국사회의 대북인식 변화와 남북관계〉. 《통일연구원 학술회의 총서》.

이수훈. 1996. 〈세계체제의 재편과 남북한 사회의 변화 전망〉. 경남대 극동문제연구소 편. 《분단 반세기 남북한의 사회와 문화》. 경남대 극동문제연구소.

이종석. 1998. 《분단시대의 통일학》. 한울.

전재호. 2005. 〈유신체제의 구조와 작동 기제〉. 안병욱 외. 《유신과 반유신》. 민주화운동기념사업회.

_____. 2012. 〈민주화 이후 한국 민족주의의 변화: 통일, 북한, 미국, 외국인, 재외동포, 북한이탈주민에 대한 인식을 중심으로〉. 《현대정치연구》 제5권 1호.

정연신. 2012. 〈동아시아 분단체제와 안보분업구조의 형성〉. 《사회와 역사》 제94집.

정영철 외. 2014. 《한반도정치론: 이론. 역사. 전망》. 선인.

정일준. 2008. 〈한국 민군관계의 궤적과 현황: 문민우위 공고화와 민주적 민군협치〉. 《국방정책연구》 제24권 제3호.

_____. 2009. 〈한미관계의 역사사회학: 국제관계, 국가정체성, 국가프로젝트〉. 《사회와 역사》 제84집.

_____. 2012. 〈미국제국과 한국: 한미관계를 넘어서〉. 《사회와 역사》 제96집.

Khil. Young-Whan. 1984. *Politics and Polices in Divided Korea: Regimes in Contest*. Boulder and London: Westview Press.

/

### 3장

# 박정희: 박정희로부터 역사를 구출하자[1]

## 1. 들어가며 — 1990년대 말 박정희 부활이 지니는 의미

세계적으로 냉전이 청산되고 새로운 세계 질서가 수립되던 1990년대에도 한국에서는 여전히 냉전이 지속되었을 뿐 아니라 반공 의식을 공고화한 박정희가 부활했다. 당시에도 박정희는 한편으로 '군사 혁명'을 통해 조국근대화와 민족중흥을 추진하고 국방력을 강화한 '부국강병'의 '성군'으로 칭송되었고, '선건설 후통일'의 기치 아래 확고한 대북 우위를 이룩함으로써 통일의 기반을 닦은 인물로 평가되었다. 그러나 다른 한편에서는 군사 쿠데타, 삼선 개헌, 유신 체

---

[1] 이 글의 제목은 Prasenjit Duara, *Rescuing history from the nation*(Chicago: Univ. of Chicago Press, 1995)에서 빌려온 것이다.

제를 통해 민주주의를 압살한 독재자, 정경유착과 빈익빈 부익부라는 한국 사회의 고질병을 가져온 인물, 그리고 통일보다 자신의 정권 안보를 위해 반공을 이용한 반통일주의자로 평가되었다. 물론 박정희는 이런 양면적 평가를 받을 만한 나름의 근거를 갖고 있다. 그런데 1990년대 말 박정희 신드롬은 긍정적 평가에 경도되어 있다는 점에서 '문제적'이다. 이 글은 박정희와 그 시대를 객관적으로 평가하기 위해 박정희 신드롬의 등장과 강화에 기여한 친박정희 입장의 주요 저작을 정리하고, 그 저작것들이 가진 몰역사성과 영웅주의 같은 문제점을 검토한다.

1980년대 중반까지 박정희에 대한 논의는 신드롬이 확산되던 1990년대와 달리 부정적 평가가 주였다. 박정희 사후 등장한 전두환 정권이 박정희의 복귀를 원하지 않았고, 국민들도 암울하던 그 시대를 회상하고 싶지 않았기 때문이다. 사실 박정희가 죽었을 때 많은 국민은 이별의 눈물로 슬퍼했지만, 대부분 그 시대로 복귀하기를 원하지 않았다. 국민들은 당연히 민주주의의 새로운 장이 열릴 것을 기대했고, 박정희를 과거의 인물로 흘려보내고 싶어했다.[2]

카를 마르크스는 세계사의 중요한 사건과 인물은 두 번 나타난다고 했던가. 한 번은 비극으로, 다음 번은 희극으로. 무려 18년 동안 한국을 지배한 독재자가 사라지자, 마찬가지로 군사 쿠데타를 통해 '새로운 독재자' 전두환이 등장했다. 이것은 국민들의 기대를 저버린 '역사의 간계奸計'였다. 자신의 힘으로 독립을 쟁취하지 못했기에 분단의 아픔을 겪은 것처럼, 국민들의 힘으로 박정희의 독재를 무너뜨리지 못한 국민들은 새로운 독재자의 출현을 막을 수 없었다.

전두환은 박정희의 후계자였지만, 현실에서는 박정희를 영웅으로 받들거나 추앙하기보다는 박정희의 흔적을 지우면서 차별성을 부각시키려 했다.[3] 전두환은 헌법에서 5·16혁명 정신을 삭제하고, 공화당 실세들을 권력형 비리 혐의로 제거함으로써 박정희 시기를 부정과 부패, 비리의 시기로 규정했다. 대신 '정의사회 구현'을 구호로 내걸었다. 그렇지만 정의사회는커녕 1980년대는 새로운 암흑기가 되었고, 국민들은 박정희보다 더한 전두환의 독재에 신음하면서 박정희도 잊어버렸다.

이러한 상황에서 박정희가 다시 등장할 수 있게 된 계기는 역설적이게도 민주화운동의 성공이었다. 1980년대 반독재 투쟁의 선두에 선 학생과 재야 세력은 강력한 민주화 투쟁으로 전두환 정권의 권위주의적 통치에 지속적으로 타격을 가했고, 마침내 1987년 6월 민주화를 성취했다. 그 뒤 민주화 전환이 진행되는 중 그동안 숨죽이고 있던 박정희의 후예들도 활동을 재개했다. '구시대 인물'들은 무덤에서 잠자던 박정희를 불러냈다. 자신들의 정당을 ('민주공화당'을 계승했다는 의미에서) '신민주공화당'이라고 명명하고, 박정희의 정치적 '장자'인 김종필을 대통령 후보로 선택했다. 때마침 불어온 지역주의 바람 덕에 박정희 추종 세력은 1988년 총선에서 성공을 거두었다. 민주화운동이 박정희와 그 추종 세력의 부활을 가져온 사실 역시 역사의 역설이라고 말할 수밖에 없다.

구시대 인물들이 기지개를 켜고 활동하면서 박정희도 서서히 부활했다. 1989년 9월 한국갤럽 조사에서 "박정희의 18년 집권이 우리 역사에 미친 유익성은"이라는 질문에 대해 "아주 유익했다"는 응답자가 26.1퍼센트, "약간 유익했다"는 응답자가 40퍼센트였다(정운현 1993, 169~170). 또한 1989년 10월 10·26 10돌을 맞아 20세 이상 남녀 1000명을 대상으로 실시한 《중앙일보》의 여론조사에서도 61퍼센트가 "과오보다 공적이 많았다"고 응답한 반면, 과오가 많았다는 쪽은 13.7퍼센트에 불과했다. 이러한 결과는 사망 직후와 달리 박정희가 긍정적으로 인식되고 있다는 것을 보여준다. 박정희는 사후 국민들에게서 잊혔지만, 후계자들의 실정을 바탕으로 긍정적으로 부활할 수 있었다.

---

2  1979년 10월26일에 박정희가 사망했을 때 대부분의 사람들은 "독재의 시대가 가고 봄이 왔다"고 말했다(정운현 1993, 169).

3  전두환 정권은 1985년까지는 국립묘지에서 열리는 박정희 추도 행사도 허락하지 않았다(정운현 1993, 172).

박정희 시대를 살아온 많은 국민들은 그 시대를 급속한 경제성장이 일어나고 살림살이가 나아진 때로 기억한다. 그 사람들은 언론 통제 때문에 박정희 정권이 조작한 많은 공안 사건, 특히 인권과 민주주의를 짓밟은 범죄들을 알지 못했다. '레드 콤플렉스'를 지닌 국민들에게 가끔 신문 기사로 접하는 민주화 운동은 관심을 두면 안 되는 일이었다. 어찌 보면 당대를 살아온 다수 국민들이 박정희 정권의 부정적 측면을 모르는 것은 당연한 일인지도 모른다. 전두환 정권 역시 박정희 정권에 못지않은 권위주의적 통치를 자행했기 때문에 박정희 사후에도 박정희의 부정적 측면은 자세히 알려지지 않았다. 결국 박정희 사후에도 주로 긍정적 측면만이 기억되고 부정적 측면은 망각되었다.

그런데 이러한 경향을 더욱 가속화시킨 것은 역설적이게도 박정희의 말년에 독재와 대결하여 '민주화의 기수'가 된 김영삼이었다. 김영삼은 정권을 잡기 위해 독재 정권의 후예들과 손을 잡았지만, 초기 개혁 정책 덕에 90퍼센트를 상회하는 최고의 인기를 얻었다(박상훈 1997, 9). 그러나 보수 세력의 반격에 이은 개혁의 실패, 정권의 도덕성에 상처를 준 여러 사건들, '역사 바로 세우기'라는 역전극의 실패, 특히 국제통화기금 경제위기를 가져오면서, 보수 세력이 죽은 박정희 살리기에 성공할 수 있는 조건을 마련해주었다. 산 김영삼이 죽은 박정희를 무덤에서 부활시킨 것이다.

여기서 주목해야 할 점은 박정희 부활의 주연이 김영삼이 아니라는 사실이다. 주연은 박정희를 이용하여 김영삼 정부의 개혁 정책과 한국 사회의 민주화를 저지하려 하는 보수 세력이었다. 보수 세력은 김영삼 정부 등장 이후 한국 사회에서 진행되던 민주화의 물결이 자신들의 기득권을 침해하자,《조선일보》와《중앙일보》를 동원하여 대한민국의 정통성을 바로 세운다는 명분으로 과거의 독재자들을 정당화하는 작업에 착수했다. 보수 세력은 처음에는 이승만을 '분단된' 대한민국을 건국한 '국부國父'로 부활시켰고, 곧이어 박정희를 대한민국을 발전시킨 인물로 부활시켰다. 이러한 보수 세력의 담론은 5·16을 군사 쿠데타로 규정한 김영삼 정부의 '역사 바로 세우기'에 대비되면서 국민들에게 양자택일적으로 다가왔고, 한보 사태와 김현철 사건으로 김영삼 정부의 도덕성이 몰락하고 국제통화기금 경제위기라는 결정적인 실정이 드러나면서 설득력을 갖게 되었다. 곧 김영삼의 실정(부패, 도덕성 실추, 경제적 실패)과 대비되어 박정희의 강력한 리더십, 청렴성, 자기희생, 경제성장 등 국민들이 박정희의 장점이라고 간주하는 측면들이 부각되었다.

이러한 현상은 좀더 근본적인 질문을 하게 만든다. 왜 국민들은 이러한 보수 세력의 담론에 포섭되었는가? 그 답은 "박정희 시대에 공유되었던 지배적인 통치 원리들의 집합체로서 '박정희식 개발독재 패러다임'을 대체하는 새로운 패러다임 구축이 실패"했다는 지적에서 찾을 수 있다(정해구 1998, 65). 정해구는 1990년대의 한국 사회가 탈군부독재 민주화 과정에서 민주주의의 새로운 기반을 구축하지 못했고, 변화하는 국제 경쟁 체제에 효율적으로 대처하고 자본과 노동 간의 갈등을 조정하는 새로운 경제 운용 방식을 개발하지 못했으며, 성장 이데올로기와 반공 이데올로기에 결합된 박정희식 민족주의를 대체할 대안적 이데올로기를 개발하지 못했다고 주장했다.

이와 함께 1990년대 말 박정희에 대한 지지도가 높아진 또 다른 이유는 정치 사회화의 측면에서 설명될 수 있다. 많은 사람들은 박정희 시대를 정확히 기억하거나 알지 못하면서 막연히 향수에 빠져 있다. 한편으로 1990년대 말을 기준으로 30대 이하는 박정희 시대를 경험하지 못한 채 보수 세력이 만든 '훌륭한' 박정희 시대를 학교 교육과 언론을 통해 습득했다. 이 세대에게 그 시대의 민주주의와 인권 파괴는 중요한 문제가 아니다. 단지 그 시대의 경제발전이 한국을 선진국으로 만들었다는 점이 중요하다. 왜냐하면 학교 교육은 당시 한민족의 가장 중요한 과제가 경제발전이라고 가르쳤고, 현실도 돈 또는 경제가 이상보다 훨씬 중요하다는 것을 보여주고 있기 때문이다.

다른 한편 1990년대 말 30대 이상의 국민들은 대부분 당시의 독재 체제를 어찔 수 없는 것으로 받아들였다. 권위주의적 사회 분위기는 그 세대가 자란 시기에는 당연한 것이었다. 단지 대학생과 종교인을 포함한 소수의 용기 있는 사람들만이 권위주의 사회를 변화시키기 위해 민주화운동에 나섰을 뿐이다. 아마 박정희 정권에 맞선 반독재 민주화운동으로 투옥, 고문, 사형을 당한 사람은 전체 인구의 1퍼센트도 되지 않았을 것이다.

결국 박정희 시기를 경험한 대부분의 국민들은 한국의 급속한 산업화를 직접 체험했고, 권위주의 체제가 일상인 삶을 살았다. 비록 일부는 인권과 민주주의를 중요한 가치로 생각하고 박정희 체제에 불만을 느꼈지만, 대부분은 박정희 덕에 한국이 잘살게 되었으며 경제적 부가 가장 중요한 가치라고 생각했다. 특히 수단과 방법을 가리지 않고 목표 달성만을 우선시하던 박정희 정권의 행태, 그리고 박정희 집권기에 만연한 투기와 부정부패는 국민들에게 배금주의와 물신주의를 최고의 가치로 각인시켰다. 따라서 박정희 신드롬은 인권보다 경제적 부, 또는 배금주의와 물신주의가 한국인의 사고를 완전히 지배하고 있다는 사실을 보여준다.[4] 그런 차원에서 1990년대 말 박정희의 등장은 병리적 현상을 의미하는 신드롬이 될 수밖에 없다.

## 2. 박정희 영웅 만들기

### 1) 박정희 ― '불세출의 위대한 민족의 영도자'?

박정희 또는 박정희의 시대를 긍정적으로 평가한 글들이 본격적으로 등장한 것은 1980년대 말이다. 박정희 사후부터 이때까지 박정희를 다룬 글들이 주로 숨겨진 사실을 밝혀낸 비사류였다면, 이 시기부터는 박정희를 찬양하는 글들이 등장했다. 이것은 1980년대 중반부터 박 정권 시기의 인물들, 주로 전두환 정권에 의해 정치 활동 금지자로 묶였다가 풀린 인물들이 등장하기 시작한 데 관련되어 있다.

우선 공화당과 유정회의 전직 의원과 장차관 등 고위 관료들은 1984년 12월 민족중흥동지회를 결성했다. 이 단체는 처음에는 박정희 추도 행사를 주도하다가 점차 정치 활동을 펼쳤다. 그중 일부는 1987년 신민주공화당을 결성했고, 남은 인사들은 1988년 5월 민족중흥회로 명칭을 바꾸었다. 민족중흥회는 1989년 10월 24일 10주기 추도 행사를 위해 박정희의 휘호집《위대한 생애》를 출간했고, 분기별로《민족중흥》이라는 회보를 발간했다. 그리고 기념사업을 주도하여 박정희에 대한 관심을 불러일으키려 했다.

다음으로 박정희의 딸인 박근혜는 1988년 10월 '박정희 대통령·육영수 여사 기념사업회'를 발족시키고, 이 단체의 명의로 1990년《겨레의 지도자 — 박정희 대통령의 치적을 중심으로 한 한국 현대사》(육영재단)를 출간했다. 이 단체 역시 책의 제목에서 볼 수 있듯이 박정희를 '겨레의 지도자'로 지칭하면서 박정희를 일방적으로 찬양하는 것을 목표로 했다.

이 밖에도 정재경은 1979년에 출간한《한민족의 중흥사상 — 박정희 대통령의 정치철학》을 보완하여 1991년에《박정희 사상 서설》을, 그리고 1994년에 박정희의 행적을 연대기적으로 서술한《박정희 실기 — 행적초록》을 출간했다. 정재경은 박정희가 "정치권력의 획득을 목적으로 하는 통상적인 정치인이기 이전에 사회혁명을 목적으로 하는 혁명가"라고 주장했다. 또한 박정희의 사상이 "방대하고 심오하며 고매한 것이기 때문에 그가 품고 있던 포부와 이상, 그리고 그가 깨닫고 있었던 진실을 가늠하기란 결코 쉬운 일이 아니"라고 주장했다(정

---

4 "박정희를 숭배하는 것은 돈을 숭배하는 것에 다름 아니다. 그리고 바로 이것이야말로 우리의 도덕적 파탄인 것이다"(김상봉 1999, 112).

재경 1991). 그리고 책의 발간 목적으로 "역사적 측면에서 바라보면 박정희는 분명히 한 시대를 창조했던 위대한 민족지도자임이 틀림없고, 사회과학적 측면에서 바라보면 그는 한국사회의 선구적 개혁자였음이 분명하다. 따라서 박정희 시대의 역사적 의미를 올바르게 발견해야 한다는 취지에서 《박정희 실기》를 편찬"한다고 기술했다.[5] 이렇게 정재경은 박정희를 평범한 인간, 곧 '범인凡人'이 아닌 '위인偉人'으로 칭송했다.

1980년대 말부터 박 정권 때 고위 관료를 지낸 인물들이 언론에 회고록을 연재한 뒤 책으로 묶어 출간했다. 청와대 비서실장을 지낸 김정렴의 《한국경제정책 30년사》가 대표적인데, 1989년 《중앙경제신문》에 '한국경제정책사'라는 제목으로 연재된 후 1990년에 단행본으로 출간되었다. 김정렴은 1960~1970년대 여러 경제 정책의 배경, 동기, 내용, 추진 과정, 결과를 중심으로 경제정책사를 서술했는데, 곳곳에서 "박대통령의 탁월한 선견지명과 위대함"을 찬양했다. 냉정하고 객관적으로 기술하려 노력했지만 참여한 사람의 시각에서 설명하기 때문에 변호에 빠지지 않을지 염려된다고 했는데, 사실 스스로 염려한 대로 김정렴은 박 정권의 경제정책을 일방적으로 변호하고 찬양했다. 또한 1997년 박정희 시대의 경험을 묶어 《아, 박정희》를 출간했다. 이 책은 박정희 신드롬을 국민들이 박정희를 '불세출의 위대한 민족의 영도자로 공감'하는 것으로 해석하면서 박정희뿐 아니라 자신들, 곧 청와대 비서실도 미화했다.

박 정권의 경제수석이던 오원철은 1993년부터 《월간 중앙》과 《WIN》에 '경제발전사'를 연재한 뒤 원고를 묶어 1995년부터 《한국형 경제발전》(전6권)을 출간했다. 오원철은 주로 1960~1970년대 한국의 경제발전을 '한국형 개발 방식'이라고 지칭하면서 그 방식의 독특성과 우수성을 당연시한다. 또한 박정희의 경제정책이 최선의 선택이었다고 보기 때문에 정책에 대한 비판은 전혀 하지 않는다. 따라서 이 책은 박정희 시대를 객관적으로 평가했다기보다 미화하고 절대화하는 데 기여했다.

《중앙일보》는 1997년 7월 10일부터 매주 2회씩 6개월 동안 연재한 '실록 박정희시대'를 엮어 1998년 《실록 박정희》라는 단행본을 출간했다. 이 책은 "그냥 소문으로만 알고 있었던 박 대통령의 인생에 대해 관련 인사의 생생한 증언과 구체적인 추적을 통해 그 내막을 밝혀" 주었다는 김정렴의 추천사를 싣고 있다. 이 책이 비록 박정희 개인에 관련해 묻힌 사실을 새롭게 발굴했는지는 모르지만, 한 인물의 명암을 객관적으로 기록한다는 전기의 기본 원칙은 찾아볼 수 없다. 이 책은 '김일성에게는 지지 않겠다', '박정희 경제의 막전막후', '현해탄을 뚫어라', '무궁화 꽃은 진짜 피었는가' 같은 소제목에서 알 수 있듯이, 대중들이 박정희에 대해 가진 인상을 확인시키는 내용들로 채웠으며, 박정희의 취약점이던 만주군 장교 경력을 변명하는 장('광복군이냐 친일장교냐')을 만들어 친일 경력을 정당화한다. 더욱이 '절대권력의 내면 풍경'이라는 장에서는 개인 박정희를 다루면서 인간적인 풍모를 미화한다. 또한 '권력 말기의 피로 증후군'이라는 장에서는 박정희 말기의 부정적 현상들을 그럴 수밖에 없었다는 식으로 정당화했다. 결국 이 책도 박정희의 공과를 공정하게 평가하기보다 업적만을 강조함으로써 형평성을 잃었다.

1997년부터 조갑제는 《조선일보》에 '내 무덤에 침을 뱉어라'를 연재한 뒤 1998년에 동명의 단행본을 출간했다. 이 책은 《중앙일보》와 달리 본격적으로 박정희의 생애를 다루고 있다. 조갑제는 오래전부터 박정희에게 관심을 기울여서, 1979년 10월 일어난 부산과 마산의 민주화운동을 다룬 《유고》를 1987년에, 개인사를 다룬 《박정희》를 1992년에 출간했다. 흥미로운 점은 조갑제의 박정희 평가가 시간이 갈수록 훨씬 찬양으로 변했다는 점이다. 《유고》에서 조갑제는 박정희가 "우리의 역사에서 굵은 고딕 활자로 길게 기록될 것"이며 "유교

---

5  정재경, 《박정희 실기 — 행적초록》, 집문당. 1994.

적 실용주의자"였지만 "쓸쓸함을 채우고 허무해지는 자신을 지탱해줄 철학적 신념이 부족했다"고 평가했는데, 1997년 재출간된 《국가와 혁명과 나》의 서문이나 《내 무덤에 침을 뱉어라》에서는 박정희를 '자신의 정신을 맑게 유지했던 초인', '1급 사상가', '부끄럼 타는 영웅', '눈물이 많은 초인', '소박한 서민', '토종 한국인', '민족의 한을 자신의 에너지로 승화시켜 근대화로써 그 한을 푼 혁명가', '근대화 혁명가' 등으로 표현하면서 극찬을 아끼지 않았다. 물론 개인에 대한 평가는 상황에 따라 변할 수도 있다. 그렇지만 조갑제가 《유고》에서 "박정희를 그런(역사에 굵은 고딕 활자로 길게 기록될) 정치가로 만든 것은 당대의 한국인"이었다고 평가한 관점은 분명히 옳았고, 계속 견지해야 할 자세였다. 그러나 이후 조갑제는 이 관점에서 이탈하여 영웅주의의 함정에 빠지고 말았다.

진중권이 《네 무덤에 침을 뱉으마》에서 지적했듯이, 《내 무덤에 침을 뱉어라》에서 조갑제는 박정희에게 너무 매료된 나머지 박정희의 부정적 측면마저 긍정과 변명으로 일관하고 있다. 아마 이것은 "민주화의 첫걸음이 내디뎌진 뒤에라야 사람들은 박정희를 차분한 마음과 냉정한 머리로써 찬찬히 바라볼 수 있을 것"이라는 예측에 대한 나름의 결론일 수도 있다. 그렇지만 《유고》에서 보여준 조갑제 자신의 민주주의에 대한 신념은 그 뒤 쓴 글에서는 완전히 자취를 감추었다. 다음 같은 지적은 조갑제가 1988년 이후의 민주화 과정을 어떻게 보는지를 잘 보여주고 있다.

지난 10년의 민주화는 지역 이익, 개인 이익, 당파 이익을 민주, 자유, 평등, 인권이란 명분으로써 위장하여 이것들을 끝없이 추구함으로써 국익과 공익을 파괴해 간 과정이기도 했다. (조갑제 1998a, 13)

이러한 논리는 박정희가 '한국적 민주주의'를 내세우면서 유신 체제를 도입한 논리에도 일맥상통한다. 이런 면에서 조갑제가 생각하는 민주주의는 박정희의 민주주의와 다르지 않고, 따라서 조갑제는 박정희를 숭배할 수밖에 없는 것이다. 또한 조갑제가 민주주의에 적대적이라는 사실은 박정희의 등장이 "6백 년 만에 처음으로 우리 사회에 상무 정신과 자주 정신의 불씨를 되살렸다"는 언급이나, "1988년 군사정권 시대가 끝났고 그 뒤에 우리 사회는 다시 상무 자주 정신의 불씨를 꺼버리고 조선조의 문약성으로 회귀하려는 움직임을 보이고 있다"는 언급에서 잘 볼 수 있다(조갑제 1998a, 13). 조갑제는 민주 사회에서 행위자가 자기 이익을 극대화하는 과정에서 일어나는 갈등을 조정하는 것이 정치라는 사실을 외면하고 있다. 1988년 이후 민주주의 공고화 과정을 기다릴 수 있는 인내심을 갖지 못한 탓에 조갑제의 결론은 박정희 우상화로 나아갔다.

물론 이 글에 장점이 없는 것은 아니다. 매일 발로 뛰고 자료를 찾아 정리하는 노력은 칭찬받을 만하다. 그렇지만 전기는 소설이 아니다. 객관적이고 공정한 보도를 생명으로 삼고 있는 언론사에서 '소설'을 '전기'라는 이름으로 내보내는 것은 독자에 대한 기만이고, 조갑제가 바라마지 않는 공정한 역사적 평가에도 저해되는 일이다. 그렇지만 이 책은 《조선일보》의 만만치 않은 독자 수만큼이나 박정희 신드롬의 확산에 기여하고 있다.

### 2) 박정희 시대 — 민족 자주와 자존의 시대?

1994년 박 정권 당시 청와대 대변인을 지낸 김성진이 편집한 《박정희 시대 — 그것은 우리에게 무엇이었는가》는 그 시대의 핵심 관료들이 대거 참여한 만큼 친박정희 세력의 입장을 '집대성'(?)한 저작이다. "특정인의 업적을 찬양하기 위한 것"이 아니라 "온고지신의 슬기를 일깨우기 위해 …… 70년대를 비정권적인 차원에서 공정하게 되돌아보려는 노력"(김성진 1994, 16~17)이라고 책의 목적을 서술했지만, 내용의 대부분을 박정희 우상화와 찬양으로 채웠다. 특히 김성진(문공부 장관, 청와대 대변인), 김정렴(대통령 비서실장, 재무부 장관, 상공부 장관), 남덕우(국무총리, 부총리 겸 경제기획원 장관), 박진환(대통령 특별보좌관), 최형섭 등 핵심 관료들의 좌담은 박정희 찬양의 진면목을 보여준다.

대표 사례들을 살펴보자. 첫째, 전임 관료들은 박정희 개인을 긍정적으로 평가할 뿐 아니라 영웅으로 미화했다. 먼저 박 정권하의 경제발전이 개인의 리더십과 추진력, '능력의 조직화'라는 요인에 기인한다고 주장했다. 이러한 주장은 박정희가 독재자가 아니라 '리더십과 추진력을 지닌 영도자'라는 점을 강조하기 위해 제기됐다. 그렇지만 이런 주장을 증명하기 위해 제시한 사례는 빈약한 논리에 근거하고 있다.

일제 시대 때 우리 민족이 세계에서 가장 게으른 민족이라는 평을 받았는데 70년대에 들어와서 가장 근면한 민족이 되었습니다. 이것은 어디서 왔느냐, 그것은 바로 리더십의 확립에서 나온 것입니다. (김성진 1994, 33)

우리 민족이 게으르다는 주장은 일본인이 한국인을 비하하면서 식민 지배를 합리화하려는 의도에서 나온 것이고, 더더욱 한국인이 게을러서 못산 것은 아니었다. 식민지 시기에 일반 민중은 일제에 수탈당하여 가난했던 반면, 자본가나 관료 계층은 근면함과 무관하게 일제에 협력했기 때문에 잘살았다. 또한 1960년대까지 한국이 겪은 가난은 한국전쟁에 따른 인적, 물적 파괴에도 책임이 있다. 이런 사실들을 무시하고 옛날에는 게을렀는데 지금은 근면하며, 이런 차이는 대통령인 박정희의 리더십 덕이라고 주장하는 논리는 당시 관료들의 단순성과 몰역사성을 잘 보여준다.

다음으로 전임 관료들은 박정희가 정치를 깨끗이 했다고 주장한다. 이러한 주장의 근거로 박정희가 직접 정치자금을 걷은 적도 없고, 걷더라도 최소한만 걷게 했다고 말한다. 이 주장은 엄청난 액수의 정치자금을 직접 관리한 전두환과 노태우에 대비하여 박정희의 도덕성을 부각시키려는 의도를 지닌 서술로 보이지만, 사실과 다르다. 집권 초기 '4대 의혹 사건'뿐 아니라 전두환 정권이 잡아들인 부정 축재자들이 대부분 박정희 시기의 실력자였다는 사실은 당시의 정치가 전혀 깨끗하지 않았다는 사실을 보여준다. 게다가 이런 주장은 유신 체제의 정치적 특성이 정당에 대한 행정부(청와대)의 우위, 다시 말해 '정당 정치의 부재=민주주의의 실종'이라는 사실을 보여준다.

또한 전임 관료들은 곳곳에서 박정희 개인에 대한 충성심을 드러냈다. 박정희 우상화와 영웅화의 단면을 잘 보여주는 사례들이다.

> 과학 기술 발전을 위한 사업은 크고 적고 간에 거의 다 대통령의 지원이 있었습니다. (김성진 1994, 36)

> 박 대통령은 《손자병법》을 비롯하여 동서고금의 병서에 조예가 깊었어요. (김성진 1994, 47)

> 잘못을 발견했을 때는 주저 없이 즉각 시정한다는 박 대통령의 솔직 담백한 자세와 쾌도난마식 결단. (김성진 1994, 86)

둘째, 전임 관료들은 박 정권이 추진한 국가 주도 경제발전을 당대로 국한하여 찬양했다. 먼저 경제개발 초기에는 국가가 주도해야 했지만 경제가 발전해 시장 기능이 활발해지면 정부가 자기 역할을 수정하여 민간에게 주도권을 주어야 하는데, 이후의 정권들이 타성에 젖어 그렇게 하지 못했다고 비판했다(김성진 1994, 30). 이러한 논리는 박 정권 시기 국가가 지나치게 경제에 개입했다는 비판에 대한 반박이자 후대를 향한 비판이었다.

다음으로 전임 관료들은 박 정권의 경제정책이 공평무사하고 정경유착도 없었다고 주장했다.

한국에서는 어느 개인이나 그룹을 위해서 산업정책을 쓰지 않았고 농민과 전체 근로자를 위해서 정책을 썼다는 게 제일 중요하다. 흔히 박 대통령께서 무슨 정경유착이나 있었던 것같이 생각하는 사람이 있는데, 사실 경제가 커지니까 대기업이 자연히 일어나고 ……. (김성진 1994, 103)

이런 주장은 박 정권하의 경제발전이 재벌 중심의 발전이고, 그런 과정이 정경유착을 가져왔다는 비판에 대한 옹호다. 그러나 당시 저리의 차관과 융자를 제공하면서 정경유착이 많았다는 사실은 많은 부정부패 사건과 '서정쇄신'이라는 유신 체제의 개혁 운동에서 잘 드러난다. 더욱이 부실기업 정리나 중화학공업화 정책 과정에서 재벌에 베푼 특혜와 지원은 의도가 무엇이든 간에 재벌 편향성을 잘 보여준다.

또한 전임 관료들은 "후진국의 정책들이 성공하지 못하는 까닭이 거의 균형발전이라는 이상적이지만 비현실적인 평등 사상 때문"이라고 주장하면서, 박정권이 '균형배분'을 하지 않고 우선순위를 정해 공업화에 집중 투자했기 때문에 성공했다고 주장했다(김성진 1994, 101). 더욱이 공평 분배의 측면을 고려하여 "농민과 일반 시민들도 대기업의 주식을 사서 주주가 되어 경제 발전의 혜택을 보도록 조치"했다고 주장했다(김성진 1994, 104). 후진국의 저발전이 지나친 평등 사상 때문이라는 관료들의 사고는 후진국이 처해 있는 구조적 조건을 무시한 단견일 뿐 아니라 현실 속의 불균등 분배를 정당화하는 논리였다. 더욱이 당시 소수의 기업만이 주식을 공개했으며, 공개된 주식 중에서 농민과 일반 시민의 지분이 얼마나 되었는지를 고려하면 이런 주장은 지나친 사실 왜곡이다.

셋째, 대외정책의 측면에서 전임 관료들은 박정희가 "미국 정부의 비위를 건드리면서까지 국익 추구"를 했다고 주장했다(김성진 1994, 44). 이런 주장은 1970년대 후반 인권 외교를 내세운 카터 행정부가 주한미군을 철수하려던 정책에 박정희가 반대한 사실을 지칭하는 것이다. 주한미군 철수 반대를 한국의 방위를 위해 국익을 추구한 행동으로 이해한다고 해도, 이 사례를 제외하면 한미 관계에 마찰이 생길 경우 박정희는 자신의 주장을 포기하고 미국의 입장을 수용했다. 예를 들어 1962년 박 정권이 의욕적으로 추진한 화폐개혁은 미국의 반대로 포기했고, 제1차 경제개발계획 역시 미국의 반대로 수정되었다. 게다가 닉슨 행정부의 급작스런 주한미군 철수에도 박 정권은 순응할 수밖에 없었다. 박 정권 시기 한국과 미국 모두 국익을 추구하는 과정에서 어느 정도 마찰을 빚은 것은 자연스러운 일이었다. 그렇다고 이런 마찰을 자주적 또는 민족적 행위로 포장하는 것은 적절하지 않다. 더욱이 박 정권은 카터 행정부의 주한미군 철수뿐 아니라 인권과 민주주의를 신장하라는 요구 역시 거절했다. 이것은 자주적이거나 민족적인 것과 전혀 관련이 없다. 미국의 뜻을 거스르는 것이 민족적인 것의 기준이라면, 집권 약 10년 동안 미국과 숱한 마찰을 겪은 이승만은 정말 자주적이고 민족적인 인물일 것이다.

넷째, 전임 관료들은 남북 대화를 준비하는 상황에서 남한의 국론 분열을 막기 위하여, 그리고 선거에 따른 사회 혼란과 질서 파괴를 막기 위하여 박 정권이 유신 체제를 선포했다고 주장했다. 또한 박정희 개인이 "체육관에서 추대받는 식의 대통령 선출 방식"을 원하지도 않았고 지시하지도 않았을 뿐 아니라 '반대'했다고 주장했다(김성진 1994, 54).

이런 주장은 유신이 독재와 영구 집권을 위한 수단이라는 비판에 대한 반박이다. 유신은 국론 분열을 막는 장치였고, 남북 대결 구도 속에서 생존을 위한 불가피한 선택이었다는 주장인 것이다. 그렇지만 박정희처럼 강력한 리더십을 지닌 대통령이 이런 정책을 반대했다면 그 정책은 실시될 수 없었을 테고, 비민주적이라는 사실을 인정하고 수정하려 했다면 쉽게 그렇게 할 수 있었을 것이다. 전임 관료들이 박정희가 1978년부터 유신 헌법 개정 작업에 착수했으며 임기 만료 1년을 앞둔 1983년에 하야하려 했다고 주장할지라도, 그것이 박정희가 민주주의 체제를 향한 전환을 꾀한 증거가 될 수는 없다(김성진 1994, 72~77).

더욱이 전임 관료들은 박정희를 변호하기 위해 박 정권에서 일어난 인권 침해나 정치 보복 사건이 박정희와 관련 없는, 그 밑에 있는 과잉 충성 분자들의 소행이라고 주장했다. 김대중 납치 사건에 대해서도 박정희는 전혀 몰랐고 진상 규명도 지시했다고 주장하는데, 재미있는 것은 여러 가지 시나리오 중 김대중 개인의 자작극이라는 안이 들어가 있는 점이다. 이런 언급은 야당 지도자인 김대중에 대한 인식이 어떠했는지를 잘 보여준다. 또한 여기서 말하는 인권이 어떤 것인지를 살펴보자.

이 자유권이다 인권이다 하는 사상은 그 원천이 자연법사상에서부터 유래된 것이고, 또 이것이 역사적 시대적 상황에 따라 변화해 온 것을 우리가 잘 알고 있기 때문에 개발도상국에서의 인권은 취업을 보장하는 것이라고 보는 것이 정당합니다. (김성진 1994, 105)

여기에 나오는 '개발도상국의 인권=취업 보장'이라는 논리는 1997년 출간된 박정희의 《국가와 혁명과 나》에 실린 조갑제의 서문에도 나온다. 이 글을 보면 이 논리는 박정희교 신자들에게 상식으로 인식되는 것으로 보인다. 그러나 박 정권이 국민들에게 제공한 세계에서 유례없는 저임금 장시간 노동의 일자리가 진정 인권의 범주에 포함되는 것일까? 이런 논리야말로 노동 3권의 보장을 외치면서 몸을 불사른 전태일을 욕보이는 주장이다.

다섯째, 전임 관료들은 박 정권이 호남을 차별하지 않았다고 주장했다. 그 근거로 몇몇 호남 출신이 군 장성과 장관을 지낸 점과 경제발전의 입지 조건이 동해안과 남해안에 적합했다는 점을 제시했다(김성진 1994, 59~61). 그러나 호남 출신이 권력 핵심부에 오른 사실 자체가 호남이 차별받지 않았다는 사실을 입증하는 것은 아니다. 많은 연구가 지적하듯이 박정희 시대 사회의 여러 부문에서 호남 출신은 배제되었다.

만일 지역 간 격차를 완화시키려 했다면 국가 주도로 중화학공업을 추진했 듯이 시장 논리를 배제하고라도 국민 통합을 위해 호남을 개발해야 했다. 단순 히 자연조건만 내세우면서 어쩔 수 없는 일이라고 회피하는 태도는 관료들의 무책임성만 드러낼 뿐이다. 인류의 역사가 자연의 개발/정복을 통해 발전했다 는 사실은 왜 무시하는가? '하면 된다'의 정신은 어디로 갔는가?

여섯째, 전임 관료들은 새마을운동으로 농촌 근대화가 앞당겨졌고, 잘살기 위한 국민의식이 계발되었으며, 민주주의를 터득했다고 주장한다(김성진 1994, 87~90). 또한 박정희 시대에는 새마을운동이 "건전한 직업 의식 내지는 윤리를 계발하자는 국민운동"이었는데 1980년대 와서 급작스럽게 퇴색되기 시작해 그 대신 놀고 즐기는 정신 자세로 바뀌었고, "아시아 신흥 공업국들의 선두를 달리던 한국은 꼴찌로 뒤지는 결과를 가져왔다"고 비난한다(김성진 1994, 90).

그러나 새마을운동은 농촌을 개발하려는 경제적 요인 이외에도 1970년대 초 도시 지역의 지지 하락과 1960년대 경제성장 과정에서 계속 벌어진 도농 간 의 격차를 극복하여 농촌의 지지(표)를 굳히려는 정치적 계산 아래 등장한 것이 었다. 게다가 새마을운동을 통해 정부와 마을이 수직적으로 연결됨으로써 국 가의 통제력은 더욱 강화되었다. 이런 요인들을 간과한 채 새마을운동을 찬양 하는 것은 불완전한 설명이다. 또한 농민들은 새마을운동을 통해 민주주의를 터득하기는커녕 정부 의존적 태도를 체화했고, 이것은 농민들이 지닌 정치적 소극성과 무능력을 다른 차원에서 유지하고 강화시켰다. 곧 새마을운동은 하 향식 농민 동원의 성격을 띠었기 때문에 박정희 사망 이후 국가의 통제가 사라 지자 운동의 동력을 상실하고 약화되었다(한병진 1995, 72~73).

그런데 전임 관료들은 새마을운동이 와해된 구조적 요인은 전혀 인식하지 못한 채, '새마을운동의 퇴색=근면 정신과 자조 정신의 쇠퇴=국민들의 정신 자 세 해이'라는 논리로 이후 정권과 국민들을 비판했다. 이런 단순하고 무지한 관 료들이 존재하는데도 한국에서 경제발전이 가능했다는 사실은 경제발전이 국민들의 노력과 희생 덕이라는 것을 반증한다.

결국 이 좌담에서 전임 관료들은 박정희 시대를 객관적으로 평가하겠다는 말이 무색하게도, 박정희 우상화와 자신들의 정책을 정당화하는 데 열을 올렸다. 박 정권의 최대 수혜자들이기 때문에 이런 평가를 내릴 수 있었는지는 모르겠지만, 비록 고의가 아니었을지라도 자신들 때문에 피해를 입은 많은 사람들에게 최소한의 사과나 반성의 말은 해야 하지 않았을까? 좌담을 보면 과거 정권에 몸담은 세력이 얼마나 후안무치인지를 알 수 있다. 은혜를 입었기 때문에 개인적으로 또는 집단적으로 박정희를 추도하는 것은 자유(대한민국은 자유민주주의 국가다)지만, 자신들만이 한국 경제발전의 주역인 양, 자신들의 정책이 철저히 국가와 민족만을 위한 것인 양 주장하는 것은 용인할 수 없다. 게다가 이런 논리가 박정희 신드롬에 크게 기여했다는 점에서 비난받아 마땅하다.

한편 당대부터 박정희의 통치를 지지한 정치학자 한승조는 박정희의 "일생을 회고하고 그의 사상과 행동을 다시 관조, 음미"하기 위해 에세이, 논평, 학술논문을 모아 1999년 《박정희 붐, 우연인가 필연인가》를 출간했다. 그런데 한승조가 이 책을 쓴 더 중요한 의도는 박정희 신드롬에 대한 좌경 세력의 비판에 대응하는 것이었다. 따라서 한승조는 책에서 강준만과 진중권을 가혹하게 비판하고 있다. 예를 들어 진중권의 책 제목(《네 무덤에 침을 뱉으마》)을 언급하면서 진중권이 "귀축鬼畜과 다른 인간의 길"을 가야 한다고 충고했다(한승조 1999, 164). 또한 진중권을 좌경 운동권으로 간주하고 "적색독재가 백색독재보다 더 고약하다", "국가를 존중하는 것과 국가지상주의는 다르다" 등의 논리로 박정희를 옹호했다. 한승조는 유신 시기부터 군사 쿠데타뿐 아니라 유신 체제까지 옹호했기 때문에 이런 주장이 새삼스럽지는 않다. "한국정치의 현실적 여건은 서방민주주의의 이념과 제도가 성공적으로 이식되어 개화 결실할 수 있는 모든 환경과 조건을 충분히 갖추고 있지 못하다"고 주장하면서 유신 체제를 정당화했기 때문이다(한승조 1976, 142).

70년대에 와서 미국의 대아시아정책이 변경되고 남북관계가 복잡해지자, 정부는 국가안보상의 위험을 감지하고 자유민주체제의 위약점을 보강하기 위하여 1972년 10월유신의 체제강화를 단행했다. 그리고 내세운 것이 이른바 "한국적 민주주의"였다. 이것은 Almond와 Powell이 네 번째와 다섯 번째로 지적한 바 있듯이 국내외 정체의 변화에 대한 민주공화당정부와 지도층의 적응자세로 풀이된다. (한승조 1976, 149~150)

그런데 한승조의 사고에 석연치 않은 부분이 있다. 한승조는 유신 체제 동안 박 정권이 주장한 '한국적 민주주의'나 '유신 체제'를 찬성했다. 그렇지만 박정희 체제가 몰락한 직후인 1980년에 쓴 〈70년대 한국정치의 이념과 체제〉에서, "유신체제가 비합법적인 정권 유지의 방편이며 영구집권과 정권강화를 위한 독재체제였다는 반유신측의 비판"이 "전혀 근거가 없는 것이 아님을 승인하지 않을 수 없다"고 자신의 입장을 바꿨고, "권력을 1인에게 집중하는 나머지 유신체제가 '이념과 제도에 의한 지배 체제가 되지 못하고 인물에 의한 지배 체제로 전락하여 1인독재체제라는 비난"을 받을 수밖에 없다는 비판도 인정했다(한승조 1980, 15). 또한 스스로 찬양한 새마을운동도 명확한 이념적 토대 위에 서지 못하고, 국민 대중의 자율성과 자발성을 개발하지 못했으며, 특히 지식층과 젊은 세대의 호응을 받지 못했다는 사실도 인정했다(한승조 1999, 223~224). 그러나 "필자의 여러 글들은 박 대통령 서거 후에 너무 심한 비난과 비방의 상황에서 자기도 모르게 너무 옹호 쪽으로 경사된 면이 있음을 인정한다"는 주장도 했다(한승조 1999, 387). 이것은 한승조가 학문적 기준이 아니라 감정에 따라 박정희를 무조건 옹호한다는 사실을 보여준다.

아마도 박정희 체제와 정책에 대한 비판을 인정하는 한편으로 박정희 개인을 찬양하는 이런 이율배반적인 인식은 1987년 이후의 민주화 과정을 조감제식으로, 곧 민주화가 나라를 망쳤다고 보는 사고에서 기인한 듯하다. 따라서 한승조는 박정희가 "시도하다가 뜻을 이루지 못한 민족적 또는 인간적 자주성 확립의 꿈이 현재 완전히 사라졌다"고 한탄했다(한승조 1999, 390). 이런 사고는 국민들에게 현실 정치가 부조리한 반면 박정희 시대는 좋았다는 인식을 퍼뜨리는 데 기여한다.[6]


## 3. 나가며 — 올바른 역사 복원의 길

역설적이게도 박정희와 투쟁하면서 민주화운동의 상징이 된 두 김 대통령은 모두 1990년대 박정희 신드롬의 확산에 기여했다. 그러나 양자는 상이한 방식으로 그런 역할을 했다. 김영삼 정부는 실정 때문에 의도하지 않게 박정희 신드롬의 확산에 큰 역할을 한 반면, 김대중 정부는 박정희 기념관 건립을 지원함으로써 의도적으로 박정희 신격화의 초석을 깔았다.

한편 김영삼 정부는 '역사 바로 세우기'를 통해 5·16을 '군사혁명'이 아니라 '군사 쿠데타'로 자리매김했다. 이 사실은 김영삼의 다른 과오, 곧 경제위기를 통한 박정희 신드롬의 확산에 견주면 초라한 것일지 모르지만, 군부독재 정권의 청산이라는 문민정부의 임무를 수행했다는 측면에서 칭찬받을 만한 '공적'이라고 할 수 있다.

반면 김대중 정부의 박정희 기념관 건립 지원은 지역 화합이라는 대의명분이 있지만, 군부독재 정권을 정당하게 자리매김하는 데 역행한다는 점에서 정당화될 수 없다. 지난 정권에 대한 인적 청산이 연립 정권의 한 축인 자민련 때문에 불가능했다는 점을 인정하더라도, 박정희 신격화에 기여하는 박정희 기념관 건립을 지원한 결정은 역사에 오점을 남겼다. 만일 김대중 정부가 진정으로 지역 화합을 원했다면 박정희를 재평가할 수 있는 다른 방법이 있었다. 역사학자들이 문제 제기한 대로, 민주화 기념관을 먼저 만든 뒤에 박정희뿐 아니라 역대 대통령들의 치적과 오류를 '공정히' 제시해놓는 '역대 대통령 기록관' 또는 '도서관'을 만들어야 했다.

---

6　이 밖에도 김진명의 《무궁화 꽃이 피었습니다》나 이인화의 《인간의 길》 등의 소설은 박정희 신드롬의 확산에 크게 기여한 책들이지만, 지면상 이 글에서는 다루지 못했다.

**참고 문헌**

강준만. 1988. 〈왜 박정희 유령이 떠도는가?〉. 《인물과 사상》 2호. 개마고원.

_____. 1998. 〈『월간조선』 조갑제를 해부한다〉. 《인물과 사상》 2호. 개마고원.

_____. 1999. 〈'박정희 신드롬'을 해부한다〉. 《월간 인물과 사상》 2월호. 인물과사상사.

김상봉. 1999. 〈도덕의 파탄〉. 《한겨레 21》 제283호.(11월 18일).

김성진. 1995. 《박정희 시대》. 조선일보사.

김일영. 1995. 〈박정희 체제 18년, 어떻게 볼 것인가〉. 《계간 사상》 겨울호.

김재홍. 1998. 《박정희의 유산》. 푸른숲.

김정란. 1999. 〈누가 영웅을 찾는가〉. 《당대비평》 6호.

김정렴. 1990. 《한국경제정책 30년사》. 중앙일보사.

_____. 1997. 《아, 박정희》. 중앙M&B.

김종신. 1997. 《박정희 대통령과 주변사람들》. 한국논단.

김진명. 1993. 《무궁화 꽃이 피었습니다》 1, 2. 해냄.

박상훈. 1997. 〈민주적 공고화의 실패와 그 기원: 한국문민정부의 경험〉. 《동향과전망》 34호.

박정희. 1997. 《국가와 혁명과 나》. 지구촌.

박정희대통령·육영수여사기념사업회. 1990. 《겨레의 지도자 — 박정희 대통령의 치적을 중심으로 한 한국 현대사》. 육영재단.

오원철. 1995/1996. 《한국형경제발전》 1~6. 기아경제연구소.

이인화. 1997. 《인간의 길》 1~3. 해냄.

임재학 1997. 《선글라스와 목련꽃: 박대통령의 숨은 이야기》. 태일.

정운현. 1993. 〈박정희 시대가 그리운 사람들〉. 《역사비평》 21호.

정재경. 1991. 《박정희 사상 서설: 휘호를 중심으로》. 집문당.

_____. 1994. 《박정희 실기 — 행적초록》. 집문당.

정해구. 1998. 〈박정희, 그 신화의 진실은 무엇인가?〉. 한국정치연구회 편. 《박정희를 넘어서》. 푸른숲.

조갑제. 1987. 《유고》 1, 2. 한길사.

_____. 1992. 《박정희》. 까치.

_____. 1998/1999. 《내 무덤에 침을 뱉어라》 I ~ VI. 조선일보사.

중앙일보 1998. 《실록 박정희》. 중앙M&B.

진중권. 1998. 《네 무덤에 침을 뱉으마》 1, 2. 개마고원.

하신기. 1997. 《한국을 강국으로 이끈 대통령 박정희》. 세경사.

한국정치연구회. 1998. 《박정희를 넘어서》. 푸른숲.

한병진. 1995. 〈1970년대 국가와 농민관계에 관한 연구〉. 서울대학교 대학원 외교학과 석사 학위 논문.

한승조. 1976. 《한국민주주의와 정치발전》. 법문사.

_____. 1977. 《한국정치의 지도이념 — 유신개벽사상의 과거, 현재, 미래》. 서향각.

_____. 1980. 〈70년대 한국정치의 이념과 체제〉. 정신문화연구원 《70년대 한국정치의 이념과 체제》. 정신문화연구원.

_____. 1999. 《박정희 붐, 우연인가 필연인가》. 말과창조사.

### 4장

# 최규하: 리더십 부재와 국가 위기관리

## 1. 들어가며

한국의 역대 대통령 중 최규하는 아주 예외적인 인물이다. 최규하를 제외한 모든 대통령은 스스로 대통령이 되고자 하는 '권력의지'를 갖고 합법적 또는 비합법적 수단을 사용해 대통령의 권좌에 올랐다. 그러나 최규하는 권력의지가 없었을 뿐 아니라 운명적으로 맡겨진 대통령직도 가능한 한 빨리 사임하려 했다. 이 점은 1979년 11월 10일 특별 담화와 12월 21일 취임사에서 '임기 전에', 그것도 '현실적으로 가장 빠른 시간 내에' 물러갈 것을 공약한 데서 잘 드러난다. 그래서 그런지 최규하는 대통령이 되어서도 권력 한 번 제대로 휘둘러보지도 못한 채 자의 반 타의 반 대통령직에서 물러났다. 국무총리 시절에는 '대독 총리'로 불렸고, 대통령이 되어서도 실세가 아닌 운명은 바뀌지 않았다. 그래서 후대의 평자들은 최규하를 '주막거리의 무의탁 노인', '고독한 성주', '비운의 대통령'

등으로 지칭했다.[1] 이런 상황이니 후대의 평가 역시 좋을 리 없다. 2002년의 사단법인 한국대통령학연구소의 조사 결과에 따르면 최규하는 한국의 대통령 중 최하위였다(한국대통령평가위원회 2002, 121).

재임했던 기간이 짧아 자질이나 업적을 정상적으로 검토할 수 없다. 하지만 국가 위기 시에 국가의 최고원수 혹은 국군통수권자인 그가 보여준 '무책임한' 행태와 이후의 과정에서도 계속 침묵을 지킨 사실은 국가 경영에 참여했던 최고지도자로서 합당한 처신이 아니라는 것이 일반적 인식이다. 평가결과 최규하는 업적 분야 총괄에서 최하위를 평가받았고, 인사관리 능력이나 위기관리 능력, 비전 제시 능력 등에서도 최하위를 차지했다.

그러면 이렇게 역대 대통령 중 최악의 평가를 받은 최규하에게서 우리는 어떤 교훈을 얻을 수 있을까? 성공한 역사에서 많은 것을 배우는 일은 당연하지만 실패한 역사에서도 교훈을 얻을 수 있다는 점을 전제하고 최규하 대통령의 리더십을 살펴보자.


## 2. 대통령의 리더십 평가

1979년 7월 16일 이은상은 회갑을 맞이한 최규하의 품성을 칭송하는 시조를 헌정했다(현석최규하대통령팔순기념문헌집발간위원회 1998, 315).

北原京 오랜 傳統 雉嶽山 정기 받아,
말고 빼어난 모습 어질고 둥근 성품,
저 푸른 落落長松이사 님의 뜻이오이다.

안에서는 經綸學德 나라의 기둥이요

밖에 나가 知慧辨說 겨레의 보배이요

風雨 속 우뚝한 立石, 님의 志操이외다.


넘어온 山길 물길 慰勞의 꽃다발 드립니다.

상기도 가야 할 먼 길 祝壽의 잔을 바칩니다.

이 아침 六十嶺 넘으며 새 힘 갖추옵소서.


대통령이 되기 전까지 최규하 개인의 품성에 대한 평가는 '사심이 없는 사람', '중용적 화해정신', '너무나 침착하고 아무리 급해도 선후완급을 먼저 심사숙고하는 완벽하다 할 만한 신중성', '뚝심', '끈기', '청렴결백' 등 대부분 흠잡을 데 없이 훌륭하다. 그러나 이러한 품성이 한 치 앞을 내다볼 수 없는 격동의 순간에 국가의 운명을 결정하는 데 적절한 덕목이었는가는 의문이다. 자신의 통치철학과 이것을 구현할 수 있는 강력한 리더십이 필요한 상황에서 최규하는 지나치게 신중하고 꼼꼼한 성격 때문에 군부에 나라와 자신의 운명을 맡겨버렸다. 그러면 "시대의 요구에 합당한 적임자가 아니었다"(이상우 1988, 470)는 평가를 받는 최규하의 개성이 어떻게 형성되었는지 가정, 교육, 직업을 통해 살펴보자.


### 1) 개성


최규하의 본관은 강릉이며, 자는 서옥瑞玉, 호는 현석玄石으로, 1919년 7월 17일

---

1 주돈식은 최규하에 대해 "쓸쓸한 주막에서 인생의 황혼을 맞은 노인에게 무슨 희망이 있겠는가, 대통령 취임과 동시에 사임을 생각해야 했으니"(주돈식 2004)라고 평했고, 김진배는 최규하를 "손발이 없었고 신군부의 불법 행위를 제지할 아무런 힘이 없었을 뿐만 아니라 상황이 어떻게 돌아가는지조차 알 수 없는 '고독한 성주'"에 비유했다(김진배 1988).

강원도 원주읍 옥거리(현 평원동)에서 아버지 최양오崔養吳와 어머니 전주 이孝씨 사이에서 8남매 중 장남으로 출생했다. 최규하의 가계는 세종조의 중신 최치운崔致雲(16대 조부)과 자격루를 고안한 호조판서 최세절崔世節을 배출한 명문가였다. 생가인 원주시 평원동의 80여 칸 기와집은 조부인 성균관 박사 최재민崔在民이 후학을 가르치던 곳이라고 한다. 최규하는 조부의 지도 아래 5세 때《동몽선습童蒙先習》, 6세 때《효경孝經》, 7세 때《명신보감明心寶鑑》을 수학했고, 1926년 원주보통학교 2학년에 입학한 뒤에도 사서四書는 물론《고문진보古文眞寶》와《운서韻書》등을 섭렵했다(박재정 2002, 192). 조부는 손자를 선비로서 훈도했고, 보통학교 훈도를 지낸 부친과 15년 손위인 개화 여성 큰누이 덕에 선진국 사조에 일찍이 눈을 뜰 수 있었다(현석최규하대통령팔순기념문헌집발간위원회 1998, 376). 1931년 최규하는 경성으로 올라와 경성제일공립고등보통학교에 입학했다. 재학 때는 우수하고 모범적인 학생이었다.

> 조용하고 말이 없으며 언제나 급장인 모범생이었다. 친구들과 떠들썩하게 잘 어울려 놀지도 않았고, 싸움이나 남을 욕하는 법 없이 언제나 손엔 역사책이나 철학서적이 들려 있었다. (현석최규하대통령팔순기념문헌집발간위원회편 1998, 376)

또한 최규하는 '공부벌레'라는 별명을 얻었고, 200명 중 2등으로 졸업했다. 학적부에 따르면 성격은 온순 또는 온량, 지조는 견고, 거동은 대체로 규율적, 재간은 사무적 또는 통솔적, 장점은 영어, 취미는 문학이나 독서, 상벌은 우등, 임원은 급장 또는 부급장이었다(박재정 2002, 192).

이상의 교육 과정을 살펴보면, 최규하의 사고와 행동을 형성한 두 축은 가정학습을 통해 습득한 전통적인 유교와 초중교를 통해 습득한 근대식 교육이었다. 명문가의 장남으로서 유아기부터 청소년기까지 전통적인 유교를 학습했다는 사실은 최규하가 충효 사상뿐 아니라 전통과 격식을 중시하는 유교 문화를 내면화했을 것이라는 점을 보여준다. 또한 모범생이었다는 사실은 식민지 지배 질서에 순종하고, 나아가 천황에 충성하는 식민지 교육 지침을 내면화했을 것이라는 점을 보여준다. 식민지 교육이 조선의 전통 유교를 무시하는 등 양자 사이에는 차별성이 존재하지만, 국가나 천황에 대한 무조건적 충성이나 부모와 권위에 대한 복종 같은 가부장적 권위주의라는 공통점이 있다. 최규하가 수직적 위계질서를 기초로 하는 관료제 아래서 성공적이고 모범적인 생활을 한 점을 고려할 때 가부장적 권위주의가 분명히 내면화되었을 것이다.

한편 최규하는 고등보통학교를 졸업하고 1937년에 동경고등사범학교 문과 제3부(영문과)에 합격했다. 유학 중 가세가 기울어서 외국어 번역이나 가정교사 등을 하면서 학비를 조달했다. 그래서 그런지 졸업 후 교사의 길이 아니라 관료의 길을 선택했다. 1941년 만주국의 고위 관리를 양성하는 대동학원大同學院에 진학해 2년 뒤인 1943년에 졸업했다.[2] 이렇게 식민지 말기에 경험한 대학 교육과 관료 교육은 이후 최규하의 관료 생활에 큰 영향을 미쳤을 것이다.

이런 경력은 최규하가 조선인 중에서 아주 우수한 인재였다는 것을 보여준다. 1930년대 만주사변 이후 많은 조선인이 독립의 꿈을 접고 개인적 입신양명을 위해 신분 상승의 길을 선택했다. 그러나 모두 다 좋은 학교에 진학하여 관료가 된 것은 아니었다. 최규하는 월등한 실력을 보여줬기 때문에 상급 대학과 관리 양성 기관에 들어갈 수 있었다. 주목할 점은 기업이나 군대처럼 불확실하고 모험적인 직업을 선택하지 않고 궤도가 정해진 가장 안정된 길인 관료를 선택했다는 점이다. 이것은 안정성을 추구하는 보수적 성격을 잘 보여준다.[3]

---

2  최규하의 공식적인 프로필에는 대동학원 졸업 이후의 행적이 나오지 않는다. 미군정의 정보 보고서인 'G-2' 보고서는 최규하가 1943년 7월 6일부터 해방될 때까지 2년여 동안 "만주국 관리를 지냈다"고 밝히고 있다(《한겨레 21》 90호 (1995년 12월 28일), 37쪽).
3  당시 주한 미국 대사 글라이스틴은 "갑자기 권력의 중심에 내몰리자 그의 행동을 지배한 것은 본능적인 조심스러움과 보수적 경향"이었다고 최규하를 평가했다(글라이스틴 1999, 105).

해방 이후 최규하는 1946년 1월부터 서울대학교 사범대학에서 3개월간 가르친 뒤 미군정 산하 중앙식량행정처 기획과장이 되었다. 1948년 대한민국 건국 이후에는 농림부 양정국 양정과장이 되었고, 1951년에는 귀속농지관리국장 서리로 승진했다가, 그해 9월에는 외무부 통상국장이 되었다. 이후 외무부로 들어가 근무하면서 주일 대표부 총영사와 참사관 공사를 거쳤고, 41세인 1959년에는 외무부 차관으로 승진했다가 4·19로 사임했다. 1962년 외무부 장관 고문으로 다시 관계에 복귀했고, 1967년부터 1971년까지는 외무부 장관, 1971년부터 1975년까지 대통령 외교 담당 특별보좌관을 지냈으며, 1975년 12월 19일에는 국무총리 서리, 1976년 3월 12일에는 국무총리로 임명되었다.

해방 이후 최규하의 관료 생활은 대통령 권한 대행 이후의 사고와 행동을 해석하는 데 필요한 열쇠다. 최규하가 관료 생활을 한 시기는 이승만과 박정희가 민주 헌법 질서를 짓밟고 정권 연장과 권위주의적 통치를 자행한 시기였다. 우연하게도 최규하는 탈권위주의 시기인 민주당 정권 아래서는 관료 생활을 하지 않았다. 강력한 권위주의 통치를 자행하던 두 '군주', 특히 박정희는 최규하의 어떤 자질을 높이 평가했을까? 혹시 그 지도자들이 선호한 최규하의 자질은 우수성과 성실성 이외에도 인내와 순종이 아니었을까?

한 정치평론가는 박정희가 최규하를 총리로 기용한 이유를 "순종적이고 자기 세력이라고는 거느리지도 않고 또 거느릴 능력도 없는 인물"이었기 때문이라고 주장했다(이상우 1988, 471). 곧 권력을 탐하지 않고 묵묵히 일만 열심히 하는 '주사형' 행정가였기 때문에 박정희가 선택했다는 것이다. 사실 최규하는 국무총리 시절 항상 대통령의 식사를 대독한 뒤 일체의 제스처 없이 군중을 쳐다보지 않은 채 고개를 푹 수그리고 빠른 걸음으로 퇴장할 정도로 자신을 드러내지 않았다(주돈식 2004, 264). 이런 점이 박정희의 마음에 들었던 것은 아닐까?

결국 최규하는 충효 사상과 천황 숭배로 대표되는 유교와 식민 교육 제도를 통해 가부장적 권위주의를 내면화했고, 그것이 담고 있는 보수성, 인내심, 순종

성, 그리고 권력의지의 부재가 재능과 결합되면서 교육 과정과 관료 생활에서 성공할 수 있었다.[4]

## 2) 국정 철학

정치 지도자는 국가 차원의 꿈과 목표를 정당화하는 이념을 제시하라는 국민들의 요구를 받는다. 그런데 일반적으로 정치 지도자는 철학자나 사상가가 아니기 때문에 기존의 국가 이념을 원용하여 자신의 이념을 제시한다. 대한민국을 대표하는 이념은 자유민주주의이기 때문에 한국의 정치 지도자들은 자유민주주의를 토대로 자신의 이념을 제시했다. 이승만의 일민주의나 박정희의 '민족적 민주주의' 또는 '한국적 민주주의'가 바로 자유민주주의에 대한 자기만의 '판본'이다. 그러나 최규하는 갑자기 권력을 인수받았기 때문인지, 아니면 재임 기간이 너무 짧은 탓인지 자신의 정치 이념을 제시하지 않았다. 다만 민주화가 시대적 과제라는 것은 직감하고 있었다. 그래서 1979년 11월 10일 대통령 권한대행을 맡은 이후 처음 발표하는 〈대국민 특별담화〉에서 이렇게 민주화에 대한 소신을 밝혔다.

> 지금 우리는 이러한 경제·사회적 성장에 상응하여 정치적 발전도 도모해 나가야 할 때라고 생각합니다. …… 따라서 본인은 대통령 권한대행으로서 헌법에 규정된 시일 내에 국법이 정하는 절차에 따라 대통령 선거를 실시하여 새로 선출되는 대통령에게 정부를 이양한다는 것을 정부방침으로 확정하였으며, …… 새로 선출되는 대

---

4  박정정은 최규하의 성향과 실천 체계를 "권위와 권력에 대한 묵종성, 기회주의, 다원주의적 정치환경과 대중참여에 대한 부정적 입장"으로 요약한다(박재정 2001, 194).

통령은 현행 헌법에 규정된 잔여임기를 채우지 않고 현실적으로 가능한 빠른 기간 내에 각계각층의 의견을 광범하게 들어서 헌법을 개정하고 그 헌법에 따라 선거를 실시해야 한다는 것입니다. (대통령 비서실 1981, 41~42)

이렇게 최규하는 초기부터 자신에게 부과된 임무가 정치 발전, 곧 민주주의의 회복이라는 점을 분명히 밝혔다. 그런데 자기가 말하는 정치 발전 또한 민주주의가 어떤 것인지는 밝히지 않았다. 다만 "각계각층의 의견을 광범위하게 들어서 헌법을 개정하고, 그 헌법에 따라 선거를 실시해야 한다"는 원칙만 밝혔다 (대통령 비서실 1981, 58). 민주주의 체제 복귀는 시대적 과제였기 때문에 국회에서도 여야 구별 없이 자신들이 주도해 새로운 민주 헌법을 제정하려 했다. 그러나 최규하는 자신의 방식이 "헌정질서를 유지하는 가운데 이 나라 민주주의를 착실하게 발전시켜 나가는 슬기로운 길"이라고 주장하면서 유신 헌법에 따라 대통령 선거를 치렀고, 새 정부가 주도해 헌법을 개정하려 했다(대통령 비서실 1981, 58).

최규하는 왜 이렇게 복잡한 경로를 통해 민주화를 추진하려 했는가? 유신 헌법에 정해진 절차를 지켜야 하고 새로운 헌법을 제정하는 데 상당히 많은 시간이 소요된다고 생각했기 때문일 것이다.[5] 대통령 취임사에서 최규하는 "앞으로 특별한 사정이 없는 한, 1년 정도면 국민의 대다수가 찬동할 수 있는 내용이 담긴 헌법을 마련할 수 있을 것"이라고 주장했다(대통령 비서실 1981, 96). 곧 헌법을 개정하여 새로운 선거를 치르기까지 1년 정도 시간이 걸린다고 예상한 것이었다. 그러나 이것은 국민들의 민주화 열망을 고려하지 않은 매우 비현실적인 사고였다. 당시 국민들은 장기 집권과 긴급조치의 엄혹함에 질식한 나머지 하루라도 빨리 민주 정부를 갖고 싶었다. 그러나 돌다리도 두드리고 '격식을 중시하는' 신중한 태도를 지닌 최규하는 국민들의 이런 바람을 외면했다.

최규하가 민주화를 '천천히' 추진한 더 중요한 이유는 의회민주주의를 불신한 데 있다. 잘 알려져 있듯이 최규하는 유신 체제의 가장 충성스런 관료였다.

유신 체제는 서로 다른 정치적 견해를 제기하고 토의를 통해 합의에 도달하는 의회 정치가 비효율이자 낭비라고 비판하면서 등장한 '한국적 민주주의'의 결정체였다. 최규하는 이런 비민주적 체제에서 장수 총리로서 맡은 바 소임을 충실히 다했다. 따라서 비효율적인 국회에 헌법 개정처럼 중요한 일을 넘길 수는 없다고 생각했던 것이다. 최규하가 의회민주주의를 신뢰하지 않았다는 사실은 당시 자주 의견을 교환한 글라이스틴 전 대사의 평가에서도 잘 드러난다. 글라이스틴은 "최 대통령과 신 총리는 '분파적인' 정치인들에게 일을 맡기면 아무런 타결점도 찾지 못하고 장기간 싸움만 계속 될 것으로 생각"했다고 말했다. 또한 "최 대통령과 전두환 장군, 이희성 계엄사령관 등 …… 한국 지도자들은 민주절차에 대한 신념이 없었다"거나 "유교적 보수주의자인 최 대통령이 '서구식' 민주주의를 탐탁지 않게 여긴 것은 사실"이라고 지적했다(글라이스틴 1999, 150; 170; 180). 결국 본인의 행동과 주변의 증언을 종합할 때, 최규하는 민주주의보다 질서와 안정을 더 중시하는 보수적 성향을 가졌다. 따라서 최규하의 국정 철학은 자유민주주의가 아니라 권위주의였다.

### 3) 국가 통치 전략

최규하가 집권한 시기는 '비상한 시국'이었다. 최규하는 11월 10일 대통령 권한 대행으로서 처음 발표한 특별 담화에서 박정희의 갑작스런 사망이 한국의 안전보장에 위협을 가져왔다고 주장했다. 그러나 그런 주장의 근거는 북한의 대남 적화 전략과 중상 모략, 선동이었다.

---

5  유신 헌법 제45조 2항은 "대통령이 궐위된 때에는 통일주체국민회의는 3월 이내에 후임자를 선거한다"고 규정했다.

우리 사회 내부에 혼란과 분열이 조성될 경우 이를 재침의 기회로 삼으려는 북한 공산주의자들의 대남적화전략에는 아무런 변화가 없을 뿐만 아니라, 근자에 와서 그들은 오히려 우리 내부의 혼란을 야기할 목적으로 우리에 대한 중상모략과 선동을 격화하고 있습니다. (대통령 비서실 1981, 40)

게다가 이런 위기의식을 증폭시킨 것은 '2차 석유 위기'에 따른 세계적 경제 불황이었다. 이러한 초기의 시국 판단은 최규하 통치 전략의 기반이 되었다.

그럼 통치 전략을 파악하기 위해 먼저 집권 기간 동안 최규하가 어떤 목표를 갖고 있었는지를 살펴보자. 최규하는 12월 21일 대통령 취임사에서 국정의 기본 목표를 이렇게 제시했다.

본인은 앞으로 국정의 기본목표를 국가안전보장을 공고히 하고, 사회안정과 공공의 안녕질서를 유지하며, 국민생활의 안정과 경제의 안정적 성장을 도모하는 동시에 착실한 정치적 발전을 추진하여 지속적인 국가발전을 이룩해 나가는 데 두고자 합니다. (대통령 비서실 1981, 92)

최규하는 여기서 국가 안전보장, 사회 안정, 경제성장, 정치 발전을 기본 목표로 제시했는데, 당시 새롭게 부과된 목표가 바로 정치 발전이었다. 곧 군의 정치 개입을 막고 민주화를 평화롭게 진행시키는 것이었다. 최규하는 이 목표를 위해 '국민 대다수가 원하는 방향'으로 헌법을 개정하고 새 대통령을 선출한 후 정권을 이양하는 것으로 자신의 역할을 규정했다. 그렇다면 이 목표를 달성하기 위해 최규하에게는 어떤 통치 전략이 필요했는가?

먼저 최규하는 군의 최고 통수권자인 대통령으로서 군부를 장악해야 했다. 당시는 유신 체제의 정점인 대통령과 그 곁에서 체제를 수호한 중앙정보부, 청와대 비서실, 대통령 경호실 등 지도부가 붕괴된 상황이었다. 그러나 또 다른 체제 수호 세력인 군과 보안사령부는 세력을 온전히 보전한 채 여전히 막강한 힘을 갖고 있었다. 따라서 민주화를 정상적으로 추진하려면 잠재적 적대 세력인 군을 장악하거나 최소한 중립화시킬 필요가 있었다. 그러나 최규하가 과연 군을 장악하려 시도했는지는 의문이다. 만일 어떤 노력도 기울이지 않았다면 대통령으로서 직무 유기인 동시에 전략 부재를 의미하는 것이다.

다음으로 최규하는 야당과 재야 세력, 그리고 필요한 경우 민주화를 열망하는 국민들의 지지를 등에 업고 민주화를 추진해야 했다. 그렇게 하려면 일단 국민들이 원하던 개혁 조치들, 곧 긴급조치 9호와 계엄령 해제, 정치범 석방, 국회 개원, 언론 검열 완화 등에 착수해야 했다. 또한 그동안 정치에서 배제되던 야당과 재야인사들을 정치권으로 포용해야 했다. 그리고 정치 개혁 일정을 구체적으로 제시해야 했다. 일정 공포는 그것 자체가 민주화를 일정대로 추진해야 하는 일종의 강제력이 될 수 있었다.

최규하는 이 중 첫 번째 조치를 일부 시행했다. 11월 19일 대학 휴교령을 폐지하고, 12월 7일 긴급조치 9호를 해제했다. 또한 12월 23일에 긴급조치 관련자 561명을 특별 사면하고 1130명을 석방했으며, 제적 학생 759명의 복학과 해직 교수 19명의 복직도 허가했다. 민주 개혁을 요구하는 여론에 부합하는 이런 조치는 민주 세력과 국민의 지지를 얻었다. 그러나 더는 앞으로 나아가지 않았다. 최규하의 소신 때문인지, 아니면 12·12 쿠데타로 실권을 장악한 신군부의 압력 때문인지는 확실하지 않다. 그러나 불충분한 개혁의 결과 최규하는 민주 세력과 국민의 지지를 상실했다. 확실한 것은 최규하는 신군부를 비롯한 유신 수호 세력의 반대를 무릅쓰고 민주화를 추진할 의지가 없었다는 점이다.

결국 최규하는 민주화를 성공시키려면 야당과 재야 세력을 상대로 연대하고 국민의 민주화 열망을 동원해야 했으며, 이런 과정을 통해 군을 비롯한 민주화에 적대적인 세력을 제어했어야 했다. 그러나 최규하는 이런 통치 전략을 구사할 의지가 없었기 때문에 자신이 설정한 목표도 달성하지 못했다.

## 4) 정책 수행 능력

최규하의 목표가 유신 체제의 폐지와 민주 체제로 나아가는 전환이었다면, 신군부의 등장과 대통령직 사임은 최규하가 효과적인 통치 전략을 구사하지 못했을 뿐 아니라 그런 정책을 수행할 능력이 없었다는 것을 보여준다. 사실 주위를 둘러싼 모든 조건이 최규하에게 불리하지만은 않았다. '큰형Big Brother'으로서 한국의 정치 상황을 긴밀히 주시하던 미국도 민주 체제 전환을 기대했고, 최규하에게 반체제 세력의 포용을 비롯해 민주화 추진에 필요한 조언을 제공했다.

> 대통령 직무대행이 야당 인사들과 일부 반체제 인사들까지 포함하는 여러 계층의 사람들과 즉시 대화에 나서는 것이 대단히 중요하다는 점을 강조했다. …… 1979년 11월 3일 거행된 박 대통령의 장례식에는 밴스 국무장관이 조문 사절 단장으로 참여해 미국의 입장을 전달할 기회는 의외로 빨랐다. …… 밴스는 서울로 오는 동안 미국은 대한민국의 정치발전이 '사회·경제적 발전에 상응할' 것을 기대한다고 공개적으로 논평했다. …… 그는 최 대통령 정부가 민주화의 방향으로 나갈 것을 강력히 주장하면서 반정부세력에 대해서는 자제를 부탁했다. (글라이스틴 1999, 107~108)

또한 국민들과 민주화 세력 역시 초기에는 군부 개입의 빌미를 주지 않기 위해 시위를 자제하면서 최규하의 개혁 추진을 지원했다. 그러나 최규하는 결정적인 순간마다 결정을 미루거나 아무런 조치도 취하지 않음으로써 신군부의 권력 장악을 방조했고, 결국 민주화라는 목표 달성에 실패했다.[6]

역사는 최규하가 독재자의 급작스런 유고라는 비상시국에서 민주화를 추진할 의지와 결단력이 없었다는 점을 보여주었다. 당시 수차례 직접 접촉한 글라이스틴은 이렇게 최규하의 한계를 지적했다.

내가 걱정했던 점은 최 대통령 직무대행의 본능적으로 조심스런 태도가 오히려 개혁을 성취할 과도 지도자로서의 능력에 저해요인으로 작용한다는 것이다. …… 전임 박 대통령에게서 물려받은 독재체제를 바꿀 힘이 없었다. 그는 자신의 권력을 동원해 적극적으로 개혁을 추진하려 하지 않았다. (글라이스틴 1999, 110)

글라이스틴은 최규하의 개혁 추진 능력 부재가 조심성 또는 적극성 부족에서 기인했다고 지적했다. 그러면 이런 개인적 한계가 어떻게 결정적 순간마다 정책 수행에 걸림돌이 되었는지를 살펴보자. 첫째, 최규하는 대통령 대행을 맡자마자 정치 발전을 추진할 것을 밝혔다. 그 뒤 12월 초에 긴급조치 9호를 해제하고 위반자들을 석방했지만, 너무 '천천히' 민주화를 추진했기 때문에 신군부에 쿠데타의 기회를 주었다. 최규하가 초기부터 적극적으로 여당은 물론 야당 정치인들을 만나 민주화 일정을 협의하고 국회가 헌법 개정을 주도하게 했다면, 그리고 계엄령 해제를 통해 국민의 민주화 열망을 만족시켰다면 신군부 역시 민주화의 흐름에 역행하기 어려웠을 것이다.

둘째, 최규하는 군의 최고 통수권자로서 적극적으로 군을 장악해야 했다. 그러나 군을 정승화 육군 참모총장과 노재현 국방부 장관에게 맡겨버림으로써 군부 내부의 동향을 전혀 파악하지 못했다. 또한 12월 12일 정승화를 체포한 신군부의 행위를 추인함으로써 결과적으로 군부 쿠데타를 승인했다.[7] 물론 북한의 남침에 빌미를 줄 수 있는 한국군 내부의 충돌을 막기 위해서 그렇게 했다

---

6  글라이스틴은 "갑자기 권력의 중심에 내몰리자 그의 행동을 지배한 것은 본능적인 조심스러움과 보수적 경향, 알려진 것 이상으로 용기를 발휘한 경우가 많았지만 본능적으로 대담한 도전은 피했다. 어쩌면 현명하게도 전두환에 대항해 국민적 지지를 동원하려 하지 않았고, 미국의 지원을 고마워하면서도 군이나 민간부문의 사태를 바로잡으려는 미국의 노력은 달가워하지 않았다"고 지적했다(글라이스틴 1999, 105).
7  최규하는 12월 12일 정승화의 연행을 결재해달라는 신군부의 요구를 거절했다가 다음날 노재현 국방장관의 의견을 듣고 결재했다. 이것은 신군부의 요구에 저항한 행동으로 해석되기도 하지만, 자신의 책임을 면하기 위해서 그렇게 했다는 해석이 더 신빙성이 있다(박재정 2002, 201).

고 말하겠지만, 최규하가 신군부의 요구를 거부하고 강력히 저항했다면 상황은 달라졌을 것이다.[8]

셋째, 최규하는 신군부가 실권을 장악한 뒤인 12월 21일 대통령 취임사에서 헌법 개정 일정을 발표하고 내각을 개편했다. 또한 김영삼 등 각계 인사 면담, 언론 검열 완화, 1980년 3월 1일 대학 개강, 해직 교수와 제적 학생 복귀, 김대중의 공민권 복권 등 여러 개혁 조치를 단행했다. 이런 상황은 당시만 해도 신군부가 전면적으로 민주화를 차단할 준비가 되어 있지 않았다는 점을 보여준다. 민주화를 원하는 미국, 민주화 세력, 국민의 지지를 결집시켰다면 최규하가 실권을 회복할 가능성도 있었다. 그러나 최규하는 어떤 조치도 취하지 않았고, 신군부가 원하는 대로 4월 4일에 전두환 보안사령관을 중앙정보부장 서리에 임명했다. 그 뒤 최규하는 대통령직만 유지한 채 신군부가 추진하는 반민주적 조치들을 승인하고 신군부의 정권 장악을 방조했다.[9] 5월 17일 밤의 대학생 체포, 대학 폐쇄, '비상계엄' 전국 확대, 정치인 체포 같은 반민주적 조치들을 승인했고, 5월 21일 '국가보위비상대책위원회'(국보위) 설치 같은 권력 이양을 승인했다.[10] 또한 광주민주화운동의 유혈 진압과 국보위 설치 등 신군부의 행위를 적극 옹호했다.

> 최 대통령은 자신의 입장을 옹호하면서 한층 감정적인 반응을 보였다. 이승만 대통령 하야 후의 사회 혼란과 박정희의 쿠데타를 상기시키면서 그는 학생들이 자신의 정부를 무너뜨리는 일은 절대로 용납하지 않겠다고 거듭 강조했다. …… 그는 김종필·김대중·김영삼이 학생들에게 '악영향'을 끼치고 있다면서 그들을 통렬히 비난했다. 그는 정치개혁 일정을 계속 추진할 것이며, 3김은 체포된 것이 아니라 '포고령 위반으로 조사받는 것'이라며, 국회가 '정치활동을 하지 않는다'면 아무 때고 회의소집이 가능하다고 주장했다. (글라이스틴 1999, 179)

게다가 최규하는 신군부의 권력 장악을 정당화하는 '얼굴마담' 역할을 충실히 수행했다. 이런 점은 6월 12일 발표한 대통령 담화에서 잘 드러난다.

집단적 시위나 난동과 소요 등 불법적인 수단과 방법으로 합헌적인 정부를 타도하려는 행위는 이를 엄단할 것입니다. 그리고 공직자 사회의 부조리를 척결하기 위한 서정쇄신 작업을 계속 추진해 나갈 것이며, 아울러 일반사회의 정화운동도 전개해 나가면서 각종 사회악과 퇴폐풍조를 삼제<sup>芟除</sup>하여 건전한 사회기풍을 진작해 나갈 것입니다. (대통령 비서실 1981, 229)

여기서 최규하는 반체제 세력의 민주화운동을 강력히 탄압하고 관계와 일반 사회를 대상으로 정화 운동을 전개하겠다고 밝혔다. 신군부의 생각과 계획을 담은 이 담화는 과거 권위주의 체제로 복귀하겠다는 뜻을 공표한 것이다. 최규하는 이제 더는 민주주의 이행이라는 자신의 목표를 추진할 수 없었다. 그런데도 최규하는 이런 조치들이 민주화에 역행하는 것이 아니라는 듯 8월 16일 '평화적 정권 교체'의 선례를 남긴다는 궤변을 주장하며 대통령직에서 사임했다.

결국 최규하는 결정적인 순간마다 신군부의 행위를 사후 승인하고 나중에는 신군부가 추진한 반민주적 조치를 정당화함으로써 자신에게 부여된 민주화 임무를 완수하지 못했을 뿐 아니라 여기에 역행하는 행보를 보였다. 최규하는 시대적 과제를 완수할 정책 수행 능력이 없었다.

---

8  "자신이 취한 행위는 내전이나 폭동을 피하기 위해서는 부득이한 조치였다고 믿는 것 같다"(유영을 1994, 429).
9  글라이스틴은 최규하가 "실제로 권력을 장악한 사람들이 합당한 절차와 형식을 따르는 한 그들에 의해 조종되는 것에 강한 인내력을 보이는 것 같았다"고 말했다(글라이스틴 1999, 127).
10  글라이스틴은 "한국 군부는 …… 한국 정부의 합법적 권위를 무시했다. 군부에 의한 사실상의 정권 인수가 진행 중인 것 같다. …… 5월 17일 밤이 지나면서 최 대통령이 좌우 진영의 도전을 물리치고 한국을 민주헌정체제로 이끌 수 있으리라는 희망은 사라졌다. …… 사정이 이렇게 악화된 것은 전두환의 중앙정보부 장악을 용인한 그 자신에게 책임이 있다는 것이 내 생각이었다"고 평가했다(글라이스틴 1999, 176~177).

## 3. 나가면서

최규하의 평탄하던 인생은 18년 동안 철권통치를 휘두른 절대자 박정희가 갑자기 살해당하면서 역사의 소용돌이 속으로 빠져들었다. 위기의 시기에 최규하가 집권한 것은 개인적으로나 국가적으로 불행이었다. 당시 상황은 단지 정권 관리가 아니라 위기를 헤쳐 나갈 용기와 결단력, 그리고 민주주의에 대한 신념을 지닌 지도자가 필요한 시기였다. 그러나 이런 시대적 요구는 최규하에게 너무 벅찼다. 최규하는 양심적이고 성실하며, 순종적이고 신중하며, 사심이 없는 훌륭한 행정가였다. 이런 장점 덕에 국무총리에 올랐지만, 비상시국에 적합한 덕목은 아니었다. 절대자가 사라진 공백을 민주화를 추진해서 메워야 하는 시기에 최규하의 장점은 결단력 부족과 무능력, 곧 리더십 부재로 바뀌었다. 한마디로 최규하는 자신에게 주어진 권력을 어떻게 다뤄야 할 줄 모르는 무능한 지도자였다. '관료적 보수성'에 갇힌 채 '보신주의'로 버티다가 쫓겨난 '비운의 대통령'이 되었다. 신군부의 등장이 유신 체제가 남긴 최악의 유산이었다면 최규하의 대통령직 승계는 유신 체제의 또 다른 실패작이었다.

그럼 당시 민주화의 실패가 최규하만의 책임인가? 물론 가장 큰 책임은 국민의 민주화 열망을 짓밟고 정권을 찬탈한 신군부에 있다. 그렇지만 군의 최고 통수권자로서 군부를 통제하지 못한 최규하에게도 큰 책임이 있다. 특히 결단력 부족과 무능력, 권력의지의 부재 같은 개인적 특성은 적극적으로 민주화를 추진하는 데 장애물로 작용했다. 당시 최규하가 아닌 인물, 곧 위기 상황을 헤쳐 나갈 리더십을 갖춘 인물이 대통령이었다면 상황은 달라지지 않았을까? 그러나 2인자를 용납하지 않은 박정희의 성향을 고려할 때, 이런 가정은 성립할 수 없다. 박정희는 절대 자신의 자리를 대체할 인물을 국무총리로 기용하지 않았을 것이다. 박정희의 집권 기간 중 특수 관계인 김종필을 제외한 모든 국무총리는 순종적이고, 자기 세력을 거느리지 않고, 그런 세력을 거느릴 능력이 없는 인물이었다. 박정희 아래서 강력한 리더십을 가진 인물이 국무총리가 될 가능성은 없었다. 대통령 계승권자의 리더십 부재는 박정희 장기 집권이 가져온 필연적 결과물이다.

그렇다면 당시 민주화 실패에서 박정희, 최규하, 신군부 같은 행위자 이외에 다른 원인을 찾을 수는 없을까? 행위자의 시각을 조금 벗어나면, 비상시 대통령 승계 1순위인 국무총리의 리더십 부재는 한국의 독특한 국무총리 제도에도 책임이 있다. 한국의 권력 구조는 미국식 대통령제는 물론 영국식 내각제하고도 다르다. 대통령과 국무총리를 동시에 갖고 있는 '한국형' 권력 구조라고 할까? 현행 제도 아래서 일반적으로 대통령은 권한은 행사하되 책임은 지지 않고 총리는 권한은 없되 책임은 지는 관행이 지속됐다(김용복 2003, 7). 곧 국무총리는 '일인지하 만인지상'으로 독자적 권한이 없는 대통령의 '소모품'에 불과하다. 그래서 국무총리는 보좌형 총리, 행정형 총리, 정치 총리, 실세 총리, 얼굴마담형 총리, 화합형 총리, 국면 전환용 총리, 정권 말기 선거 관리 총리 등 다양한 모습으로 존재했다. 이런 이름들은 이제까지 국무총리가 실권을 가진 존재가 아니라 대통령의 방패막이로서 정치적으로 활용된 존재이기 때문에 붙여졌으며, 현행 국무총리 제도의 문제점을 잘 표현해준다.

리더십 부재의 최규하 대통령은 이런 기형적 권력 구조의 산물이다. 따라서 일부에서는 기형적 권력 구조를 고치기 위해 실권 없는 국무총리 제도를 없애고 정부통령 러닝메이트 제도를 도입하자고 주장했다.[11] 물론 국무총리 폐지 이외에도 다양한 대안이 있지만, 이 문제는 이 글의 범위를 벗어난다. 그러나 국가 위기관리에 실패한 최규하 대통령의 경험은 권력 구조 개편을 진지하게 고찰할 필요가 있다는 점을 웅변하고 있다.

---

11  한국 국무총리 제도의 문제점과 대안에 대해서는 김용복(2003)을 참고.

**참고 문헌**

/

김용복. 2003. 〈권력구조 개혁과 국무총리 제도: 문제점과 개선방안〉. 《국제정치연구》 제6집 1호.

김일동. 1989. '증언거부' 최규하의 항변〉. 《신동아》 8월호.

김진배. 1988. 〈최규하의 그때 그 순간〉. 《월간조선》 9월호.

대통령 비서실. 1982. 《최규하대통령 연설문집》.

박세일 외. 2002. 《대통령의 성공조건》 I. 동아시아연구원.

박재정. 2001. 〈최규하 ― 위기관리에 실패한 유신체제의 적자〉. 한국정치학회. 《남북한의 최고지도자》. 백산서당.

월간조선부 엮음. 1993. 《비록 한국의 대통령》. 조선일보사.

윌리엄 글라이스틴. 1999. 《알려지지 않은 역사》. 중앙M&B.

유영을. 1994. 〈최규하의 침묵〉. 《신동아》 8월호.

이동욱. 1996. 〈최규하 대통령의 육성고백〉. 《월간조선》 9월호.

이상우. 1988. 〈최규하 대통령의 빼앗긴 295일〉. 《신동아》 5월호.

이흥환 편저. 2002. 《미국 비밀문서로 본 한국 현대사 35장면》. 삼인.

정윤재. 2003. 《정치리더십과 한국민주주의》. 나남.

존 위컴. 1999. 《12·12와 미국의 딜레마》. 중앙M&B.

주돈식. 2004. 《우리도 좋은 대통령을 갖고 싶다》. 사람과 책.

최보식. 1997. 《얼굴》. 둥지.

한국대통령평가위원회·한국대통령학연구소 엮음. 2002. 《한국의 역대 대통령 평가》. 조선일보사.

현석최규하대통령말순기념문집발간위원회 편. 1998. 《현석 편모》.

# 5장
/
# 광주: 5·18의 정치

## 1. 서론

'1980년 5월 광주'(5·18)는 한국 현대사에 결정적 영향을 미친 가장 중요한 사건 중 하나였다. 5·18이 한국 사회의 구조적 모순을 압축적으로 표현했을 뿐 아니라 1980년대 이후 한국의 정치 변동 과정에서 결정적 영향을 미쳤기 때문이다. 특히 5·18을 둘러싼 담론 투쟁은 1980년대 이후의 정치 변동 과정에서 권위주의 국가 대 정치사회와 시민사회 내 민주화운동 사이에 벌어진 담론 투쟁에서 핵심 쟁점이었다. '불순분자들의 사주에 의한 폭도들의 소요' 또는 '국가 발전을 저해하는 혼란'이라는 국가의 지배 담론은 민주화운동 세력의 '민주화·민중 항쟁·반외세 자주'라는 대항 담론에 의해 지속적으로 도전받았고, 1987년 6월 민주항쟁 이후에는 국가의 지배 담론이 폐지되고 대항 담론 중 '민주화운동'만이 공인되었다.[1]

1987년 6월 민주항쟁 이전까지 국가 대 정치사회와 시민사회 내 민주화운동 사이의 담론 투쟁이 5·18의 성격 규정을 둘러싸고 전개되었다면, 그 뒤의 담론 투쟁은 민주화의 진행과 공고화라는 5·18 담론의 실천을 중심으로 진행되었다. 그리고 5·18 담론의 실천 과정에서는 권위주의 정권에 맞서 투쟁하면서 연대한 정치사회와 시민사회 내 민주화운동 세력 사이에 균열이 일어났다. 이런 균열은 먼저 5·18 담론의 실천 범위를 둘러싸고 정치사회 내 야당과 시민사회 내 자유주의 세력들을 한편으로, 시민사회 내 민중운동 세력들을 다른 편으로 하여 발생했다. 다음으로 3당 합당 이후에는 지역주의 때문에 정치사회와 시민사회에서 모두 호남 대 비호남의 대립으로 등장했으며, 마지막으로는 광주 문제의 구체적 해결 방안을 둘러싸고 광주와 전남 지역의 시민사회 내 자유주의 세력들과 민중운동 세력들 사이에서 발생했다. 따라서 1980년 이후 '광주 사태'에서 '광주민주화운동'과 '광주민중항쟁'으로 나아가는 변화는 단순히 5·18을 지칭하는 용어의 변화만이 아니라 한국의 정치 변동 과정에서 전개된 국가, 정치사회, 시민사회 내 여러 세력들 사이의 힘의 역관계의 결과였다.

한국 정치사에서 5·18이 차지하는 위상에 걸맞게 1990년대 말까지 5·18에 대한 연구는 다양한 측면에서 진행되었다. 기존 연구는 주로 5·18의 구체적 역사를 복원하거나 5·18이 지닌 민중적 또는 민주적 성격에 관심을 보인 반면, 5·18 담론이 한국의 정치 변동 과정에 끼친 영향이나 5·18 담론과 정치 세력들의 관계에 대해서는 별로 관심을 보이지 않았다.[2] 그러나 후자의 주제는 한국의 민주화 과정에서 5·18 담론이 지닌 상징성과 영향력을 고려할 때 무시할 수 없는 것이다. 따라서 이 글은 1980년대 이후 정치 변동 과정에서 각 정치 세력들(주로 국가, 정치사회와 시민사회의 민주화운동 세력들)의 5·18 담론이 어떻게 변화했고, 담론 투쟁의 과정이 구체적으로 어떻게 진행되었는지를 분석한다.

먼저 한국 사회의 정치 변동을 분석하기 위한 이론적 틀을 살펴본다. 다음으로 1980년부터 1987년 6월 민주항쟁까지 국가와 정치사회와 시민사회 내각 세력의 5·18 담론을 살피고, 어떤 정치 변동이 후자의 우위를 가져왔는지를 분석한 뒤, 6월 민주항쟁 이후 어떤 정치 변동이 정치사회와 국가가 주도하는 5·18 담론의 실천을 가져왔고, 이 과정에서 정치 세력들 사이에 발생한 정치적 균열을 분석한다. 마지막으로 결론에서는 이 글의 함의를 정리한다.

## 2. 분석틀의 검토

이 장은 5·18 담론의 변화와 당시 한국 사회 정치 변동의 상관관계를 추적하기 위해 국가-정치사회-시민사회라는 패러다임을 사용한다. 국가-시민사회의 패러다임을 발전시킨 이 패러다임은 국가와 시민사회 사이에 양자를 매개하는 '정치사회'라는 제3의 공간을 설정하는데, 정치사회란 "선거와 정당체제를 중심으로" 구성되어 있으며 "국가의 정책과 조정 능력을 시민사회에 전달하고 부과하며 시민사회의 요구와 갈등을 국가에 투영한다"(최장집 1993, 393). 시민사회가 "자본주의 사회의 계급갈등, 계급투쟁의 일상의 지형"이라면 정치사회는 "시민사회에서의 계급갈등이 권력문제를 지향하는 …… '정치적 계급투쟁의 주된 지형'"으로, "독립된 정치지형으로서 핵심적인 중요성을 갖는다"(임영일 1992, 177).

이 패러다임은 정치사회라는, 국가와 시민사회 사이의 매개 공간을 설정함으

---

1 담론은 다양한 의미로 사용되지만, 담론은 언어를 통해 개인들에게 제공하는 어떤 의미 구조나 표상 방식이라기보다, 차라리 그것이 개인들을 특정한 방식으로 실천할 수밖에 없게 만드는 실천의 양태와 그러한 실천을 강제하는 규칙이다 (Foucault 1992). 따라서 이 글은 담론을 어떤 사물(thing)을 의미하는 언어(language)와 대비되는 하나의 행위 개념으로서, 의미를 만들고 재생산하는 사회적 과정을 포괄하는 개념으로 사용하겠다.
2 5·18 담론의 변화에 관심을 보인 연구로는 최정운(1997)과 허만호·김진향(1998)이 있는데, 전자는 5·18 당시의 담론과 이후의 여러 담론들을 분석했고, 후자는 5·18 담론과 4·19의 담론을 분석하고 5·18의 올바른 사회적 담론 구성을 다루었다. 모두 5·18 담론과 그 이후의 정치 변동의 상관성을 지적했을지라도, 양자의 관계를 구체적으로 다루지 않았다는 점에서 이 글과 차별성을 보인다.

로써 다양한 수준에서 사회적 매개의 동학을 좀더 구체적으로 밝혀주고, 이 동학에 대한 우리의 이해를 풍부하게 해줄 수 있다는 장점을 가지고 있다(손호철 1997, 54). 곧 한편으로 기존의 국가-계급 내지 국가-토대론이 주목하지 못한 비계급 관계적인 사회적 관계와 제도적이고 사회적인 그물망을 부각시킴으로써 그동안 인식하지 못하던 사회적 동학을 인식할 수 있게 하는 장점을 가지고 있으며, 다른 한편으로 서구와 달리 시민사회의 사회적 계급 관계가 정치사회 속에 상대적으로 반영되도록 정당 체제 등 정치사회가 조직되어 있지 못한, 달리 말해 "계급관계의 구도로부터 탈구화된 정치사회"(임영일 1992, 197)가 특징인 한국의 현실을 설명하지 못하는 국가-시민사회론의 단점을 보완할 수 있다.[3]

여기서 주의해야 할 점은 이 패러다임이 국가, 정치사회, 시민사회를 하나의 행위자로 보고 이 행위자들을 대비시키는 틀로서 한국 사회를 바라보지 않는다는 점이다. 여기서는 정치사회나 시민사회를 여러 정치 세력이 투쟁하는 하나의 '공간' 내지 '영역'으로 본다(손호철 1997, 20). 예를 들어 1980~1990년대 정치사회에는 민정당, 신한국당, 신민당, 평민당, 민주당 등 보수 정당과 민중당 같은 진보 정당이 존재했고, 시민사회에는 전국경제인연합회로 대표되는 자본가 세력, 조직화되지 못한 중산층, 한국노총과 민주노총 같은 노동자 조직들, 농민 세력, 재야 세력, 학생운동 세력, 청년운동 세력 등 다양한 세력이 존재했다. 이 것은 한국에서 정치사회와 시민사회가 하나의 단일한 행위 주체[actor]가 아니라 다양한 정치 세력과 사회 세력들이 공존하는 장이라는 사실을 보여준다.

1980년대 이후 정치 변동 과정에서 국가와 정치사회 또는 시민사회가 대립한 것이 아니라 각 영역에서 다양한 행위 주체들이 대립한 것이었다. 여기서 행위자들이란 집권당을 포함한 광의의 국가, 그리고 정치사회와 시민사회 내의 다양한 세력들이다. 특히 1980년대 정치 변동 과정에서 국가에 대항하는 주된 행위자는 민주화운동 세력이었는데, 이 범주는 시기와 쟁점에 따라 학생, 재야, 노동자, 농민 등 시민사회 세력들부터 정치사회의 야당까지 모두 포괄했다. 따

라서 이 글은 국가-정치사회-시민사회라는 패러다임을 중심으로 한국 사회의
정치 변동 과정을 살펴보는 동시에 시기별로 쟁점을 둘러싼 행위자들의 연합
과 균열에 초점을 맞추어 5·18 담론의 변화와 실천을 분석한다.


## 3. 정치 변동과 5·18 담론의 변화

우선 5·18 담론이 좌경 용공에서 민주화운동으로 전환되는 과정을 살펴보기
위해 1980~1987년 시기의 정치 변동과 각 정치 세력들의 5·18 담론을 추적한
다. 다음으로 1987년 6월 민주항쟁 이후 5·18 담론의 실천을 둘러싼 여러 세력
들 사이의 균열을 살펴보기 위해 당시의 정치 변동과 각 정치 세력들의 5·18 담
론을 추적한다.

### 1) 5·18 담론의 국가 독점과 민주화운동 세력의 도전

#### (1) 5·18 담론의 국가 독점(1980~1983년)

5·18은 5월 21일 정부의 공식 보도를 통해 광주 전남 지역이 아닌 다른 지역에
처음 공표됐다. 이회성 계엄사령관은 담화문에서 5·18을 이렇게 규정했다.

---

3  물론 김성국은 시민사회를 "피지배층으로서의 저항적 시민이 국가의 지배세력(정치적·경제적·문화적 지배 블록, 예컨
대 보수야당을 포함한 집권세력과 고위 공직자, 독점대자본 및 보수적 자본 분파, 일종의 친정부적 명망가 집단, 예컨대
관변 언론인, 종교인, 문화예술인, 지식인, 운동가 및 그 추종세력 등)과 투쟁 혹은 타협을 전개하는 영역"(김성국 1998,
121)이라고 정의하면서 국가-시민사회 모델의 유효성을 주장한다. 그러나 김성국의 개념은 시민사회 개념을 새롭게 규정
하고 있기 때문에 기존의 국가-시민사회 모델에서 논의되던 개념하고는 다르다. 김성국의 새로운 모델은 단순하다는 장
점을 갖기는 하지만, 현실 분석에서 이러한 단순성이 도리어 현실의 전개를 설명할 수 없게 만든다. 예를 들어 김성국이
국가에 포함시킨 보수 야당은 1985년부터 1987년 6월 민주항쟁까지 국가에 반대하는 시민사회와 함께 민주화 투쟁에
나섰다. 다시 말해 1980년의 광주를 설명하는 데는 김성국의 모델이 적실성을 가질 수도 있지만, 이 모델로 1980년 이후
한국 사회의 변동을 설명하는 데는 무리가 따른다.

지난 18일 수백명의 대학생들에 의해 재개된 평화적 시위가 오늘의 엄청난 사태로 확산된 것은 상당수의 타지역 불순인물 및 고첩들이 사태를 극한적인 상태로 유도하기 위하여 여러분의 고장에 잠입, 터무니없는 악성 유언비어의 유포와 공공시설 파괴방화, 장비 및 재산약탈행위 등을 통하여 계획적으로 지역감정을 자극, 선동하고 난동행위를 선도한 데 기인된 것이다. (광주시 1997b, 29)

그리고 계엄사령관은 5월 23일 광주 소요가 "고정간첩, 불순분자, 깡패에 의하여 조종되고 있다"(광주시 1997b, 48)고 기존 주장을 반복했고, 이런 주장은 광주민중항쟁이 종식된 6월 계엄사령부의 발표에서도 반복되었다.

북괴의 고첩과 이에 협력하는 불순분자들의 책동 흔적이 있는 바 전 해안으로 상륙 침투하여 광주 일원에서 활동타가 서울에 잠입, 공작 임무를 확산시키려다 23일 검거된 남파간첩 이창용의 그 동안의 필답문에 의한 진술과 당국에 포착된 몇 가지 징후가 일치 실증되었으며 ……. (광주시 1997b, 141)

결국 전두환 정권은 초기부터 5·18을 북괴의 사주를 받은 불순분자들이 일으킨 폭동으로 규정했고, 지속적으로 좌경 용공적 내용으로 포장된 5·18 담론을 유포했다. 당시 정부가 언론 통제를 통해 대항 담론을 봉쇄했기 때문에 이러한 공식 담론은 광주 전남 지역을 제외한 전 지역에서 그대로 받아들여졌다.

전두환 정권이 5·18을 반정부, 용공, 좌경으로 포장한 이유는 12·12 군사 쿠데타와 최규하 대통령의 강제 하야라는 자신들의 불법적인 집권 과정과 이후의 통치를 정당화하기 위해서였다. 따라서 민주화를 요구하는 학생들의 시위에서 출발한 5·18을 북한 괴뢰나 불순 세력의 지원을 받은 무장 폭도들의 난동으로 왜곡하여 국민들에게 선전함으로써 자신들의 불법적인 정권 획득과 그 뒤의 불법적인 정치 과정들을 정당화하려 했다. 그렇기 때문에 전두환 정권은

자신들의 5·18 담론과 다른 시민사회의 대항 담론을 철저히 봉쇄했다.[4]

이러한 국가의 5·18 담론은 전두환 정권의 강력한 권위주의적 통치에 힘입어 한동안 독점적 지위를 누렸다. 전 정권은 쿠데타 직후부터 정치풍토 쇄신법을 만들어 국회와 정당을 비롯한 기존의 정치사회를 해체시켰고, 대신 국가보위입법회의를 발족시켜 많은 법률을 개폐하는 동시에 유신 체제와 유사한 대통령 우위의 대통령제를 채택하여 자신들의 집권을 보장했다. 또한 쿠데타를 주도한 군부 세력을 주축으로 여당인 민주정의당(민정당)을 창당했고, 국가안전기획부를 통해 야당인 민주한국당(민한당)과 국민당이 결성되도록 배후에서 지원했다. 이렇게 해서 국가는 정치사회를 완전히 장악했다.

전두환 정권은 강화된 국가보안법과 삼청교육대 등을 통해 시민사회를 철저히 억압했다. 특히 시민사회 내 노동운동과 학생운동 세력을 약화시키기 위해 1980년에 2차에 걸친 노동계 정화 조치, 노동 관계 법령 개악, 노동조합 해체, 학생운동 탄압 등을 주도했다. 이러한 국가의 강압 통치와 전면적 언론 통제 때문에 정치사회와 시민사회의 대항 담론이 공식적으로는 제기되지 못했다. 그러나 광주 지역의 시민사회, 특히 천주교 사제와 구속자 가족들은 1980년 6월부터 국가의 5·18 담론에 이의를 제기했다. 천주교 정의구현 광주대교구 사제단은 〈광주사태에 대한 진상〉이라는 유인물을 통해 비상계엄 해제와 구속자 석방을 요구했고, 이어서 다른 천주교 세력들과 구속자 가족, 해외 동포, 기독교인 등도 지속적으로 광주사태의 진상 규명과 구속자의 구명, 석방 운동을 펼쳤다. 그런데 이러한 대항 담론들이 주로 광주를 내란 또는 폭동으로 규정하는 국가의 지배 담론에 대한 부정과 구속자 석방 같은 인도적 문제에 초점을 맞추

---

4  또한 전두환 정권은 5·18 담론을 지역감정에 따른 불만의 표출로 왜곡시켰다. 그 결과 5·18 담론은 1980년대부터 호남을 배제하는 반호남 지역주의 이데올로기를 확산시키는 계기로 작동했다.

었다면, 1981년 5월 전남도민의 이름으로 발표된 시국선언문은 처음으로 5·18의 민주적 성격에 주목했다.

소위 광주사태는 불순폭동이 아니라 국민의 민주화 열망을 묵살한 5·17 폭거에 항거하여 일어난 범시민적 의거였다. 따라서 이 순수한 항쟁의 주역은 빨갱이도 폭도도 아니요, 어디까지나 자유민주주의를 사랑하는 우리 광주시민을 비롯한 전남도민 자신이었다. (광주시 1997b, 218)

이 선언문은 5·18을 처음으로 '광주사태'가 아닌 '광주의거'로 규정했다. 민주주의를 지향한 시민들의 의거로 규정했다는 점에서 이전의 수동적이고 소극적이던 대항 담론과 차별성을 보여준다.

광주를 중심으로 형성되던 대항 담론은 1982년 3월의 부산 미문화원 방화 사건 이후 전국적으로 확산되었고, 전두환 정권 퇴진 운동과 함께 미국에 대한 인식의 전환을 가져왔다. 그 뒤 학생운동은 광주에 대한 미국의 책임 문제를 제기한 부산 미문화원 방화 사건의 문제의식을 이어받으면서 5·18 담론에 민주화뿐 아니라 반미라는 민족자주의식을 담게 되었다.

또한 5월 '민주쟁취를 위한 광주시민운동'의 명의로 된 〈광주 민중봉기로부터 우리는 무엇을 배워야 하는가〉(광주시 1997b, 295~298)라는 성명서는 제목에서 드러나듯이 5·18 담론에 민중적 내용을 결합시켰다. 이것은 이미 1982년 무렵이 되면 대항 담론으로서 5·18 담론에는 민족, 민주, 민중의 내용이 모두 결합되었다는 사실을 보여준다. 그러나 국가의 강력한 학원 통제와 학생운동에 대한 탄압, 언론 통제 때문에 이러한 대항 담론은 1983년 말까지 사회 전체로 확산되지는 못했다.

## (2) 5·18 담론을 둘러싼 국가 대 민주화운동 세력의 투쟁(1984~1987년)

좌경 용공의 의미를 띤 국가의 5·18 담론은 1983년 말 전두환 정권이 취한 학원자율화 조치 이후 점차 민주화운동 세력의 거센 도전을 받게 된다. 1984년이 되면 학생, 청년, 재야 등 민주화운동 세력이 발표한 5·18 관련 성명서가 전년도에 견줘 양적으로 크게 증가했을 뿐 아니라 대학가의 시위 역시 크게 확산되었다.[5] 민주화운동 세력은 5·18을 '광주사태'가 아니라 '광주의거,' '광주민중항쟁,' '광주학살'로 지칭하고 5·18의 민주적 성격에 더해 전두환 정권과 미국의 반민주적 성격을 부각시켰다.

민주화운동 세력의 이러한 활동은 우선 대학 내에서 대항 담론의 확산을 가져왔고, 이 대항 담론은 곧이어 사회로 확산되었다. 특히 대항 담론 확산의 결정적 계기가 된 사건은 1985년 5월 서울 지역 대학생들이 벌인 서울 미국문화원 점거 농성이었다. 대학생들은 국내외 언론인들에게 광주 학살 진상 규명과 책임자 공개, 전두환 정권 퇴진, 미 정부의 공개 사과 같은 대항 세력의 5·18 담론을 전달했다. 특히 5·18 미국책임론은 국민들에게 한미 관계에 대한 인식의 전환을 요구했다.

> 광주민중항쟁 5주년을 맞이하여 전국에서 학살의 책임자를 단죄하라는 소리가 드높아지고, 학살의 원흉인 군사독재정권은 물러나라는 요구가 곳곳에서 터져나오고 있는 지금 우리는 미국의 광주항쟁지원의 책임을 묻고자 한다. (광주시 1997b, 626)

따라서 미문화원 점기 농성 사건은 5·18 담론에 포함되던 민족자주의 문제

---

5 《5·18 광주민주화운동자료총서》 제2권에 따르면 광주 관련 성명서가 1983년 5월과 6월에 8건이 발표된 반면, 1984년은 같은 기간 동안 26건이 발표되었다.

를 국민들에게 확산시켰다는 의의를 갖는다.

이 시기부터 일부 학생운동 세력은 5·18을 민주화운동이 아닌 '민중혁명'이라고 규정했다. 5·18은 남한에서 해방 이후 누적되어오던 "반봉건, 신식민지로서의 정치, 경제적인 모순이 민중들에 있어서 혁명적 폭발"(전남대학교 총학생회 학술부; 최정운 1997, 19 재인용)로 나타났다는 것이다. 이것은 민중적 관점에서 5·18을 해석한 시도로, 이후 '광주민중항쟁'이라는 용어가 확산되는 계기가 됐다.

이러한 민주화운동 세력의 대항 담론은 당시 확장되기 시작하던 정치사회로 확산되었다. 미문화원 점거 농성 사건 직후 열린 제125회 임시국회는 처음으로 5·18 담론이 정치사회에서 공식 논의되는 장이 되었다. 당시 노태우 민정당 대표위원은 광주사태가 "국가적 위기를 극복하는 과정에서 발생한 불미스런 국민적, 국가적 비극"(광주시 1997n, 400)으로 지극히 유감스런 일이라고 말했다. 이것은 5·18 담론에 대한 국가의 기존 입장을 반복한 발언이었다. 반면 신민당의 신기하 의원은 대정부 질문을 통해 광주사태를 민주화운동으로 규정하고, 진상 규명, 국가의 공식 사과, 희생자와 유족과 부상자들에 대한 국가유공자 예우, 희생자 묘역 성역화 등을 주장했다.

민족운동인 3·1 독립운동, 민중운동인 동학혁명, 민주운동인 4·19 의거와 같은 맥락의 민중민주운동인 5·18광주의거가 계엄군에 의해 진압됨으로써 해결되었다고 말하는 사람이 있다면, 그는 역사와 민족의 이름으로 지탄받아야 합니다. (광주시 1997n, 499)

신민당은 5월 30일 '광주사태 진상조사를 위한 국정조사결의안'을 제출하면서, 국가의 5·18 담론을 공식적으로 부정했다. 그러나 여기에 대한 윤성민 국방부 장관의 '광주사태 보고'는 기존의 입장을 견지했기 때문에 5·18을 둘러싼 국가와 야당 간의 대결은 평행선을 달렸다.

그럼 어떻게 5·18 담론을 둘러싼 국가 대 정치사회와 시민사회 내 민주화운동 세력 간의 대결이 가능하게 되었는가? 먼저 1983년 말 전두환 정권이 취한 유화 조치가 정치사회와 시민사회의 활동 공간을 확장시켰다. 그동안 정치풍토 쇄신법에 묶여 정치사회에서 강제로 추방되어 있던 정치권 인사들은 양김을 중심으로 민주화추진협의회(민추협)와 신한민주당(신민당)을 결성했고, 1985년 2·12 총선에서 승리함으로써 5·18 담론을 둘러싼 담론 투쟁에서 새로운 전기를 마련했다.

　　다음으로 1993년 말 시작된 전두환 정권의 유화 정책은 시민사회에 대한 국가의 통제를 약화시켰고, 이것을 통해 확장된 시민사회 공간에서 청년, 학생, 노동, 재야 등 다양한 정치 세력이 조직을 건설해 반독재 민주화운동을 펼쳤다. 이 시기에 민청련(1983년), 민추협(1984년), 민통련(1985년) 등 주요 재야 단체가 결성됐고, 이러한 움직임은 노동, 학생, 학술, 문화 부문 등으로 확산되었다. 그러나 이 시기의 민주화 투쟁에서 선봉은 아직도 학생운동 세력이었고, 학생운동은 학내외에서 벌인 다양한 시위를 통해 대항 담론의 확산을 주도했다.

　　마지막으로 이렇게 확대된 정치사회와 시민사회의 공간은 정치사회 내 야당과 시민사회 내 민주화운동 세력들의 연대를 가능하게 만들었다. 야당인 신민당은 국회 안에서 5·18 진상 규명과 함께 대통령 직선제 개헌을 요구했고, 시민사회 내의 다양한 운동 세력도 여기에 적극 호응함으로써 양자가 결합했다. 박종철군 사건과 4·13 호헌 조치 이후 결성된 국민운동본부는 정치사회 내 야당과 시민사회 내 민주화운동 세력이 결합한 대항 세력의 연대 조직이었다.

　　대항 세력의 5·18 담론은 5·18의 진상 규명, 5·18의 민주적 성격에 대한 국가의 인정, 광주 학살 책임자 처벌 같은 5·18에 관련된 내용뿐 아니라 대통령 직선제 개헌 같은 민주화 요구를 담고 있었다. 이러한 연대의 꾸준한 활동은 1987년 6월 민주화 전환을 가져왔고, 이 과정에서 대항 5·18 담론은 대중들에게 확산되었다. 그 결과 1987년 6월의 민주화 전환 이후 등장한 노태우 정권은 전두환 정권의 5·18 담론을 폐기하고 민주화운동 세력의 대항 담론을 어느 정도 받아들이게 되었다.

### 2) 5·18 담론의 실천을 둘러싼 정치 세력들의 갈등과 균열

1987년 6월 민주항쟁 이전까지 국가와 민주화운동 세력 간의 담론 투쟁이 5·18의 성격을 중심으로 전개됐다면, 5·18의 민주적 성격이 공인된 노태우 정권 이후 정치 세력들 간의 담론 투쟁은 담론의 실천을 둘러싸고 전개됐다. 그런데 5·18 담론의 실천은 노태우 정권 시기에는 주로 정치사회가 주도한 반면 김영삼 정권 시기에는 주로 국가가 주도했다. 따라서 두 시기를 구분해 살펴본다.

#### (1) 정치사회 주도의 5·18 담론의 실천(1987~1992년)

민주화운동 세력의 5·18 담론을 국가가 승인한 뒤 남겨진 과제는 대항 5·18 담론이 담고 있는 광주와 민주화 일반에 대한 요구를 해결하는 것이었다. 그런데 1988년 이후 5·18 담론을 둘러싼 전선이 달라졌다. 먼저 노태우 정권 초기에는 정치사회가 5·18 담론의 실천을 주도했는데, 이 시기의 전선은 국가와 정치사회 내 여당을 한편으로 하고 정치사회 내 야당을 다른 한편으로 해 형성되었다. 여기에 더해 그동안 연대하던 정치사회 내 야당과 시민사회 내 민주화운동 세력 사이에도 균열이 발생했다. 다음으로 1990년 3당 합당으로 야 3당의 연대가 붕괴되면서 5·18 담론의 실천이 실종되었고, 국가와 정치사회 내 여당을 한편으로 하고 정치사회 내 야당을 다른 한편으로 하는 일종의 '지역주의' 전선이 형성되었다. 마지막으로 시민사회 내 민주화운동 세력들 사이에서도 5·18의 실천을 둘러싸고 자유주의적 분파와 민중주의적 분파 간의 균열이 등장했다. 그럼 노태우 정권 시기의 정치 변동 과정에서 5·18 담론의 실천을 둘러싸고 어떻게 갈등이 전개되었는지를 살펴본다.

먼저 노태우 정권은 6월 민주항쟁의 적자로서 자신을 자리매김하고자 집권 직후인 1988년 2월 민주화합추진위원회(민화위)를 결성했다. 여기서 5·18에 대한 증언을 청취하는 등 진상 규명 활동을 벌였고, 4월에는 '광주사태치유방안'을 발표했다. 이 발표에서 노 정권은 5·18을 민주화운동의 일환으로 규정하는 등 변화된 모습을 보였다. 첫째, 지금까지 사태 원인을 불순분자의 책동으로 보던 것을 부정하고 계엄군의 과잉 진압이 사태 확대의 원인이라고 인정했다. 둘째, 지금까지 광주사태가 문제로 남은 것은 정부 측에서 부상자와 유가족에 대한 사후 관리를 소홀히 한 때문이라고 인정하고 물질적 보상을 약속하는 한편 계엄군의 과잉 진압과 정부 측의 사후 관리 소홀에 대해 국민에게 사과했다. 셋째, 5·18의 성격은 결과만으로 보면 '폭동'이라는 시각도 가능하지만 전체적으로 봐 '학생·시민의 민주화를 위한 노력의 일환'이라고 규정했다.

국가의 입장 전환에도 불구하고, 시민사회 내 민주화운동 세력은 노태우 정권이 비상계엄 확대의 정당성을 강조한 점, 결과적으로 보면 5·18이 폭동이라고 볼 수 있다고 규정한 점, 진상 조사나 책임자 처벌이 불필요하다고 주장한 점 등을 들어 본질적인 측면에서 아무런 변화가 없다고 비판했다(천주교광주대교구 정의평화위원회 1988. 8). 특히 광주 지역의 민주화운동 세력은 "광주 문제를 돈 몇 푼에 흥정하려 하고 있다"고 비판하면서 진상 규명과 책임자 처벌을 우선시하는 입장을 밝혔다.

철저한 진상조사와 책임자 처벌이 선행되지 않는 '해결'은 허구적이며 기만적인 해소책에 불과하며 조작된 각본에 의해 저질러진 대학살작전, 즉 군부대 이동 명령자, 발포 명령자, 그리고 이를 승인하고 배후 조종한 미국에 대한 책임 규명을 요구한다. …… 철저한 진상조사가 이루어지고 국민의 이름으로 책임자가 처단된 다음 광주시민의 명예회복, 망월묘역의 성역화 작업, 기념탑 및 충혼탑 건립 등은 모든 민중이 주체적으로 추진. 이 땅의 진정한 민주화가 이룩되고 민주정부가 수립된 다음 유가족과 부상자를 국가보훈 대상자로 예우, 그에 따른 보상과 생활보조를 해야 함.

(광주시 1997l, 340)

광주 지역의 민주화운동 세력은 노태우 정권이 광주학살의 주범이므로 광주민중항쟁을 치유할 어떤 자격도 없으며, 광주의 상처는 민주화의 완전 실시와 함께 국민의 뜻에 따라 해결되어야 한다고 주장했다. 이 대립은 이후 5·18 담론의 실천을 둘러싸고 전개될 각 정치 세력들 간의 균열의 한 사례를 보여준다.

5·18 담론의 실천을 둘러싼 투쟁은 이어 실시된 1988년 4·26 총선을 거치면서 국가 대 정치사회 내 야당의 대결 구도로 이전되었다. 이 선거에서 여당 민정당이 패배함으로써 국가의 힘이 축소된 반면 정치사회의 힘은 확대되었다. 더욱이 1988년 초부터 불거진 전두환 전 대통령의 친인척 비리는 노태우 정권의 입지를 더욱 약화시켰다.

이러한 상황에서 정치사회 내 야 3당(평민당, 민주당, 공화당)과 시민사회 내 민주화운동 세력들은 5공 청산과 광주학살 책임자 처벌을 요구하면서 노태우 정권을 강하게 압박했다. 먼저 야 3당은 8월 국회에 '5·18 광주민주화운동진상조사특별위원회'를 구성하여 본격적인 진상 규명에 착수했고, 11월 18일에는 여당과 공동으로 '5·18 광주민주화운동의 진상규명을 위한 청문회'를 출범했다. 다음으로 시민사회 내 민주화운동 세력은 이러한 정치사회의 움직임에 발맞추어 노태우 정권의 정책을 "국민적 공분을 희석시키기 위한 고도의 정치 사기극"이라고 규정하고 "이제 전·이 구속처벌은 특별입법에 의한 특별재판기구를 설치해 국민에 의한 심판이 돼야 한다"고 주장했다(기독교사회문제연구소 1988, 53). 5·18 광주민중항쟁동지회는 10월 18일 광주학살에 가담한 지휘관, 발포 책임자인 전두환과 노태우 등 9명을 내란 혐의 등으로 광주지검에 고소했다.

노태우 정권은 불리한 정국을 돌파하고 광주 문제를 마무리짓기 위해 7월 14일 '광주피해자보상법'을 제정했지만 야 3당의 거부로 통과시키지 못했고,

11월 '광주특위 청문회'를 받아들이는 등 계속 수세에 몰리게 되었다. 노 정권은 수세 국면에서 벗어나기 위해 11월 말 5·18을 공식적으로 '광주민주화운동'으로 규정하는 특별 담화를 발표하고 용서와 이해를 촉구했다.

지난날의 문제를 가지고 사회 전체가 진통과 혼란을 무한정 계속할 수는 없지 않겠습니까. 이제는 지난날의 잘못을 청산할 국민 모두의 슬기와 냉철한 이성이 필요한 때입니다. ……너그러움과 용서와 이해 없이는 진정한 민주발전을 기대하기 어렵다고 봅니다. (대통령 공보비서실 1989, 209~211)

그리고 노태우 정권은 전두환 전 대통령에 대한 처벌을 거부하는 대신 백담사로 이주시키는 것으로 5공 청문회를 무마하려 했다. 그러나 변명으로 일관한 전두환의 사과 해명문은 도리어 야당과 민주화운동 세력은 물론 국민들의 분노를 사게 되었다.

이러한 일들은 당시의 국가적 비상시국하에서 아무런 준비와 경험도 없이 국정의 책임을 맡게 되었고 또한 오랜 병폐를 하루빨리 뿌리뽑고 기강을 바로잡아서 사회의 안정과 국가발전을 도모해야 한다는 마음이 앞선 나머지 시행착오를 가져오게된 것이라고 솔직히 인정합니다. (《동아일보》 1988년 11월 13일)

전두환의 변명은 다음해 12월 31일 국회 청문회에서도 똑같이 이어졌다.

광주사태가 특별한 의도에 의해 촉발됐다는 주장은 전혀 오해에서 비롯됐다. ……본인은 물론 어느 누구라도 집권을 위해 치밀한 계획을 세웠다면 광주사태 같은 불상사가 일어나지 않기를 오히려 바랐을 것이다. (《중앙일보》 1990년 1월 1일)

노태우 정권이 5·18을 민주화운동으로 규정했는데도 전두환을 비롯한 5공 세력은 자신들의 주장을 굽히지 않았다. 그러나 전국에 텔레비전으로 중계된 5공 청문회에서 당사자들이 생생한 증언을 통해 당시의 진상을 밝히면서 5공 세력의 5·18 담론이 거짓이었음이 드러났으며, "기억이 나지 않는다"는 말로 일관된 5공 세력의 답변은 무책임성과 부도덕성을 폭로했다.

그런데 1989년 초 정치사회와 시민사회의 세력들 간에 균열이 발생했다. 중간평가를 둘러싸고 공조하던 야 3당 사이에서 의견이 대립되었고, 5공 청문회의 종결을 둘러싸고 야 3당과 시민사회 내 민주화운동 세력 간에도 균열이 발생했다. 정치사회 내 야 3당은 전두환의 국회 증언과 책임자 처벌을 주장하면서도 노태우 정권과 타협한 반면, 시민사회 내 민주화운동 세력들은 광주학살 책임자 처벌을 강력히 요구하면서 노태우 정권은 물론 타협적인 야당을 강도 높게 비판했다. 이러한 균열은 단순히 정세관이 아니라 양자 간의 정치적 지향의 차이를 반영했다. 야 3당의 보수주의적 성격과 민주화운동 세력의 민중 지향적 성격의 차이에서 발생하는 자연스러운 균열이었다.[6]

1989년 초 중간평가를 둘러싸고 야 3당의 공조 체제가 이완되었고, 4월 문익환 목사, 6월 임수경 학생, 7월 문규현 신부 등 연이은 방북 사건은 수세에 몰린 노태우 정권이 전세를 역전시키는 계기가 되었다. 노태우 정권은 공안 정국을 이용하여 정치사회 내 평민당과 시민사회 내 민주화운동 세력을 향해 대대적인 이데올로기적, 물리적 공세를 취했다. 따라서 5·18 담론의 실천을 둘러싼 투쟁은 더는 진행되지 못했다. 물론 1989년도 후반기에도 야 3당이 공조하여 국회 청문회를 개최해 12월 31일 전두환의 증언을 이끌어냈지만, 노태우 정권 시기 5·18 담론의 실천은 여기서 끝났다. 1990년 초의 3당 합당은 정치사회의 국가 종속과 시민사회에 대한 국가의 우위를 가져옴으로써 5·18 담론의 온전한 실천을 불가능하게 만들었다. 3당 합당으로 등장한 민자당은 1990년 7월 단독으로 '광주피해자보상법'을 통과시키면서 광주 문제를 종결하려 했고,

1992년 말 법원도 전두환과 노태우 등에 대한 고발을 무혐의 처리했다.

여기서 주목할 점은 노태우 정권 초기 정치사회의 주도로 5·18 담론이 실천된 것은 시민사회 내 민주화운동 세력들의 존재 때문이었다는 사실이다. 시민사회 내 다양한 세력들은 부문 조직들을 건설함으로써 정치사회의 5·18 담론 실천을 지원할 수 있었다. 1987년 6월 민주항쟁 이후 전대협, 전교조, 전농, 전노협, 전빈련 등 대중운동 조직들이 결성되었고, 1989년 1월에는 재야 운동의 정치적 구심체를 자임한 전국민족민주운동연합(전민련)이 결성되었다. 그러나 5·18 담론의 실천을 둘러싼 정치사회 내 야당과 민주화운동 세력의 연대는 1989년 이후 단절되었고, 민주화운동 세력은 독자적으로 활동하면서 5·18 담론의 민중적이고 통일 지향적인 성격을 강조했다.

그런데 정치사회 내 야당과 시민사회 내 민주화운동 세력 간의 균열과 함께 후자 내부에서도 균열이 일어났다. 민주화운동 세력은 민주화의 내용과 범위를 둘러싸고 통일된 목표나 지향점을 갖고 있지 않았기 때문에, 1991년 3·26 총선을 맞이하여 분열했다. 친김대중 세력이나 민중 정당 건설을 주장하는 세력들은 정치사회로 편입되었고, 일부 세력은 중간계급의 이익을 옹호하는 '새로운 시민운동'을 추진했으며, 기타 세력은 재야 운동에 머물렀다. 더욱이 3당 합당으로 형성된 지역 대결 구도는 시민사회 내 민주화운동 세력의 정치적 입지를 약화시켰고, 이런 상황은 이후 5·18 담론의 왜곡을 가져왔다.

당시 시민사회 내 5·18 담론에서 주목할 것은 1989년 계급 혁명을 강조하던 세력들이 다른 세력들의 민중론을 비판하고 새로운 견해를 제기했다는 점이다. 이후 사회주의노동자동맹(사노맹)으로 발전하는 급진적 노동운동 세력은

---

6  야 3당이 노태우 정권과 마찬가지로 5·18을 '광주민주화운동'으로 지칭한 반면, 민주화운동 세력들은 대부분 5·18의 민중적 성격을 나타내기 위해 '광주민중항쟁'으로 지칭했다.

〈광주봉기에 대한 혁명적 시각 전환〉이라는 팸플릿에서 5·18을 노동계급의 운동이라고 주장했다. 그러나 이 시각은 시민사회 내에서 수용되지 않았고, 조직 소멸과 함께 사라졌다.

### (2) 국가 주도의 5·18 담론의 실천(1993~1997년)

노태우 정권 시기에 불충분하지만 정치사회의 주도로 진행된 5·18 담론의 실천은 김영삼 정권에 들어서면서 국가 주도로 진행되었다. 비록 3당 합당에 기초하여 정권을 잡았지만, 김영삼 정권은 자신들을 문민정부로 규정하고 정통성의 근거를 민주화운동에서 찾았다. 또한 스스로 '광주 의거의 피해자'라고 주장하면서 광주 문제의 해결을 자임했다. 이런 이유로 김영삼 정권은 이전 정권들과 달리 5·18 담론의 실천을 주도했다.

그런데 김영삼 정권의 시도는 초기부터 광주 지역 시민사회 내 민주화운동 세력의 저항에 부딪쳤다. 김영삼 대통령은 3월 18일 망월동 5·18 묘역을 참배하려 했지만 민족주의민족통일 광주·전남연합과 광주·전남지역 총학생회연합(남총련) 소속 대학생들의 반대로 무산되었다. 그런데 이 사건은 광주 지역 시민사회의 균열을 드러내는 계기가 되었다. 이 사건 직후 지방 언론, 5·18위령탑 건립 및 기념사업 추진위(5추위), 5·18광주민중항쟁연합(5민련) 등은 광주·전남연합과 남총련을 비난하고 사과를 요구했다.

소수의견이 만능인가. 다수의견은 묵살당해도 되는가. 김영삼 대통령이 문민정부 시대를 맞아 13년이나 응어리진 광주의 아픔을 함께 나누기 위해 광주를 방문, 5·18 광주민중항쟁에 대한 재평가와 해결방안을 제시하려 했지만 일부 강경단체와 소수 학생들의 거센 반발로 무산됐다. (《광주매일》 3월19일; 김호균 1993, 45 재인용)

광주·전남연합과 남총련은 "5·18의 진상 규명과 책임자 처벌에 대한 의지 표명을 한 후 망월묘역을 참배하는 것은 반대하지 않는다"는 원칙을 고수했고, 다만 민족민주 진영의 분열을 보여준 것에 대해서는 시민들에게 사과했다(김호균 1993, 45).[7] 망월묘역 참배 무산 이후 김영삼 정부는 5월 18일 특별 담화를 발표하여 광주민주화운동을 칭송하고, '문민정부'를 5·18 광주민주화운동의 연장선상에 위치시켰다.

> 문민 민주화를 향해 걸어온 고난에 찬 역정에서 볼 때, 광주 민주화 운동은 우뚝한 한 봉우리를 차지하고 있습니다. …… 1980년 5월, 광주의 유혈은 이 나라 민주주의의 밑거름이 되었습니다. 그 희생은 바로 이 나라 민주주의를 위한 것이었습니다. (대통령 비서실 1994, 185~186)

특징적인 점은 김영삼 정권이 이 담화에서 12·12를 '쿠데타적 사건'으로 규정한 점이다. 이것은 5·18 담론의 민주적 성격을 논리적으로 좀더 명확히 한 해석으로, 노태우 정권과의 차별성을 부각시키려는 의도를 갖고 있었다. 이후 김영삼 정권은 '5·18광주민주화운동 관련 보상지원위원회'를 결성하고 추가 보상 신청을 접수했다. 그러나 김영삼 정권은 시민사회 내 민주화운동 세력이 핵심적으로 요구한 책임자 처벌 문제를 해결하려 하지 않았고, "5·18의 평가를 역사에 맡기자"고 말함으로써 5·18 담론의 실천을 유보했다.

이러한 국가의 5·18 담론 실천과 별개로 정치사회 내 야당인 민주당은 5·18의 진상 규명과 책임자 처벌을 위해서는 12·12 군사 쿠데타의 진상 규명이 선결 과제라고 주장하면서, 5월 28일 '12·12 구데타 신상조사위'를 구성했다. 한

---

7  광주 지역 시민사회 내부의 분열은 5·18 담론의 실천이 해결되지 못한 점, 그리고 5·18 담론을 둘러싼 시민사회 내 여러 세력 간의 균열이 존재한 점을 반증한다. 이런 균열은 시민사회 내 현실주의적 관점과 원칙론적 관점의 차이라고 규정(김호균 1993, 45)되기도 하지만, 자유주의 분파와 민중적 분파 사이의 대립이라고 표현하는 것이 더 정확할 듯하다.

편 광주 지역 시민사회 내 5월 단체 관계자들은 1993년 2월 14일 '5·18 위령탑 건립 및 기념사업추진위원회' 주최로 대토론회를 갖고 광주 문제 해결을 위한 15개 사항을 결정했다. 여기서는 이른바 '광주사태' 관련 용어들을 '5·18 민중항쟁'으로 정리할 것을 주장했다. 광주 시의회는 5월 18일을 '5·18 민중항쟁기념일'로 지정하는 조례를 제정하기도 했다. 그런데 '오월정신계승 및 기념사업추진을 위한 5·18 기념재단'의 설립을 둘러싸고 광주와 전남 지역 민주화운동 세력 간의 균열이 다시 드러났다. 5항동과 5민련의 대립은 결국 5민련이 탈퇴한 와중에 11월에 5항동이 주도해 설립 대회를 강행하는 사태로 이어졌다.

시민사회 내 일부 세력은 법적 차원에서 5·18담론의 실천을 전개했다. 7월 19일 정승화를 비롯한 22명이 12·12에 관련하여 전두환과 노태우를 반란 혐의로 고소했고, 검찰은 8월 16일 12·12 사건의 수사에 착수했다. 또한 1994년 5월 구성된 '5·18진상규명과 광주항쟁정신계승국민위원회'(5·18국민위)도 5월 13일 전두환과 노태우를 비롯한 책임자 35명을 5·18 사건으로 고발했다.

국가의 대응은 시민사회 내 민주화운동 세력뿐 아니라 일반 국민들의 기대를 철저히 저버리는 형태로 나타났다. 검찰은 1994년 10월 29일 12·12는 군사반란이지만 전두환과 노태우 등 관련자들을 기소 유예 처분한다는 '12·12 사건 수사 결과'를 발표했다. 그리고 1995년 1월 헌법재판소는 12·12 기소 유예 처분은 정당하다는 결정을 내렸다. 더욱이 7월 18일 서울지검은 "성공한 쿠데타는 처벌할 수 없다"고 불기소를 결정했다.

그런데 이러한 검찰과 헌법재판소의 판결은 한동안 지역적 쟁점으로 축소되던 5·18 담론을 다시 전국적 쟁점으로 부각시켰다. 그동안 광주 문제의 해결에 적극적이지 않던 민주화운동 세력들도 일련의 부당한 결정을 계기로 5·18 담론의 실천을 촉구하고 나섰다. 7월 20일 5·18 관련 단체들은 검찰의 불기소 철회를 주장하면서 명동성당에서 농성을 시작했고, 전국 대학 교수들도 '불기소 부당성 규탄' 서명 운동을 전개했다. 시민사회 내 민주화운동 세력들의 투쟁이 달아올랐고, 군사 쿠데타의 주범이자 광주학살 책임자인 전두환과 노태우를 처벌하자는 주장도 국민들 사이에 확산되었다.[8]

또한 정치사회 내 야당의 활동이 국가의 5·18 담론 실천에 결정적인 전환을 가져왔다. 10월 민주당 박계동 의원은 국회에서 노태우의 비자금 4000억 원 은닉을 폭로했고, 뒤이은 노태우의 변명은 여론을 악화시켰다. 그러자 김영삼은 11월 24일 5·18 특별법 제정을 지시했고, 11월 30일 12·12 및 5·18사건 특별수사본부가 발족되었다. 12월 마침내 노태우와 전두환이 구속 수감되었고, 헌법재판소는 '5·18 불기소 처분은 위헌'이라는 결정을 내렸다. 이후 검찰은 전두환과 노태우를 12·12 군사 반란 혐의로 기소했고, 국회 역시 5·18 특별법을 제정하고 공포했다.

김영삼 정권은 왜 갑자기 정책을 바꾼 것인가? 위기에 처한 김영삼 정권이 정치적 입지를 강화하기 위해 정책을 변화시켰기 때문이다. 김영삼 정권의 개혁 정책은 정치사회 내 야당과 시민사회 내 민주화운동 세력의 지지를 받았지만, 정치사회와 시민사회 내 보수 세력의 반발을 가져왔다. 이후 김 정권은 반개혁 세력의 도전에 직면하여 정부 내 개혁 인사들을 퇴진시켰고, 노동운동을 탄압했으며, 공안 정국을 조성하여 시민사회 내 통일운동 세력을 탄압했다. 그러자 시민사회 내 민주화운동 세력들은 김영삼 정권에 대한 지지를 철회했다. 이러한 김영삼 정권의 정책 변화는 집권 초기 국가 대 정치사회와 시민사회 내 보수 세력 간의 대립을 국가 대 시민사회 내 민주화운동 세력 간의 대결로 전환시켰다. 이것은 김영삼 정권의 개혁 실패인 동시에 국가가 주도하던 5·18 담론의 실천 중단을 의미했다. 그 결과 12·12 와 5·18의 책임자에 대한 검찰과 헌법재판

---

8  그런데 5·18 담론의 확산에는 1995년 초 광주민중항쟁을 다룬 〈모래시계〉라는 드라마도 큰 몫을 차지했다. 〈모래시계〉는 당시 30~40대들에게 잠재되어 있던 광주에 대한 원죄 의식을 일깨웠으며, 광주를 과거의 역사로 인지하던 젊은 세대에게 생생한 모습을 전달해주었다.

소의 불기소 처분이 등장했다.

그러나 1995년 정국은 급변했다. 6월 지방선거에서 김영삼 정권이 패배했고, 7월 삼풍백화점 붕괴 사건은 국민들 사이에 김영삼 정권의 국가 관리 능력에 대한 의심을 증폭시켰다.[9] 이러한 상황을 타개하고자 김영삼 정권은 당시 시민사회 내 민주화운동 세력이 주장하던 5·18 담론의 실천을 다시 주도했다. 그리고 '역사 바로 세우기'라는 구호 아래 5공과 6공 세력들과 재벌 기업 총수들을 구속 기소했다. 이러한 조치는 시민사회 내 민주화운동 세력들의 주장을 받아들인 것으로 볼 수 있지만, 궁극적으로 정치사회와 시민사회 내 보수 세력을 견제하고 국민의 지지를 획득함으로써 정국 주도권을 회복하려는 정치 공학적 의도에 따라 실시된 것이다.

전두환과 노태우의 구속 이후 김영삼 정부는 5·18과 12·12 관련자들을 계속 구속하고 1997년 3월부터 재판을 시작하는 한편, 5·18 특별법을 제정하는 동시에 5·18을 법정 기념일로 지정했고 5·18 묘역의 단장과 성역화 사업을 진행했다. 전자를 통해 5·18 담론 실천의 핵심 쟁점을 해결하려 했고, 후자를 통해 5·18 관련자들의 감정을 달래려 했다.

김영삼 정부는 이러한 5·18 담론의 실천을 '역사 바로 세우기' 작업의 일환이라고 주장했다.

첫째, 무엇보다도 모든 국민이 이 땅에 정의와 진실, 그리고 법이 살아 있다는 사실을 확인하는 계기가 된 것이다. '역사바로세우기' 작업은 뒷날 역사의 심판에 맡길 것이 아니라 우리 시대, 개혁정부의 몫임이 분명해진 이상 5·18 특별법 제정을 통해 지난날의 치욕적인 역사의 굴레에서 벗어나 국민 역량을 한데 모으고 국민통합을 이룩하는 일대 전환점이 된 것이다. 둘째, 5·18 광주민주화운동의 진상규명으로 우리 사회의 갈등이 근본적으로 치유되는 길이 열리고 궁극적으로 국민 대화합의 기틀이 마련된 점이다. (공보처 1997, 83)

12·12와 5·18 사건 책임자 처벌에 많은 국민들이 전폭적인 지지를 보냈지만, 김영삼 정권의 의도에 대해서는 시민사회 내 민주화운동 세력뿐 아니라 일반 국민들도 부정적으로 인식했다.

두 전직 대통령이 5·18 광주시민학살 등과 관련해 구속되어 현재 재판을 받고 있다. 이것은 엄청난 사건이며 큰 변화이다. 그런데도 왠지 개운치 않고 씁쓸하기만 하니 어찌된 일일까. 5·18의 진상이 밝혀지고 그 책임자들의 처벌이 분명해졌음에도 과거 청산이라는 역사적 감동이 전혀 없으니 더욱 이상한 일이다. (함세웅 1996, 32)

국민들의 부정적 평가는 1997년 4월 5·18 재판의 최종심 직후 실시된 여론조사에서 67퍼센트 이상의 응답자가 진상 규명이 미흡하거나 불확실하다고 대답한 결과에서 잘 드러난다(김성국 1998, 92). 일반 국민들도 김영삼 정권이 자신들의 정치적 목적을 위해 5·18을 이용하고 있다고 생각했다. 이런 부정적 인식에도 불구하고 재판을 통해 5·18 담론이 요구한 많은 실천들이 해소됨으로써 정치사회나 시민사회에서 반론이 거의 제기되지 않았다는 점은 주목할 만하다. 특히 광주와 전남 지역의 시민사회에서 거의 반론이 제기되지 않은 점은 5·18 담론의 실천이 어느 정도 진행된 상황에서 더 많은 문제 제기는 5·18과 분리될 수 없는 인물인 김대중을 대통령으로 만드는 데 불리할 것이라는 지역적 분위기에 영향을 받은 때문이었을 것이다.[10]

광주민중항쟁을 둘러싼 광주와 전남 지역의 한(恨)은 1997년 김대중의 대통령

---

9  김영삼 대통령의 지지율 추이를 보면 집권 초기인 1993년 5월 88.3퍼센트를 최고로, 이후 지속적으로 하락하여 1995년 4월에는 44.9퍼센트, 1997년 1월 13.9퍼센트로 나타난다(박상훈 1997, 12).

10  1996년 5월에 실시된 《말》의 김대중 총재 관련 호남 민심 조사에 따르면 호남인의 다수는 김대중의 대통령 당선을 위해서라면 내각제건 티케이(TK) 연합이건 받아들일 수 있다고 응답했다(조유식 1996, 34).

당선으로 일단 해소된 것으로 보인다. 이것은 김대중 대통령이 당선 직후 처음 한 일 중 하나가 용서와 화해를 내세우며 광주학살 주범인 전두환과 노태우를 석방한 것이었다는 사실에서 볼 수 있다. 이어진 5·18 유가족의 공수부대 방문은 5·18 담론의 종결을 상징적으로 보여준 사건이었다.

결국 노태우 정권 이후 진행된 5·18 담론의 실천 과정은 5·18 담론이 담고 있는 민주화가 진척되는 과정이었다는 점에서 중요한 의미를 갖는다. 그렇지만 5·18이 갖고 있던 민중적 지향성은 이 담론의 실천을 주도한 국가나 정치사회의 계급적 성격 때문에 제한될 수밖에 없었다는 점은 한계로 남았다. 또한 3당 합당으로 강화된 지역주의는 5·18 담론의 의미를 단순히 광주와 전남 지역의 문제로 축소시킴으로써 다른 지역에서 5·18 담론의 의미를 약화시켰다. 더욱이 진상 규명과 책임자 처벌 같은 문제가 해결되지 않은 채 '광주 문제'가 봉합되면서 이후 5·18 담론의 상징적 의미는 약화되었다.


## 4. 결론

1980년 5월 이후 5·18 담론은 1980년대 내내 권위주의적 국가와 민주화를 지향하는 정치사회와 시민사회 세력들 간의 투쟁에서 핵심 쟁점으로 작용했다. 1980년대 초반에는 좌경 세력 또는 폭도의 난동으로 해석하는 국가의 담론이 지배적이었고 정치사회는 침묵으로 일관했지만, 시민사회 내 일부 세력은 5·18을 민주화운동 또는 민중항쟁으로 해석하면서 대항 담론을 형성했다. 이러한 대항 담론은 1985년 정치사회가 복원되며 등장한 야당과 시민사회 내 민주화운동 세력의 연합으로 확산되었고, 결국 1987년 6월 민주항쟁이 성공하면서 국가의 공식 담론이 되었다. 그런데 노태우 정권 이후부터 5·18 담론은 다른 성격을 띠게 되었다. 노태우 정권 시기는 한국 사회의 정치 변동 과정에서 민주화의 출발을 의미하는 만큼, 5·18 담론이 제기한 과제의 해결은 곧 한국 사회에서 민주화가 구체화되는 과정을 매개하는 실천적 성격을 띠게 되었다. 이후 정치사회와 시민사회 내 여러 세력들은 5·18 담론을 매개로 민주화의 진행을 촉진시켰다. 노태우 정권 시기 '민주화합추진위원회'나 '5공 청문회', 김영삼 정권 시기 5·18 책임자의 사법적 처리가 바로 그런 사례다.

그러나 역설적으로 한국 사회의 민주화 진행과 함께 5·18 담론이 지닌 상징성 또는 영향력은 점차 약화되었다. 다음 같은 이유 때문인데, 먼저 5·18 진상규명 활동이 많은 국민의 공감을 얻었지만, 3당 합당 이후 노골화된 지역주의(호남고립주의) 때문에 5·18의 의미가 점차 호남 지역만의 관심으로 축소됐다. 또한 5·18 담론의 실천을 둘러싼, 특히 12·12 불기소 처분에서 사법 처리로 이어지는 과정에서 보인 김영삼 정권의 5·18 담론 이용은 5·18의 의미를 약화시키는 계기가 되었다. 곧 5·18 특별법 제정과에 뒤이은 전두환과 노태우 재판은 역사적 의의에도 불구하고 김영삼 정부의 정치 공학적 의도가 개입됨으로써 5·18 담론의 의미를 개별 사건의 처리 과정으로 축소시켰다. 마지막으로 5·18 담론의 실천을 둘러싼 광주와 전남 지역 시민사회의 분열과 김대중에 대한 호남의 편애는 다른 지역 국민들의 소외감 또는 무관심을 초래했다.

5·18 담론은 1980년대 이후 진행된 한국 사회의 정치 변동 과정에서 민주화를 추동해낸 가장 중요한 담론이었다. 때에 따라서는 정치사회 내 보수 야당과 시민사회 내 진보 세력을 하나로 묶었을 뿐 아니라 이전까지 수동적 자세에 머물던 중산층 또는 시민을 거리로 나서게 만들었다. 그러나 노태우 정권과 김영삼 정권 시기 동안 5·18 담론에 내재된 민주화 담론들이 실천되면서, 그리고 정치 변동의 방향을 둘러싼 정치사회와 시민사회 내 여러 세력 간의 균열이 등장하면서 5·18 담론의 영향력은 약화될 수밖에 없었다. 그럼에도 불구하고 5·18 담론은 21세기에도 여전히 유효하다. 5·18 담론이 지닌 민주주의와 민중 지향성이 여전히 한국 사회 앞에 놓인 해결해야 할 과제이기 때문이다.

## 참고 문헌

공보처. 1997. 《변화와 개혁: 김영삼 정부 국정5년 자료집 1》.

광주광역시 5·18 사료편찬위원회(이하 광주시) 편. 1997a~o. 《5·18 광주민주화운동자료총서》. 제1권~제15권.

광주사회조사연구소. 1996. 《국민이 보는 5·18 재판: 1심 선고에 대한 전국민 여론조사》. 5·18기념재단.

기독교사회문제연구소. 1988. 《기사연리포트 10호: 5공청산과 악법개폐운동》. 민중사.

김성국. 1998. 〈국가에 대항하는 시민사회〉. 한국사회학회. 《인권과 사회운동: 5·18광주민주화운동의 재조명》.

김종원. 1995. 〈광주정신 살아 있나〉. 《월간 말》 5월호.

김호균. 1993. 〈김영삼 시대 광주의 길 찾기〉. 《월간 말》 5월호.

대통령 공보비서실. 1989. 《민주주의의 시대, 통일을 여는 시대: 노태우 대통령 1년의 주요연설》. 동화출판공사.

대통령 비서실. 1994. 《김영삼대통령 연설문집》. 제1권.

문병란. 1996. 〈10만쪽에 기록된 죄상이면 지옥을 통째로 차지한다〉. 《월간 말》 6월호.

박상훈. 1997. 〈민주적 공고화의 실패와 그 기원〉. 《동향과 전망》 34호.

안철흥. 1998. 〈권두인터뷰: 소설 봄날의 작가 임철우〉. 《월간 말》 5월호.

임영일. 1992. 〈한국의 산업화와 계급정치〉. 한국사회학회·한국정치학회 편. 《한국의 국가와 시민사회》. 한울.

손호철. 1997. 《해방50년의 한국정치》. 새길.

정근식. 1997. 〈민주화와 5월운동: 집단적 망탈리테의 변화〉. 나간채 편. 《광주민중항쟁과 5월운동 연구》. 전남대 5·18연구소.

정대화. 1995. 〈한국의 정치변동, 1987~1992: 국가-정치사회-시민사회의 관계를 중심으로〉. 서울대학교 대학원 정치학과 박사 학위 논문.

정해구 외. 1990. 《광주민중항쟁연구》. 사계절.

조유식. 1996. 〈여론조사: 호남 민심과 김대중 총재〉. 《월간 말》 6월호.

조현연. 1997. 〈한국 정치변동의 동학과 민중운동: 1980년에서 1987년까지〉. 한국외국어대학교 대학원 정치외교학과 박사 학위 논문.

천주교광주대교구 정의평화위원회 편. 1988. 《광주의거자료집 4: 광주시민 사회의식조사 — 광주민중항쟁을 중심으로》. 빛고을출판사.

최장집. 1993. 《한국민주주의의 이론》. 한길사.

최장집. 1997. 〈광주민주항쟁과 2단계 민주화〉. 한국정치학회. 《5·18 학술심포지움》.

최정운. 1997. 〈폭력과 언어의 정치: 5·18 담론의 정치사회학〉. 한국정치학회. 《5·18 학술심포지움》.

평화민주당. 1988. 《1980년의 진실: 광주특위증언록》. 평화민주당.

한국사회학회. 1998. 《세계화시대의 인권과 사회운동: 5·18광주민주화운동의 재조명》. 나남.

한국정치학회. 1997. 《5·18 학술심포지움》.

한인섭. 1996. 〈5·18 살상 진실규명은 이제부터〉. 《신동아》 10월호.

함세웅. 1996. 〈5·18 재판이 연극처럼 보이는 이유〉. 《월간 말》 6월호.

허만호·김진항. 1998. 〈올바른 역사인식을 통한 5·18의 사회적 담론 분석〉. 《동아시아의 민중항쟁》. 전남대 5·18연구소.

Foucault, Michel. 홍성민 역. 1991. 《권력과 지식: 미셸 푸코와의 대담》. 나남.

### 6장

# 민주화: 제13대 대통령 선거와 국회의원 선거

## 1. 6·29 이후 정국의 전개

노태우의 6·29 선언 발표 직후, 국민운동본부(국본)에 결합한 야당과 운동 세력은 차이를 드러내기 시작했다. 국본은 6·29 선언을 국민적 투쟁의 승리로 규정하고 환영 성명을 발표한 반면, 김대중과 김영삼을 중심으로 한 야당 세력은 6·29 선언을 환영하는 데서 한걸음 더 나아가 즉각적으로 여야 정당 간 개헌 협상과 대통령 선거 일정을 요구했다. 이런 차이는 양자 간의 현실 인식 차를 드러낸 동시에 민주화 이행 과정에서 양사의 결별을 예고한 것이었다.

6·29 선언 이후 진행된 민주화 이행 과정은 6월 민주항쟁을 주도한 운동 세력이 제외되고 정치사회에 의해 주도되었다. 심지어 타도 대상이던 5공 세력조차 6·29 선언을 발표한 것을 계기로 야당과 함께 정치사회의 일원으로 민주화 이행을 주도했다. 이것은 6·29 선언의 역설적 효과를 잘 보여준다. 곧 6·29 선

언은 6월 항쟁 시기의 선악 구도를 무력화하면서 타도 대상이던 전두환과 노태우를 각각 대통령 선거의 관리자와 민정당의 대통령 후보로 만들었다. 이러한 역설은 '타협에 의한 민주화'라는 한국 민주화 이행 경로의 결과지만, 6월 항쟁을 이끈 운동 세력이 민주화 이행 과정에서 '제대로' 대처하지 못한 것에서도 어느 정도 기인했다.

이 글에서는 6·29 선언 이후 진행된 민주화 이행 과정을 헌법 제정 과정, 제13대 대통령 선거, 제13대 국회의원 선거를 중심으로 살펴본다.

### 1) 헌법 제정 과정 — 8인 정치회담

6·29 선언이 발표되자 통일민주당(민주당)의 김영삼 총재는 즉시 환영을 표한 동시에 개헌과 대통령 선거 등 "정치 일정은 여야 합의로 운영되어야 할 것"을 강조했다. 민주화추진협의회 공동의장 김대중도 "연내에 대통령 선거를 실시, 민주화가 연내에 기필코 달성될 수 있을 것으로 본다"고 말했다. 그리고 바로 다음날 민주당은 '헌법개정안 시안마련을 위한 특별위원회'(위원장 이중재)를 구성하여 개헌 협상을 준비했다(김대영 2006, 281).

개헌 협상은 정치사회를 중심으로 진행되었는데, 그 핵심은 민정당과 민주당의 8인 정치회담이었다. 8인 정치회담은 신속하고 책임 있게 개헌 협상을 추진하기 위해 부총재급으로 구성되었는데, 민정당에서 권익현, 윤길중, 최영철, 이한동 등 4인과 민주당에서 이중재, 이용희, 이동영, 박용만 등 4인으로 구성되었다(조지형 2010, 26). 민정당은 8인 정치회담과 병행하여 신한민주당과 한국국민당을 상대로 각각 4인 정치회담을 추진했다(현경대 2005, 69).

이렇게 두 정당이 개헌 과정을 주도한 반면 6월 항쟁의 주도 세력인 국본은 개헌 과정에서 어떠한 중요한 역할도 하지 못했다. 국본은 7월 13일 산하에 '헌법개정특별위원회'를 설치하고, 8월 4일 전국 총회를 개최하여 '헌법개정요강'

을 발표했다. 그런데 전국 총회에서 헌법 개정에 참여하는 것이 아니라 '선거혁명론'에 따라 대통령 선거에서 야당을 지원할 것을 결의했다. 이것은 국본이 헌법 개정 과정에서 자신들을 주체가 아니라 보조로 생각했다는 사실을 보여준다. 곧 자신들도 참여해야 한다는 인식이 거의 없이 개헌 협상은 정치권의 몫이라고 생각했다. 그래서 야당에 정치적 역할을 위임하고 일찍부터 대통령 선거로 운동 방향을 선회했다(김대영 2006, 293).

6·29 선언 이후 진행된 개헌 협상 과정은 세 시기로 구분된다. 첫째 시기는 6·29 선언 이후 7월 24일 민정당과 민주당이 8인 정치회담을 구성하기로 합의할 때까지 이어지는 개헌 협상 준비기로, 양당이 각각 개헌안을 마련했다. 둘째 시기는 개헌 협상이 집중적으로 진행된 때로, 8월 3일 8인 정치회담이 개시되어 8월 31일에는 개정 헌법 전문과 본문 130개 조항에 관해 완전 합의에 도달했다. 셋째 시기는 9월 2일 노태우와 김영삼의 회담 이후 9월 16일까지 이어지는 헌법 부칙 협상기로, 개정 헌법에 따른 정치 일정이 합의되었다(동아일보사 1988, 50~53; 민주화운동기념사업회 한국민주주의연구소 2010, 379 재인용).

개헌 협상 첫 시기에 민정당과 민주당은 각자 자신들의 개헌안 시안을 마련했는데, 주요 쟁점별로 현행 제5공화국 헌법, 양당의 시안, 합의 개헌안의 내용은 표 1과 같다.

양당의 개헌안 시안은 모두 권력 분산, 기본권 신장, 사법권 독립 강화, 의회 활성화 등에서 유사한 방향성을 보였다(김영수 2000, 686). 양당 시안의 유사성을 살펴보면 다음 같다. 첫째, 기본권 조항에 붙어 있던 유보 조건 또는 단서 조건을 약화시키거나 삭제함으로써 기본권을 강화하려 했다. 둘째, 권력 집중에 따른 독재 가능성을 줄이려고 대통령 권한을 약화시키려 했다. 셋째, 삼권 간의 견제와 균형이 가능하도록 국회와 사법부의 권한을 강화하려 했다(민주화운동기념사업회 한국민주주의연구소 2010, 382).

그러나 양당 시안 사이에는 다음 같은 차별성도 있었다. 첫째, 헌법 전문에서

표 1. 민정당과 민주당 개헌한 주요 쟁점과 합의 개헌안[1]

| | 항목 | 현행 | 민정당 안 | 민주당 안 | 합의 개헌안 |
|---|---|---|---|---|---|
| 전문 | 계승 정신 | 3·1운동 | 대한민국 임시정부 (3·1운동), 4·19 | 대한민국 임시 정부(3·1운동), 4·19, 5·18 | 3·1운동, 대한민국 임시정부 |
| 전문 | 제5공화국 | 명시 | 명시 | 삭제 | 없음 |
| 전문 | 저항권/문민 정치 /정치 보복 금지 | 없음 | 없음 | 신설 | 불의에 항거한 4·19민주이념 계승 |
| 총강 | 군인의 정치 개입 금지 | 없음 | 없음 | 신설 | 국군의 정치적 중립성의 준수 |
| 총강 | 평화통일 노력 여부 | 전문에 명시 | 명문에 명시 | 신설 | 평화적, 자유민주주의 입각한 통일정책 노력 |
| 총강 | 위헌정당 해산 제도 | 인정 | 인정(헌법재판소) | 불인정 | 인정(헌법재판소) |
| 기본권 | 선거 연령 | 20세 | 20세 | 18세 | 법률에 위임 |
| 기본권 | 공무원의 노동3권 | 법률로 정한 자만 인정 | 법률로 정한 자만 인정 | 삭제 | 법률로 정함 |
| 기본권 | 단체행동권의 제한 또는 불인정 범위 | 국가, 지방자치단체, 국·공영 기업체, 방위 산업체, 공익 사업체 | 방위산업체 | 삭제 | 주요 방위산업체 |
| 기본권 | 최저임금제 | 없음 | 없음 | 명시 | 명시 |
| 기본권 | 근로자의 경영참 가권, 이익균점권 | 없음 | 없음 | 신설 | 없음 |
| 국회 | 국정조사·감사 | 국정조사 | 부활, 감사 대상 범위와 절차는 법률에 위임 | 전면 부활 | 조사·감사 인정 |
| 대통령·정부 | 대통령의 지위 | 국가 원수, 행정부 수반 | 국가 원수, 행정부 수반 | 국가 원수 조항 삭제 | 국가 원수, 행정부 수반 |
| 대통령·정부 | 부통령제 | 없음 | 없음 | 신설 | 없음 |
| 대통령·정부 | 대통령 임기, 중임 제한 | 7년 단임 | 6년 단임 | 4년 1차 중임 | 5년 단임 |
| 대통령·정부 | 대통령의 입후보 조건 | 정당 또는 대통령 선거인 추천 | 5년 이상 국내 거주 | 정당 추천 | 국내거주 요건 삭제, 그 외 요건은 법률로 |
| 대통령·정부 | 비상조치권 | 비상조치권 | 긴급재정·경제 처분 및 명령권, 긴급명령권 | 긴급재정·경제 처분 및 명령권, 긴급명령권 | 긴급재정·경제처분 및 명령권, 긴급명령권 |
| 대통령·정부 | 국회해산권 | 인정 | 인정 | 불인정 | 불인정 |
| 법원·헌재 | 위헌 법률 심사 | 법원에서 위헌으로 인정된 때 헌법위원 회에 제청 | 헌법재판소에 제청 | 대법원에서 최종 심사 | 재판의 전제가 된 경우 헌법재판소에 제청 |
| 법원·헌재 | 헌법 재판 기관 | 헌법위원회 | 헌법재판소 | 대법원, 탄핵 심판위원회 | 헌법재판소 |
| 경제 | 경제에 대한 규제·조정 | 사회정의 실현 및 국민경제의 균형 발전을 위해 필요한 규제·조정 및 독과점 폐단 규제·조정 | 분배의 균형 유지, 시장 지배와 경제 력 남용 방지, 산업 민주화를 위한 규제·조정 | 현행과 동일(다 만 경제력 남용 에 의한 분배 구조 왜곡에 대 한 규제·조정) | 균형 있는 국민경제의 성장, 적정한 소득의 분배, 경제력 남용 방지, 경제민주화를 위한 규제·조정 |

민정당은 3·1운동과 상해 임시정부의 법통성, 4·19와 함께 '제5공화국 창건'을 삽입하려 했다. 그러나 민주당은 5·18 정신과 문민 정치, 국민저항권, 정치 보복 금지 등을 명시함으로써 민주주의의 정신을 좀더 분명히 천명하려 했다. 둘째, 민주당은 기본권 조항 관련 단서 조항을 대부분 삭제하여 기본권의 보장 범위를 확대하려 했지만, 민정당은 확대 폭을 제한하려 했다. 특히 선거 연령 19세 조정, 공무원의 노동 3권과 단체행동권 제한 범위, 근로자의 경영참여권과 이익 균점권 등에서는 양자의 차이가 분명했다. 또한 신체의 자유 보장과 관련하여 양당은 불법 수집된 증거의 증거 능력 배제와 민간인에 대한 군사재판의 축소에 대해서도 견해차를 보였다. 셋째, 양당은 국회의 국정감사권 부활 범위와 헌법재판의 관할 기관 소재를 두고 다른 견해를 보였다. 마지막으로 가장 결정적인 차이는 대통령 임기와 부통령제 신설 문제였다. 민정당은 부통령 없는 6년 단임 대통령제를 주장했고, 민주당은 4년 중임 대통령제와 부통령제 도입을 주장했다(김영수 2000, 686~687; 민주화운동기념사업회·한국민주주의연구소 2010, 382).

개헌 협상의 둘째 시기는 8월 3일부터 약 한 달간의 시기로, 양당 시안을 바탕으로 8인 정치회담에서 새로운 헌법안이 만들어졌다. 8인 정치회담에서는 먼저 8월 14일까지 1차 독회를 통해 110개의 이견 조항 중 55개 조항에 합의하거나 의견이 접근했다. 그리고 8월 말까지 2차 협상을 통해 부칙의 정치 일정을 제외하고 헌법 전문, 대통령 임기, 부통령제 도입 여부, 대통령 후보의 국내 거주 요건, 선거 연령 등 양당이 이견을 보인 쟁점을 타결했다. 헌법 전문과 관련해 민주당이 5·18 부분을 양보하는 대신 민정당도 '제5공화국 창건' 명기를 양보했고, 총강에서 군의 정치적 중립을 명기하기로 했다. 또한 대통령의 임기는 5년 단임제로 하고, 부통령제는 도입하지 않으며, 선거 연령은 헌법이 아닌 하위법에서

---

1 표 1은 김영수(2000, 687~698)와 민주화운동기념사업회·한국민주주의연구소(2010, 381)을 참고하여 작성했다.

규정하기로 합의했다(민주화운동기념사업회·한국민주주의연구소 2010, 383).

이 시기 양당의 견해가 가장 첨예하게 대립한 부분은 권력 구조, 특히 대통령의 임기였다. 민정당은 "단임 정신은 절대 양보할 수 없다"고 주장하면서 6년 단임제를 주장했다. 반면 민주당을 비롯한 야 3당은 4년 중임제와 부통령제 신설을 주장했다. 야당들은 1차 임기 중 대통령의 치적에 대한 평가가 재선에 반영되므로 국정 비판과 감시 기회를 확대할 수 있고, 유능한 지도자를 다시 선택할 수 있는 기회가 부여되며, 계속적이고 일관성 있는 정책 수립이 가능하고, 국회의원 선거와 같은 시기에 대통령 선거를 실시하게 되어 국민이 국가 권력 전체에 대한 종합적인 평가를 할 수 있으며, 그 결과 정국 안정을 꾀할 수 있고 단임제에서 오는 행정부의 부패를 방지할 수 있다고 주장했다. 결국 대통령 임기가 5년 단임제로 결정되는 데는 각 정당의 대통령 후보들이 모두 이번 선거에서 실패하더라도 5년이라는 상대적으로 짧은 기간 만에 다시 도전할 수 있다는 '정략적' 계산이 깔려 있었다(민주화운동기념사업회·한국민주주의연구소 2010, 384).[2]

다음으로 사법부의 구성과 위헌 법률 심사권의 소관 문제 역시 여야의 견해가 부딪친 쟁점이었다. 민정당은 대법원장과 대법관은 대통령이 국회의 동의를 얻어 임명하고, 위헌 법률 심사권, 탄핵 심사권, 위헌정당 해산 심판권, 기관간 권한쟁의 심판권 등을 가지는 최고 헌법 수호 기관인 헌법재판소를 신설하고 법관의 자격이 있는 헌법재판관으로 구성하게 하자는 안을 제안했다. 반면 야 3당은 모두 대법원장을 법관추천회의의 제청으로 국회의 동의를 얻어 대통령이 임명하게 하는 안과 위헌 법률 심사권과 위헌 정당 해산 심판권을 대법원에 주고 탄핵 심판은 별도로 탄핵위원회를 두는 안을 제안했다.

결국 여당이 국가 권력 등에 의해 국민의 기본권이 침해당할 경우의 권리 구제 제도로서 독일 헌법의 헌법 소원 제도를 도입하자는 야당의 제안을 받아들이고, 야당은 대법원장의 법관추천회의 제청을 양보함으로써 협상의 물꼬가 열렸다(현경대 2005, 73). 그 결과 새로운 헌법에는 대법원장은 국회의 동의를 얻어, 그리고 대법관은 대법원장의 제청으로 국회의 동의를 얻어 대통령이 임명하도록 했고, 헌법재판소를 신설하여 위헌 법률 심사권, 탄핵 심판권, 위헌 정당 해산 심판권, 기관간 권한쟁의 심판권 및 헌법 소원 심판권을 부여했다.

개헌 협상의 셋째 시기는 부칙의 정치 일정에 관한 협상이 진행된 시기였다. 노태우와 김영삼은 9월 2일에 만나 10월 말까지 개헌안의 국회 통과와 국민투표를 마무리짓고, 12월 20일 전에 대통령 선거를 실시하기로 합의했다. 개헌안은 9월 1일부터 활동한 국회의 헌법개정안기초소위원회(소위)에서 만들어졌다. 소위는 8인 정치회담에서 합의한 큰 틀을 기준으로 세부 내용을 결정했다. 소위에서 개정 헌법의 시행 시기를 헌법 시행 당시 대통령의 임기 만료 다음날인 1988년 2월 25일로 합의하는 것은 어렵지 않았다. 그러나 새로운 헌법에 따른 제13대 국회의원 총선은 12대 국회의원 임기 보장 문제 때문에 쉽게 합의하지 못했다. 대통령 임기도 보장되는데 국회의원 임기도 당연히 보장되어야 한다는 의견이 있었지만, 현 상황이 국민들의 대통령 직선제 요구로 조성된 '혁명적 상황'이라는 인식하에 새 국회의원 선거를 새 헌법 공포일에서 6개월 안에 실시하기로 합의했다(현경대 2005, 74).

결국 9월 16일 개헌 협상이 완전 타결되었다. 9월 17일 헌법개정특별위원회가 전문과 본문 10장 130조와 부칙 6조로 구성된 개헌안을 국회에 제출했고, 이 개헌안은 10월 12일 여야 합의로 국회를 통과했다. 10월 27일 국민투표에서 93.1퍼센트의 찬성을 얻어 개헌안은 10월 29일 최종적으로 공표되었다(민주화운동기념사업회·한국민주주의연구소 2010, 382~383).

이번 9차 개헌은 제헌헌법과 제2공화국 헌법을 제외하고는 정통성이 부재

---

2  현경대는 양김이 5년 단임제를 제안했다고 주장했다(현경대 2005, 70). 그러나 노태우 정부의 실세로서 김영삼 정권 시기 '정치적 탄압'을 당한 박철언은 김영삼이 "임기 5년의 대통령 단임제를 제의"했다고 주장했다(박철언 2005, 279).

하던 이전의 개헌과 달리 국민의 민주화 열망을 반영해 국회에서 정파 간 합의에 기초하여 합법적 절차에 따라 진행된 점에서 한국 헌정사에서 큰 의미를 지녔다. 또한 대통령 직선제가 채택되었고 국민의 자유와 권리가 어느 정도 신장되는 등 내용에서도 국민의 민주화 요구를 반영된 점에서 큰 의미를 지녔다. 그러나 절차상의 합법성에도 불구하고 국민의 민주화 열망을 충분히 반영했다고 보기에는 부족한 점도 있었다.

## 2) 제6공화국 헌법의 주요 내용과 의미

9차 개헌으로 확정된 1987년 헌법은 절차상 합법성을 지녔고 국민의 민주화 의지를 반영했지만, 개정 당사자들의 정치적 이해관계가 개입되었다는 비판에서 완전히 자유롭지는 못하다. 1987년 헌법의 주요 내용과 의미를 살펴보자.

첫째, 전문에서 대한민국 임시정부의 법통과 불의에 항거한 4·19 민주 이념 계승 및 조국의 민주 개헌 사명을 명시했다. 독재 권력에 대한 국민의 저항권과 민주주의 발전을 위한 개혁 의지를 천명한 것이다. 또한 총강에서 군의 정치적 중립 준수를 명시한 것도 군의 민간 통제를 명문화함으로써 군부의 정치 개입을 근본적으로 차단했다.

둘째, 1987년 헌법은 국민의 기본권을 강화했다. 법률과 적법한 절차에 의하지 않고서는 처벌과 보안 처분을 받지 않도록 했고, 체포·구속·압수·수색에는 적법한 절차에 따라 발부된 영장을 제시하도록 했으며, 체포나 구속 때 그 이유와 변호인의 조력을 받을 권리를 고지할 의무 및 가족에게 통지할 의무를 신설했고, 구속자에 대해 구속 적부 심사 청구가 가능하도록 했다. 또한 언론·출판의 허가·검열 금지, 집회·결사에 대한 허가 금지 규정을 신설했다. 이 밖에도 재산권의 수용 등에 대해 법률의 규정에 의한 정당한 보상을 지급하도록 했고, 군사 시설에 관한 죄를 범한 민간인에 대해 군사법원의 재판 관할에서 제외했으며, 타인의 범죄 행위로 생명과 신체에 피해를 받은 국민에 대한 국가의 구조 제도를 신설했다.

또한 1987년 헌법은 노동자의 인간다운 생활권을 확충하여 노동기본권을 신장시켰다. 노동자의 최저임금제를 실시하도록 했고, 여자의 근로는 특별한 보호를 받으며, 고용·임금 및 근로 조건에서 부당한 차별을 받지 않도록 했다. 그리고 단체행동권 행사에 대한 법률 유보 조항을 삭제했다. 그러나 법률이 정하는 주요 방위산업체에 종사하는 근로자에 대해서는 단체행동권을 제한하거나 인정하지 않을 수 있도록 했고, 노동계에서 요구한 근로자의 경영참여권이나 이익균점권은 수용하지 않았다. 그 밖에 국가는 여성의 복지와 권익 향상을 위해 노력하도록 하고, 노인과 청소년의 복지 향상을 위한 정책을 실시할 의무와 재해 예방 노력 의무를 부여했으며, 혼인·가족·건강에 관한 권리에 모성 보호 규정을 추가했다(김영수 200, 701~702).

셋째, 1987년 헌법은 통치 구조에 관련하여 5년 단임제의 대통령 직선제를 채택했다. 대통령 직선제는 6월 민주항쟁에서 제기된 국민의 요구를 반영한 것으로, 그동안 빼앗긴 국민의 직접적인 정부 선택권을 회복시켰다. 5년 단임제에서 단임은 장기 집권을 위해 헌정 질서를 파괴한 과거의 과오를 반복하지 않고 평화적 정권 교체의 전통을 확립하겠다는 명분으로 채택된 것이었지만, 5년이라는 임기는 '타당한' 근거 없이 채택된 탓에 그 뒤 지속적으로 변경하자는 요구에 직면하게 되었다.

넷째, 1987년 헌법은 그동안 대통령에게 집중됨으로써 왜곡되던 삼권 간의 견제와 균형을 회복하기 위해 대통령의 권한을 축소하고 국회와 사법부의 권한을 강화했다. 우선 대통령의 권한을 축소하기 위해 비상조치권과 국회 해산권을 폐지했다. 그러나 1987년 헌법에는 대통령의 국가원수 조항은 물론 대통령의 권위주의적 권력을 구성하던 조항들이 폐지되지 못했다. 특히 대통령에게 "국가의 독립, 영토의 보존, 국가의 영속성과 헌법을 수호할 책무"가 있다는 조항은 유신헌법(제43조 제2항)에서 처음 도입된 것으로, 대통령에게 정부 3권의 조정자이자 헌법 수호자라는 역할을 부여했다. 따라서 6·29 직후 민주당은 이런 조항들의 삭제를 고려했다. 그러나 8인 정치회담의 협상을 거치면서 이 조항들은 삭제되지 않았다. 곧 1987년 헌법의 제66조 제1항과 제2항에서 국가원수 조항과 대통령의 국가의 독립, 영토의 보전, 국가의 계속성과 헌법 수호 의무 조항이 그대로 존치되었다.

또한 6·29 선언 직후 민주당은 이전의 대통령들이 개헌 발의권을 악용하여 권력을 연장했기 때문에 대통령의 개헌안 발의권을 삭제하고 국회만 개헌안을 발의하도록 규정하려 했다. 그러나 협상 과정에서 민주당은 집권 후 통치의 용이성을 고려하여 적극적으로 대통령의 권한을 축소하지 않았다. 그 결과 1987년 헌법에도 대통령의 개헌안 발의권이 존속되었다(조지형 2010, 36~38). 따라서 이후 1987년 헌법의 대통령 권한에 대해 지속적으로 비판이 제기되고 있다.

다음으로 1987년 헌법은 국회 권한을 강화하기 위해 여러 조치들을 취했는데, 국회 임시회 소집 요건을 '재적 의원 3분의 1 이상'에서 '재적 의원 4분의 1 이상'으로 완화하고, 정기회 회기를 90일에서 100일로 연장했으며, 연간 개최 일수 제한 규정을 삭제하고, 대통령이 요구한 임시회 처리 안건 제한 규정을 삭제했다. 또한 국정감사권을 부활시키고 국회의 국무총리, 국무위원에 대한 해임 결의권을 해임 건의권으로 변경했다. 이런 변화는 입법부의 행정부 견제 권한을 이전보다 훨씬 강화한 것이었다(김영수 2000, 702).

마지막으로 1987년 헌법은 사법부의 실질적 독립을 도모하고 헌법의 실효성을 제고하기 위해 법관의 임명 절차를 개선했다. 대법관은 대법원장의 제청으로 국회의 동의를 얻어 대통령이 임명하게 했고, 일반 법관은 대법관회의의 동의를 얻어 대법원장이 임명하게 했다. 그리고 헌법 재판 제도와 관련해 헌법위원회를 폐지하고, 헌법재판소를 신설하여 법원의 제청에 의한 법률의 위헌 여부 심판, 탄핵의 심판, 정당의 해산 심판, 국가기관 상호 간의 권한 쟁의에 관한 심판, 법률이 정하는 헌법 소원에 관한 심판을 관장하게 했다(김영수 2000, 703).

다섯째, 1987년 헌법은 경제 질서에 관련하여 자유경제 체제의 원리를 근간으로 하면서 적정한 소득 분배, 지역 경제의 균형 발전, 중소기업과 농어민 보호 등을 통해 모든 국민의 복리를 증진하고, 국민 생활의 기본적 수요를 충족시키는 사회정의를 실현하도록 규정했다(김영수 2000, 700).


## 2. 제13대 대통령 선거

6·29 선언 이후 정치사회에서는 8인 회담을 중심으로 헌법 개정이 진행되는 동시에 다가올 대통령 선거를 둘러싸고 치열한 경쟁이 펼쳐졌다. 당시 선거 경쟁은 개정 헌법이 공표되던 10월 말까지 야권 대통령 후보 단일화를 중심으로, 그리고 그 뒤에는 각 정당 후보들 간의 유세 대결을 중심으로 전개되었다.

### 1) 야권 후보 단일화 추진 시기 — 6·29 선언 이후부터 10월 말까지

6·29 선언 이후 헌법 개정 협상이 진행되는 과정에서 가장 먼저 대통령 선거 준비에 착수한 쪽은 민정당의 노태우였다. 6월 항쟁 기간 중인 6월 10일 민정당의 대통령 후보로 선출된 노태우는 집권 여당의 막강한 프리미엄을 등에 업고 7월부터 본격적으로 선거를 준비했다. 먼저 군부 권위주의 정권의 후계자라는 이미지를 지우고 민주화 시대에 걸맞은 지도자라는 이미지를 확산시키기 위해 노력했다. 사실 노태우가 6·29 선언을 발표한 것 자체가 전두환 정권과의 차별성을 보이려는 전략적 포석이었다. 전두환은 자신이 결정한 6·29 선언을 노태우의 독자적 제안으로 포장해서 발표하게 의도적으로 연출했다. 이런 점을 이용하여 노태우는 자신을 '민주화 대장정의 기수'로 내세웠다(박철언 2005, 270).

노태우는 8월 5일 전두환의 후임으로 민정당 제2대 총재에 취임했고, 8월 20일에는 공조직인 민정당과 별개로 사조직인 월계수회를 발족시켰다. 최측근 박철언은 민정당이나 관변 단체가 대규모 유세에는 유리하지만 비용이 많이 들며, "강한 소명의식을 갖고 '일대일'로 유권자를 설득하고 험한 일을 하기에는 한계"가 있다고 지적하면서 '노태우를 위한 특공대'로 월계수회를 결성했다고 진술했다(박철언 2005, 270~271). 월계수회는 전국에 204개의 거점을 정하고 각 거점별로 적게는 30여 명에서 많게는 200명 가까운 이사진을 구축했고, 안양 새마을교육원에서 이른바 '노태우 스쿨'을 개설하여 주말마다 회원 교육을 실시했다. 그리고 교육받은 이사들을 거점으로 전국 조직을 구축하여 불과 5개월 만에 180만여 명의 회원을 확보했다(박철언 2005, 273~274).

노태우는 우방국인 미국과 일본에서 인정받는 지도자라는 이미지를 창출하기 위해 9월 14일부터 16일까지 미국을, 그리고 9월 17일과 18일에는 일본을 방문했다. 또한 성사되지는 못했지만 대통령 후보로서 이미지를 높이기 위해 중국 덩샤오핑을 만나는 회담도 추진했다(박철언 2005, 280).

한편 이 시기 민주화 세력의 집권을 원하는 사람들에게는 야당 후보의 단일화, 곧 김대중과 김영삼의 후보 단일화가 가장 중요한 과제로 부각되었다. 6월 민주항쟁을 주도한 운동 세력도 자신들이 직접 권력을 장악하기보다는 오랫동안 활동한 양김 중 한 명으로 후보가 단일화되기를 원했다. 한국 정치사에서는 언제나 야당 후보 단일화가 야당 승리의 필요조건으로 등장하는 의제였고, 특히 1980년 '서울의 봄' 시기 양김이 분열한 전례가 있기 때문에 양김의 후보 단일화는 민주화 세력에게 절체절명의 과제로 대두되었다. 그러나 6·29 선언 직후부터 양김의 후보 단일화는 삐걱거리기 시작했다.

6·29 직후의 정치적 상황은 김영삼에게 유리했다. 김영삼은 6월 항쟁 시기에도 전두환과 개헌 협상을 하는 등 정치 활동이 규제되던 김대중에 견줘 훨씬 더 활발히 활동했고, 총재로서 민주당을 장악했다. 반면 김대중은 투옥과 미국 망

명 등 전두환 정권의 탄압으로 국내 정치 활동이 미비했고 민주당 내부에서도 절대적으로 열세였다. 김대중은 이런 불리한 상황을 바꾸기 위해 여러 가지 시도를 했다.

우선 7월 10일에 사면 복권된 김대중은 7월 17일에 대통령 불출마 선언을 번복했다. 1986년 11월 5일 김대중은 전두환 정권의 민주화운동 탄압을 완화하고 교착된 개헌 협상에 돌파구를 마련하고자 대통령 불출마를 선언했다. 그 선언은 이후 대통령 출마에 일종의 '족쇄'로 작용했다. 그래서 김대중은 자신의 불출마 선언은 전두환 정권이 자발적으로 수락할 경우에 유효한 것인데 4·13 호헌 조치로 전 정권이 제안을 거부한 만큼 과거의 불출마 선언은 무효라고 주장했다(김삼웅 2010, 63).

다음으로 김대중은 양김의 단일화를 요구하는 여론이 비등하자 1980년 초와 달리 8월 8일 민주당에 입당했다. 이렇게 해서 야권의 후보 단일화는 민주당 내부의 경쟁을 통해 진행될 것으로 기대되었다. 그러나 당내 경선을 둘러싸고 양김의 입장은 팽팽히 대립했다. 김영삼은 조기에 대통령 후보를 공천하자고 주장한 반면, 김대중은 조기에 후보가 정해지면 여권이 집중 공격을 할 것이기 때문에 이런 어려움을 피하기 위해 선거 직전에 공천해야 한다고 주장했다. 또한 김영삼은 기성의 대의원으로 전당대회를 열자고 한 반면, 김대중은 민주화에 기여도가 큰 재야 민주 인사들을 영입하여 범야 단일 후보를 선출하자고 맞섰다(김삼웅 2010, 63). 민주당 내부 경쟁에서 우위를 점한 김영삼은 가능한 한 빨리 대통령 후보 선출을 마무리지으려 한 반면, 열세인 김대중은 시간을 끌면서 여론을 통한 반전을 꾀했다.

김대중은 단일화 경쟁에서 주도권을 잡기 위해 민주당 외부에서 대규모 대중 집회를 개최했다. 9월 8~9일 연고지인 광주와 목포를 방문하여 50만 명 이상의 인파를 결집시킴으로써 세력을 과시했다. 그리고 9월 12일에는 대전을, 9월 26일에는 인천을 방문하여 대중 집회를 개최했다. 반면 9월 12일 민족문제연구소 이사회는 김영삼을 대통령 후보로 추대할 것을 선언했고, 김영삼의 사조직인 민주산악회는 조직 강화에 나섰다.

9월 14일, 양김이 만나 단일화 문제를 협의했지만 여전히 합의에 이르지 못했다. 김대중은 민주당 내부에서 공정 경쟁을 위한 최소한의 틀과 꼴을 갖춰야 한다고 주장하면서 자신의 취약한 당내 기반을 보완하기 위해 36개 미창당 지구당 조직책의 임명권을 달라고 요구했지만, 김영삼은 거부했다. 또한 김대중은 텔레비전 토론이나 전국 공동 유세를 실시한 뒤에 국민의 지지가 높은 사람이 후보가 되게 하자는 제안을 했지만, 김영삼은 이런 제안 역시 받아들이지 않았다(전재호 2016, 273).

9월 29일, 양김은 다시 만났다. 이 회합에 관해 양자의 진술이 갈리는데, 김대중은 김영삼에게 양보를 요구했지만 김영삼이 김대중에 대한 군부의 비토를 내세우며 반대하여 협상이 결렬되었다고 주장했다(김대중 2010, 493). 반면 김영삼은 자신에게 후보를 양보하라고 권고했지만 김대중이 양보하지 않아 협상이 결렬되었다고 주장했다(김영삼 2000, 103). 양자의 주장이 일치하지 않지만, 결국 둘 다 후보를 포기할 생각이 전혀 없었다는 사실은 분명하다.

이후 양김은 사실상 독자적인 선거 유세에 돌입했다. 김영삼은 10월 10일 민주당 후보로서 대통령에 출마할 것을 공식 선언했고, 10월 17일 부산 수영만에서 100만 명이 넘는 인파가 참여한 '군정종식을 위한 부산대회'를 개최했다. 10월 22일, 양김은 다시 만났다. 김영삼은 9월 14일 김대중이 요구한 36개 미창당 지구당 결성 요구를 수용할 의사를 밝히고 당내 경선을 제안했지만, 김대중은 답변을 유보하다가 10월 26일 당내 경선 제의 거부 의사를 밝히고 함께 돌아다니며 국민의 뜻을 물어보자는 역제의를 했다(이영훈 2000, 200~202). 결국 10월 28일 김영삼은 "당총재로서의 기득권을 포기하고 경선을 제의했으나 이를 거부한 것은 국민의 뜻을 무시한 것"이라며 대통령 선거 출마를 공식 선언했다(이영훈 2000, 202). 김대중은 10월 30일 대통령 선거 출마와 신당 창당을 공식 선언하고 평화민주당(평민당) 창당 발기인 대회를 개최했다. 이렇게 해서 1983년 김영삼의 단식 투쟁을 계기로 다시 연대하여 1985년 2·12 총선과 1987년 6월 민주항쟁을 성공적으로 이끈 양김은 대통령 선거를 앞두고 다시 결별했다.

이렇게 후보 단일화를 둘러싸고 양김이 계속 갈등을 빚는 동안 운동 세력들도 야권 후보 단일화를 위해 노력을 기울였다. 국본은 9월 7일에 후보 단일화를 위한 3대 원칙을 결의했다. 첫째, 단일화되어야 하고, 둘째, 방식은 합의에 의해, 셋째, 시기는 가급적 빨리 등이었다. 뒤이어 21일에 국본 상임공동대표·상임집행위원 연석회의도 양김에게 10월 5일까지 합의에 의해 단일화할 것을 공식 요구했다. 그러나 국본은 양김에게 후보 단일화를 강제할 수 있는 수단이 없었기 때문에 이러한 요구에는 실효성이 없었다. 결국 국본은 10월 13일 거국중립내각 수립과 선거감시 운동을 결의함으로써 활동 방향을 전환했다(민주화운동기념사업회·한국민주주의연구소 2010, 395).

게다가 국본에 소속된 재야 세력은 후보 단일화를 둘러싸고 분열되기 시작했다. 민주통일민중운동연합(민통련)은 이미 9월초 이래 "추상적인 단일화 촉구가 아니라 현실적이고 구체적인 단일화 방안을 마련"하고자 산하 단체들의 의견을 수렴했고, 9월 28일 양김의 정책을 비교하기 위해 '양 김 씨 초청 세미나'를 개최했다. 그리고 10월 12일 특정 후보를 지지할 것인지, 지지한다면 누구를 지지할 것인지를 놓고 투표를 했고, 그 결과 김대중에 대한 비판적 지지를 결정했다(민주화운동기념사업회·한국민주주의연구소 2010, 396). 그러나 이런 결정에 대해 내부에서 반발이 등장했다. 일부 세력은 김대중에 대한 비판적 지지론에 맞서 단일화되지 않으면 대통령 선거에서 결코 이길 수 없다고 주장하면서 후보 단일화를 촉구했고, 일부 급진 세력은 민중 독자 후보론을 주장하면서 재야인사 백기완을 대통령 후보로 추대했다(서중석 2005, 332~333).

## 2) 유세 대결의 시기 — 11월 초부터 12월 16일까지

10월 27일 새로운 헌법이 국민투표로 통과되면서 제13대 대통령 선거 경쟁이 본격적으로 시작됐다. 노태우는 일찍부터 민정당 대통령 후보로 선출되어 활발히 활동한 반면, 유력 야권 후보인 김영삼과 김대중은 후보 단일화에 실패한 채 11월이 되어서야 각기 자당의 대통령 후보로 선출됐다. 민주당은 11월 9일 임시전당대회를 열어 김영삼을 대통령 후보로 지명했고, 평민당은 11월 12일 김대중을 총재 겸 대통령 후보로 추대했다. 한편 김종필은 10월 30일 구 공화당 세력과 일부 한국국민당 의원들을 결집하여 신민주공화당(공화당)을 창당해 대통령 후보가 됐다. 이렇게 해서 제13대 대통령 선거의 구도는 민정당 노태우, 민주당 김영삼, 평민당 김대중, 공화당 김종필의 4파전 양상을 띠었다.

선거 초반 후보들의 선거 전략은 자신의 연고지에서 유권자를 동원하여 지지세를 과시하고, 그 기세를 몰아 다른 지역 유권자의 지지를 끌어들이는 것이었다. 그러나 연고 지역의 지지자를 동원하는 유세 방식은 다른 지역 유권자의 반감, 곧 영호남 간의 지역감정이 고조되는 부작용을 가져왔다. 후보자들이 다른 지역에서 유세하는 과정에서 폭력 사태도 벌어졌다. 11월 1일 부산 유세를 마친 김대중의 숙소에 300여 명의 폭도가 몰려들어 호텔 현관을 부수고 각목을 던지는 등 난동을 벌여 평민당원 15명이 부상하고 차량 10여 대가 파손됐다. 11월 14일 김영삼의 광주 유세에서는 김영삼이 군중의 돌 세례를 받고 피신했다. 11월 15일 김대중의 대구 두류공원 유세에서도 폭력 사태가 터졌고, 11월 29일 노태우의 광주 유세에서도 연설 도중 각목이 날아들고 시위대가 연단으로 몰려들어 10분 만에 연설이 중단됐다. 이런 사건들은 일반적으로 '지역감정의 폭발'로 보지만, 일부에서는 보안사의 정치 공작이라고 주장한다. 보안사가 '반호남' 정서를 건드려 영호남의 지역감정을 악화시키기 위해 폭력 사태를 기획했다는 것이다(강준만 2003, 234~234).

전두환 정권은 유세장 폭력 사태를 증폭시켜 영호남 간의 갈등을 부추겨 양김에 대한 지지를 분산시키는 '분할 지배divide and rule' 전략을 추구했다. 공영 방송을 동원해 지역감정 악화를 조장한 것이었다. 텔레비전 뉴스에서 노태우 후보와 김영삼 후보의 호남 유세 때 발생한 집회 방해 장면과 김대중 후보의 부산 유세 때 발생한 집회 방해 장면을 번갈아 보여줘 영호남 유권자들이 상대 지역을 '적대시'하게 만들었다(민주화운동기념사업회·한국민주주의연구소 2010, 391~392).

　보수 언론들도 '의도적인' 왜곡 보도로 지역감정을 선동했다. 《조선일보》는 11월 14일 김영삼의 광주 유세장에서 벌어진 폭력 사태는 1면, 2면, 사회면 머리기사로 매우 크게 보도한 반면, 11월 15일 김대중의 대구 유세장에서 벌어진 폭력 사태는 1면 4단 보도 기사로 작게 취급하고 관련 기사도 게재하지 않았다. 일방적으로 호남의 지역감정만 부각시켜 다른 지역의 '반호남' 또는 '반김대중' 정서를 조장하는 보도였다. 또한 11월 17일자 2면과 3면에 각각 〈삼국시대의 '재판再版'인가〉라는 사설과 〈이것이 민주주의인가〉라는 칼럼을 내보냈다. 여기서는 폭력 사태에 대해 노태우 후보는 전혀 거론하지 않은 채 "현재 전라도와 경상도 사이에 부각된 지역감정의 문제는 단일화를 못한 양김씨에게 직접 원인이 있다"고 주장하면서 일방적으로 양김만을 비난했다(강준만 2003, 244).

　이렇게 지역주의를 조장한다는 비난에 직면하여 양김은 반지역주의를 내세워 비판했다. 양김은 '유세장의 폭력 사태'는 "정보기관의 공작"(김대중)이고 "민정당 정부가 고의로 만들어낸 조작행위"(김영삼)라고 비판하면서 "지역감정에 좌우되는 것은 노태우 후보를 도와주는 것"이라는 입장을 발표했다. 나아가 상대 후보가 자신의 지역에서 유세할 경우 두 당은 자ㅓ당을 통해 유세 방해 행위가 발생하지 않도록 조치하기로 했다(박상훈 2009, 155).

　김대중은 집권당의 지역주의 동원 전략이 등장한 이후 호남 지역에서 대규모 유세를 피했고, 김종필은 대규모 대중 유세는 하지 않겠다고 선언했다. 김영삼은 유일하게 자신의 지지 기반에서 대규모 유세를 했는데, 지역주의 동원을 위한 것이 아니라 지역주의가 부산과 경남 유권자에게 미치는 부정적 효과를 피하기 위한 대응이었다. 곧 지역주의의 영향력이 크면 클수록 김대중 후보의 당선을 막으려고 유권자가 집권당 후보를 지지하는 경향이 커질 것이기 때문에 김영삼은 이런 흐름을 막기 위해 자신의 지지 기반에서 지역주의를 동원한 것이다(박상훈 2009, 157).

이러한 설명은 양김이 지역주의를 동원했다는 일반적 인식이 잘못되었다는 점을 보여준다. 곧 한국의 지역주의는 후보와 해당 지역 유권자가 동일한 지역 연고를 갖는다는 사실을 바탕으로 하는 '긍정적positive 지역 정체성'이 아니다. 지역주의의 핵심적 성격은 특정 지역 혹은 특정 지역 후보에 대한 '배타적negative' 의식으로 나타나며, 그 기초에는 급진적 변화에 대한 두려움이 존재한다. 따라서 지역주의의 개입은 야당의 세 후보 중 한 명을 지지할 가능성이 높은 유권자를 집권당으로 향하게 하는 효과를 갖는다. 김대중의 경우 지역주의는 호남 이외의 지지 시장을 확대하는 데 부정적으로 작용한다. 비호남 유권자가 지역주의에 영향을 받을수록 그 피해자는 김영삼과 김종필이 된다. 이 후보들을 지지할 가능성이 높은 유권자가 지역주의의 영향을 받을 경우 김대중의 당선을 막기 위해 집권당 후보를 지지할 가능성이 높아지기 때문이다. 따라서 이것이 제13대 대선 과정에서 야당의 세 후보가 집권당의 지역주의 이슈를 회피하려 한 전략적 근거다(박상훈 2009, 154~155).

한편 각 후보들은 독자 논리를 내세워 지지 확대를 꾀했다. 노태우는 '안정론'을 내세워 보수적 유권자층의 지지를 끌어내려 했다. 곧 '안정이냐, 혼란이냐'는 캐치프레이즈를 내걸고 '야당이 집권하면 나라가 떠내려간다'느니 '대안 없는 투쟁 경력만으로 나라를 이끌어갈 수 없다'느니 하는 겁주기 전략을 구사했다. 또한 김대중과 김영삼에 대해 "야당이 집권을 위해 불순한 좌익 폭력혁명 세력과 손을 잡고 있"다는 식으로 '색깔 공세'를 취했다(강준만 2003, 217). 이러한 노태우의 색깔 공세는 전두환 정권이 장악한 공영 방송의 측면 지원을 받았다.

《한국방송<sup>KBS</sup>》과《문화방송<sup>MBC</sup>》은 투표가 임박한 시기에 이데올로기 비판 프로그램과 함께 캄보디아와 월남의 공산화와 필리핀 사회의 혼란을 다룬 프로그램을 집중 방영했고, 〈TV특강 — 민중민주의란 무엇인가〉라는 프로그램을 여러 차례 방영했다. 게다가 지역감정을 악화시키면서 반호남 정서를 유포시키는 데 결정적 기여를 했다(강준만 2003, 240).

김영삼은 '군정종식론'을 내거는 동시에 김대중과 자신의 차별성을 부각시키면서 부산과 경남 지역의 지지 기반에 더해 비교적 온건한 지지층을 결집시키려 했다. 또한 신군부의 12·12 군사 정변 때문에 제거된 전 육군 참모총장 정승화와 야당 정치인인 김재광, 김상현, 이기택 등을 영입했고, 동교동계로 분류되던 박종률, 송천영, 박왕식을 민주당에 잔류시켰으며, 광주항쟁시민학생총위원장 출신인 김종배와 전 중앙정보부장 김재춘을 민주당에 입당시키는 등 지지 세력 확대를 꾀했다.

김대중은 '4자 필승론'을 내세워 지지 확대를 꾀했다. 자신이 호남과 서울 지역에서 확실한 우위를 점할 수 있으며, 여기에 더해 재야 세력, 근로자, 학생층의 광범위한 지지를 받을 수 있다는 것이다. 따라서 영남에서 김영삼 후보가, 충남에서 김종필 후보가 노태우 후보의 표를 분산시킬 경우 선거의 승산이 자신에게 있다고 주장했다(민주화운동기념사업회·한국민주주의연구소 2010, 391).

한편 민통련이 김대중에 대한 비판적 지지를 표명한 뒤 분열된 운동 세력의 흐름은 선거 유세 국면에서도 지속되었다. 첫째, 김대중 후보 비판적 지지를 선언한 세력은 11월 20일 '김대중 선생 단일후보 범국민추진위원회'를 결성했다. 이 위원회는 창립선언문에서 군부독재 종식과 군의 정치 개입 금지, 광주학살 해결, 농민과 노동자 생존권 보장, 민족통일의 네 가지 과제를 해결하는 데 김대중 후보가 김영삼 후보에 견줘 더 적합하다고 판단해 김대중 후보를 범국민 세력의 단일 후보로 추대한다고 밝혔다. 그리고 선거 운동을 진행한 결과 국민의 지지가 약한 후보를 사퇴시켜 군부독재를 청산해야 한다고 주장했다. 학생운동의 '서울지역대학생대표자협의회'(서대협)와 '전국대학생대표자협의회'(전대협)도 이 흐름에 동참했다(민주화운동기념사업회·한국민주주의연구소 2010, 397~398).

둘째, 비판적 지지에 반대하는 흐름도 후보 단일화를 주장하며 지속적으로 활동을 펼쳤다. 10월 12일 민통련의 김대중 비판적 지지 결정 이후 6개 가맹 단체가 결정 과정에 의문을 던지면서 총회 소집을 요구하고 회원 44명이 그 결정에 반대하는 내용의 성명서를 발표하는 등 민통련 내부에서 반대 의견이 속출했다. 10월 31일에는 각계 민주 인사 122명이 민통련의 특정 후보 지지를 비판하고 후보 단일화를 주장하는 성명서를 발표했다. 성명 참여자들은 선거 경쟁이 4파전으로 갈 경우 민주화운동 진영의 선거 승리가 불가능하다고 주장했다. 이 움직임은 가톨릭농민회(가농)의 주도 아래 또 하나의 흐름으로 결집되었다. 가농 회장단은 11월 5일 후보 단일화를 위해 단식 농성에 돌입했고, 11월 13일에는 가농 주최로 명동성당에서 '군부독재 종식을 위한 후보단일화 쟁취대회'가 개최되었으며, 11월 23일에는 각계 인사 1000여 명이 모여 '군정종식 단일화쟁취 국민협의회'(국협)를 개최했다. 12월 6일 국협은 연세대학교에서 5000여 명이 모여 가농, 국본 노동자위, 국본 부천지부, 노동자 선대위, 서울지역 비상 대학생대표자협의회, 한국기독청년협의회[EYC], 전국구속청년학생협의회, 기독교도시빈민선교협의회 등 13개 단체와 함께 '군정종식 단일화쟁취 비상국민대회'를 개최했다(민주화운동기념사업회·한국민주주의연구소 2010, 398).

셋째, 일부 운동 세력은 민중 독자 후보를 내세울 것을 주장하고 백기완을 대통령 후보로 추대했다. 이 세력은 양김의 후보 단일화에 대한 의심과 민중의 정치세력화에 대한 관심, 일부 운동 단체들의 김대중 지지 결의에 대한 반발 등을 계기로 결집했다. 백기완을 중심으로 한 선거운동본부 상층부, 범제헌의회 계열, 인천지역민주노동자연맹 등이 이 세력의 주축이었다. 독자후보론은 11월 12일 '백기완 선생 대통령 후보 임시추대위원회' 결성과, 10월 27일 '민중대표 백기완 선생 대통령 후보 선거운동 전국본부'(백본) 결성으로 이어졌다. 백본은 결성 직후인 12월 6일 서울 대학로에서 10만여 명의 시민이 참여해 '군정 종식과 민주연립정부 쟁취 범국민결의대회'를 개최했다(민주화운동기념사업회·한국민주주의연구소 2010, 398).

이렇게 운동 세력까지 분열된 와중에 선거일이 임박하자 후보 단일화를 위한 마지막 노력이 시도됐다. 12월 8일 서울 지역 대학생 140여 명은 민주당사와 평민당사에 몰려가 양김의 후보 단일화를 요구하며 사무실 점거 농성을 벌였으며, 일부는 김영삼의 상도동 집과 김대중의 동교동 집으로 가 철야 농성을 벌였다. 12월 9일에는 백기완 후보와 13개 재야 단체로 구성된 '단일화쟁취국민협의회'에서 후보 단일화 논의를 위한 비상정치회담을 제의했다. 12월 10일에는 김영삼과 백기완이 전격 회동해 "군정종식을 위한 민주세력의 대연대를 추진한다"는 대원칙에 합의하고, 김대중과 재야 13개 단체 대표로 민주연립정부 구성을 위한 4자 비상정치회담을 갖는 데 합의했다. 그러나 김대중은 이 제안을 거부했고, 12월 12일 국협은 후보 단일화 노력이 최종적으로 실패했다고 밝히고 국민들에게 승리에 가까운 쪽으로 투표해줄 것을 호소했다. 그러자 백기완은 "민주세력의 대연대를 이룩하지 못한 책임을 지고 대통령 후보직을 사퇴"했다(이영훈 2000, 205). 이렇게 해서 재야 세력의 후보 단일화를 위한 노력은 최종적으로 실패했다.

다른 한편 선거일이 가까워지자 각 후보는 대규모 대중을 동원하여 세몰이 대결을 펼쳤다. 11월 29일 김대중은 서울 여의도광장 유세에 130만 명 이상, 12월 13일 보라매공원 제2차 서울대회에서도 150만 명의 인파를 동원했다. 그리고 12월 5일 김영삼의 여의도광장 유세에도 130만 명, 12월 12일 노태우의 유세에도 150만 명이 동원되었다. 여기서 노태우는 자신이 당선하면 '올림픽 후 중간 평가'를 하겠다며 마지막 카드를 던졌다.

그런데 선거가 얼마 남지 않은 시기 유권자들의 반공 안보 심리를 자극하는 사건이 발생했다. 11월 29일 이라크 바그다드에서 출발하여 서울로 향하던 대한항공 858편 여객기가 인도양 상공에서 폭파해 115명의 탑승자 전원이 사망했다. 그리고 12월 1일 바레인에서 칼기 폭파범 마유미가 검거되어 선거 바로 전날인 12월 15일에 김포공항으로 입국했다. 북한의 위험을 다시 강조함으로써 유권자들의 보수 안정 심리를 자극하여 노태우 후보에게 유리하게 작용하도록 하려는 전두환 정권의 마지막 작업이었다(민주화운동기념사업회·한국민주주의연구소 2010, 393).

### 3) 결과와 의미

12월16일 실시된 제13대 대통령 선거에서는 828만 2738표(선거 참여 유권자의 36.6퍼센트)를 획득한 민정당의 노태우가 당선했다. 2위는 633만 7581표(28.0퍼센트)를 획득한 김영삼, 3위는 611만 3375표(27.1퍼센트)를 획득한 김대중, 4위는 182만 3067표(8.1퍼센트)를 획득한 김종필이었다. 그런데 투표 결과를 보면 각 후보들은 자신의 출신 지역에서 다른 후보에 견줘 상당히 많은 지지를 획득했다. 노태우는 대구와 경북 지역에서 70.7퍼센트와 66.4퍼센트를, 김영삼은 부산과 경남에서 56.0퍼센트와 51.3퍼센트를, 김대중은 광주, 전남, 전북에서 94.4퍼센트, 90.3퍼센트, 83.5퍼센트, 김종필은 충남에서 45.0퍼센트의 지지를 획득했다. 이러한 결과는 호남, 대구와 경북, 부산과 경남, 충남 순으로 지역주의 투표 성향이 강했다는 사실을 보여준다.

대선 결과는 1987년 6월 민주항쟁에서 표출된 군부 권위주의 세력의 청산이 아니라 재집권을 가져왔다. 민주화 세력으로 정권이 교체되기를 바란 많은 국민들은 커다란 상실감에 시달리게 되었다. 또한 일부 세력은 선거 결과를 부정했다. 선거 당일 일부 시민과 학생은 서울 구로구청에서 개표소로 이송되는 투표함을 둘러싸고 부정 투표 의혹을 제기하면서 사흘간 항의 농성을 벌였고, 일부 세력은 '민주쟁취국민운동 선거무효화투쟁본부'를 결성하고 12월 24일 명

표 2. 제13대 대통령 선거 결과(지역별)(정해구 · 김혜진 · 정상호 2004, 134)

| 지역/후보 | | 노태우 | 김영삼 | 김대중 | 김종필 |
|---|---|---|---|---|---|
| 수도권 | 서울 | 30.3 | 29.1 | 32.6 | 8.2 |
| | 인천 | 39.4 | 30.0 | 21.3 | 9.2 |
| | 경기 | 41.5 | 27.5 | 22.3 | 8.5 |
| 강원 | | 59.3 | 26.1 | 8.9 | 5.4 |
| 충청권 | 충남 | 26.2 | 16.1 | 12.4 | 45.0 |
| | 충북 | 46.9 | 28.2 | 11.0 | 13.5 |
| 호남권 | 광주 | 4.8 | 0.5 | 94.4 | 0.2 |
| | 전남 | 8.2 | 1.1 | 90.3 | 0.3 |
| | 전북 | 14.1 | 1.5 | 83.5 | 0.8 |
| 경북권 | 대구 | 70.7 | 24.3 | 2.6 | 2.1 |
| | 경북 | 66.4 | 28.2 | 2.4 | 2.6 |
| 경남권 | 부산 | 32.1 | 56.0 | 9.1 | 2.6 |
| | 경남 | 41.2 | 51.3 | 4.5 | 2.6 |
| 제주 | | 49.2 | 26.8 | 18.6 | 4.5 |
| 전국 | | 36.6 | 28.0 | 27.1 | 8.3 |

동성당에서 '부정선거규탄 선거 무효화 및 군부독재 즉각 퇴진대회'를 개최하기도 했다.

이러한 움직임은 큰 호응을 얻지 못했다. 대부분의 국민이 노태우의 승리는 양김의 분열 때문이라고 생각했기 때문이다. 따라서 선거 패배에 대한 비난은 양김에게 돌아갔다. 또한 각 후보자가 연고 지역에서 상당히 많은 표를 얻었기 때문에 유권자들의 지역주의 투표 성향 역시 비난의 대상이 되었다.

양김의 분열이 노태우 후보가 승리하는 데 결정적으로 기여했다는, 곧 양김이 분열하지 않았으면 승리했을 것이라는 일반적 인식에 대해서는 다른 견해도 존재한다. 이갑윤과 문용직은 양김의 분열이 노태우 후보의 승리를 용이하게 했다고 해서 야권 통합이 승리를 보장할 수는 없었을 것이라고 주장했다. 왜냐하면 김대중 후보로 통합되면 비호남인의 낮은 지지 때문에 노태우 후보의 일방적 승리로 귀결됐을 것이고, 김영삼 후보로 통합되면 결과를 점치기 힘들 정도로 김 후보와 노 후보의 득표율이 비슷했을 것이기 때문이다(이갑윤·문용직 1995, 226). 양김이 후보 단일화에 성공했더라도 승리를 보장할 수 없다는 것이다. 따라서 대선 패배의 책임을 무조건 단일화하지 못한 양김에게만 돌릴 수는 없다. 물론 결선투표제가 있었다면 상황이 달라질 수 있었다. 만일 김영삼이 2위를 하면 김대중을 지지한 유권자는 2차 투표에서 노태우를 선택하거나 기권을 선택하기보다는 김영삼에게 투표할 가능성이 높았을 것이다. 따라서 결과는 달라졌을 수 있다. 13대 대선 결과는 헌법 개정 과정에서 결선투표제를 도입하지 않은 것이 야당이 승리하지 못한 요인의 하나라는 점을 잘 보여준다.


## 3. 1988년 제13대 국회의원 선거

### 1) 대통령 선거 이후의 정국 전개

대통령 선거 이후 여권에서는 전두환 정권과 신임 당선자 노태우 사이에 정권 인수와 인계 작업이 순조롭게 진행되는 것처럼 보였다. 그런데 1988년 2월 25일 대통령에 취임한 노태우는 전두환과 제5공화국 세력에 대해 '거리 두기'를 시작했다. 우선 전두환이 퇴임 이후 정치적 영향력을 행사하려고 만든 국가원로자문회의를 대폭 축소하여 유명무실한 기구로 만들었다.

둘째, 3월 18일에 4·26 총선에 나설 민정당 후보들을 발표하면서 권익현, 권정달, 김상구 등 5공 실세들을 공천 탈락시켰다. 대신 박철언, 나창주, 박승재,

강재섭, 이재황 등 대선에서 핵심적으로 활동한 사조직 월계수회 구성원들을 전국구 상위권에 포진시켰다(강준만 2003, 252~253).

셋째, 3월 31일 전두환의 동생이자 전임 새마을운동본부 회장인 전경환이 구속되었다. 새마을운동본부는 5공 후반기부터 비판 대상이 되어 1987년 7월 말부터 8월 중순까지 감사원이 감사를 실시했다. 그 결과 전경환은 회장직 사임, 관련 공무원과 간부들은 경고나 주의, 훈계 등 경징계를 받는 선에서 마무리되었다. 그러나 전두환이 퇴임하고 난 뒤 언론에 연일 새마을운동본부에 관련된 비리가 보도되자 노태우 정부는 정치적 부담을 느꼈다.

그런데 3월 19일 전경환이 비밀리에 출국한 사실이 언론에 보도되고 전두환의 지시로 이틀 만에 귀국하는 일이 발생했다. 이 사건을 계기로 비판 여론이 비등하자 노태우 정부는 신속히 수사를 진행하여 전경환을 구속시켰다. 그럼에도 불구하고 언론과 야당은 정부의 축소 수사 의혹을 제기했고, 동시에 전두환에게 국가원로자문회의 의장직을 사퇴하라고 요구했다. 결국 전두환은 총선직전인 4월 13일 국가원로자문회의 의장직과 민정당 명예총재직 등 모든 공직에서 물러나겠다고 발표했다(강준만 2003, 253~257). 노태우 정부에게 전경환 구속은 전두환 세력의 힘을 약화시키고 5공 정권과 차별성을 드러낼 수 있는 기회였다. 특히 4·26 총선에서 민정당에 유리하게 작용할 것이라고 예상되었다.

한편 야권에서는 대통령 선거 패배의 책임론과 함께 야당 체질 개선과 세대교체론, 4·26 총선에 대비한 야당 통합 움직임이 등장했다. 대통령 선거 패배이후 야권에서는 총선에서도 패배할 것이라는 위기의식이 고조되었다. 그래서반드시 야당이 통합하여 총선에 대비해야 한다는 인식이 확산되었다.

김영삼의 민주당과 김대중의 평민당은 선거 패배의 후유증을 극복하고 새로운 활로를 모색하기 위해 당 체제 정비에 착수했다. 민주당은 1월 6일 임시전당대회를 개최하여 김영삼을 총재로 재신임한 뒤 대의원 경선을 통해 김명윤, 김영관, 권오태, 김상현을 부총재로 선출하여 전열을 정비했고, 평민당은 2월 3일 문동환, 박영숙, 이상수, 이해찬, 양성우, 이길재, 박상천, 박석무, 서경원 등 재야인사 91명을 입당시켜 당을 재정비했다(이영훈 2000, 206).

이런 흐름과 별개로 야권의 통합 움직임이 활발히 진행됐는데, 먼저 1월 26일 양순직, 유제연, 김현수, 김성식, 장기욱 등이 야권 통합을 촉구하며 평민당을 탈당했다. 또한 박찬종, 조순형, 허경구, 이철, 장기욱 등은 야권통합추진위원회를 결성하고, 2월 6일 한겨레사회연구소 등 재야인사들과 결합하여 범민주통합신당추진위원회를 발족시켰다. 2월 8일 김영삼은 "야권의 신속한 단일화를 위해 총재직을 사퇴하고 평당원으로 백의종군하겠다"고 말하면서 야권 통합 논의에 적극 호응했다(이영훈 2000, 206).

다른 한편 국회에서 민정, 민주, 평민, 공화 4당은 1988년 1월 18일 임시국회 개의와 함께 국회의원 선거법 협상을 시작했다. 그러나 2월 말까지 선거구제를 둘러싸고 정당 간 이견이 조율되지 않으면서 협상이 진척되지 못했다. 민정당은 소선거구제와 중선거구제를 혼합한 1구 1~4인제를, 민주당과 공화당은 현행 중선거구제를 조금 보완한 1구 2~4인제를, 평민당은 철저한 소선거구제를 주장했다(《동아일보》 1988년 2월 5일).

이런 움직임에 발맞추어 2월 초 민주당과 평민당은 통합실무협의기구를 발족시켰다. 선거구제 조정 문제와 재야인사 입당 등을 놓고 이견을 보였지만, 민주당의 박용만, 김동영, 최형우와 평민당의 이중재, 노승환, 양순직, 이용희 등 7명이 별도 모임을 통해 단시일 안에 야권 통합을 해야 한다는 원칙에 전격 합의하면서 통합 작업이 진행되었다. 그런데 평민당은 민주당에 소선거구제를 확실히 당론화할 것과 재야까지 포함한 3자 통합을 촉구한 반면, 민주당은 양당만이라도 먼저 통합하면서 재야를 받아들이자고 주장했다. 그 뒤 무소속 의원들까지 포함하여 양당이 합동 의원총회를 개최하기로 결정했지만, 평민당이 불참을 결정하면서 통합 작업은 중단되었다(이영훈 2000, 207~208).

그 뒤 양당은 각자 선거법 협상에 주력했는데, 민주당은 통합이 되지 않았으니 당연히 중선거구제로 돌아가야 한다며 민정당을 상대로 협상에 나섰고, 평민당은 계속 소선거구제를 주장했다. 2월 23일 김영삼이 갑작스럽게 소선거구제 수용과 야권 통합 작업 재개를 요구하는 기자회견을 개최한 뒤 김대중과 전격 회동을 갖고 민주당의 소선거구제 당론 환원, 재야의 신당 창당 중지와 통합 동참 권고, 양당의 통합 추진 기구 조속 재가동 등 3개항에 합의함으로써 통합 협상에 새로운 돌파구를 마련했다. 그 뒤 양당은 협상 기구 모임을 갖고 2월 29일 소선거구제를 공동 발의한 뒤 3월 3일 각기 임시전당대회를 열어 합당을 결의하기로 합의했다. 여기에 재야의 한겨레민주당 역시 참여하기로 합의했다(이영훈 2000, 208~209).

그러나 양당의 통합 작업은 평민당이 통합 신당의 지도 체제로 양김 공동대표제를 고집하면서 벽에 부딪쳤다. 3월 17일 김대중이 야권 통합을 위해 총재직을 사퇴하면서 돌파구가 열리는 듯했지만, 3월 19일 양당 통합 협상 회의장에 청년 학생 200여 명이 몰려들어 폭력을 행사하는 사건이 발생하자 서로 감정이 악화됐다. 3월 21일에 민주당이 협상을 중단하면서 결국 야권 통합 논의는 무산되었다(이영훈 2000, 210). 이 시기 민정당은 주로 민주당과 공화당을 상대로 국회의원 선거법 개정 협상을 진행하다가 갑자기 당론을 소선거구제로 변경했다. 또한 전국구 의석 배분 방식에 대해 제1당에 무조건 의석 과반수를 부여하는 쪽으로 내용을 확정하고 3월 임시국회에서 선거법 단독 처리에 나섰다. 야당들은 1당에 일방적으로 유리한 의석 배분 방식에 반대했지만, 3월 8일 민정당이 단독으로 선거법 개정안을 강행 처리함으로써 제1당에 유리한 선거법이 확정됐다(《동아일보》 1988년 3월 8일).

4·26 총선을 앞두고 노태우와 민정당은 승리를 확신하고 있었고, 여론도 민정당의 승리를 점쳤다. 민정당은 대선 때처럼 조직과 자금에서 앞서 있고 야권은 분열로 지리멸렬했기 때문에, 민정당이 고정표만 얻어도 어부지리로 횡재할 것이라는 전망이 일반적이었다. 민정당은 전체 의석의 55퍼센트 이상, "득표율

은 대통령 선거 때보다 약간 상회하는 유효 득표의 40퍼센트 정도를 목표로" 제시했다(《경향신문》 1988년 4월 2일). 민정당은 이런 결과를 얻어 노태우와 민정당에 대한 지지를 과시하는 동시에 정통성 시비를 차단하여 대선 공약인 올림픽이후의 중간 평가에 대비할 수 있을 것이라 생각했다. 또한 서울, 부산, 광주 등 일부 대도시와 호남 지역 이외의 전 지역에서 압승하여 야당의 분화와 몰락을 촉진해서 6공화국 정권의 안정성을 확보할 수 있으리라고 예상했다. 당시 여론조사에 따르면 정당별 지지도는 민정당 42퍼센트, 평민당 19.1퍼센트, 민주당 22.4퍼센트였고, 민정당은 전체 224개 지역구 중 53퍼센트인 119개 지역구에서 당선할 것으로 예상되었다(박철언 2005, 311).

반면 야권은 분열된 채 선거에 임하기 때문에 총선 승리보다는 제1야당의 지위를 확보해 훗날 있을 야권 통합에서 유리한 입지를 차지하는 것을 목표로 했다. 특히 대선 패배에도 불구하고 4·26 총선에서도 두 야당이 통합에 실패함으로써 비판 여론이 고조되었고 지지자들의 실망감도 배가되었다. 이런 상황에서 야권은 주로 자당 우세 지역과 수도권에서 집중적으로 유세를 펼쳤다. 민주당은 김명윤 총재대행과 김영삼 전 총재를 각기 서울과 부산에 출진시켜 총선을 민주당 대 민정당의 대결로 몰아가려 했다. 또한 군소 정당이 다수 출현하면 민정당을 견제할 수 없으니 제1야당인 민주당에 표를 몰아달라고 호소했다. 반면 평민당은 김대중 전 총재, 박영숙 선거대책위원장, 문동환 상임고문을 축으로 경인과 호남 지역을 오가며 선거 유세를 펼쳤다. 서울을 6개 권역으로 나누어 당원단합대회 형식으로 옥외 집회를 개최하여 '서울 바람'을 조성하려 했다. 또한 야당은 새마을운동 비리를 빌미로 노태우 정권을 전두환 정권의 상속자로 규정하고 6공화국이 아닌 5.5공화국이라고 비판했다(《경향신문》 1988년 4월 9일). '민주 대 반민주'의 대결 구도를 통해 민주화를 선호하는 유권자들을 끌어들이려 한 것이었다.

## 2) 결과와 의미 ─ 여소야대

1988년 4월 26일 16년 만에 중선거구제에서 소선거구제로 바뀌어 실시된 제13대 국회의원 총선거는 예상을 뒤엎고 헌정사상 최초로 여소야대 국회를 탄생시켰다. 야당은 66퍼센트의 득표율로 34퍼센트인 여당에 견줘 거의 두 배에 이르는 압승을 거두었고, 의석도 172 대 125로 1.4배나 많이 획득했다. 정당별 득표율은 민정당 34.0퍼센트, 평민당 19.3퍼센트, 민주당 23.8퍼센트, 공화당 15.6퍼센트였고, 전국구를 포함한 정당별 의석수는 민정당 125석, 평민당 70석, 민주당 59석, 공화당 35석, 한겨레민주당 1석, 무소속 9석이었다.

선거 결과 지역주의 투표 성향이 제13대 대통령 선거보다 더 두드러졌다. 평민당은 광주와 전남북 37개 선거구 중 36개에서, 민주당은 부산의 15개 선거구 중 14개와 경남의 22개 선거구 중 9개에서, 민정당은 대구의 8개 선거구 전부와 경북의 21개 선거구 중 17개에서, 공화당은 충남의 18개 선거구 중 13개에서 당선했다. 대신 지역적 기반이 없던 한겨레민주당은 전남에서 1명이 당선되는 데 그치고, 민중의당은 아예 한 명도 당선하지 못했다.

일반적으로 여당 압승이라는 예상을 깨뜨리고 여소야대라는 선거 결과를 가져온 원인이 지역주의라고 생각한다. 지역주의가 민주당, 평민당, 공화당이 우세한 지역에서 선거 구도를 민정당과 야당의 일대일 구도로 만듦으로써 야당 분열에 따라 여당이 누릴 수 있는 이점을 무력화시켰다는 주장이다(이갑윤·문용직 1995, 227). 이런 측면에서 보면 지역주의는 호남, 충청, 경남 지역 유권자의 압도적 야당 지지를 이끌어내 여당의 승리를 막은 일등공신이다. 이렇게 지역주의가 여소야대라는 결과를 가져왔는데도 언론을 비롯한 일반의 인식은 아주 부정적이었다. 예를 들어 "지역의식의 강력한 표출과 그에 따른 각 정당의 지역당적 성격 강화는 실로 경악할 만한 일"(《중앙일보》 1988년 4월 27일)이라고 비판했다. 이런 인식이 일반적이어서 지역주의에 '망국적'이라는 수식어가 자주 붙게 됐다.

표 3. 제13대 총선 결과

| | | 민정당 | 평민당 | 민주당 | 공화당 | 기타 | 합계 |
|---|---|---|---|---|---|---|---|
| 득표율(%) | | 33.9 | 19.2 | 23.8 | 15.5 | 7.3 | 100 |
| 의석수 | 지역구 | 87 | 54 | 46 | 27 | 10 | 224 |
| | 전국구 | 38 | 16 | 13 | 8 | 0 | 75 |
| | 합계 | 125 | 70 | 59 | 35 | 10 | 299 |
| 지역별 의석수 | 서울 | 10 | 17 | 10 | 3 | 2 | 42 |
| | 부산 | 1 | | 14 | | | 15 |
| | 대구 | 8 | | | | | 8 |
| | 인천 | 6 | | 1 | | | 7 |
| | 광주 | | 5 | | | | 5 |
| | 경기 | 16 | 1 | 4 | 6 | 1 | 28 |
| | 강원 | 8 | | 3 | 1 | 2 | 14 |
| | 충북 | 7 | | | 2 | | 9 |
| | 충남 | 2 | | 2 | 13 | 1 | 18 |
| | 전북 | | 14 | | | | 14 |
| | 전남 | | 17 | | | 1(한겨레당) | 18 |
| | 경북 | 17 | | 2 | 2 | | 21 |
| | 경남 | 12 | | 9 | | 1 | 22 |
| | 제주 | | | 1 | | 2 | 3 |

　그러나 제13대 총선 결과를 지역주의의 표출보다는 1987년 6월 민주항쟁에서 분출된 국민의 민주화 욕구가 드러난 결과로 해석하기도 한다. 이런 견해는 제13대 총선보다 4개월 전에 치러진 대통령 선거에서 당선자 노태우 후보를 지지하지 않은 유권자가 63.4퍼센트에 이르고, 특히 전체 유권자의 55퍼센트가 양김을 지지한 사실을 강조한다. 지지도 분포만 고려할 때 대선이나 총선이 모두 명백히 여소야대였으며, 이런 결과를 가져온 일차적 동인은 지역주의가 아니라 유권자의 민주 지향성이라는 주장이었다(정대화 1995, 177). 또한 제13대 총선이 '경악할 만한 지역감정'이나 '민주화에의 열망'의 결과라기보다 소선거구제에 따른 '제도의 의도하지 않은 결과', 곧 득표율과 의석점유율의 커다란 격

차를 가져오는 소선거구제의 승자 독식 효과라고 설명하기도 했다(박상훈 1999, 154). 일반적으로 소선거구제는 1등만 당선하기 때문에 지역에 밀착된 정당의 후보에게 상대적으로 유리한 결과를 가져오는 경향이 강하다. 따라서 13대 총선 결과는 지역주의라는 단일 요인으로 설명하기보다는 국민들의 민주화 의지나 선거 제도의 효과 같은 다른 요인들과 함께 설명하는 것이 더 적절하다.

한편 제13대 총선 결과는 새로운 정치 세력의 원내 진입을 가져왔다. 특히 그동안 시민사회에서 비판 세력으로 머물러 있던 재야 세력이 개인적 또는 조직적으로 선거에 참여했는데, 일부는 성공하고 다른 일부는 실패했다. 평민당의 이해찬, 이철용, 양성우, 문동환, 박영숙 등과 민주당의 노무현, 장석화, 김광일 등 기성 정당에서 출마한 인물들은 의회 진출에 성공했지만, 한겨레민주당이나 민중의당처럼 독자 정당으로 출마한 인물들은 대부분 의회 진출에 실패했다.

다른 한편 제13대 총선 결과는 정국 구도에 큰 변화를 가져왔다. 우선 대한민국 의정 사상 처음으로 여당이 과반수 의석을 확보하지 못하고 야당이 다수를 차지한 여소야대 국회는 민주화를 촉진할 수 있는 계기가 마련된 점에서 의미가 있었다. 또한 4·26 총선은 이제 관권이나 선심 공약이 위력을 발휘하던 시대가 가고 금권 선거도 약화된 현실을 보여주는 선거였다(서중석 2005, 334).

다음으로 평민당이 제2당으로 부상하면서 정국 주도권이 김대중에게 넘어갔다. 제13대 대통령 선거에서 김영삼에 이어 3위를 함으로써 정치적 위상이 추락한 김대중은 다시 정국의 중심으로 부상하게 되었다. 대신 민주당이 제3당이 되면서 김영삼의 정치적 위상은 약화되었다. 이런 상황은 1990년 김영삼이 민정당, 민주당, 공화당의 3당 합당에 참여하는 계기가 되었다. 대선에서 4위를 해 정치적 위상이 크게 추락한 김종필도 공화당이 충청권을 기반으로 원내 교섭단체를 구성할 수 있는 의석을 확보하면서 재기에 성공했다.

마지막으로 제13대 총선 이후 평민당은 5월 7일에 임시전당대회를 열어 김대중을 총재로 재추대했고, 민주당도 5월 12일에 전당대회를 열어 단일 지도체제를 채택한 뒤 김영삼을 총재에 재추대함으로써 양김이 다시 정치사회를 주도하게 되었다.


## 4. 나가는 말

1987년 6월 민주항쟁은 민주화 조치를 담은 6·29 선언을 가져왔지만, 이것은 군부 권위주의 세력의 완전한 청산이 아니라 '타협에 의한 민주화' 과정의 시작을 의미했다. 민주항쟁의 실질적 내용을 담는 헌법 개정 과정이 민주화운동의 실질적 주역인 재야와 학생 세력을 배제한 채 보수 야당과 청산 대상인 민정당의 주도로 진행되면서 많은 한계를 남겼다. 물론 새로운 헌법이 그동안 억압되던 국민 기본권을 신장하는 등 상당한 개선을 가져오기는 했지만, 대통령 임기와 선출 방법 등에서 기성 정치권의 이익을 반영하면서 왜곡되고 노동자의 권익이 제대로 보장되지 못하는 등 많은 한계를 드러냈다.

헌법 개정 이후 전개된 대통령 선거 과정은 양김의 후보 단일화 논란이 지속되면서 민정당의 노태우가 독주한다. 양김의 후보 단일화 실패는 민주화를 원하던 유권자들의 실망과 함께 분열을 가져왔고, 전두환 정권이 조장한 유세장 폭력 사태와 영호남 간 지역감정 악화는 상대에 대한 비난으로 이어졌다. 결국 민주화 이후 실시된 정초 선거는 36.6퍼센트의 지지밖에 얻지 못한 민정당 노태우 후보의 당선을 가져왔다. 곧 한국의 민주화 이행을 가져온 민주화 세력이 지지하는 후보가 아니라 타도 대상인 군사 권위주의 세력의 핵심 인물이 집권했다. 이것은 타협에 의한 민주화가 낳은 역설이라 할 수 있다.

선거 이후 모든 비난은 후보 단일화를 성사시키지 못한 양김에게 쏟아졌다. 그러나 노태우의 당선에는 전두환 정권과 보수 언론의 지원, 지역주의 조장, 대한항공기 폭발 사건이 가져온 안보 불안 심리, 보수 성향 유권자의 지지, 대구와 경북 지역의 지역주의 투표 등 다른 요인들도 많은 역할을 했다.

1988년 제13대 국회의원 선거를 준비하면서 야권에서는 통합 논의가 진행되었다. 그 결과 민주당과 평민당을 포함하여 민정당에 반대하는 대부분의 세력이 결합하는 통합이 실현될 뻔했지만 결국 실패했다. 따라서 지배적 전망은 여당의 압승과 야당의 패배였다. 그러나 4·26 총선은 예상치 못한 여소야대라는 결과를 가져왔다. 투표 결과는 각 정당이 연고 지역을 석권하는 지역주의 투표 성향을 드러냈는데, 야당의 승리는 소선거구제 구조가 지역에서 야당과 민정당의 일대일 구도를 형성시킴으로써 나온 결과였다.

결국 1987년 6월 민주항쟁에서 드러난 국민의 민주화 열망은 1987년 대통령 선거에서 노태우의 승리 때문에 좌절되었지만, 1988년 국회의원 선거에서 여소야대 정국을 가져왔다.

## 참고 문헌

/

강원택 편. 2010.《헌법개정의 정치》. 인간사랑.

강준만. 2003.《한국 현대사 산책: 1980년대편》 3권. 인물과 사상사.

김대영. 2006.〈87년 개헌협상과 국민운동본부의 정치행위〉.《정신문화연구》 29집 1호.

김대중. 2010.《김대중 회고록》 1. 삼인.

김삼웅. 2010.《김대중 평전》 1, 2. 시대의창.

김영명. 2013.《대한민국 정치사: 민주주의의 도입, 좌절, 부활》. 일조각.

김영삼. 2000.《김영삼 회고록》 3. 백산서당.

김영수. 2000.《한국헌법사》. 학문사.

동아일보사 편. 1988.《동아연감 1988》.

민주화운동기념사업회·한국민주주의연구소 엮음. 2010.《한국민주화운동사 3》. 돌베개.

박상훈. 1999.〈한국 지역정당체제의 합리적 기초에 관한 연구〉. 고려대학교 대학원 정치외교학과 박사 학위 논문.

_____. 2009.《만들어진 현실》. 후마니타스.

박철언. 2005.《바른 역사를 위한 증언 1》. 랜덤하우스중앙.

서경석. 2007.〈87년 헌법체제와 헌법정치〉.《민주법학》 제34호.

서중석. 2005.《사진과 그림으로 보는 한국현대사》. 웅진지식하우스.

서중석. 2008.《대한민국 선거이야기》. 역사비평사.

안승국. 2009.〈한국에 있어서 권위주의체제의 해체와 민주적 이행〉.《한국정치외교사논총》 31집 1호.

이갑윤·문용직.〈한국의 민주화: 전개과정과 성격〉.《한국정치학회보》 29집 2호.

이영훈. 2000.《파벌로 보는 한국야당사》. 에디터.

전재호. 2016.〈한국 민주화 이행에서 김대중의 역할: 1980~1987년〉.《기억과 전망》 35호.

정대화. 1995.〈한국의 정치변동: 1987~1992: 국가-정치사회-시민사회의 관계를 중심으로〉. 서울대학교 대학원 정치학과 박사 학위 논문.

_____. 2005.〈민주화 과정에서 민통련과 국민운동본부의 역할에 대한 평가〉.《민주사회와 정책연구》 8호.

정해구·김혜진·정상호. 2004.《6월항쟁과 한국의 민주주의》. 민주화운동기념사업회.

조지형. 2010.〈1987년 헌법의 역사화와 시대적 소명〉. 강원택 편.《헌법개정의 정치》. 인간사랑.

한상휘·오연호. 1992.《김영삼·김대중 경쟁과 공존의 역사》. 의암출판.

현경대. 2005.〈정략적 개헌 논의를 경계한다: '87년 제9차 개헌과정을 되돌아보며〉.《국회보》 7월호(464호).

《동아일보》.

《경향신문》.

### 7장

# 91년 5월: 1991년 5월 투쟁과 한국 민주주의
— 실패의 구조적 원인과 그 의미

## 1. 문제 제기

1991년 5월 투쟁(5월 투쟁)은 1987년 민주주의 이행 이후 일어난 대항 세력의
가장 큰 저항이었다.[1] 그런데 한국에서 민주주의를 진전시킨 결정적 계기로 인
식되는 1960년 4월 혁명, 1980년 5월 광주민주화운동, 1987년 6월 민주항쟁과
달리 '5월 투쟁'이라는 '어설프고 건조한' 이름으로 불리고 있다. 더욱이 당대에
는 패배로 인식된 1980년 5월 광주가 차후 민주화운동으로 규정된 반면, 5월
투쟁은 여전히 모호한 위상을 차지하고 있다. 그러나 5월 투쟁은 '공안 통치'와

---

[1] 5월 투쟁은 1991년 4월 26일부터 6월 20일까지 대략 50여 일에 걸쳐 노태우 정권에 대항하여 전개된 학생을 비롯한 일반 시민들의 투쟁을 지칭한다.

3당 합당을 통해 권위주의적 통치로 회귀하던 노태우 정권에 대항해 민주주의의 진전을 지향한 점에서 민주화운동이 분명하다. 다만 5월 투쟁은 독재자를 퇴진시킨 1960년 4월 혁명이나 직선제 개헌을 성취한 1987년 6월 민주항쟁 같은 가시적 성과를 내지 못했고, 1980년 5월 광주민주화운동처럼 1980년대 민주화운동의 원천이라는 '상징적' 의미를 부여받지도 못했다. 도리어 5월 투쟁은 노 정권 퇴진이라는 목표를 달성하지 못했고, 국가의 물리적이고 이데올로기적인 공세에 밀려 도덕성마저 공격받음으로써 민주화운동을 약화시켰으며, 역설적이게도 노태우 정권을 안정시키는 데 기여한 점에서 '실패'한 것으로 평가된다. 따라서 5월 투쟁은 민주화운동 내부에서도 '잊혀진' 아니 '잊고 싶은' 역사적 사건이 되었다(김원 2002, 153).

이런 이유 때문인지 5월 투쟁에 대한 학술적 연구 역시 상대적으로 적은 편이다. 5월 투쟁 종료 뒤 몇 편의 단편적인 평가(정태인 1991; 정성진 1991)가 등장했고, 1990년대 중반 한국의 민주화를 다룬 연구(최장집 1993; 정대화 1995)에서 간략히 언급되었을 뿐이다. 5월 투쟁에 대한 학문적 연구는 김정한(1998)에서 시작되었고, 투쟁 10주년을 맞이하여 '91년 5월 투쟁 청년모임'이 그동안의 논의를 발전시켜 《그러나 지난 밤 꿈속에서 이 친구들이 나에 대하여 이야기하는 소리가 들려 왔다 1991년 5월》(2002)을 출간했다.

그럼 기존 연구들은 한국 민주주의의 역사에서 5월 투쟁을 어떻게 평가하고 있는가? 김정한은 기존 연구들의 '통상화된' 담론을 다음같이 정리한다.

첫째, 참여세력에 있어서 6월 항쟁이 중산층을 중심으로 미조직 대중에 의해 전개되었다면, 5월 투쟁은 중산층의 참여부재 속에서 조직적 대중, 특히 기층민중에 의해 주도되었다. 둘째, 지도부의 구성에 있어서 6월 항쟁이 야당을 포함하여 '국민운동본부'라는 명확한 정치적 구심이 있었다면, 5월 투쟁은 야당의 미온적 참여 속에서 '범국민대책회의'가 통일적 정치 구심으로 자리잡지 못했다. 셋째, 요구·목표의 차원에서 6월 항쟁이 '대통령 직선제와 절차적 민주화'라는 구체적인 목표가 있었다면, 5월 투쟁은 '노태우 정권의 퇴진' 이상의 구체적인 정치적 대안을 제시하지 못했다. (김정한 2002, 67)

또한 5월 투쟁의 실패 원인에 관련하여 기존 연구들은 투쟁의 질적 전환 실패, 투쟁의 집중점 설정 부재, 노 정권의 통치 전략에 대한 지도부의 적절한 전략과 전술 부재, '정 총리 사건'과 '유서 대필 사건'을 이용한 정부와 보수 언론의 이데올로기적 공세, 중산층의 보수화, 비조직 시민사회와 재야운동의 괴리, 권력 대체 세력의 부재, 정치사회의 외면 등을 지적하고 있다. 그리고 5월 투쟁의 역사적 의미에 관련하여 기존 연구들은 투쟁의 성격으로 진짜 민주주의를 위한 투쟁을, 그 가능성으로 민중 주체의 형성 가능성을, 투쟁의 방향으로 대안정치 세력과 대안 권력을 위한 욕망의 표출을, '투쟁의 의도하지 않은 결과'로 지배블록 내 강경파의 입지 제한을 지적하고 있다(김윤철 2002, 108~117).

그럼 이러한 평가는 적절한 것인가? 이런 질문에 김정한은 유보적 태도를 보이는데, 우선 참여 세력에 대해 "사회운동 세력이 조직적으로 성장했다는 것은 분명"하지만 "조직적인 성장은 1987년 6월에 대한 비교우위, 즉 '상대적 성장'에 지나지 않"았으며 "오히려 관련 자료들은 당시 사회운동 조직을 통한 대중동원이 극히 열악한 수준이었다는 것을 보여준다"고 주장했다. 또한 5월 투쟁당시 범국민대책회의가 정치적 구심의 역할을 하지 못했다는 평가는 사후 평가에 지나지 않고, 그 이유가 신민당 등 야당과의 연대 실패가 아니라 처음부터야당이 참여하려 하지 않았기 때문이라고 주장했다. 그리고 범국민대책회의가 목표로 제시한 '노태우 정권 퇴진과 민주정부 수립'은 립 서비스 차원에 불과했으며, 오히려 주된 목표는 공안 통치 분쇄였다고 주장했다. 곧 노 정권 퇴진 이상의 구체적인 정치적 대안이 없었던 것이 아니라, 애초부터 노 정권 퇴진 이상을 상정하지 않았다는 것이다.

김정한의 이러한 지적은 일견 타당하지만 동의하기 힘든 점도 있다. 그런데 여기서 고려해야 할 사실은 연구자들의 견해차가 비교 준거의 차이에 따른 상대적 차이라는 점이다. 예를 들어 대중조직의 참여, 특히 노동 대중의 참여의 경우 6월 항쟁에 비교할 때 상당한 수준이라고 평가할 수 있지만, 실제 당시 노동운동의 참여 정도와 방법을 고려할 때 진정한 '노학연대'라고 보기는 어렵다.[2] 따라서 사건에 대한 해석의 차이를 살펴보는 것도 중요하지만 구조적이고 거시적인 시각에서 5월 투쟁에 접근하는 것도 필요하다.

이 글은 최루탄과 화염병이 난무하는 5월 투쟁의 현장 속으로 들어가 기존 연구들을 검토하지 않는다. 대신 민주화 이후 '위에서 시작된 보수적 민주화'가 만든 구조와 그 구조 내에서 활동한 행위자들에 초점을 맞추어 5월 투쟁이 실패한 이유를 고찰한다. 5월 투쟁의 실패가 단순히 1991년 5월만의 문제가 아니라 보수적 경로로 귀결된 한국 민주화, 민주화의 결과 나타난 민주화운동 세력과 사회 세력 간의 관계 변화, 사회주의권의 몰락 같은 국제 정세의 변화라는 좀더 장기적이고 구조적인 원인에 기인한다고 보기 때문이다. 이러한 주장을 입증하기 위해 5월 투쟁의 실패에 관련하여 그동안 많이 논의되던 학생운동이 아니라 다른 주요 행위자인 노동운동과 전선운동에 초점을 맞추는 동시에 민주화운동의 주도 세력과 운동 패턴의 변화를 통해 5월 투쟁의 실패 원인과 그 의미를 고찰한다.

이 글의 구성은 다음과 같다. 먼저 5월 투쟁이 실패한 장기적이고 구조적인 원인을 밝히기 위해 1987년 민주화 이후 보수적 민주화의 전개 과정, 5월 투쟁의 또 다른 주요 행위자인 민중운동의 발전과 분화, 그리고 이 과정에서 진행된 중산층과 민중운동의 괴리를 고찰한다. 다음으로 한국 민주주의의 역사에서 5월 투쟁이 지닌 의미를 파악하기 위해 민주화 이후 한국 정치의 구조 변화를 민주화운동의 주도 세력과 패턴의 변화를 통해 고찰한다. 마지막으로 이상의 논의를 정리한 뒤 한국 민주화운동의 과제를 제시한다.

## 2. 민주화 이후의 민주주의

일반적으로 5월 투쟁은 실패한 것으로 간주된다. 기존 연구들(정태인 1991; 월간 말 1991; 정성진 1991; 최장집 1993; 정대화 1995; 배성인 2002)의 논의를 종합하면, 그 이유는 적절한 전략과 전술을 구사하지 못한 지도부의 실책, 정부와 언론의 이데올로기 공세, 강고한 보수 세력으로 변한 중산층의 이반, 비조직 시민사회와 전선 운동의 괴리, 정치사회와의 연대 실패 등이었다. 그런데 주목할 점은 이런 실패 요인들이 모두 한국 민주화 과정, 특히 1987년 6월 항쟁 이후의 민주화 과정을 특징짓는 '위에서 시작된 보수적 민주화'라는 한국 민주주의의 구조에 밀접히 관련되었다는 점이다. 따라서 여기서는 1987년 6월 항쟁 이후 하향식 보수적 민주화가 정착되는 과정, 그리고 그 뒤 그 구조 속에서 발전한 부문 운동의 분화와 한계를 통해 5월 투쟁 실패의 구조적 원인을 고찰한다.

### 1) 위에서 시작된 보수적 민주화

한국 민주화의 출발점으로 인식되는 6월 민주항쟁은 6·29라는 군부 권위주의 세력의 양보를 이끌어냈지만 5공 세력의 재집권을 가져옴으로써 '위에서 시작된 보수적 민주화'의 길을 열었다. 6월 항쟁이 보수적 민주화로 가게 된 이유는 6·29 선언 이후 변화된 정세에 대한 민주화운동 세력의 인식과 대응 능력의 부재다. 6·29 선언은 대통령 직선제 개헌을 제외하고는 민주화의 실천에 관련된 구체적 프로그램을 제시하지 않았다. 또한 6·29 선언은 국민운동본부(국본)에

---

2 박창수 한진중공업 노조위원장의 의문사 때문에 많은 노동자가 5월 투쟁에 참여했다. 그러나 노동자들의 참여는 주로 노조 간부를 중심으로 한 선진층에 집중되었고 대중의 적극적 호응을 끌어내지는 못했다(최진섭 1991, 150~151).

결집되어 있는 다양한 세력들의 분열을 의도한 것이었다. 정치사회를 부활시킴으로써 국본에 결합되어 있던 야당과 재야 세력, 학생운동 세력을 분열시켰다. 군부 권위주의 세력은 직선제 수용이 수세적인 대응이 아니라 적극적인 민주화 조치를 위한 선택이라는 인상을 주고 노태우를 체제 내의 개혁 인사로 부각시키기 위해 노태우가 직접 6·29 선언을 발표하게 했다.

그러나 민주화운동 세력은 군부 권위주의 세력의 이런 의도를 제대로 파악하지 못하고 6·29 선언을 환영하면서 향후 정세를 낙관했다. 얼마 지나지 않아 6·29 선언의 의도를 알아챘지만, "민족민주운동이 나아가야 할 방향을 신속히 제시, 변화된 상황에 능동적으로 대처함으로써 정세를 주동적으로 이끌어가"지 못했다(한국기독교사회문제연구원 1988, 14). 또한 국본은 7월 중순 경부터 전국으로 확산된 노동자 투쟁에 대해서 조사단 파견, 성명 발표 등 극히 제한된 지원 활동만 했다. 게다가 선거 국면에서 후보 단일화라는 원칙을 제시했지만, 실제로는 참가 단체에 따라 김대중 비판적 지지, 후보 단일화, 독자 후보로 분열됨으로써 정국 주도권을 상실하고 민주화운동 내부의 공동화를 초래했다.

반면 군부 권위주의 세력은 7~9월 노동자 대투쟁이 사회 불안을 가중시키고 있다고 선전함으로써 '정치 안정'을 내용으로 하는 이데올로기적 공세를 취하면서 재벌을 중심으로 한 경제인들과의 연대를 강화했다. 또한 헌법 개정을 빌미로 야당을 협상 테이블로 끌어들임으로써 야당과 민주화운동 세력의 균열을 유도했다. 이렇게 해서 야당과 군부 권위주의 세력은 6월 민주항쟁 시기 민주화운동 세력을 대변하던 국본을 배제한 채 민주주의의 제도화를 추진했다. 그 결과 민주화운동 세력의 다양한 민주적 지향이 전혀 반영되지 않은 헌법이 탄생했고, 이것은 보수적 민주화의 길을 열었다. 여기에 덧붙여 결과적으로 군부 권위주의 정권의 재집권을 허용한 김대중과 김영삼의 독자 출마는 보수적 민주화로 나아가는 길을 확실히 보장했다.

결론적으로 6월 민주항쟁 시기 국본으로 결집되어 있던 민주화운동 세력은 일차적으로 정치사회의 야당과 시민사회의 민주화운동 세력으로 분열되었고, 이차적으로 양김의 분열과 뒤이은 민주화운동 내부의 분열로 이어지면서 군부 권위주의 세력의 정권 재창출, 곧 보수적 민주화를 가져왔다.

### 2) 민중운동의 발전과 분화

1987년 6월 민주항쟁이 보수적 민주화로 귀결되면서 나타난 중요한 현상은 냉전 반공 이데올로기와 성장 이데올로기의 영향력이 지속되고 정치사회가 보수적 지배 엘리트에 장악됨으로써 민주화운동 과정에서 표출된 다양한 이해관계들이 제도 내로 편입되기 힘들어진 점이다. 특히 민주화 이후 시민사회의 공간이 확장되면서 부문 운동들이 활성화되지만, 국가와 정치사회는 민주화 요구를 수용하기는커녕 구태의연한 냉전 반공 이데올로기와 성장 이데올로기를 고수하면서 충돌했다. 노태우 정권과 보수 정치권은 통일운동과 변혁운동은 물론이고 노동기본권을 제기한 노동운동마저 억압했다. 특히 1989년 초부터 시작된 '공안 통치'는 그동안 성장한 학생운동과 민중운동에 큰 타격을 가했다. 그럼 5월 투쟁 시기 민중운동의 조건을 살펴보기 위해 6월 민주항쟁 이후 민중운동의 발전과 분화 과정을 노동운동과 전선운동을 중심으로 살펴보자.

### (1) 노동운동

1991년 5월 투쟁에서 학생운동과 결합한 노동운동은 1987년 민주화 이후 확장된 시민사회의 공간에서 가장 활성화된 부문 운동이었다. 한국 사회에서 노동자들은 1960년대 이후 진행된 급속한 산업화의 견인차였는데도 가장 기본적인 권리마저 허용되지 않은 채 국가와 자본에 의해 철저하게 억압되었다. 노동운동은 1987년 6월 민주항쟁에서 뚜렷한 역할을 하지는 못했지만, 민주화이후 이완된 정치 공간에서는 해방 이후 최대의 노동자 대투쟁을 주도했다.

1987년 7월부터 9월까지 3개월 동안 발생한 노동쟁의는 3341건에 달했는데, 절정에 달한 8월 중순에는 하루 100건 이상 쟁의가 발생했다. 노동쟁의의 형태는 대부분 작업 중단, 비조직적 파업, 시위 등이었다. 노동자들은 이전과 달리 불만을 표출하고 더 높은 임금을 얻는 데 멈추지 않고 권위주의적 노사관계의 청산과 자신의 장기적 이해를 보호하기 위해 노동조합의 설립을 추진했다. 그렇지만 이런 태도는 당시 변혁운동이 상정하는 변혁의 주체인 노동자, 곧 '정치 투쟁의 주체인 노동자'의 모습은 아니었다.

노동자들의 투쟁에 대해 야당은 국가나 자본과 마찬가지로 쟁의 자제를 요구했고 국본을 비롯한 재야 운동 역시 적절한 지원이나 해결책을 제시하지 못한 채 방관했다. 게다가 노동자 대투쟁 과정에서 학생운동도 적극적인 지원 투쟁을 벌이지 못했을 뿐 아니라 학생운동 출신들도 큰 역할을 하지 못했다.[3] 이 시기 노동자들은 학생운동과 민중운동을 비롯하여 다른 어떤 부문 운동의 조직적 지원도 받지 못했다. 또한 1987년 대통령 선거 국면에서 다른 운동과 달리 어떤 조직적 활동을 펼치지도 않았다. 그 뒤에도 학생운동과 전선운동이 통일운동에 몰두하거나 노동계급의 해방을 내세우며 자본주의 체제의 변혁을 지향한 반면, 노동운동은 임금 인상과 민주노조 건설, 노동조합 연대체 건설이라는 현실적 과제에 몰두했다.

노동자 대투쟁 이후 노동운동의 전개 상황을 살펴보면, 초기 단위 사업장 내 자발적 파업 투쟁에서 출발한 노사 분규는 대부분 새로운 민주노조 결성으로 귀결되었다. 그러나 새롭게 건설된 민주노조들은 국가와 자본의 역공 때문에 핵심 노조원이 구속, 해고, 강제 사직되는 경우가 빈발했다. 여기에 대응하기 위해 민주노조들은 연대 조직을 결성하려 노력했다. 노동운동 내부에서는 한국노총과 별개로 민주노조들의 연맹을 독자 조직하려는 노력이 진행되었고, 그 결과 1987~1989년 사이 전국 대부분의 지역에서 630개 노조, 조합원 26만 명을 포괄하는 16개 지역노조협의회(지노협)와 현대그룹노동조합총연합회(현총련)로 대표되는 그룹별 노조 협의체가 결성되었다. 또한 주로 서울 지역에 산재해 있던 화이트칼라 사무직과 전문직 노동자들도 전국사무전문직노동조합협의회를 시작으로 1988년 말까지 모두 13개 업종에 걸쳐 690개 노조, 조합원 17만여 명을 포괄하는 조직을 건설했다.

이런 조직들은 한국노총과 별도로 민주노조 진영의 전국 조직(이른바 제2노총)을 결성하는 것을 목표로 삼았고, 그전에 과도기적으로 임금 인상 투쟁과 노동법 개정 투쟁을 통일적으로 공동 수행하기 위해 1988년 12월 지역·업종별 노동조합 전국회의(전국회의)를 결성했고, 이 조직은 1990년 1월 전국노동조합협의회(전노협)로 발전했다. 전노협은 "전평 이후 최초의 자주적 노동조합 전국 조직"이었지만, 내용적으로는 비제조업 업종협의회 노조들과 대기업 노조들이 참가하지 않음으로써 중소기업 중심의 생산직 노조들이 중심이 된 반쪽짜리 조직이 되었다. 객관적인 경제적 조건, 사회적 지위, '의식'의 측면에서 당시 생산직 노동자와 화이트칼라 노동자 간의 상당한 인식 차이에 기인하는 이런 결과는 당시 민주노조 운동 진영의 '분절'을 보여준다. 노동자 대투쟁 이후 고학력 사무직, 전문직, 기술직 노동자들의 노조운동이 활성화된 것은 6월 항쟁 이후 전반적인 '사회 민주화'의 흐름과 생산직 노동자들의 7~9월 노동자 대투쟁에 기인한 현상으로, 노동운동 참여의 형태는 상대적으로 매우 조심스럽고 온건한 형태를 띠었다. 대부분의 노조들에 계급적이고 투쟁적인 담화는 기피 대상이었고, 활동의 주요 목표도 '직장 민주화'나 '사회 민주화'로 포장되었다. 따라서 당위적으로는 생산직 노조와의 연대를 의식하고 있었지만, 대중들을 공동의 연대 투쟁으로 동원하기에는 한계가 있었다. 결국 지노협과 업종별

---

3 "1980년대 초 노조 조직 투쟁에서 중요한 역할을 했던 학생 출신 노동자들이 1987년에는 아무런 역할도 하지 못했다"(구해근 2001, 233).

로 분화된 한국의 생산직 노동자와 사무직 노동자들은 대중적 수준에서 '사회적으로' 분리되어 있었기 때문에 상층 지도부 수준에 국한된 단기간의 교류와 연대로 양자 간의 사회적 거리를 메울 수는 없었다(임영일 1998, 103~104).

한편 전노협은 1989년 공안 정국 이후 민주노조 진영이 대대적인 탄압을 받고 3당 합당으로 정치 지형이 전면적으로 보수화된 상황에서 출범했기 때문에 국가의 집중적인 탄압에 직면하게 되었다. 국가와 자본은 전노협을 '정치주의적 노동운동의 진원지'로 인식하고 조직을 와해시키려 했다. 여기에 맞서 정치운동을 지향하던 활동가 운동 조직들은 전노협을 자신들의 대중적 기반을 확보하는데 긴요하다고 간주했기 때문에 지도부를 장악하려 했다. 반면 사무직 노조들과 일부 대기업 노조들은 전노협이 지닌 상징적 대표성을 인정했지만 함께하기는 매우 부담스런 조직으로 간주했다.

이런 다른 생각들에도 불구하고 민주노조 운동 진영 내부에서는 전노협을 근거로 단일한 조직을 건설해야 한다는 합의가 있었고, 이런 합의는 1990년 말 '연대를 위한 대기업노조회의'(연대회의)의 결성을 가져왔다. 연대회의의 출범은 그동안 가입을 미루던 대기업 노조들과 전노협을 결합시킴으로써 전노협이 명실상부한 민주노조 진영의 전국 조직이 될 것으로 기대되었다. 그러나 전노협 가입을 공언한 대우조선에서 노사 분규가 발생하고 1991년 2월 10일에는 연대회의 간부가 전원 연행되어 구속되었으며, 5월 4일 이 사건으로 구속되었다가 옥중에서 의문사한 한진중공업 노조 박창수 위원장의 장례 투쟁과 5월 투쟁이 잇달아 일어나면서 전노협은 대폭 약화되었다(임영일 1998, 108~112). 결국 1987년 노동자 대투쟁 이후 1991년 5월 투쟁 시기까지 노동운동은 상당히 발전했지만 동시에 상당한 분절을 보여주었다.

그럼 이 시기 노동운동 발전의 외적 조건이던 국가는 노동운동에 대해 어떤 태도를 보였는가? 1987년 노동자 대투쟁 이전까지 국가는 조합주의corporatism를 통해 노동운동을 철저히 통제했지만, 1987년과 1988년의 맹렬한 노동의 공세에 직면하여 자본가들을 내버려둔 채 노사관계에서 손을 떼었다. 그러나 자본가들이 노동자들의 임금 인상을 감당할 수 있던 경제 상황, 곧 1986년부터 1988년까지 이어진 '3저 호황'(낮은 금리, 낮은 유가, 낮은 달러 가치)이 소멸되자 국가는 1988년 말부터 노사관계에 다시 개입하기 시작했고, 1989년 봄에는 현대중공업 등에서 발생한 파업을 진압하기 위해 경찰을 투입하면서 공안 통치를 개시했다. 특히 국가는 전국적 단위의 노조 조직을 건설하려는 민주노조 진영에 탄압의 칼날을 겨누었는데, 그 대상이 바로 전노협이었다. 국가의 강력한 탄압과 경기 침체 탓에 전노협은 결성된 지 1년이 지나지 않아 가입 노조의 절반 정도를 잃었다(구해근 2001, 268~269).

결국 1991년 5월 투쟁을 즈음하여 노동운동은 7~9월 노동자 대투쟁 이후 이전에 견줘 조직적으로는 크게 성장했지만, 학생운동 출신 노동자들의 현장 이탈, 급진적 변혁운동을 주도하던 학생운동과 전선운동과의 괴리, 노동운동 지도부와 대중들 사이의 의식 격차와 노동운동 조직 간의 견해차, 1989년 이후 진행된 국가와 자본의 탄압 때문에 조직이 상당히 약화된 상황이었다.

노동운동은 한진중공업 박창수 위원장의 사망을 계기로 5월 투쟁에 조직적으로 참가하게 되었고, 5·18 총파업을 통해 노동운동의 위세를 보여주었다. 그러나 노동운동의 대중 동원은 과거에 견줘 상대적으로 성장했지만 실제 노동운동의 조직 수준에 견줘서는 낮은 수준이었다. 5·18 총파업의 경우에도 "부분파업·휴무사업장을 제외한 전면파업 사업장은 마창지역의 9개 노조를 포함, 전국의 16개 사업장에 불과"했으며, "많은 수의 단위사업장·노조들이 파업의 의미에 동조하면서도 노농조합의 뿌리가 취약하기 때문에 파업에 참가하지 못한 경우가 많"았다(최진섭 1991, 150). 또한 사무직 노동자의 조직체인 업종회의는 단위 노동조합의 주체 역량을 고려하여 5·18 파업에 참여하지 않았다. 따라서 5월 투쟁에 대한 전노협 자체의 평가 역시 긍정적이지 않다(전국노동조합협의회 백서 발간위원회 1997, 461). 곧 5월 투쟁에서 "사회운동 세력이 조직적으로 성장했다는 것은 분명하"지만 "조직적인 성장은 1987년 6월에 대한 비교우위, 즉 '상대적 성장'에 지나지 않"으며, "오히려 관련 자료들은 당시 사회운동 조직을 통한 대중동원이 극히 열악한 수준이었다는 것을 보여준다"(김정한 2002, 68).[4]

5월 투쟁에서 나타난 노동운동의 이런 한계는 1987년 이후 진행된 보수적 민주화에 밀접하게 관련되어 있다. 민주화 이후 정국을 장악한 보수 정치 엘리트들은 민주화 이전과 마찬가지로 냉전 반공 이데올로기와 성장 이데올로기를 내세워 1987년 노동자 대투쟁에서 제기된 노동기본권조차 보장하지 않은 채 노동을 탄압했다. 노동운동은 노동기본권 확보를 위해 국가와 자본을 상대로 소모적인 투쟁을 이어갔고, 민주노조 연대 조직 건설에서도 큰 어려움을 겪었다. 따라서 1987년 노동자 대투쟁 이후 1991년 5월 투쟁 시기까지 노동운동의 분화와 한계는 보수적 민주화가 가져온 구조에 밀접히 연관되어 있다.

## (2) 전선운동[5]

6·29 선언 이후 전선운동체인 국본 내부에서는 변화된 상황에 대응하기 위해 '국본 강화', '민통련 강화', '새로운 민중운동연합 건설'이라는 대안이 경쟁했는데, 대통령 선거를 거치면서 내부에서 민중운동연합 건설이 우위를 점하게 되었다. 국본과 민통련 모두 6·29 이후 (노동자 대투쟁 같은) 민중의 전면적 진출에 적절히 대응하지 못했을 뿐 아니라 대통령 선거 시기에는 분열되었기 때문이다. 민중운동연합 건설 논의는 주로 전국노동운동단체협의회(노운협), 서울지역민운연준비위, 민통련 등을 중심으로 진행되었는데, 이 문제 역시 재야운동의 분열 때문에 진전되지 못하다가 1989년 1월 21일 8개 부문 운동 조직과 12개 지역 운동 조직을 포괄하는 전국민족민주운동연합(전민련) 건설로 결실을 맺게 되었다.

전민련은 출범 당시 '5공 청산과 광주학살 처단 투쟁, 대중 투쟁 지원 강화 및 반민주 악법 개폐 투쟁 전개, 북방정책의 본질 폭로 및 자주교류 운동 적극

추진' 등을 목표로 내걸었지만, 이 목표들을 주체적으로 진행시키지는 못했다. 왜냐하면 1988년 4·26 총선 결과 여소야대가 되면서 국회에서 야당이 5공 청산, 광주, 악법 개폐 등의 문제를 주도했기 때문이다. 민중운동의 요구가 국회에서 다루어졌기 때문에 전민련의 역할은 축소될 수밖에 없었다. 게다가 전민련의 자주교류 운동은 1989년 초 고문이던 문익환 목사의 방북 때문에 집중 탄압을 받았고 냉전 반공 이데올로기를 내면화한 국민들의 지지도 얻지 못했다. 공안 정국 아래서도 전민련은 통일전선체로서 전교조와 전노협 등 당시 새롭게 조직된 대중 조직이나 기층 운동들을 대상으로 협력과 연대를 하지 못한채 대규모 정치 집회를 고집함으로써 대중들의 외면을 받게 되었다. 더욱이 공안 정국에 대응하기 위해 대부분의 민주화운동 세력이 공동투쟁본부(공투본)를 결성하자 전민련의 정치적 위상은 축소되었다. 또한 1989년 8월 말 영등포 을구 국회의원 보궐선거를 계기로 '합법정당'론이 부상하면서 전민련은 내부적으로 분열되었다. 여기에 1990년 4월 3당 합당에 반대하기 위해 대부분의 민주화운동 세력을 포괄하는 '민자당 일당 독재분쇄와 민중기본권 쟁취 국민연합'(국민연합)이 결성되자 전민련의 위상은 다시 약화되었다.

한편 3당 합당을 계기로 새롭게 등장한 전선운동체인 국민연합은 반민자당 세력을 모두 결집시키려고 민중운동 조직뿐 아니라 경실련, 와이엠시에이YMCA, 학술 단체 등 시민운동 조직과 평민당과 민주당 등 야당들을 상대로 적극적으로 연대를 모색했고, 민자당 해체와 노태우 정권 퇴진 같은 정치적 요구와 함께 물가, 토지, 주택 문제 등 민생 문제 해결 등의 과제를 제기했다. 또한 야당과

---

4 이런 평가는 "조직화된 선진 대중으로 성장한 기층 민중들이 투쟁 시기 내내 결합되어 있었"고 이런 결합이 "'민중주체'의 형성 가능성을 엿보게 하는 역사적 의미를 갖는 것"이라는 김윤철(2002)의 평가하고는 사뭇 다른 평가다.
5 전선운동은 '민주 대 반민주'의 정치 지형에서 권위주의 세력에 반대하는 정치사회와 시민사회의 모든 세력을 결집시켜 통일전선을 형성하려는 지향을 지닌 운동을 지칭한다. 1987년 6월 민주항쟁 시기 국민운동본부가 대표적인 전선운동 조직이다.

함께 1987년 국본을 연상시키는 비상시국회의를 구성했지만, 국민연합이 주도한 반민자당 투쟁은 대중 집회 이상으로 발전되지 못했다. 3당 합당에 따른 지역적 고립 때문에 평민당은 대중성을 확보하는 데 한계가 있었고 전선운동 역시 많은 대중을 견인하지 못했기 때문이다(정대화 1995, 282).

이런 상황에서 전선운동에서는 민주화운동의 구심점 형성, 민중의 정치세력화, 정당 건설을 둘러싸고 두 가지 입장이 대립했다. 전민련을 운동의 중심에 놓고 민주연합을 통한 권력 교체를 주장하는 입장과 정치운동과 대중운동의 병립이라는 관점을 내세우면서 정당(민중당) 건설과 국민연합 강화를 통해 민중연합의 발전을 도모하는 동시에 야당과의 연대를 주장하는 입장이었다. 전민련을 중심으로 사고하는 입장과 정당 건설을 중시하는 입장이 대립하면서 전민련의 위상과 역할은 심각히 약화되었고, 이것은 다시 전선운동의 약화를 초래했다(정대화 1995, 283~284).[6]

다른 한편 1990년 전선운동은 1987년 6월 민주항쟁 이후 확장된 시민사회의 변화에서 기인한 새로운 문제에 봉착했다. 곧 전노협과 전교조의 결성에서 볼 수 있듯이 1987년 이후 확장된 시민사회에서 부문 운동이 활성화되면서 노동운동은 자본과 국가를 상대로, 그리고 교육민주화 운동은 국가를 상대로 조직 건설을 위한 투쟁을 전개했다. 이 과정에서 이 운동들은 민주화운동의 중심으로 부상하게 되었지만, 노동자나 교육자 등 특정 대중의 이해를 반영하고 있었기 때문에 일반 대중이 참여하기 힘들다는 한계도 가졌다. 이런 한계를 반영하듯 국가와 자본은 반공 이데올로기와 안정 이데올로기를 내세우며 이 운동들을 불법화하고 일반 대중을 포섭하는 전략을 취했다. 따라서 전선운동은 일반 대중들에게서 고립된 상황을 해소하고 조직화 과정에 있는 부문 운동을 활성화시켜야 하는 과제에 직면하게 되었다. 그러나 이런 문제를 해결하지 못한 채 부문 운동으로 포괄되지 않고 있는 광범위한 비조직 대중을 '시민운동' 세력에 넘겨주었다.

1980년대 말부터 등장한 시민운동은 민주화 이후 확장된 시민사회에서 성장한 중산층, 특히 민중운동에 괴리감을 느낀 중산층을 포섭하면서 성장했다. 시민운동은 전반적으로 '비민중운동적' 정체성을 갖고 있었고, 반독재 민주화운동이나 민중운동이 적절히 대변하지 못한 쟁점들을 중심으로 사회운동의 '틈새시장'을 공략하며 급성장했다. 시민운동은 반독재 민중운동의 '전투성'이나 '혁명적 지향'을 공유하지는 않았지만 정부와 제도 정당, 기득권 세력을 비판하는 넓은 의미의 '정치적' 성격을 띠었다(조희연 2001, 238). 또한 1990년을 전후한 시기에 시민이 새로운 운동 주체로 부각되면서 '시민 담론'이 등장했다. 시민 담론은 민중 담론을 대치하려는 의도를 지닌 시민운동 조직의 등장과 이런 흐름에 대한 언론의 호응을 통해 새로운 실천 담론으로 효력을 발휘하게 되었다.

노태우 정권의 공안 통치와 내부 분열 때문에 약화된 전선운동은 1991년 4월 26일 명지대학교 학생 강경대의 사망을 계기로 활성화되었다. 이 사건이 발생하자 많은 운동 조직들은 '공안통치 종식과 민주정부수립을 위한 범국민대책회의'(범국민대책회의)라는 새로운 전선운동체를 결성했다. 범국민대책회의는 4월 29일 '고 강경대 열사 폭력살인 규탄과 공안통치 분쇄를 위한 범국민대회'를 시작으로 다양한 집회를 주관하면서 학생운동과 함께 5월 투쟁을 주도했다. 5월 투쟁은 범국민대책회의로 결집된 사회운동 세력의 투쟁, 5월 6일 한진중공업 박창수 위원장의 의문사를 계기로 합세한 노동운동의 투쟁, 그리고 연이은 분신 사건 등을 통해 노태우 정권을 위기로 몰아넣었다.

그러나 분신에 대한 일부 지식인의 비판, 김기설 '유서 대필' 사건, '정원식 총리 밀가루 투척 사건'을 거치며 5월 투쟁은 약화되었다. 일련의 사건들은 민주화운동의 도덕성을 흠집을 가했고, 투쟁이 지나치게 과격하다는 인상을 대중

---

6 결국 전민련은 1991년 12월 해체되었다.

들에게 심어줌으로써 6월 항쟁 때처럼 국민들의 적극적 지지와 동참을 가져오지 못했을 뿐 아니라 운동에 대한 괴리감 또는 반감을 불러일으켰다. 결국 5월 투쟁을 통해 그동안의 침체에서 벗어나 재활성화된 전선운동은 내부 동력의 약화, 국가의 탄압, 언론의 공세 때문에 약화되었고, 6월 29일 명동성당 농성 투쟁을 마지막으로 해체되었다.

5월 투쟁의 실패와 관련하여 한 가지 주목할 점은 6월 민주항쟁과 달리 민중운동과 야당 사이의 연대가 실현되지 못한 점이다. 3당 합당 이후 심화된 지역 대결 구도 탓에 고립되어 있던 야당(평민당과 민주당)은 보수 언론으로 대표되는 '국민 여론'이나 비조직 시민사회의 정서에 얽매어 민중운동과의 연대를 기피했다. 따라서 5월 투쟁은 일반 시민이 불참하고 정치사회와 연대도 없이 학생운동, 노동운동, 전선운동에 의해 진행되었다. 이런 상황은 6월 민주항쟁 이후 시민사회의 조직적 성장을 반영하는 동시에 조직된 시민사회가 정치사회와 비조직 시민사회에서 고립된 사실을 반증하고 있었다. 후자는 이념적으로 보수화 경향을 보이는 중간계급의 성향과, 조직적으로 급성장하고 이념적으로 급진화된 학생운동과 민중운동 사이의 이념적이고 조직적인 괴리를 반영하는 것이다(정대화 1995, 285). 또한 민중운동이 5월 투쟁의 과정에서 노태우 정권 퇴진을 구호로 내세웠는데도 이 구호를 현실의 문제로 인식하게 만들 만한 정치적 대안으로 인식되는 데 실패했다는 사실을 말해준다. 곧 대중들은 지역적으로 고립된 야당이나 이념적으로 거리가 느껴지는 민중운동을 노태우 정권을 대신할 정치적 대안으로 인식하지 않았고, 이것은 5월 투쟁이 노태우 정권의 이데올로기적 공세에 의해 마무리되는 계기가 됐다.

결국 5월 투쟁에서 전선운동이 보여준 한계는 내부의 입장 차이와 분열에 기인하는 것이었지만, 1987년 이후 진행된 보수적 민주화에 밀접하게 관련되어 있다. 1987년 6·29 선언 이후 전선운동은 정치사회의 보수 정치 엘리트들에 의해 배제되면서 민주화 과정에서 자신들의 요구를 제도화시킬 수 없었다. 또한 반공 이데올로기를 내세운 노태우 정권의 탄압은 전선운동을 지속적으로 약화시켰고 대중들에게서 멀어지게 했다. 따라서 5월 투쟁에서 전선운동이 대중들에게서 대체 세력으로 인식되지 못한 데는 위에서 시작된 보수적 민주화가 주조해놓은 구조 역시 중요한 역할을 했다.

### 3) 6월 민주항쟁 이후 중산층과 민중운동의 괴리

5월 투쟁의 실패 원인에 관련하여 고찰해야 할 쟁점은 민주화 이후 중산층의 '보수화'에 따른 5월 투쟁 시기 민중운동과 중산층의 괴리 현상이다. 김정한은 5월 투쟁의 실패 원인이 민중운동의 급진화에 따른 중산층과 민중운동의 분리라는 지적(정태인 1991; 최장집, 1993; 정대화 1995)을 비판하면서 "중산층과 민중운동의 분리가 5월 투쟁 실패 원인이 아니라 실패한 결과"(김정한 2002, 43)라고 주장했다. 그러나 필자는 정부와 제도 언론의 공세가 "경제적 안정과 개인 중심적인 여가나 소비생활을 즐기려 하는 도시 중산층이 5월 사태와 같은 격렬한 민주화운동에 거부감"을 갖게 만들었고, 5월 투쟁의 결과가 "안정희구세력의 중심을 이루는 한국사회의 중산층이, 학생 및 민중세력에 의해 주도되는 투쟁적인 민주화운동에 대해 극히 냉담할 뿐만 아니라 적대적이라는 사실"을 보여주었다는 최장집의 평가에 동의한다(최장집 1993, 250). 민주화 이후 한국의 중산층은 상대적으로 보수화되었고, 이것이 5월 투쟁 시기 일부 조직화된 대중 또는 비조직 대중의 참여에도 불구하고 중산층의 외면을, 더 나아가 5월 투쟁의 실패를 가져왔다.[7] 따라서 여기에서는 5월 투쟁이 실패한 구조적 원인의 하나로 중

---

[7]  여기서 논의하는 중산층의 보수화는 민주화 이후 시민사회의 많은 부문 운동이 더 빠르고 폭넓은 민주화를 요구하던 것에 비교할 때 중산층이 '상대적'으로 보수화되었다는 것을 의미한다.

산층과 민중운동의 괴리를 설명하기 위해 중산층 보수화의 구조적 원인과 민주화 이후의 상황을 설명한다.

민주화 이후 중산층과 민중운동의 괴리는 장기적이고 구조적으로 냉전 체제가 가져온 정치 지형의 축소와 반공 이데올로기에 기인했으며, 단기적으로는 6·29 이후 보수 언론의 보도 태도, 1980년대 후반 3저 호황의 소멸이 가져온 경제 상황의 악화, 소련과 동구 사회주의 체제의 붕괴에 따른 대안으로서 사회주의의 효능 상실에 의해 설명될 수 있다.

좀더 자세히 살펴보면, 우선 냉전은 해방 이후 남북 간의 적대적 분단 체제와 보수적 반공 질서를 강화한 구조였고, 한국 사회에서 정치의 틀을 조직하고 그 틀 안에서 허용되는 정치적 실천과 이념의 범위를 축소시켰다. 특히 냉전이 형성해놓은 한국 정치의 보수적 반공 질서는 보수를 제외한 어떤 이념이건 이념성을 띤 정치적 또는 사회적 조직화에 적대적이었다. 보수적 반공 질서는 노동 문제나 계급 불평등의 문제를 제기하거나 또는 자본주의적 경제 체제를 수정하려는 조직화 시도에 대해 이데올로기적 공격의 칼날을 들이댔다. 이런 조건 때문에 한국 정치사회에서는 좌익은 물론 중도 세력도 살아남지 못하고 오직 보수 세력만 생존할 수 있었다(최장집 2002, 63~64).

그러나 이런 보수적 정치 지형 아래서도 중산층이 항상 권위주의적 통치에 순응한 것은 아니었다. 이 점은 1971년 대통령 선거 때 대도시에서 박정희 지지율이 감소한 사실과 1987년 6월 민주항쟁에서 많은 도시 중산층이 참여한 사실을 통해 입증된다. 그런데 민주주의적 가치를 지지한다고 해서 중산층이 냉전 반공 이데올로기의 영향에서 완전히 벗어난 것은 아니었다. 이 점은 민주화 이후 중산층이 1987년 노동자 대투쟁이나 1991년 5월 투쟁에 지지를 보내지 않은 사실에서 잘 드러난다. 사실 중산층은 급속한 산업화의 산물인 동시에 그 성장을 뒷받침한 성장 이데올로기와 안정 이데올로기의 신봉자였다. 따라서 중산층은 형식적이고 절차적인 민주주의의 회복을 목표로 한 1987년 6월 민주항쟁에는 주저 없이 참여할 수 있었지만 노동기본권을 회복하려는 노동자 대투쟁에는 거부감을 보였다. 반공 이데올로기에 따르면 노동자의 파업이나 노동조합 결성은 공산주의적 지향을 띤 행위였고, 성장 이데올로기와 안정 이데올로기에 따르면 경제성장의 걸림돌이자 사회 질서를 파괴하는 행위였기 때문이다. 또한 노동자 대투쟁에 대한 보수 언론의 비판적 시각과 노동자들의 임금 상승을 흡수할 수 있던 '3저 호황' 국면의 소멸은 안정 이데올로기와 성장 이데올로기를 받아들이고 있던 중산층의 불안 심리를 확대시켰다.

게다가 1988년 이후 국회를 중심으로 권위주의 체제에 대한 청산 작업이 부분적이나마 진행되면서 중산층은 통일운동을 제기한 학생운동과 민중운동의 주장에 귀를 기울이지 않게 되었다. 중산층에게는 학생운동이 제기한 '북한바로알기운동'이나 통일 담론은 북한의 입장과 유사한 것으로 인식되었다. 또한 1980년대 후반부터 진행된 사회주의권의 붕괴 역시 학생운동과 민중운동의 일부가 주장하는 자본주의 체제의 대안으로서 사회주의의 가능성에 종언을 고함으로써 이 운동들과 중산층의 괴리를 더욱 심화시켰다.

결국 권위주의 산업화의 최대 수혜자인 중산층은 한편으로 권위주의적 강권 통치에 반대하여 대통령 직선제라는 형식적 민주주의를 지지했지만 동시에 급진적 사회 변화에 저항했다. 한국의 민주화 이행이 1987년 '6·29 선언'을 계기로 권위주의 집권 세력과 온건 야당 사이의 협약을 통해 쉽게 종결된 것이나, 그 뒤 급속히 성장한 노동운동과 학생운동이 펼친 통일운동에 대해 국가가 공안 정국을 활용해 대응한 것도 이런 조건 때문에 가능했다(최장집 2002, 24).

한편 1980년대 말 민중운동과 거리감을 느끼던 중산층의 관심을 끈 것은 시민 담론과 시민운동이었다. 이 시기에 시민 담론과 시민운동이 성장하는 데 사회주의권의 붕괴와 보수 언론의 지원이 큰 역할을 했다. 1980년대 말 사회주의권의 붕괴는 민중운동과 학생운동이 지향하는 체제 변혁과 통일 담론의 현실성을 앗아갔고, 보수 언론은 사회주의권 붕괴의 중요한 요인이 시민사회의 부활 또는 확장이었다는 담론을 부각시켰다. 따라서 세계사적 맥락에서 '시민'은 새로운 변화의 주체로 인식되었으며, 여기에 착안하여 보수 언론들은 민중 담론을 격하하는 한편 새로운 시민 담론을 유포했다. 또한 민중운동과 중산층의 괴리에 착안하여 민중 담론과의 차별성을 강조한 시민운동의 전략 역시 중산층을 끌어들이는 데 성공한 주요인이었다. 시민운동은 자신을 민중운동과 차별화하면서 '민중'에 포함되지 않는 중산층을 겨냥했다.

결국 시민운동은 민중운동에 거리를 느끼던 중산층에게 체제를 변혁하지 않으면서도 체제를 개선할 대안으로 인식되면서 많은 지지를 얻었다. 이것은 5월 투쟁에 시민으로 대변되는 중산층이 결합하지 않은 이유를 설명해준다.

## 3. 민주화운동의 주도 세력과 패턴

한국에서 민주주의는 부르주아지의 시민혁명과 노동자계급의 투쟁을 통해 발전한 서구처럼 내적으로 발전된 이념과 제도는 아니었다. 민주주의는 구한말부터 한국에 소개되었지만 지금 같은 형태를 갖춘 때는 해방 후다. 특히 미국의 영향 아래 도입된 결과 민주주의는 자유민주주의를 의미했고, 냉전의 심화와 한국전쟁을 거치면서 냉전 반공주의와 동일시되었다.

그런데 해방 이후 한국에는 서구처럼 절대 왕권에 도전하여 민주주의를 쟁취한 부르주아 계급이 존재하지 않았고, 부르주아 혁명 이후 소수에게 주어진 다양한 민주적 권리를 전국민에게 확장시키는 데 결정적 역할을 한 노동자계급역시 존재하지 않았다. 그리고 당시 인구의 대부분을 차지하던 농민은 미군정과 이승만 정권이 실시한 농지개혁 때문에 체제에 순응하게 되었다. 또한 한국전쟁은 한국 사회의 이데올로기를 극단적으로 우경화시키면서 국가에 대한 사회 세력의 도전을 불가능하게 만들었다.

이런 상황을 바탕으로 이승만 정권은 민주주의의 원리와 제도를 부정하면서 권위주의적 통치를 실행했고, 이것은 1987년 6월 민주항쟁 시기까지 지속되었다. 그러나 4·19를 비롯하여 박정희 체제와 전두환 체제에 저항한 1960~1980년대 민주화운동은 1987년 6월 민주항쟁을 성공시킴으로써 한국에서 온전한 민주주의를 실현할 가능성을 열었다. 그런데 여기서 주목할 점은 한국에서 권위주의를 벗어나는 이탈을 주도한 세력이 서구와 달리 계급운동이 아니라 민주화운동이라는 사실이다. 한국의 민주화는 1960년 4월 혁명의 전통을 이어온 학생운동이 주도하고 권위주의 산업화가 만들어놓은 근대적 민중 부문이 결합한 운동에 의해 가능했다. 그럼 민주화 경로의 한국적 특징을 형성한 민주화운동의 주도 세력과 민주화운동의 패턴을 중심으로 5월 투쟁을 조망해보자.

### 1) 민주화운동 주도 세력

이승만 정권 시기 시작된 사회 세력들의 민주주의 회복 노력이 본격적인 민주화운동으로 전환된 계기는 1960년 이승만 정권의 3·15 부정 선거 반대 투쟁이었다. 당시 민주화운동의 주도 세력은 학생과 지식인이었다. 이 시기 가장 적극적으로 운동에 참여하고 운동을 주도한 세력은 학생(중고생)이고 그 운동에 정당성을 부여하는 역할을 한 세력은 지식인이었는데, 이것이 한국 민주화운동의 패턴으로 정착되었다. 물론 이후 전개된 민주화운동에서 학생운동의 주 구성원은 대학생으로 바뀌었고, 그 밖에 야당, 언론인, 종교인, 노동자, 농민, 도시 빈민 등 다양한 사회 세력이 참여하면서 외연이 확장되었다. 그렇지만 1987년 민주화 이전까지 학생운동은 민주화운동의 가장 중심적인 세력이었다.

학생운동은 이승만 정권의 권위주의적 통치 때문에 정치사회뿐 아니라 시민사회가 철저하게 억압되어 있던 상황에서 1960년 4월 혁명을 주도했고, 1964년 '한일 국교 정상화 반대 운동', 1968~1969년의 '3선 개헌 반대 운동',

1973~1974년의 '유신 반대 운동', 1979년 '부마민주화운동' 등을 주도함으로써 박정희 체제에 큰 타격을 가했다. 권력 공백기인 1980년에도 '서울의 봄'을 주도하고 '광주민주화운동'을 촉발함으로써 신군부의 불법 집권을 폭로했으며, 1987년 6월 민주항쟁 시기까지 1980년대 내내 민주화운동을 주도하면서 한국에서 군부 권위주의 정권이 퇴진하게 만들었다.[8]

그럼 한국에서는 다른 나라와 달리 어떻게 학생운동이 민주화운동을 주도할 수 있었는가? 먼저 한국 사회에는 민주주의를 주도할 계급이 부재했다. 비록 계급으로서 부르주아나 노동자가 1960년대 이후 급속한 산업화를 통해 성장했지만, 민주화 이전까지 부르주아는 발전국가의 보호 속에서 성장한 권위주의 정권의 동맹자였고 노동자는 노동 억압적 국가와 자본의 강력한 탄압 때문에 기본권마저 박탈당한 채 조직화되지 못했다.

둘째, 이런 상황에서 권위주의 정권 시기 야당들은 국회에서 반대 세력의 역할을 제대로 하지 못했다. 박정희 정권과 전두환 정권 시기 제도권 야당들이 권위주의 체제에 맞서 정면 대결을 벌이지 못한 것도 학생들이 민주화운동의 전면에 나서게 된 이유다.

셋째, 권위주의 정권에 억압받던 노동자, 농민, 빈민 등 민중이 정치적 반대 세력을 조직하지 못했기 때문에 학생운동이 민중들의 목소리를 대변했다. 물론 이런 사실이 자동으로 학생운동이 민주화운동의 주도 세력이 되어야만 할 이유는 아니지만, 자신들의 이해관계가 아니라 보편적 정의를 대변하는 학생운동의 성격상 만일 민중이 정치세력화했다면 그 역할은 축소되었을 것이다.

한편 1960년대 이후 급속한 산업화의 결과로 등장한 민중운동은 한국 민주화운동에서 주목해야 할 또 하나의 세력이다. 민중 부문은 노동자, 농민, 도시빈민으로 구성되는데, 권위주의적 산업화 과정의 와중에 근대화의 성과에서 소외되었다. 산업화의 결과 민중은 과거에 견줘 상황이 더 악화되지는 않았지만 상층과 중산층에 견줘 경제적 지위와 물질적 지위의 상승률이 낮았고, 이런 점 때문에 상대적 박탈감을 갖게 되었다. 따라서 노동에 대한 물질적 보상 요구, 잘살고자 하는 욕구, 권리 의식의 증대가 민중을 민주화운동에 참여하게 만들었다(최장집 2002, 98).

민중운동 중 노동운동은 1970년대 후반부터 등장하여 1980년대 본격적으로 성장했다. 그러나 그 성장은 1987년 6월 민주항쟁에 조직적으로 참여할 수준에 도달하지는 못했다. 따라서 6월 민주항쟁은 기존 방식대로 학생운동을 중심으로 전개되었다. 그렇지만 노동운동은 1987년 7~9월 사이 그동안 억눌려 있던 자신들의 권리를 확보하고자 전국적으로 많은 사업장에서 강력한 투쟁을 펼쳤다. 이런 투쟁을 계기로 민주화되고 조직화된 노동운동은 1990년대 이후 민주화운동의 핵심 세력으로 성장했다.

다른 한편 민주화 이후 확장된 시민사회 공간에서 1989년 경실련을 시작으로 환경과 여성 등 탈계급적 쟁점을 내세운 시민단체들이 등장했다. 시민운동은 계급적 문제보다는 환경 문제 같은 다계급적이고 전계급적인 문제, 소비 생활상의 문제 등 기존 민주화운동이 간과한 문제들을 다루었는데, 중산층의 지지를 받으면서 1990년대에 급속히 성장했다.

민주화 이후 이렇게 여러 부문 운동이 성장하면서 한국 사회에서 민주화운동의 외연이 확장되고 운동 주도 세력도 다양해졌다. 곧 민족 문제나 통일 문제 또는 권위주의적 통치에 대한 반대 운동은 학생운동이 주도했지만, 개별 부문의 민주화운동은 그 부문에 속한 세력이 주도했다. 이런 흐름은 자연스럽게 민주화 이후 민주화운동 내 학생운동의 위상 변화를 가져왔다. 특히 1990년대로 들어서면 민주화운동 내 주도 세력의 변화가 더욱 가속화되었다. 물론 1990

---

8 "주체의 측면에서 한국 민주화운동의 특징은 학생운동의 주도성이다. 물론 학생운동의 주도성은 1987년 민주화 이후, 특히 1990년대 들어 약화되어 이제 더 이상 학생운동이 결코 민주화운동의 주도 세력이라고 볼 수 없다. 그러나 평균적으로 볼 때 학생운동이 민주화운동의 중심 세력이었던 것은 부인할 수 없다"(손호철 2003a, 20).

년대 중반까지 학생운동은 '반미 자주화, 반파쇼 민주화, 자주통일'을 내걸고 민주화운동을 주도했지만, 농산물 시장 개방이나 노동법 개정 같은 특정 이슈에 관련해서는 농민이나 노동자들이 민주화운동을 주도했다.

그런데 1990년대 중반 이후 학생운동은 문민정부의 전두환과 노태우 두 전직 대통령 구속과 과거 청산 작업, 경제위기에 시달리는 북한의 실상 전파, 정부의 학생운동 탄압, 학생운동 내부의 사상적 경직성과 이론적 자기 쇄신 능력의 결여 등 다양한 요인들에 의해 급격히 쇠퇴했고, 그 결과 민주화운동 내 위상도 크게 축소되었다.

반면 노동운동은 지속적인 국가와 자본의 탄압에도 불구하고 1995년 민주노동조합총연맹(민주노총)을 결성한 뒤 1996년 말과 1997년 초 대대적인 노동법 개정 투쟁에 성공하면서 민주화운동의 핵심 세력으로 부상했다. 시민운동 역시 1990년대 경제정의, 환경, 정치관계법 등에 관련된 쟁점을 제기함으로써 민주주의의 진전과 함께 시민사회에서 영향력을 확대했다. 1990년대 중반 이후 한국 민주화운동의 두 축은 노동운동과 시민운동으로 전환되었다.[9]

그럼 민주화 이후 민주화운동 내 주도 세력의 변화 과정에서 1991년 5월 투쟁은 어떤 위상을 차지하고 있는가? 5월 투쟁은 1989년 시작된 노태우 정권의 공안 통치로 민주화운동이 큰 타격을 받고 있었지만, 노 정권 역시 물가고, 부동산 투기, 수입 개방 문제 등으로 국민들의 외면을 받던 상황에서 강경대의 사망이라는 '우발적' 사건을 계기로 갑작스럽게 시작되었다. 조직적 측면에서 5월 투쟁의 전 과정에 가장 적극적으로 참여한 세력은 과거와 마찬가지로 학생운동이었다. 5월 6일 박창수 한진중공업 노조위원장의 사망을 계기로 노동운동이 조직적으로 연대했지만 결합의 정도는 미약했고, 모든 투쟁은 학생회를 기반으로 위계적으로 조직된 학생운동에 의해 수행되었다.

학생운동이 5월 투쟁의 주력군인 만큼 이 패배는 개인적으로 학생운동 참여자나 조직적으로 학생운동에 큰 충격을 주었지만 즉각적 쇠퇴나 몰락을 가져오지는 않았다. 학생운동은 5월 투쟁의 패배에도 불구하고 1993년 한국대학총학생회연합(한총련)을 결성하고 반민자당 투쟁, 5·18 관련자 처벌과 특별법 제정 투쟁, 대선 자금 공개 투쟁 등 다양한 운동을 전개했다. 특히 한총련은 1993년부터 주한미군 철수, 핵무기 철거, 연방제 통일, 평화협정 체결, 국가보안법 폐지 등의 구호를 내걸고 통일 투쟁에 역점을 두었으며, 조국통일범민족연합(범민련)의 일원으로 활동하면서 매년 8월 15일을 즈음하여 '8·15 범민족대회'와 '통일대축전'을 개최했다. 그러나 학생운동은 1996년 연세대학교에서 벌어진 8·15 범청학련 대회에서 정부의 대대적인 탄압을 받아 큰 타격을 입었다. 1997년에는 시민 2명을 프락치로 몰아 폭행하여 사망에 이르게 해 일반 시민은 물론 민주화운동 내부에서도 비판을 받게 되면서 급속히 쇠퇴했다.

이렇게 1990년대 중반까지 지속되기는 했지만, 학생운동의 쇠퇴 징후는 표 1에서 볼 수 있듯이 1991년 5월 투쟁을 계기로 시작되었다. 표 1에서 학원의 시위 참가 인원을 보면, 학원 안에서 발생한 시위 참가 인원은 1988년 이래 증가하는 경향을 보이다가 1991년을 고비로 역전되었다. 또한 표 2에서 볼 수 있듯이 1993년 이후 가장 큰 행사이던 '한총련 출범식'과 '8·15 범민족대회 및 통일대축전'의 참가 인원은 1993년을 제외하고는 그리 많지 않다. 주목할 점은 1991년 이후 학생운동의 최대 집회와 시위가 '한총련 출범식'이나 '8·15 범민족대회 및 통일대축전' 등의 행사였고, 1987년 6월 민주항쟁이나 1991년 5월 투쟁처럼 가두에서 펼치는 본격적인 반정부 투쟁이 벌어지지 않았다는 사실이다. 반면 표 1에서 볼 수 있듯이 노동 부문에서는 시위 횟수와 인원이 노동자 대투쟁이 일어난 1987년에 급속히 증가했고, 그 뒤 하락하다가 노동법 개정 투쟁과

---

**9** 손호철은 "1987년 민주화가 되고 노동운동, 시민운동 등이 활성화되면서 학생운동은 민주화운동의 주도성을 상실하고 만 것"(손호철 2003a, 21)이라고 지적한다.

표 1. 부문별 시위의 횟수와 인원(1986~2000년)[10]

| | 학원 | | 노동 | | 경제·사회 | |
|---|---|---|---|---|---|---|
| | 횟수 | 인원 | 횟수 | 인원 | 횟수 | 인원 |
| 1986년 | 2,001 | 475,692 | 397 | 57,260 | | |
| 1987년 | 5,581 | 1,756,325 | 4,676 | 714,311 | 304 | 14,113 |
| 1988년 | 4,246 | 1,015,032 | 1,998 | 364,542 | 1,412 | 66,364 |
| 1989년 | 4,526 | 1,267,126 | 1,703 | 398,729 | 2,013 | 230,039 |
| 1990년 | 7,551 | 1,429,823 | 441 | 167,865 | 2,317 | 278,226 |
| 1991년 | 7,852 | 2,016,867 | 234 | 186,113 | 2,370 | 233,860 |
| 1992년 | 6,555 | 1,420,961 | 235 | 104,489 | 2,635 | 340,689 |
| 1993년 | 9,506 | 1,309,118 | 114 | 108,577 | 3,413 | 582,095 |
| 1994년 | 7,353 | 1,324,486 | 121 | 104,339 | 3,512 | 582,106 |
| 1995년 | 5,708 | 915,562 | 88 | 49,717 | 4,194 | 595,604 |
| 1996년 | 5,840 | 993,960 | 89 | 79,495 | 4,006 | 696,916 |
| 1997년 | – | – | 2,208 | 919,947 | 4,366 | 580,015 |
| 1998년 | – | – | 3,974 | 868,378 | 4,550 | 660,015 |
| 1999년 | – | – | 6,563 | 1,153,021 | 6,656 | 1,010,724 |
| 2000년 | – | – | 6,985 | 1,352,800 | 10,792 | 1,260,741 |

표 2. 역대 한총련의 8·15 관련 행사[11]

| | 출범식 | 범민족대회 및 통일대축전 |
|---|---|---|
| 1993년 (제1기) | 5월 27~29일, 고려대<br>188개 대학 5만 명 참가 | 8월 14~15일, 한양대, 연세대<br>1만 1000명 참가, 5개소 5000명 가두시위 |
| 1994년 (제2기) | 5월 27~29일, 조선대<br>105개 대학 2만 5000명 참가 | 8월 13~15일, 건국대, 서울대<br>1만 명 참가, 건국대 진입 기도 시위 |
| 1995년 (제3기) | 5월 4~6일, 경북대<br>203개 대학 3만 1000명 참가 | 8월 14~15일, 서울대, 보라매공원<br>1만 5000명 참가, 판문점 진출 기도 시위 |
| 1996년 (제4기) | 5월 23~25일, 전북대<br>205개 대학 2만 9000명 참가 | 8월 10~20일, 연세대<br>8200명 참가 |
| 1997년 (제5기) | 6월 5일, 한양대(행사 무산)<br>서울대, 출범선언대회, 1500명 참가 | 8월 13~15일, 한양대(행사 무산) |
| 1998년 (제6기) | 5월 29일, 서울대 약식 개최 2500명 참가<br>5월 30~31일, 한양대(행사장 봉쇄) | 8월 13~15일, 서울대<br>2500명 참가 |

경제위기를 겪은 1997년 이후 다시 증가했다.[12]

결국 1991년 이후 학생운동 주도 시위의 참가 인원 하락 경향, 반정부적 슬로건을 내건 대규모 가두시위의 소멸, 1996년 연세대 사건에 따른 학생운동의 급속한 쇠퇴를 고려하면, 1991년 5월 투쟁은 학생운동이 주도한 마지막 대중 투쟁이자 민주화운동에서 주도적 역할을 담당한 학생운동의 위상이 약화되는 결정적 계기가 된 것을 알 수 있다. 또한 1991년 이후 학생운동의 시위 참가 인원이 지속적으로 감소했지만 노동 부문의 시위 참가 인원은 1997년에서야 크게 증가했다는 점은 민주화운동의 주도권이 1990년대 학생운동에서 노동운동으로 서서히 이전되었다는 사실을 보여준다.

## 2) 민주화운동의 패턴

5월 투쟁의 실패 요인 중 중산층의 이반으로 표현되는 대중의 지지 약화는 5월 투쟁의 전개 과정을 통해 설명될 수 있다. 그러려면 5월 투쟁과 이전 민주화운동의 패턴을 비교해야 하는데, 1987년 6월 민주항쟁 시기까지 한국 민주화운동의 패턴에 대해 최장집은 이렇게 정리한다.

① 운동의 중심세력은 학생이라는 것, ② 도시의 교육받은 중산층이 민주주의의 강고한 지지 기반이었다는 점, ③ 학생들을 통해 일차적으로 제기된 이슈가 …… 정치적 민주화였고 이러한 절차적 민주주의에 대한 요구가 광범위한 시민적 지지를 불

---

**10** 《경찰통계연보》(1986~2000)의 '집단민원 발생현황' 표를 근거로 작성한 표다. 시위 횟수와 인원에 관한 통계가 학생운동의 위상을 판단하는 적절한 지표가 아닐지라도 시기별 학생운동의 변화 추이를 살펴보는 데는 유용하다.
**11** 1999년 《경찰백서》의 165쪽 표 4-1 '한총련 출범식 및 8·15행사관련 시위 및 피해상황'을 재구성한 표다.
**12** 한편 노동운동의 시위 인원은 1987년을 정점으로 하락하다가 1991년에 잠시 하락세가 주춤한다. 1991년 5월 투쟁에서 노동자의 진출에 연관된 것으로 볼 수도 있지만, 학생운동의 증가에 견주면 큰 증가가 아니라는 해석이 가능하다.

러 일으켰다는 점, ④ 이슈의 전개 역시 정치적 민주주의로부터 사회경제적 개혁으로 심화되었다는 점, ⑤ 운동과 선거경쟁을 중심으로 한 제도권 정치가 분리되면서 운동의 중심세력이 민주주의의 제도화 과정에 참여하지 못했다는 점. (최장집 2002, 102)

이상의 패턴과 5월 투쟁을 비교해보자. 첫째, 운동의 중심 세력이 학생이었다는 점은 동일하지만 5월 투쟁 시기에는 박창수 위원장의 의문사 사건이 발생하면서 5·18 총파업 등 노동운동이 적극 참여했다는 점에서 차이를 보인다.[13]

둘째, 5월 투쟁 초기 중산층이 어느 정도 참여했다는 주장도 있지만, 연이은 분신에 대한 일부 지식인의 비판, 조작된 유서 대필 사건, 정원식 총리 밀가루 투척 사건 등을 계기로 중산층은 시위에서 거리를 두었다.

셋째, 5월 투쟁 초기 학생들이 제기한 이슈는 공안 통치와 3당 합당을 비롯한 노태우 정권의 권위주의적 통치를 겨냥한 것이었기 때문에 국민들의 지지를 끌어낼 수 있었다. 그러나 투쟁이 장기화되고 노태우 정권이 개각을 단행하는 등 변화된 모습을 보이면서 이런 지지가 크게 약화되었다.

넷째, 5월 투쟁 시기 이슈의 전개는 정치적 민주주의에서 사회경제적 개혁으로 심화되었다기보다는 비교적 초기부터 정치적 이슈와 함께 민중의 생활상의 요구를 담은 사회경제적 이슈가 동시에 등장했다.

다섯째, 5월 투쟁에는 야당이 본격적으로 결합하지 않았는데, 투쟁이 6월 지방선거 시기까지 연장되면서 그나마 참여하던 일부 야당 세력이 이탈하고 운동권도 선거 참여를 둘러싸고 분열되었다. 투쟁이 장기화되고 가시적인 결실을 거두지 못하자 결국 국민들도 외면하면서 투쟁도 소멸되었다.

이런 비교를 통해 볼 때, 5월 투쟁은 이전의 민주화운동과 큰 차이를 보인다. 우선 5월 투쟁 때 학생운동, 전선운동, 노동운동은 대책회의를 결성했다. 여기에는 민주화운동 세력의 최대 연합에 가까울 정도로 많은 세력이 참여했지만, 그 성격은 다양한 세력들의 느슨한 연합체에 불과했다. 게다가 국가와 보수 언론의 이데올로기적 공세 때문에 중산층과 일반 대중의 지지를 상실했다.

다음으로 중요한 차이는 투쟁 목표가 불분명했다는 점이다. 노태우 정권이 30퍼센트 갓 넘는 지지를 받았을지라도 6월 민주항쟁의 결과로 치러진 선거로 구성된 정권이기 때문에 합법성은 확보하고 있었다. 따라서 대책회의에서 내세운 '노태우 정권 퇴진'이라는 구호는 6월 민주항쟁 시기의 '직선제 개헌'과는 다른 파급력을 지닐 수밖에 없었다. 6월 민주항쟁은 직선제 개헌을 통해 새로운 정부를 구성한다는 미래상이 분명했지만, 5월 투쟁은 노태우 정권 퇴진 이후의 전망, 곧 노태우 정부가 퇴진할 경우 어떻게 할 것인지에 대한 대안이 뚜렷하지 못했다. 왜냐하면 야당은 3당 합당 뒤 지역 정당으로 축소되었기 때문에 전국적 지지를 얻는 데 한계가 있었고, 대책회의에 참여한 운동권 역시 국가와 보수 언론의 이데올로기적 공세 속에서 도덕성에 상처를 입었기 때문이다. 특히 체제 내적 변화를 원하는 국민들에게 체제 변혁을 지향하는 것으로 비친 운동권은 대체 세력이 아니었다.

결국 5월 투쟁은 권위주의적 통치로 회귀하는 노태우 정권에 반대하는 과정에서 대규모 가두 대중 시위로 발전하고 1987년 민주화 이후 제기된 국민들의 다양한 요구가 분출됐다는 점에서 한국 민주주의의 진전에 중요한 기여를 했다. 그러나 노태우 정권의 권위주의화나 실정이 1987년 민주화의 완전한 실패 또는 역전으로 인식되지 않았기 때문에 국민들은 노태우 정권 퇴진을 요구한 민주화운동 세력의 주장에 동조하지 않았다. 곧 5월 투쟁의 정세가 1987년 6월처럼 체제 전환의 시점으로 인식되지 않았다는 점이 5월 투쟁의 열망이 현실화될 수 없는 가장 중요한 이유였다.

---

13  물론 적극적 참여는 6월 항쟁에 대비한 상대적 의미다.

## 4. 5월 투쟁의 의미와 향후 민주화운동의 과제

이 글은 1991년 5월 투쟁이 실패한 장기적 원인을 1987년 6월 민주항쟁 이후 진행된 민주화가 '위로부터의 보수적 경로'였고, 보수적 민주화에 의해 형성된 정치 구조에서 부문 운동들이 개별적으로 발전하는 과정에서 중산층과 민중운동이 괴리되었다는 점에서 찾았다. 마지막으로 한국 민주화의 여정에서 1991년 5월 투쟁의 위상과 의미를 정리하면 다음과 같다.

첫째, 5월 투쟁은 1987년 민주항쟁 이후 진행된 '위로부터의 보수적 민주화'에서 큰 영향을 받았다. 따라서 5월 투쟁의 실패 원인은 '위로부터의 보수적 민주화' 과정에서 주조된 정치 구조를 통해 설명되어야 한다. 보수적 민주화에 따른 보수 지배 엘리트들의 정치사회 지배는 권위주의 시기에 억눌려 있던 다양한 사회 부문들의 이해를 재편된 정치 체제로 편입시키지 못하게 했다. 그 결과 민주화 이후 활성화된 노동운동의 노동기본권 확보 투쟁이나 학생운동과 전선운동의 통일운동은 제도 내로 편입되지 못한 채 국가와 자본의 강한 탄압을 받았다. 또한 보수적 민주화는 민주화 이후 민주화운동 세력 간의 연대에 비우호적인 조건을 형성했다. 물론 민주화운동 세력 간의 연대 부족에는 당사자들의 책임도 있다. 학생운동은 민중운동에 대한 지원 투쟁보다 통일 투쟁에 매달렸고, 전선운동 역시 전교조나 전노협 등 새로운 대중 조직들을 포괄하지 못한 채 당면 정치투쟁에만 매달렸으며, 정치세력화를 추진한 집단들 역시 전선운동에서 이탈함으로써 민주화운동을 분열시켰다.

더욱이 보수적 민주화는 민주화 이후 중산층이 반공 이데올로기에서 벗어나지 못하게 만들었다. 학생운동과 민중운동에 대한 보수적 지배 엘리트들의 제도권 진입 배제와 언론을 통한 반공 이데올로기 공세는 중산층과 민주화운동의 괴리를 낳았다. 특히 통일운동은 북한의 주장과 유사한 구호를 내세웠기 때문에 중산층이 지배 엘리트들이 반공 이데올로기를 수용하게 만들었다. 반면

1980년대 말에 등장하기 시작한 시민운동은 체제 내의 개혁과 민중운동과 다른 차별성을 내세우면서 중산층의 호감을 얻었다.

결국 5월 투쟁의 실패는 민주화운동 내부의 한계와 함께 보수적 민주화가 주조한 정치 구조에 기인했다. 따라서 5월 투쟁에서 참여 세력, 지도부 구성, 요구와 목표가 달라졌다 할지라도 보수적 민주화가 주조한 구조 아래서 5월 투쟁이 성과를 거두기는 힘들었을 것이다.

둘째, 5월 투쟁은 한국 민주화운동의 성격 변화와 주도 세력의 전환에서 중요한 계기로 작용했다. 6월 항쟁 이전이나 그 이후 민주화운동에서 학생운동은 주도적 역할을 했지만, 5월 투쟁을 계기로 역할이 축소되고 1990년대 중반 이후에는 학생운동 자체가 쇠퇴했다. 물론 5월 투쟁 이후 학생운동 쇠퇴에는 1993년에 결성된 한총련으로 대표되는 사상적 경직성과 이론적 자기 쇄신 능력의 결여, 군사주의적이고 명령주의적인 조직 운영이라는 운동 내부 요인과 1990년대의 변화한 사회 환경과 대학 상황이라는 외부 요인도 존재했다.

반면 1987년 7~9월 노동자 대투쟁 이후 성장한 노동운동과 1990년대 초 성장한 시민운동이 학생운동을 대신하여 민주화운동을 주도하기 시작했다. 노동운동은 1989년부터 진행된 노태우 정권의 공안 통치와 김영삼 정권의 세계화 공세 속에서 지속적인 탄압을 받으면서 성장세가 둔화되기도 했다. 그러나 1995년 민주노총을 조직하고 1997년 노동법 개정 투쟁을 통해 재기에 성공하면서 학생운동을 대신해 민주화운동의 주도적 역할을 담당했다. 또한 노동기본권을 넘어 실질적 민주주의를 지향함으로써 형식적 민주주의에만 머물던 민주화운동의 외연을 확장시켰다.

시민운동도 민주화운동에서 다루지 않던 다양한 쟁점을 제기함으로써 대중의 관심을 끄는 데 성공했고, 노동운동과 함께 1990년대 민주화운동에서 주도적 역할을 하게 됐다. 특히 지역주의에 발목 잡힌 정치사회가 제대로 진척시키지 못하던 정치 개혁을 추진하면서 대중들의 폭발적인 지지를 획득했다.

결국 1990년대를 거치면서 민주화운동의 주도 세력과 목표가 변화했다는 점을 고려할 때, 5월 투쟁은 구시대의 종언인 동시에 민주화운동의 새로운 서막을 예고하는 사건이었다.

그럼 5월 투쟁의 경험에서 민주화운동 세력이 배울 수 있는 과제는 무엇인가? 우선 새로운 운동 방식의 모색이다. 1980년대 운동을 극단으로 확장한 5월 투쟁은 기존 운동 방식의 한계를 보여주었다. 따라서 새로운 운동은 5월 투쟁의 내적 한계가 운동 조직, 방식, 문화의 과도한 중앙집중화였다는 사실에서 교훈을 얻어야 한다. 모든 운동에서 지도부와 조직은 필수적이지만, 과거처럼 국가 권력을 지향하는 전략과 그 전략에 조응하는 조직화 형태와 운동 방식은 기층 활동가들의 자발적인 움직임과 역할을 불가피하게 제약할 수밖에 없다. 따라서 새로운 민주화운동은 아래에서 시작되는 자발적인 참여가 가능한 형태로 조직되어야 한다.

다음으로 민중운동은 1990년대 한국 사회의 민주화를 진전시키는 데 큰 역할을 한 시민운동에 주목해야 한다. 1990년대 이후 진행된 시민운동의 경험은 대중들이 국가 권력이나 체제 변혁을 지향하는 운동에 더는 관심을 가지지 않는다는 사실을 보여준다. 따라서 다양한 부문에서 대중들의 욕구를 자극하며 등장한 시민운동의 문제의식을 수용해야 한다.

또한 민주화운동은 한국 사회의 민주화를 진전시키기 위해 부문 운동들과 연대를 추진해야 한다. 1987년 이후 보수적 민주화가 부문 운동을 제도에서 배제함으로써 민주화운동 세력은 연대하기 힘든 조건에 처했다. 그러나 1995년 '5·18학살자처벌특별법제정범국민비상대책위원회'나 1996년 '노동법'과 '안기부법' 날치기 통과 반대 투쟁이 시민운동과 민중운동 단체들의 연대로 진행된 것에서 알 수 있듯이, 제도 내 개혁이건 실질적 민주주의의 진전이건 한국 사회의 민주화를 위해서는 사회 내 다양한 부문 운동들의 연대와 결합이 반드시 필요하다. 정치 개혁뿐 아니라 노동운동, 소수자운동, 여성운동, 대학개혁운동,

교육운동, 학술운동 등 대중들의 생활상의 요구에 밀접히 관련된 운동은 어느 한 부문만의 운동과 투쟁으로 가능하지 않다. 다양한 부문 운동이 개별 이슈에 관련하여 다른 부문 운동과 연대할 때만 대중을 움직일 수 있고, 이것이 가능해야만 민주주의가 진전할 수 있다.

더 나아가 부문 운동들의 연대뿐 아니라 정치사회와의 협력도 필요하다. 5월 투쟁의 대상이던 노태우 정권은 '유사 군부 권위주의 정권'인 만큼 타도의 대상이었지만, '문민정부' 이후 민주화운동 출신들이 정치사회에 진입하고 정치사회가 주도해 개혁 정책이 실행되면서 민주화운동 세력에도 참여 속에서 민주화를 진전시킬 수 있는 기회가 제공됐다. 시민사회의 부문 운동들은 정치사회 외부에서 활동하는 데 머물러서는 안 되며 민주노동당처럼 정치사회 진입을 적극 모색해야 한다. 정치사회에 진출하려는 민주화운동의 노력은 한국 정치의 장을 보수 엘리트들만이 아니라 진보적이고 개혁적인 세력들이 활동하는 공간으로 만들 것이다. 이것은 민주화운동 세력이 한국 사회의 민주주의 발전을 주도하는 세력으로 거듭나는 데 필요한 방법이다.

**참고 문헌**

/

91년 5월 투쟁 청년모임 편. 2002. 《그러나 지난밤 꿈속에서 이 친구들이 나에 대하여 이야기하는 소리가 들려 왔다 1991년 5월》. 이후.

강정인. 2002. 〈정치·죽음·진실: 1991년 5월 투쟁을 중심으로〉. 《계간 사상》 겨울호.

경찰청. 1989~2000. 《경찰통계연보》.

_____. 1996~2000. 《경찰백서》.

국민연합 사무처 편. 1991. 《새로운 시작 민중연대를 위하여》. 일송정.

김원. 1999. 〈잊혀진 것들에 대한 기억 — 1980년대 한국대학생의 하위문화와 대중정치〉. 이후.

_____. 2000. 〈학생권력, 무반성의 신화들〉. 《당대비평》 11호.

김동춘. 1998. 〈90년대 학생운동의 현황과 전망〉. 《황해문화》 19호.

김윤철. 2002. 〈91년 5월, 그 열려진 '역사적 의미짓기의 장으로 들어서기〉. 91년 5월 투쟁 청년모임 편. 《그러나 지난밤 꿈속에서 이 친구들이 나에 대하여 이야기하는 소리가 들려 왔다 1991년 5월》. 이후.

김정한. 1998. 《대중과 폭력, 1991년 5월의 기억》. 이후.

대한변호사협회. 1991. 《인권보고서》 제5집.

마창노련사 발간위원회. 1999. 《내 사랑 마창노련》 상. 갈무리.

배성인. 2002. 〈5월, 그 날이 다시 오면〉. 《진보평론》 12호.

손호철. 2003a. 〈민주화 운동, 민주화, 민주주의: 개념과 한국적 특성을 중심으로〉. 《한국과 국제정치》 43호.

_____. 2003b. 《현대 한국정치: 이론과 역사 1945-2003》. 사회평론.

양재원. 1991. 〈공안통치 종식을 위한 민족민주진영의 투쟁전략〉. 《월간 말》 6월.

월간 말. 1991. 〈정세좌담: 민족민주운동의 오늘을 말한다〉. 《월간 말》 8월.

이기호. 1996. 〈한국의 민주화 과정과 사회운동네트워크: 1987-1996〉. 연세대학교 대학원 정치학과 박사 학위 논문.

임영일. 1998. 《한국의 노동운동과 계급정치(1987~1995)》. 경남대 출판부.

전국노동조합협의회. 1997. 《전국노동조합협의회 백서: 제3권 죽음으로 사수한다! 전노협》.

전국민족민주운동연합. 1990. 《제2기 대의원대회 1차 중앙위원회 회의자료》.

전노협 백서발간위원회. 1997. 《노동운동 연표/주요판결/구속·해고자 현황》.

_____. 1997. 《죽음으로 사수한다! 전노협》.

정대화. 1995. 〈한국의 정치변동, 1987~1992: 국가-정치사회-시민사회의 관계를 중심으로〉. 서울대학교 대학원 정치학과 박사 학위 논문.

정성진. 1991. 〈87년 6월과 91년 6월의 성격 연구〉. 《캠퍼스 저널》 7월호.

정태인. 1991. 〈5월 투쟁의 평가와 민족민주운동의 과제〉. 《월간 말》. 7월호.

조희연. 2002. 〈'발전국가'의 변화와 국가-시민사회, 사회운동의 변화〉. 사회와 철학연구회. 《진보와 보수》. 이학사.

최성혁. 1992. 《눈물로 쓴 보고서, 1991년 봄》. 아웃.

최장집. 1993. 〈한국 민주화의 실험 — 5월 투쟁·광역지방의회선거·현대사태〉. 《한국 민주주의의 이론》. 한길사.

최장집. 2002. 《민주화 이후의 민주주의》. 후마니타스.

최진섭. 1991. 〈91임투와 노동조합의 정치투쟁〉. 《월간 말》 7월호.

한국기독교사회문제연구원. 1988. 《대통령선거투쟁: 민족민주운동의 논리와 실천》(기사연리포트 5). 민중사.

### 8장

# 선거: 2016년 4·13 총선과 시민사회

## 1. 들어가는 말

2016년 4·13 국회의원 총선(제20대)은 아무도 예상하지 못한 결과를 낳았다. 선거 직전 여론조사는 여당인 새누리당의 우세를 예측했고, 전문가들도 야당 분열 때문에 새누리당이 과반수 이상, 더 나아가 180석 정도를 차지할 것으로 예상했다. 그러나 총선 결과는 새누리당이 원내 제2당으로 전락한 반면, 제1야당이던 더불어민주당(민주당)은 제1당이 되었고, 창당한 지 2개월밖에 안 된 국민의당도 비례대표 2위 득표에 힘입어 원내 교섭단체를 훌쩍 넘어 제3당이 되었다. 이런 결과, 곧 잘못된 예측은 유선 전화에 의존하는 여론조사의 부정확성, '선거의 여왕'이라는 박근혜 대통령의 이미지에 대한 과잉 신뢰, 40퍼센트가량의 여당 '콘크리트' 지지층이라는 환상에 기인한 것으로 분석되었다.

  그런데 총선 결과를 반추해보면, 야당의 승리라기보다 정치권을 향한 시민의 경고로 볼 수 있다. 총선에서 표출된 시민들의 의사는 '앵그리 보터^Angry Voter'(성난 투표자)들의 박근혜 정권 심판이었다. 그 결과 야권은 과반수 의석 확보라는 반사 이익을 얻었지만 마찬가지로 시민의 심판을 받았다. 민주당은 미비한 야당 역할에 대한 호남 유권자의 심판을 받았고, 국민의당은 수도권에서 야권 분열의 책임을 심판받았다. 이것은 총선 결과가 박근혜 정부와 여당의 패배로 정리될 수 없는 복합적 측면이 존재한다는 점을 보여준다. 따라서 총선의 특징과 의미를 심층적으로 분석할 필요가 있다.

이 글은 2016년 4·13 총선의 결과가 보여주는 특징과 의미를 민주화 이후 한국 정치의 흐름 위에서 조망한다. 총선에 관해서는 이미 상당히 많은 분석과 평가가 진행된 만큼 기존 연구에 기초하여 좀더 깊은 분석과 평가를 시도한다. 또한 총선에서 나타난 시민사회의 역할과 의미, 과제를 모색한다.


## 2. 4·13 총선의 분석과 평가

2016년 4월 13일 치른 제20대 국회의원 총선의 결과는 민주당 123석, 새누리당 122석, 국민의당 38석, 정의당 6석, 무소속 11석이다. '일여다야^與多野' 구도에서 야당이 절대적으로 불리할 것이라는 예상을 깨고, 여당인 새누리당이 패배하고 야당이 승리했다. 양당 체제는 (원내 교섭단체를 기준으로) '3당 체제'로 전환되었고, 2000년 총선 이후 처음으로 야당 의석수가 여당보다 많은 '여소야대'(167석 대 122석, 무소속 제외) 상황이 조성되었다. 이런 결과를 두고 많은 견해들이 제기되었는데, 여기서는 주요 쟁점을 중심으로 제20대 총선의 특징과 의미를 고찰한다.

첫째, 여당의 패배와 야당의 승리를 가져온 원인은 무엇인가? 총선 결과와 관련하여 박근혜 대통령은 4월 26일 언론사 편집·보도국장 오찬에서 "선거 결

표 1. 제13대 대통령 선거 결과(지역별)(정해구·김혜진·정상호 2004, 134)

| | 의석수 | 새누리당 | 민주당 | 국민의당 | 정의당 | 무소속 |
|---|---|---|---|---|---|---|
| 전체 | 300 | 122 | 123 | 38 | 6 | 11 |
| 비례대표 | 47 | 17 | 13 | 13 | 4 | |
| 지역구 | 253 | 105 | 110 | 25 | 2 | 11 |
| 서울 | 49 | 12 | 35 | 2 | | |
| 부산 | 18 | 12 | 5 | | | 1 |
| 대구 | 12 | 8 | 1 | | | 3 |
| 인천 | 13 | 4 | 7 | | | 2 |
| 광주 | 8 | | | 8 | | |
| 대전 | 7 | 3 | 4 | | | |
| 울산 | 6 | 3 | | | | 3 |
| 세종 | 1 | | | | | 1 |
| 경기 | 60 | 19 | 40 | | 1 | |
| 강원 | 8 | 6 | 1 | | | 1 |
| 충북 | 8 | 5 | 3 | | | |
| 충남 | 11 | 6 | 5 | | | |
| 전북 | 10 | 1 | 2 | 7 | | |
| 전남 | 10 | 1 | 1 | 8 | | |
| 경북 | 13 | 13 | | | | |
| 경남 | 16 | 12 | 3 | | 1 | |
| 제주 | 3 | | 3 | | | |

과에 대해 다양한 분석이 있고, 또 국정 운영이 잘못됐다든지 이런 지적이 있다는 것을 알고 있다"면서 "양당 체제에서 3당 체제를 민의가 만들어준 것"이라고 말했다(《한겨레》 2016년 4월 27일). 박 대통령은 총선 결과에 대해 정부의 책임을 주장하는 섯을 다양한 분석 중 하나로 일축하고, 양당 체제로 되어 있어 아무 일도 하지 않는 국회에 책임을 물었다. 이것은 총선 결과를 자신의 정부와 무관한 것으로 진단하면서 여당의 패배도 인정하지 않는 견해다.

반면 민주당, 국민의당, 정의당 등 야당은 총선 결과를 "박근혜 정부와 새누리당의 경제 정책 실패"(민주당), "박근혜 정부에 대한 민심의 심판"(국민의당),

"박근혜 정부의 독선과 오만"(정의당) 등 현 정부 여당에 대한 국민들의 불만이 표출된 것으로 해석했다. 여론 역시 후자의 입장에 근접했다. 새누리당이 패배한 원인을 묻는 질문에 대한 응답은 '박근혜 대통령과 정부가 잘못해서'가 40.0퍼센트, '새누리당이 잘못해서'가 38.0퍼센트, '새누리당 후보가 부족해서'가 4.9퍼센트, '민주당이 잘해서'가 2.8퍼센트, '국민의당이 잘해서'가 1.5퍼센트, '야당 후보가 나아서'가 2.6퍼센트, '모름/무응답'이 10.2퍼센트였다(《한국일보》 2016년 4월 18일). 응답자의 82.9퍼센트가 박근혜 대통령과 정부 여당이 잘못했다고 응답한 이런 결과는 여당 패배의 원인이 무엇인지를 분명히 말해준다.

시민들이 정부와 여당에 불만을 가진 이유는 박근혜 정부 시기 한국 사회가 정치, 경제, 사회의 모든 차원에서 총체적 난국에 직면했기 때문이다. 박근혜 정부는 국정원, 검찰, 경찰 등 공권력을 이용하여 인권 등 기본권을 노골적으로 억압했고, 수사기관과 정보기관은 개인의 신상을 털었으며, 핵미사일 개발 등 북한의 호전성을 빌미로 안보를 정치적으로 이용했고, 보수 시민단체를 이용하여 시민사회를 왜곡했으며, 야당은 물론 시민사회와도 전혀 소통하지 않는 등 '권위주의적' 통치 행태를 보였다. 여기에 더해 보수 언론도 편파적인 보도 행태로 일관했다.

박근혜 정부 시기 경제 역시 장기 침체의 길로 들어서고 사회경제적 양극화와 청년 실업이 심화되었다. 이명박 정부 이후 8년 동안 1000조 원 이상의 가계 부채와 700조 원이 넘는 국가채무가 쌓였다. "박근혜 정부 3년 동안의 국가채무는 노무현 정권 5년의 9배에 달했다. 박근혜 정권은 개성공단 폐쇄로 수많은 중소기업가와 그곳에 고용된 사람들을 파산과 빈곤으로 몰아넣었으며 500만 자영업자들도 벼랑 끝으로 몰아넣었다. 또한 대기업, 재벌 편향적 정책을 실시했다. 3년 동안 박근혜 대통령의 공개일정 468회 중, 기업가들은 16번 만났지만 노동계 대표는 단 한 번도 만난 적이 없었다. 서비스산업발전기본법이나 '노동개혁' 법안 등을 보면 사회를 망가뜨리고 경제를 살리자는 것이고, 국가가 대기업의 민원 해결사처럼 보이기까지 할 정도이다. 대선 당시 공약집의 16퍼센트를 차지하던 '복지'라는 용어는 당선 직후 완전히 자취를 감추었고, '경제 활성화'가 경제민주화 자리를 대신했다"(김동춘 2016). 따라서 박근혜 정부에 대한 민심 이반은 너무나 자연스러운 현상이다. 어떻게 이런 실정을 저지른 정부에 시민들이 신뢰를 가질 수 있겠는가?

게다가 이런 상황에서 새누리당은 경제 실정에 따른 민심의 이반을 보지 못했고, 일여다야 구도에 따라 당연히 승리할 것이라는 자만에 빠졌다. 특히 '친박'이냐 '진박'이냐를 둘러싼 공천 갈등과 선거를 앞둔 변화와 혁신 미비 등도 선거 패배의 원인으로 제시되었다(이준한 2016, 8). 이런 새누리당의 패착이 집토끼로 불리는 보수층의 이탈을 가져왔다.

한편 야당의 승리는 단순히 정부 여당의 실패에 따른 반사 이익인가? 이번 선거 결과에 야당이 기여한 부분은 없었는가? 총선을 앞둔 민주당의 변신 노력을 강조하는 입장은 당 대표를 바꾸고 이념적 스탠스를 중도로 변모시켰으며, 비교적 잡음 없이 현역 교체 등 지역구 공천을 진행했고 막말, 계파 갈등 등 싸우는 모습을 적게 보인 점 등을 강조했다(이준한 2016, 10). 물론 야당 승리에서 민주당이 기여한 점은 분명히 있다. 그러나 이런 설명으로 국민의당의 약진을 설명하기에는 뭔가 부족한 느낌을 지울 수 없다.

국민의당의 약진을 설명하려면 4·13 총선의 중요한 특징 중 하나인 유권자들의 '분할 투표sprit voting'(또는 교차 투표)를 살펴보아야 한다. 4·13 총선에서는 야당 성향의 유권자들뿐 아니라 여당 성향의 유권자들이 비례대표 투표에서 야당으로 간주되는 국민의당에 표를 주었다. 구체적으로 살펴보면, 새누리당은 지역구에서 920만 690표(38.3퍼센트)를, 비례대표 796만 272표(33.50퍼센트)의 지지를 획득했고, 민주당은 지역구에서 888만 1369표(37.0퍼센트), 비례대표에서 606만 9744표(25.54퍼센트)를 획득했다. 곧 두 당은 모두 지역구에 견줘 비례대표의 지지율이 축소되었는데, 새누리당은 124만 418표(지역구 득표의 13.48퍼센트), 민주당은 281만 1625표(지역구 득표의 31.66퍼센트)가 축소되었다. 이것은 지역구에서 새누리당과 민주당 후보를 찍은 유권자의 상당수가 비례대표에서 다른 정당에 투표한 사실을 보여준다.

그럼 새누리당과 민주당에서 이탈한 405만 2043표는 어느 정당으로 갔는가? 4·13 총선에서 국민의당과 정의당이 지역구에 견줘 비례대표 득표가 확연히 증가했기 때문에 이탈표가 두 정당으로 이전한 것은 분명하다. 국민의당은 지역구에서 356만 5451표(14.9퍼센트), 비례대표에서 635만 5572표(26.74퍼센트), 정의당은 지역구에서 39만 5357표(1.6퍼센트), 비례대표에서 171만 9891표(7.23퍼센트)를 획득했다. 국민의당이 비례대표에서 늘어난 표는 279만 121표, 정의당이 비례대표에서 늘어난 표는 132만 4534표이고, 두 당이 비례대표에서 늘어난 표는 총 411만 4655표다. 이 수치는 새누리당과 민주당이 상실한 표와 거의 비슷하다. 새누리당과 민주당의 이탈 표가 대부분 국민의당과 정의당으로 갔다고 볼 수 있다. 유권자가 정당을 선택할 때 중요하게 고려하는 것이 이념이라는 점을 고려하면, 새누리당 이탈 표가 진보를 표방하는 정의당으로 갔다고 보기는 어려울 것이다. 그렇기 때문에 중도를 표방하는 국민의당으로 갔을 것이다. 대신 민주당 이탈 표는 국민의당과 정의당으로 양분됐을 것이다.

총선 직후 실시한 유권자 인식 조사에 따르면 지역구에서 새누리당 지지자는 비례대표에서 74.6퍼센트만이 새누리당을 지지했고, 5.2퍼센트가 민주당을, 15.5퍼센트가 국민의당을, 2.1퍼센트가 정의당을 지지했다. 또한 민주당 지지자는 비례대표에서 58퍼센트만이 민주당을 지지했을 뿐이고, 3.8퍼센트가 새누리당을, 17.8퍼센트가 국민의 당을, 7.2퍼센트가 정의당을 지지했다. 국민의당 지지자도 비례대표에서 78.8퍼센트만이 국민의당을 지지했고, 2.1퍼센트가 새누리당을, 9.7퍼센트가 민주당을, 4.2퍼센트가 정의당을 지지했다(정한울 2016, 20). 이런 결과는 분할 투표의 방향이 앞선 이념에 따른 계산과 정확히 일치하지 않는다는 사실을 보여준다. 그렇지만 이 조사는 비례대표에서 새누리당과 민주당의 이탈 표가 압도적으로 국민의당으로 이전한 것을 보여준다. 따라서 4·13 총선에서는 지역구 투표와 정당(비례대표) 투표에서 유권자의 상이한 정당 선택이라는 '분할 투표'가 선거 결과의 향배를 결정할 정도로 중요한 요인이었다는 점은 명확하다.

그러면 4·13 총선에서 분할 투표가 두드러진 이유는 무엇인가? 국민의당이 선전한 이유는 유권자들이 국민의당을 의미 있는 대안으로 인식했기 때문이다(국민의당이 제3당으로서 국회 교섭단체를 구성해 양당 체제가 다당 체제로 전환된 점은 이번 선거의 중요한 특징 중 하나다). 이것은 비례대표에서 유권자의 4분의 1 이상(26.74퍼센트)이 국민의당을 지지한 사실에서 잘 드러난다. 특히 지역구에서 새누리당을 지지한 유권자들이 비례대표에서 국민의당을 선택했다는 사실은 상당히 흥미로운 현상이다. 사실 이전에도 진보 성향 지지자들이 지역구에서는 '보수' 야당을 선택하고 비례대표에서는 '진보' 정당을 선택하는 '전략적 투표'를 했다.[1] 그 결과 정당투표제가 도입된 2004년 선거부터 '진보' 정당은 지역구보다 비례대표에서 훨씬 많은 지지를 획득했다. 그러나 4·13 총선처럼 여당 지지자들이 대거 야당을 지지한 사례는 처음이다.

박근혜 정부에 실망한 보수 성향 유권자들은 왜 기성 정당인 민주당을 선택하지 않고 신생 정당인 국민의당을 선택했는가? 민주화 이후 총선에서 항상 유권자 앞에는 다수의 정당들이 선택지로 놓였다. 그러나 4·13 총선처럼 제3당이 유권자들에게 의미 있는 대안으로 선택되는 경우는 1996년 총선 이후 처음이다. 민주화 이후 역대 국회의원 총선에서 제3당이 원내 교섭단체를 구성할 수 있게 된 경우는 1988년 정초 선거, 통일국민당이 24석을 획득한 1992년 제14

---

1 후보자에 대한 선호에서 가장 선호하는 후보에게 투표하는 게 진성 투표라면 당선 가능성을 보고 가장 선호하지는 않지만 다음으로 선호하는 후보에게 투표하는 것은 전략적 투표다(오승용 2016, 14).

대 총선, 자민련이 41석을 차지한 1996년 제15대 총선이 전부였다. 4·13 총선에서 국민의당의 약진은 1996년 총선 이후 무려 20년 만에 등장한 결과다.

국민의당은 4·13 총선에서 어떻게 양당 체제의 벽을 뚫을 수 있었는가? 4분의 1 이상의 유권자들이 국민의당을 지지하게 된 중요한 원인은 새 정치를 내세우면서 기성 정당들과 차별성을 내세운 안철수 공동대표의 존재에서 찾을 수 있을 것이다. 이 점 역시 4·13 총선의 특징 중 하나였다. 유권자들은 국민의당과 안철수를 동일시했기 때문에 국민의당을 선택했다. 이 사례는 정주영 현대그룹 명예회장이라는 강력한 대통령 후보가 존재한 1992년 총선 때의 통일국민당과 유사하다. 1992년 총선에서 통일국민당은 특정 지역에 치우치지 않고 전국 8개 시도(서울, 경기, 강원, 충북, 충남, 대구, 경북, 경남)에서 24명의 국회의원 당선자를 냈다. 비슷하게 국민의당도 지역구에서는 후보자 공천 미비로 서울과 호남에서만 당선자를 냈지만 비례대표에서는 전국적으로 고른 지지를 받았다. 만일 안철수라는 유력한 대권 주자가 없었다면, 국민의당은 이런 지지를 확보할 수 없었을 것이다.

물론 국민의당의 선전에 대해 "그동안 기존 양당제에 대한 국민들의 불만에서 표출된 것이라고 보는 편이 더 적당할 것"이라는 견해도 있다. 그 이유로 국민의당이 내놓은 정책에서 특별히 기억나는 것이 없을 뿐만 아니라 공천 등 선거 과정에서 보여준 모습도 기성 정당들과 거의 다른 점이 없었다는 점을 제시했다(조성복 2016). 그런데 바로 여기서 제시한 바로 그 이유 때문에 안철수 대표를 빼놓고는 국민의당의 약진을 설명할 수 없다. 만일 양당제에 대한 불만이 그렇게 컸다면 민주당에 대한 지지도 크게 감소했을 것이다. 그러나 민주당과 국민의당이 모두 약진한 것은 박근혜 정부와 새누리당에 대한 불만이 양당제에 대한 불만보다 더 큰 요인이라는 사실을 말해준다.

그럼 제20대 국회에서 국민의당을 포함한 3당 체제(원내 교섭단체 기준)가 지속될 것인가? 총선 직후에는 예측하기 힘들었다. 1992년 총선에서 성공했지만 12월 대선에서 정주영이 패배하자 바로 해산된 통일국민당 사례에서 볼 수 있듯이, 특정인에게 과도하게 의존한 정당은 그 특정인의 향배에 따라 정당의 운명이 결정된다. 국민의당의 경우 헌법 개정을 통해 자신들의 공약인 결선투표제가 도입될 경우 2018년 대선 시기까지, 그리고 선거 결과에 따라서는 그 이후까지 존속될 가능성이 있다. 그러나 결선투표제가 도입되지 않는다면 예상은 복잡해진다. 우선 민주당이 다른 야당과 통합하는 경우와 통합하지 않은 채 독자 대통령 후보를 낼 경우로 갈라지고, 독자 후보로서 대통령에 당선된다면 그 운명이 달라질 것으로 예측되었다.[2]

둘째, 4·13 총선에 관련된 쟁점을 살펴보면, 먼저 총선에서 한국 정치의 고질적인 문제점으로 간주되는 지역주의 투표 현상은 완화되었는가? 총선 결과를 보면 영남에서 민주당 당선자 수가 증가했지만 호남에서 민주당이 참패한 대신 새누리당에서 2명이 당선했다. 그래서 그런지 총선 직후 유권자 인식 조사에 따르면 유권자의 72.4퍼센트가 4·13 총선에서 지역주의가 완화되었다고 답했다(《한국일보》 2016년 4월 18일). 이것을 제19대 총선 결과와 비교하여 살펴보자.

표 2에서 볼 수 있듯이, 영남의 지역주의 투표 경향은 조금 완화된 것으로 보인다. 민주당은 볼모지인 영남 지역에서 65석 중 9석(부산 5석, 경남 3석, 대구 1석)을 획득했다. 제19대 총선에서 민주당의 전신인 민주통합당이 영남 지역의 67개 의석 중 3석을 차지한 것에 견주면 약진이라고 볼 수 있다.[3] 또한 영남 지역에서 민주당의 지지율이 가장 높은 부산 지역을 제19대 총선에 비교하

---

**2** 4·13 총선 직후의 예측은 2016년 말 촛불 정국이 형성되고 2017년 3월 10일 박근혜 대통령이 탄핵되면서 완전히 빗나갔다. 국민의당은 19대 대선에서 안철수 대통령 후보가 3위로 낙선했고, 2018년 2월 바른정당과 합당했으며, 그 과정에서 호남 지역 의원 15명이 탈당하여 민주평화당을 결성했다. 2018년 7월 현재 국회는 민주당과 자유한국당(2017년 2월 새누리당에서 개명)이 압도적 다수를 차지한 채, 바른미래당, 민주평화당, 정의당 등 소수 정당이 병존하고 있다.

**3** 영남에서 더불어민주당의 선전, 곧 야당 득표율 상승(30~40퍼센트)은 '문재인이 전라도에서 구박받는 걸 보니 야당이 꼭 호남당은 아니네'라는 분위기에도 기인한 바 있다. 영남의 '방어적 보수주의'가 조금 약화된 셈이다.

표 2. 제19대, 제20대 국회의원 선거 정당별 득표 현황(부산)

| 정당 | 총선 | 19대 총선 | 20대 총선 |
|------|------|-----------|-----------|
| 새누리당 | 지역구 의석수<br>득표수(비율) | 16석<br>783,326표(49.88%) | 12석<br>770,522표(47.84%) |
| | 정당 득표 | 796,959표(51.31%) | 654,214표(41.22%) |
| 민주통합당<br>-민주당 | 지역구 의석수<br>득표수(비율) | 2석<br>543,636표(34.62%) | 5석<br>618,824표(38.42%) |
| | 정당 득표 | 493,683표(31.79%) | 422,916표(26.64%) |
| 국민의당 | 지역구 의석수<br>득표수(비율) | | 0석<br>81,320(5.03%) |
| | 정당 득표 | | 322,693(20.33%) |

표 3. 제20대 국회의원 선거 정당별 득표 현황(호남 지역)

| 정당 | 총선 | 광주 | 전북 | 전남 |
|------|------|------|------|------|
| 민주당 | 지역구 의석수<br>득표수(비율) | 0석<br>241,276(33.8%) | 2석<br>366,086(30.15%) | 1석<br>374,620(32.26%) |
| | 정당득표 | 28.59% | 32.26% | 30.15% |
| 국민의당 | 지역구 의석수<br>득표수(비율) | 8석<br>398,594(55.85%) | 7석<br>398,321(47.73%) | 8석<br>430,405(41.67%) |
| | 정당 득표 | 53.34% | 42.79% | 47.73%, |

면, 표 2에서 볼 수 있듯이 새누리당의 지역구 득표 비율은 12퍼센트 가량 줄고, 민주당은 지역구에서 5퍼센트 정도 증가했다. 그리고 비례대표에서 새누리당은 10퍼센트가량 감소하고 민주당도 5퍼센트가량 감소했다. 대신 새롭게 등장한 국민의당이 20퍼센트 이상을 득표했다. 이런 결과는 영남 지역에서 새누리당에 대한 지지 감소와 야당에 대한 지지 증가를 분명히 보여준다.

이런 현상은 영남 전체에서도 동일하게 나타난다. 새누리당은 제19대 총선에서 영남의 67석 중 63석을 차지한 데 견줘, 4·13 총선에서는 65개 의석 중 48개 의석만을 차지했다. 또한 제19대와 제20대에서 새누리당의 정당득표율 변화를 살펴보면, 부산 51.31퍼센트→41.22퍼센트, 대구 66.49퍼센트→53.06퍼센트, 울산 49.47퍼센트→36.89퍼센트, 경북 69.04퍼센트→58.11퍼센트, 경남 53.79퍼센트→44퍼센트 등 모든 지역에서 크게 하락했다. 국민의당의 출현으로 비례대표에서 하락율이 크다는 점을 고려해도 영남 지역에서 보수 정당에 몰표를 주던 과거의 지역주의 경향에 변화가 일어난 점은 분명했다. 특히 영남에서 가장 큰 변화를 보여준 지역은 울산으로, 새누리당은 제19대 총선에서 지역구 전체 6석을 석권한 반면 4·13 총선에서는 3석밖에 얻지 못했다. 또한 정당득표에서도 36.69퍼센트의 지지밖에 얻지 못해 제19대 총선(49.47퍼센트)에 견줘 무려 13퍼센트가량 감소했다. 노동운동 출신이 2명 당선한 점을 고려하면, 울산에서 지역주의가 상당히 약화된 데는 노동자 밀집 지역이라는 요인이 중요하게 작용한 것으로 보인다.

한편 4·13 총선에서 호남 지역의 지역주의는 약화되었는가? 표 3에서 볼 수 있듯이 호남에서는 민주당이 제19대 총선에서 30석 중 25석을 획득한 데 견줘 이번 총선에서는 단 3석에 그쳤다. 지역구 후보자 득표수나 비율, 정당 득표에서도 국민의당에 견줘 상당한 열세를 보였다. 평균적으로 민주당은 호남에서 30퍼센트 안팎의 지지를 획득했다. 이런 상황은 민주당을 더는 호남을 기반으로 한 지역주의 정당으로 부를 수 없게 만들었다. 물론 국민의당과 합당을 하게 된다면 상황은 또 달라질 수도 있다. 그러나 이번 선거에서 민주당이 서울과 경기에서 대승을 거두었고, 전국 17개 시도 지역 중 광주, 울산, 세종, 경북을 제외한 13개 지역에서 당선자를 배출한 점을 고려하면, 이제는 특정 지역에만 의존하는 '지역 정당'이라고 말할 수는 없게 됐다.

대신 국민의당은 호남 지역에서 28석 중 23석을 획득하고 비례대표에서도 광주 53.34퍼센트, 전북 42·79퍼센트, 전남 47.73퍼센트의 지지를 획득함으로써 호남의 지역 정당으로 부상한 것처럼 보인다. 그럼 일부에서 이야기하듯이 국민의당은 '호남 자민련', 곧 호남 지역주의 정당인가? 필자는 아니라고 본다. 일단 수치상으로 비례대표에서 국민의당의 지지율은 제19대 총선에서 민주통합당이 받은 광주 68.91퍼센트, 전북 65.58퍼센트, 전남 69.57퍼센트에 견줘 15~22퍼센트가량 뒤처진다. 비록 국민의당이 호남을 제외하고 서울 2곳에서만 의석을 획득했지만, 비례대표 정당 투표에서 26.74퍼센트의 지지를 획득함으로써 민주당을 누르고 제2당이 되었다. 특히 전국적으로 고르게 득표했기 때문에 국민의당을 호남 지역주의 정당으로 보기는 힘들다.[4]

그럼 이번 선거가 보여준 호남의 선택, 곧 민주당에 대한 지지 축소와 국민의당에 대한 과반수 이상의 지지는 호남 지역주의의 약화를 의미하는 것인가? 국민의당이 호남 지역에만 절대적으로 의존하는 지역주의 정당은 아니지만, 호남에서 나온 지지를 고려할 때 호남 민심은 국민의당을 상당히 지지한 것으로 보인다. 곧 국민의당은 호남 지역주의 정당이 아니지만 호남 지역은 국민의당을 호남 정당으로 인식하는 흥미로운 현상이 등장했다. 물론 호남에서 받은 상당한 지지가 꼭 호남 지역주의 정당을 의미하는 것은 아니다. 전국 정당이면서 호남의 압도적 지지를 확보할 수 있다. 이럴 경우 특정 지역의 상당한 지지를 부정적으로 해석할 필요는 없다. 결국 호남에서도 유권자의 지지가 두 정당에 분산된 선거 결과는 지역주의가 존재하지만 절대적인 것은 아니라는 점을 보여준다. 다시 말해 4·13 총선에서 호남 지역 유권자 다수는 국민의당을 선택했지만, 이런 결과는 정치 상황에 따라 가변적일 가능성이 높다.

다음으로 4·13 총선은 투표를 통해 유권자의 의사를 반영하는 민주적 비례성의 원칙이 제대로 관철되었는가? 이 질문에 대한 답은 부정적이다. 4·13 총선은 소선거구 단순다수제라는 승자독식의 국회의원 선거 제도가 가진 문제점이 잘 드러났다. 일반적으로 선거 제도가 승자독식의 소선거구 단순다수제일 경우, 1당과 2당은 득표율에 견줘 의석 비율이 높고, 3위 이하의 정당은 특정 지역을 기반으로 하는 경우를 제외하고는 득표율에 견줘 의석 비율이 낮은 왜곡이 일어난다. 대표적인 사례가 정당투표제가 도입되기 직전인 2000년 4·13 총선이다. 제1당 한나라당과 제2당 새천년민주당은 38.96퍼센트와 35.87퍼센트를 득표했지만, 의석 비율은 49.2퍼센트와 42퍼센트를 차지해 선거 제도의 이득을 누렸다. 반면 제3당인 자유민주연합과 제4당인 민주국민당은 9.84퍼센트와 3.68퍼센트를 득표했지만, 의석 비율에서 6.1퍼센트와 0.6퍼센트를 차지해 손실을 보았다.

4·13 총선의 경우 지역구만으로 계산할 때 새누리당과 민주당은 38.3퍼센트와 37퍼센트를 각각 득표했지만 (비례대표를 제외한) 의석 비율에서는 41.5퍼센트와 43.48퍼센트를 차지해 제도의 혜택을 누렸다. 반면 국민의당은 14.99퍼센트를 득표했지만, 의석 비율은 9.88퍼센트에 그쳐 손실을 입었다. 결국 4·13 총선 역시 소선거구 단순다수제의 일반 법칙이 관철된 것을 보여준다. 이렇게 소선거구 단순다수제가 민심을 '왜곡'하기 때문에 많은 정치학자들은 유권자의 선택이 의석수에 일치하는 방향으로 선거 제도를 고쳐야 한다고 주장했다.

4·13 총선은 정당 투표인 비례대표를 기준으로 본다면 의석수에서 엄청난 왜곡이 일어났다. 정당 투표로만 의석수를 결정하는 순수 비례대표제였다면 4·13 총선의 결과는 크게 달라졌을 것이다. 비례대표에서 각 정당이 받은 비율대로 의석을 나누면 새누리당 100석(33.50퍼센트), 민주당 76.6석(25.54퍼센트), 국민의당 80.5석(26.74퍼센트), 정의당 21.7석(7.23퍼센트)이 되었다. 이 수치를

---

4 국민의당의 각 지역별 비례대표 지지율을 보면, 서울 25.83퍼센트, 부산 20.33퍼센트, 대구 17.42퍼센트, 인천 26.87퍼센트, 광주 53.34퍼센트, 대전 27.14퍼센트, 울산 21.07퍼센트, 세종 26.58퍼센트, 경기 26.96퍼센트, 강원 19.30퍼센트, 충북 21.43퍼센트, 충남 22.51퍼센트, 전북 42.79퍼센트, 전남 47.74퍼센트, 경북 14.81퍼센트, 경남 24.35퍼센트, 제주 22.41퍼센트였다. 호남을 제외하고 전국적으로 고른 지지를 받았다.

4·13 총선 결과에 적용한다면, 새누리당은 22석, 민주당은 46.4석 이득을 본 반면, 국민의당은 41.5석, 정의당은 15.7석의 손해를 보았다. 따라서 민주적 비례성의 원칙에 따르면 4·13 총선은 표심 왜곡이 아주 심한 선거였다. 곧 4·13 총선은 소선거구 단순다수제라는 승자독식의 선거 제도를 바꾸어야 한다는 당위성을 분명히 드러낸 선거였다.

셋째, 4·13 총선의 특징 중 하나로 투표율 상승을 들 수 있다. 4·13 총선의 투표율은 58.0퍼센트로, 19대의 54.2퍼센트에 견줘 4퍼센트가량 상승했다.[5] 이런 결과는 지난 지방선거 때 도입된 사전투표제의 영향으로 볼 수 있다. 4·13 총선의 사전투표율 12.2퍼센트는 투표율에 4퍼센트 조금 넘는 정도 영향을 미쳤을 것으로 추정된다(이현우 2016, 9). 따라서 4·13 총선 투표율 상승의 결정적 요인은 사전투표제라 볼 수 있다. 또한 출구조사에 따르면 4·13 총선에서 젊은 세대의 투표율이 상당히 높아진 것으로 확인된다. 20대의 투표율은 18대 28.1퍼센트, 19대 41.5퍼센트, 20대 49.45퍼센트(한국방송 출구조사)로 계속 증가하는 추세였다.[6] 한 연구자는 이런 현상을 '헬조선'이라는 용어가 웅변하듯이 "최소한의 인간적 삶마저도 포기해야 하는 처참한 현실에 대한 분노의 표출이자, 삶의 벼랑에 몰린 자가 보내는 절박한 구조 요청"이라고 해석했다(김누리 2016).

그런데 흥미로운 사실은 20대의 투표율이 증가했지만 20대의 새누리당에 대한 지지 감소가 두드러지게 드러나지는 않았다는 점이다. 만일 20대 투표율 증가의 원인이 처참한 현실에 대한 불만이었다면 여당 지지율도 19대에 견줘 상당히 하락했을 것이다. 그러나 4·13 총선에서 20대의 새누리당 지지율 하락은 10.9퍼센트로 전체 하락률 9.3퍼센트보다 약간 큰 정도다. 제19대 총선에 견줘 제20대 총선에서 새누리당에 대한 세대별 지지율 하락은 20대 10.9퍼센트(27.4퍼센트→16.5퍼센트), 30대 14.9퍼센트(23.7퍼센트→14.9퍼센트), 40대 12.3퍼센트(33.0퍼센트→20.7퍼센트), 50대 11.6퍼센트(51.5퍼센트→39.9퍼센트), 60대 이상 2.5퍼센트(61.8퍼센트→59.3퍼센트)이고, 전체는 9.3퍼센트였다.[7] 이것은 새누리당의 지지율 하락이 60대 이상을 제외한 전 세대에 걸친 현상이며, 특별히 20대에만 국한된 현상은 아니라는 점을 말해준다.

다음으로 지역별 투표율을 살펴보면, 4·13 총선에서는 영남에서 투표율이 저조했다. 부산 55.4퍼센트와 대구 54.8퍼센트는 전국 평균보다 낮았다.[8] 젊은 세대의 투표율이 높아진 사실을 고려하면, 이런 결과는 노장년층의 상당수가 투표를 포기한 것이라고 볼 수 있다. 노장년층이 예전에는 욕하면서도 여당을 찍었는데, 이번에는 많은 이들이 투표장에 가지 않은 것으로 보인다. 곧 보수 성향이 압도적으로 강한 노장년층도 박근혜 정부와 새누리당에 실망하여 투표장에 가지 않았다고 해석될 수 있다.

결국 4·13 총선은 한국의 유권자들이 변화를 바란다는 점을 보여주었다. 여소야대 정국의 형성은 박근혜 정부에 대한 유권자들의 거부인 동시에 방향 전환을 요구한 것이고, 분할 투표가 증가하고 양당 체제가 3당(또는 4당) 체제로 바뀐 변화는 기존 정당과 정치 행태를 벗어나 새 정치를 요구하는 유권자들의 바람이었다. 또한 지역주의 투표 성향의 완화는 지역주의에 기초한 정치 행태

---

5  역대 총선 투표율은 15대 63.9퍼센트, 16대 57.2퍼센트, 17대 60.6퍼센트, 18대 46.1퍼센트, 19대 54.2퍼센트였다.

6  참고로 세대별 제20대 총선 투표율은 20대 49.4퍼센트, 30대 49.5퍼센트, 40대 53.4퍼센트, 50대 65.0퍼센트, 60대 이상 70.6퍼센트였다(《데일리안》 2016년 4월 14일).

7

(《SBS 뉴스》 2016년 4월 17일).

8  각 광역단체별 투표율은 △서울(59.8%) △부산(55.4%) △대구(54.8%) △인천(55.6%) △광주(61.6%) △대전(58.6%) △울산(59.2%) △세종(63.5%) △경기(57.5%) △강원(57.5%) △충북(57.3%) △충남(55.5%) △전북(62.9%) △전남(63.7%) △경북(56.7%) △경남(57.0%) △제주(57.2%)로 나타났다(《데일리안》 2016년 4월 14일).

에 변화를 요구하는 바람이었고, 20대 투표율 상승은 기성 질서의 변화를 요구하는 청년 세대의 외침이었다.

## 3. 4·13 총선에서 시민사회의 역할과 과제

민주화 이후 한국 사회는 시민사회의 영역이 확대되면서 많은 시민단체가 결성되었고, 1990년대부터 본격적으로 정치사회를 감시하는 활동을 했다. 가장 대표적인 활동이 2000년 총선 때의 낙천낙선 운동과 메니페스토 운동이다. 양자모두 시민사회가 정치사회를 견제한 활동이었는데, 전자는 선거에 관련된 활동이고 후자는 국회에 관련된 활동이다. 그런데 낙천낙선 운동은 대법원에서 불법 판결을 받아 그 뒤의 선거에서는 유사한 활동이 제약되었다.

2016년 총선에 관련하여 가장 대표적인 시민사회의 활동은 2016년 총선시민테크워크(2016 총선넷)이었다. 2016 총선넷은 30여 개의 의제별 연대 기구와 지역별 연대 기구를 포함한 1000여 개의 시민사회단체가 모여 2016년 2월 17일 발족했다.[9] 2016 총선넷은 발족 선언문에서 "정치가 죽어가고", "민주주의, 민생, 평화가 침몰"하고 있으며, "나라의 주인인 대다수 시민의 삶은 너무나도 고달프고 힘겨운데, 이 모든 위기에 가장 큰 책임이 있는 무능하고 독선적인 정부는 도리어 국민 탓만 하고" 있고, "국회는 정부의 무능과 실정을 견제하고 바로잡아야 할 사명을 전혀 수행하지 못하고 있"다고 진단하면서, "민주주의가 꽃피고, 민생과 경제가 살아나고, 평화가 넘실대는 나라를 만들고, 시민들의 삶의 문제를 해결할 새롭고 다양한 정치를 꽃피우기 위해", 그리고 "부패하고 무책임한 정치에 대한 심판"을 위해 "총선의 공간에서 우리는 이 나라 주인으로서 주어진 책무를 수행할 것"이라고 선언했다. 그리고 자신들의 활동 목표로 첫째, 시민에게 후보자와 정당에 대한 다양한 정보를 제공하는 기억 운동, 둘째,

정치 실패, 정책 실패, 국정 운영 실패 등에 대한 심판의 기준과 대상을 제시하는 심판 운동, 셋째, 총선 쟁점과 정책을 공론화하고 후보자와 정당에 이행을 서약하게 하는 약속 운동, 넷째, 국가기관 선거 개입 감시 운동과 투표 참여 운동 등을 제시했다.

2016 총선넷은 먼저 공천 부적격자의 기준을 정하고 관련 제보를 받아 명단을 작성했다. 공천 부적격자 선정은 테러방지법 강행 주도, 역사 교과서 국정화 등 '역사 범죄' 관련, 용산 참사 책임자, 반환경, 사학 비리 비호, 이명박 자원 외교 파탄 책임과 진상 규명 반대, 의료 민영화 추진, 친환경 무상급식 반대 등의 의제를 기준으로 삼아 결정되었다. 이 결과에 따라 2016 총선넷은 공천 부적격자 명단을 작성하고 각 정당에 명단을 전달하여 해당자를 공천하지 말 것을 요구했고, 그럼에도 불구하고 공천한 정당에 대해서는 항의 방문을 하거나 기자회견을 열어 비판했다. 또한 '전국유권자단체 공동 캠페인'을 선포하고 투표 참여 캠페인과 선거 부정 감시 활동을 펼쳤으며, 박근혜 대통령, 이기권 노동부 장관 등을 선거법 위반으로 선거관리위원회에 고발했다.

4·13 총선에서 2016 총선넷이 선정한 '뽑혀서는 안될 집중 낙선 대상자 35명' 중 20명이 당선하고 15명이 낙선했다. 특히 수도권에서는 낙선 대상자 16명 중 11명이 낙선했다.[10] 물론 15명 낙선이라는 결과에는 2016 총선넷의 활동이 영향을 미쳤겠지만, 더 큰 요인은 박근혜 정부와 여당을 향한 시민들의 불만과 분노였을 것이다. 이런 상황을 기반으로 낙선 대상자의 출마 지역, 소속 정당, 상대 후보 등 선거 구도의 역학 관계가 복합적으로 작용했을 것이다.

2016 총선넷 활동은 단체의 성격과 의제의 다양성에도 불구하고 많은 풀뿌

---

**9** 2016년 3월 7일까지 총선넷에 참여한 단체는 총선시민네트워크 홈페이지에서 볼 수 있다(http://www.2016change. net/index.php?mid=news&page=4&document_srl=285).

**10** 2016 총선넷은 이러한 활동 때문에 선관위에 의해 고발되었다.

리 시민단체들이 연대하여 활동한 점에서 이명박 정권 이후 상당 기간 침체해 있던 시민사회가 부활할 수 있는 계기가 되었다. 그렇지만 2016 총선넷 활동을 제외하면 4·13 총선에서 시민 또는 시민사회의 역할은 제한적이었다. 일부 시민단체들은 고용복지연금선진화연대, 복지국가당, 녹색당 등의 정당을 결성하여 4·13 총선에 나섰지만 전혀 존재감을 드러내지 못했다. 이런 결과는 시민운동단체에서 시작하여 연립 정부의 구성원이 된 독일 녹색당의 경우에 비교할 때 큰 괴리를 보여준다. 사실 아직 노동 세력도 정당 체제에 자리잡지 못하고 있는 한국 현실에서 시민단체의 정당화가 성공하기를 바라는 것은 시기상조일 수 있다. 따라서 시민사회의 정치 과정 참여의 가장 대표적인 사례인 시민단체의 정당화는 멀고도 험난한 과제로 보인다. 다만 4·13 총선에서 일부 정당은 국민참여경선을 통해 시민들에게 문호를 개방했다. 정당 공천에 시민이 참여할 기회를 제공한 것이다. 그러나 이 제도 역시 결정은 정당이 하기 때문에 시민사회의 참여라는 측면에서는 한계를 보인다. 따라서 시민사회는 앞으로도 이런 참여 기회를 제도화하라고 정당에 요구해야 한다.


## 4. 나가는 말

지금까지 2016년 4·13 총선에 관련된 몇 가지 질문과 의미, 그리고 시민사회의 활동과 향후 과제를 고찰했다. 4·13 총선의 가장 큰 특징은 박근혜 정부와 새누리당의 실정에 대한 유권자의 신랄한 심판이었다. 그 결과 집권 여당이 제1당의 지위를 상실하면서 여소야대 정국이 형성되었다. 이 밖에도 4·13 총선은 유권자들의 분할 투표가 증가해 정당 체제가 양당 체제에서 3당(또는 4당) 체제로 전환된 점, 지역주의 투표 성향이 약화된 점, 소선거구 단순다수제라는 선거제도와 전체 의석에서 비례대표 지분이 미약해 투표율과 의석 비율의 왜곡이

심하게 드러난 점, 사전투표제 도입으로 특히 20대를 필두로 투표율이 증가한 점 등의 특징을 보여주었다. 이런 특징은 유권자들이 한국 정치의 변화를 바라고 있다는 점을 분명히 보여주었다.

한편 4·13 총선에서 가장 두드러진 시민사회의 활동은 2016년 총선시민네트워트의 공천 부적격자 선정과 낙천낙선 운동이었다. 일부 시민단체들은 정당을 결성하여 총선에 출마했지만 전혀 존재감을 드러내지 못했다. 다만 일부 정당의 국민참여경선은 정당 공천에 시민의 참여를 보장했다. 그렇기는 해도 4·13 총선에서 보인 시민사회의 참여는 아직 초보적인 수준이었다.

표 4. 제20대 국회의원 선거 정당별 득표수 현황(지역구 기준)

| | 선거인수 | 투표수 | 지역구 국회의원 정당별 득표 현황(득표율) | | | | |
|---|---|---|---|---|---|---|---|
| | | | 새누리당 | 더불어민주당 | 국민의당 | 정의당 | 기타 |
| 전국 | 41,893,936 | 24,360,756 | 9,200,690 | 8,881,369 | 3,565,451 | 395,357 | 1,683,264 |
| 득표율 | – | – | 38.3 | 37.0 | 14.9 | 1.6 | .0 |
| 서울 | 8,408,280 | 5,030,122 | 1,821,825 | 2,131,907 | 792,248 | 32,372 | 131,883 |
| 부산 | 2,950,579 | 1,635,474 | 770,522 | 618,824 | 81,120 | 23,455 | 115,879 |
| 대구 | 2,030,129 | 1,112,704 | 520,263 | 204,011 | 8,022 | 8,602 | 307,448 |
| 인천 | 2,378,235 | 1,322,789 | 460,620 | 455,417 | 243,220 | 47,213 | 95,210 |
| 광주 | 1,158,221 | 713,788 | 15,720 | 241,276 (33.8) | 398,594 (55.85) | 11,109 | 18,491 |
| 대전 | 1,213,851 | 711,993 | 270,144 | 307,145 | 105,975 | 11,671 | 6,255 |
| 울산 | 936,791 | 554,508 | 210,867 | 90,045 | 26,534 | 0 | 194,613 |
| 세종 | 167,748 | 106,567 | 38,076 | 11,191 | 8,748 | 0 | 46,187 |
| 경기 | 10,028,141 | 5,766,468 | 2,234,155 | 2,434,272 | 807,592 | 123,612 | 65,058 |
| 강원 | 1,277,335 | 736,758 | 345,158 | 255,423 | 14,644 | 6,903 | 95,769 |
| 충북 | 1,286,889 | 737,089 | 348,591 | 304,446 | 55,538 | 2,801 | 10,244 |
| 충남 | 1,683,018 | 934,227 | 381,292 | 387,408 | 94,577 | 3,155 | 52,925 |
| 전북 | 1,519,229 | 955,807 | 92,216 | 366,086 (38.3) | 398,321 (41.67) | 13,322 | 67,940 |
| 전남 | 1,565,566 | 997,200 | 114,455 | 374,620 (37.7) | 430,405 (43.16) | 10,550 | 29,072 |
| 경북 | 2,237,710 | 1,269,164 | 749,927 | 100,918 | 12,275 | 38,695 | 283,708 |
| 경남 | 2,554,659 | 1,489,938 | 710,049 | 461,359 | 60,257 | 61,897 | 162,582 |
| 제주 | 497,555 | 286,160 | 116,810 | 137,021 | 27,381 | 0 | 0 |

표 5. 제20대 국회의원 선거 비례대표 정당별 득표수 현황

| | 선거인수 | 투표수 | 정당별 득표수(득표율) | | | | |
|---|---|---|---|---|---|---|---|
| | | | 새누리당 | 더불어<br>민주당 | 국민의당 | 정의당 | 계 |
| 전국 | 42,100,398 | 24,430,746 | 7,960,272<br>(33.5) | 6,069,744<br>(25.54) | 6,355,572<br>(26.74) | 1,719,891<br>(7.23) | 23,760,977 |
| 서울 | 8,423,654 | 5,034,47 | 1,522,417<br>(30.82) | 1,280,881<br>(25.93) | 1,424,383<br>(28.83) | 420,292<br>(8.5) | 4,938,961 |
| 부산 | 2,952,961 | 1,636,06 | 654,214<br>(41.22) | 422,916<br>(26.64) | 322,693<br>(20.33) | 95,622<br>(6.02) | 1,587,039 |
| 대구 | 2,031,478 | 1,113,05 | 571,775<br>(53.06) | 175,726<br>(16.3) | 187,765<br>(17.42) | 65,502<br>(6.07) | 1,077,492 |
| 인천 | 2,379,666 | 1,323,19 | 430,683<br>(33.42) | 327,690<br>(25.43) | 346,300<br>(26.87) | 96,538<br>(7.49) | 1,288,381 |
| 광주 | 1,158,598 | 713,886 | 20,124<br>(2.86) | 200,628<br>(28.59) | 374,308<br>(53.34) | 51,390<br>(7.32) | 701,625 |
| 대전 | 1,214,402 | 712,143 | 215,645<br>(30.96) | 196,382<br>(28.19) | 189,062<br>(27.14) | 52,781<br>(7.57) | 696,461 |
| 울산 | 937,421 | 554,631 | 197,388<br>(36.69) | 122,468<br>(22.76) | 113,350<br>(21.07) | 46,907<br>(8.72) | 537,878 |
| 세종 | 167,798 | 106,587 | 29,755<br>(28.63) | 29,591<br>(28.47) | 27,619<br>(26.58) | 9,201<br>(8.85) | 103,907 |
| 경기 | 10,034,919 | 5,768,325 | 1,821,246<br>(32.28) | 1,513,849<br>(26.83) | 1,521,240<br>(26.96) | 439,071<br>(7.78) | 5,640,515 |
| 강원 | 1,277,858 | 736,891 | 307,007<br>(43.4) | 169,288<br>(23.93) | 136,559<br>(19.3) | 40,457<br>(5.71) | 707,357 |
| 충북 | 1,287,549 | 737,249 | 274,497<br>(38.6) | 196,055<br>(27.57) | 152,411<br>(21.43) | 40,147<br>(5.64) | 710,989 |
| 충남 | 1,683,854 | 934,429 | 331,976<br>(36.92) | 243,245<br>(27.05) | 202,457<br>(22.51) | 50,426<br>(5.6) | 899,034 |
| 전북 | 1,520,032 | 956,033 | 69,868<br>(7.55) | 298,537<br>(32.26) | 395,984<br>(42.79) | 75,361<br>(8.14) | 925,272 |
| 전남 | 1,567,192 | 997,524 | 54,369<br>(5.65) | 289,799<br>(30.15) | 458,772<br>(47.73) | 55,952<br>(5.82) | 961,132 |
| 경북 | 2,242,016 | 1,270,113 | 703,928<br>(58.11) | 156,227<br>(12.89) | 179,477<br>(14.81) | 63,081<br>(5.2) | 1,211,317 |
| 경남 | 2,719,668 | 1,549,255 | 658,361<br>(44.0) | 364,354<br>(24.35) | 260,999<br>(17.44) | 97,646<br>(6.52) | 1,496,216 |
| 제주 | 501,332 | 286,893 | 97,019<br>(34.97) | 82,108<br>(29.59) | 62,193<br>(22.41) | 19,517<br>(7.03) | 277,401 |

## 참고 문헌

/

김누리. 〈20대 청년의 힘을 보여준 20대 총선〉. 《한겨레》 2016년 4월 17일.

김동춘. 〈박정희 성장 신화는 이제 마침표〉. 《한겨레》 2016년 4월 20일. http://www.hani.co.kr/arti/opinion/column/740405.html.

김정. 〈제20대 국회의원 선거결과와 대통령제 헌정체제: 정권교체를 의미하는 권력분점〉. IFES 현안진단. http://ifes.kyungnam.ac.kr/kor/PUB/PUB_0501V.aspx?code=FRM160419_0001. 2016년 4월 19일.

오승용. 2016. 〈20대 총선과 야당문화: 정당~유권자연합을 중심으로〉. 《2016년 비판사회학회 춘계학술대회 자료집》. 비판사회학회.

이준한. 2016. 〈2016년 총선결과 분석: 평가와 향후 과제〉. 더좋은미래·더좋은미래연구소 공동기획. 《4·13 총선 평가와 전망: 확인된 민심, 남겨진 과제 자료집》.

이현우. 2016. 〈제20대 국회의원 선거 평가와 제언〉. 미발표 원고.

정한울. 2016. 〈4·13총선과 여론동향.〉 더미래연구소·더좋은미래 공동기획. 《4·13 총선 평가와 전망: 확인된 민심, 남겨진 과제》 자료집.

조성복. 〈4·13 총선, 새누리당도 수도권에선 피해자〉. 《프레시안》 2016년 4월 18일. http://www.pressian.com/news/article.html?no=135524.

데일리안. 〈20대 총선, 20·30대 투표율 12.1퍼센트 급상승 '돌풍의 핵'〉. 2016년 4월 14일 http://www.dailian.co.kr/news/view/567256/?sc=naver

한국일보. 〈지역구선 더민주, 비례는 국민의 당 餘 외면한 분할투표 뚜렷〉. http://www.hankookilbo.com/v/4af36402a96f4f5bbe836f2f5c07e986. 2016년 4월 18일.

_____. 〈與 패배원인 "박대통령.정부 탓" 40퍼센트 "새누리 잘못" 38퍼센트〉. http://www.hankookilbo.com/v/b2f2cb2ce1da43c59f334d776f84733a. 2016년 4월 18일.

중앙선거관리위원회. 〈제19대 국회의원 선거 총람〉. http://www.nec.go.kr/portal/bbs/list/B0000215.do?menuNo=200186.

2016 총선시민네트워크 http://www.2016change.net/.

SBS. 〈세대별 유권자의 진짜 표심은 어땠을까?〉. 2016년 4월 17일. http://news.sbs.co.kr/news/endPage.do?news_id=N1003527707&plink=ORI&cooper=DAUM.

# 9장

미국: 한미 관계와 한국의 민주주의
— 1980~1987년

이 글은 1979년 10월 26일 박정희 대통령이 시해된 시점부터 1987년 12월 민주화운동의 결과 새로운 대통령이 선출된 시점까지 한국의 민주주의에 관련된 주요 사건과 그 사건들에 대한 미국의 인식과 대응을 고찰한다.

먼저 10·26 군부 쿠데타 이후 전개된 한국 정치의 상황, 곧 최규하 정부의 출범, 전두환을 중심으로 한 신군부의 하극상인 12·12 쿠데타와 권력 장악, '서울의 봄' 시기의 야당과 민주화 세력의 정치 활동, 1980년 5월 광주민주화운동, 최규하의 하야와 전두환의 대통령 취임, 김대중의 사형 판결과 카터 행정부의 구명 노력 등 1979~1980년 권력 교체기의 사건과 관련 사건들에 대한 미국의 인식을 다룬다.

다음으로 1983년 레이건 대통령 방한 시기 한국 민주화에 대한 압력, 그리고 1985년 서울 미문화원 점거 농성 사건과 그 사건에 대한 미국의 대응을 고찰한다. 그리고 1987년 민주화 전환기 한국 민주화에 대한 미국의 지지를 다룬다.

마지막으로 1970년대 후반 한국의 인권과 민주주의 발전을 주장한 카터 행정부가 1979~1980년 시기 신군부에 의한 민주화 역행 과정에 개입하지 않은 반면, 안보를 중시한다고 알려진 레이건 행정부가 1987년 한국의 민주화운동을 적극 지원한 점에 주목하여 왜 이런 차이가 발생했는지를 고찰한다. 이런 고찰은 한국 민주화에 대한 의지와 무관하게 미국이 개입할 수 있었고 또한 개입할 수 없던 환경을 보여줌으로써 미국의 영향력과 한계를 보여준다.


## 1. 1979~1980년 권력 교체 시기의 한미 관계

### 1) 신군부의 등장과 미국

1979년 10월 26일 갑작스런 박정희 대통령의 사망은 18년 동안 이어진 일인 절대 권력의 소멸을 의미했기 때문에 민주화에 대한 기대가 높아진 동시에 북한의 남침 위협 가능성에 대한 불안감도 증대했다. 그러나 대통령 사망 이후 한국의 정세는 별다른 위기를 맞이하지 않고 안정된 상황을 유지했다. 유신 헌법에 따라 궐석인 된 대통령직은 최규하 국무총리가 대통령 권한대행으로서 승계했고, 유신 체제 반대 세력도 섣부른 행동에 나서지 않았을 뿐 아니라 가장 큰 위협 요소인 북한 역시 사태를 관망한 채 움직이지 않았다. 대통령의 암살이라는 돌발 상황에서 카터 행정부의 최우선 관심사는 당연히 주한미군의 안전과 남한의 안보였다. 특히 북한이 남한 정세를 이용하여 도발할 것을 우려했기 때문에 유엔군과 한국군의 경계 태세를 강화하고, 기동타격대를 한국 영해로 파견하고, 공중 조기경보 통제기를 출격시켰다(오버도퍼 2002, 178).

미국은 한편으로 한국의 안보를 확보하는 동시에 다른 한편으로 전부터 박정희 정부에 요구한 정치적 민주화를 새 정부가 추진하도록 유도했다. 11월 3

일 박 대통령의 장례식에 참여한 사이러스 밴스 국무부 장관은 미국은 대한민국의 정치 발전이 '사회·경제적 발전에 상응할' 것을 기대한다고 공개적으로 말하면서, 최규하 정부에는 "헌법개정, 긴급조치 9호의 해제, 정치범 석방, 계엄령으로 문이 닫힌 국회 개원, 검열 완화, 계엄령 해제 등"을 조언했고 재야 세력에도 "과격한 시위는 민주화를 앞당기기보다 오히려 정부 태도를 강경하게 만들뿐이라고 경고"했다고 전했다. 이런 말은 박 대통령 사후 미국이 한국 내정에 상당히 깊숙이 개입했다는 것을 보여준다(글라이스틴 1999, 108).[1]

사실 12월 12일 신군부의 쿠데타 이전까지 미국은 한국의 장래를 낙관적으로 전망했다. 주한 미국 대사 글라이스틴은 "사회질서가 심각하게 훼손되지 않는 한" 군사 쿠데타 가능성은 없을 것이라고 말했다(글라이스틴 1999, 115). 그러나 육사 11기를 중심으로 한 신군부는 12월 12일 휘하 부대를 이용하여 계엄사령관이자 육군 참모총장인 정승화와 정승화를 추종하는 군인들을 체포, 연행하는 '하극상'의 반란을 일으켰다. 전두환은 정승화 계엄사령관이 대통령 암살 사건에 연루되었다는 의혹을 제기하면서 자신들의 행위를 정당화했지만, 미국은 이런 주장을 전혀 받아들이지 않았다. 이 사건은 한국에서 권력 투쟁이 발생할 경우 한국군에 대한 미국의 통제권은 큰 힘을 발휘할 수 없다는 사실을 잘 보여주었다(오버도퍼 2002, 190).

12월 14일 전두환은 대대적인 군 인사를 단행해 선배 장성들을 몰아내고 육사 동기와 측근들을 핵심 요직에 앉혔다. 이러한 신군부의 일련의 행동에 대해 미국은 직접적으로 부정적인 견해를 전달함으로써 영향력을 발휘하려 했다. 먼저 글라이스틴은 전두환을 미 대사관으로 초청하여 신군부가 양국의 신뢰를

---

1 글라이스틴은 박정희 사후부터 "12월 12일 전두환의 쿠데타 전까지의 7주간"에 "미국의 영향력이 최고조에 달했"다고 증언했다. 또한 이 시기 "극도의 불안한 상황에서 미국은 한국인들이 경제적·군사적으로 안도감을 갖도록 지원했다"고 말했다(글라이스틴 1999, 119).

깨트린 데 미국이 분노하고 있으며 미국은 한국에서 "국민적 합의에 기초한 민간정부의 발전"을 지향한다는 의사를 전달했다(글라이스틴 1999, 130).

다음으로 미국은 1980년 1월 9일 12·12 사태에 대해 공식적인 항의를 담은 카터 대통령의 친서를 신군부에 전달했다. 이 친서에서 카터는 "한미 양국 간에 합의된 지휘체계가 심각하게 침해된 것에 대해 깊은 우려를 표명하고 차후 유사한 일이 재발할 경우 양국 간의 긴밀한 협조에 심각한 결과가 초래될 것이라고 경고"하는 한편, "민간정부를 전복시켜 정치발전 계획이 무산되어서는 안 된다는 입장"을 표명했다(글라이스틴 1999, 135).[2] 그러나 미국은 신군부의 군사 반란을 무효화하려는 노력을 기울이지는 않았다. 글라이스틴은 전두환의 측근들에게 "우리는 12·12 사태를 역전시키기 위한 어떠한 노력도 하지 않을 것"이라고 명백히 밝히기까지 했다. 이것은 미국이 기존 질서를 거스르는 방식으로 영향력을 행사할 의지가 없었다는 사실을 보여준다. 미국은 한국군 내부의 반대 세력을 부추겨 신군부에 대항하도록 하지는 않았다. 사실 이럴 경우 한국군 내부의 무력 충돌이 일어날 가능성이 높았고, 이런 사태는 한국의 안보를 결정적으로 약화시키는 일이었기 때문에 미국으로서는 사용할 수 없는 카드였다. 대신 미국은 전두환에게 정치에 개입하거나 정치권력을 장악하지 말라고 경고했다(오버도퍼 2002, 194).[3]

12·12 쿠데타는 미국이 최규하 정부의 통치 능력을 불신하게 된 결정적 계기였다. 1980년 2월 초 작성된 《주간동향보고서 — 한국》에서 미 국무부는 최규하 정부를 "깨지기 쉬운" 정부로 규정했다. 그러나 보고서는 최규하를 대체할 대안을 모색하기보다는 1981년분 대한 대외군사판매[FMS]를 증대하여 미국이 최규하 정부를 지지한다는 점을 분명히 보여주어야 한다고 건의했다.[4]

당시 미국은 신군부의 하극상에도 불구하고 민주화의 가능성이 사라졌다고 판단하지 않았다. 그래서 글라이스틴은 최 대통령의 민주 개혁 노력을 돕기 위해 군이 국방 임무에 복귀할 방법을 모색하고, 전두환의 정치 관여를 저지하기 위해 한국에 대한 경제 제재 조치를 고려했다고 했다(글라이스틴 1999, 137). 그러나 실제로 미국은 이 조치들이 불안정한 한국 경제에 악영향을 미치고 이 위기를 이용하여 군부가 또 다른 강압적 조치를 취할 수 있다고 판단해서 제재를 시행하지 않았다(브라진스키 2011, 390~391).

또한 미국은 신군부가 권력을 찬탈할 가능성을 배제하지 않았다. 글라이스틴은 1월 말에 전두환이 이미 '정치가'의 면면을 보인다고 보고했고, 2월에는 전두환이 모든 곳에 있다면서 정치 권력의 중심으로 향하는 모습을 확인했다.[5] 또한 글라이스틴은 신군부에 대한 한국인들의 반감에도 불구하고 신군부가 이런 상황을 무시하고 쿠데타나 민간 관료를 내세운 정부의 조정을 통해 권력 장악에 나설 가능성을 상정했다.[6]

이런 인식하에서 미국은 최우선적으로 최규하 정부가 민주화 일정을 준수해야 한다고 강조했다. 미국은 1970년 1월 리처드 홀브룩 동아시아·태평양 담당 차관보를 한국에 보내 최규하 대통령에게 민주화를 위한 정치 일정의 중요성을 강조하고, 김영삼 신민당 총재에게도 전화를 걸어 야당의 자제를 당부했다.[7] 2월에도 홀브룩 차관보는 한국의 정치 민주화가 미국에 중요하다는 입장을 표

---

**2** 미국은 전두환에게 민간 정부를 넘보지 말 것을 경고했다(글라이스틴 1999, 144).

**3** 글라이스틴은 "한국군 내부와 민간정부, 그리고 한국 국민들이 별다른 저항을 하지 않는 마당에 미국의 행동만으로 전두환을 효과적으로 제지할 수는 없었다." 곧 "12월 12일 밤 나는 서울의 현실을 수용할 수밖에 없었다"고 주장했다(글라이스틴 1999, 136)

**4** Telegram from American Embassy in Seoul to Secretary of State, "Weekly Status Report-Korea," February 1, 1980. 돈 오버도퍼 파일(DOF), Box No. 5, DoS, Telegram, 1979-81, 국사편찬위원회(국편).

**5** Telegram from American Embassy in Seoul to Secretary of State, "Some More Straws in the Wind-Political Infighting Begins," February 2, 1980. DOF, Box No. 5, DoS, Telegram, 1979-81, 국편.

**6** Telegram from American Embassy in Seoul to Secretary of State, "A Plethora of Problems Koreans Must Address," February 11, 1980. DOF, Box No. 5, DoS, Telegram, 1979-81, 국편.

**7** Telegram from American Embassy in Seoul to Secretary of State, "Holbrooke Meeting with President Choi"/ "Assistant Secretary Holbrooke's Call on NDP President Kim Young-Sam," January 17, 1980. DOF, Box No. 5, DoS, Telegram, 1979~1981, 국편.

명했고, 특히 정치 자유화 일정이 제때 이행되는 것이 중요하다고 강조했다.[8] 미국이 한국의 민주화를 강조한 것은 민주화 자체로 의미가 있기도 하지만 신군부를 견제하고 소요를 방지하여 한국의 안정을 확보하는 데 필수적이라는 인식이 전제되어 있었다(박원곤 2011, 129).

한편 신군부가 즉각적인 권력 장악에 나서지 않은 상태에서 12월 21일 유신헌법에 따라 선출된 최규하가 대통령에 취임했고, 이후 한국에서 점진적인 개혁이 시작되었다. 최 대통령은 김영삼 총재 등 각계 인사들을 만나 의견을 들었고, 언론 검열을 완화했으며, 김대중을 복권시켰고, 유신 체제에서 축출된 교수와 학생들을 학원에 복귀하도록 허용했다. 또한 김영삼, 김대중, 김종필 등 유력 정치인은 민주화에 대한 낙관 속에서 정치 활동을 재개했고 대학생들은 3월에는 본격적인 정치 투쟁을 펼치지 않은 채 학내 민주화 투쟁을 진행했다.

이런 조치들은 그동안 미국이 최 대통령에게 실시하기를 권한 것으로, 미국이 의도대로 한국에서 민주화가 진행될 것이라고 예상하게 만들었다. 곧 글라이스틴은 3월 중순 워싱턴에 제출한 보고서에서 한국의 민주화 가능성을 "나쁘지 않다"고 전망했다. 학생 시위가 예상되지만 대규모 시민 소요의 가능성은 크지 않고, 군부의 개입을 염려한 정치인의 자제도 예상되며, 최규하 정부는 직면한 문제를 풀 정도의 능력은 있다는 이유였다. 또한 쿠데타의 가능성도 크지 않고, 대부분의 한국인이 군부 통치에 반대하는데다가 미국도 경고하기 때문에 군의 정치 개입이 쉽지 않을 것으로 판단했다.[9]

그렇기는 해도 미국은 여전히 군의 정치 불개입에 대해 확신을 갖지 못했다. 1980년 3월 17일자 보고서에서 글라이스틴은 3월에 일어난 김대중 사면과 전두환 중장 진급이 "한국의 상반된 이미지"를 보는 것 같다고 평가했다. 첫 번째 이미지는 "한국이 예정대로 정치 발전을 위한 단계로 접어들었으며, 아직 실감 나지는 않지만 유신체제와 같은 1인 독재 체제로부터 완전한 민주주의 체제를 향해 나아가는" 것이라고 평가했다. 그러나 두 번째 이미지는 "훨씬 불길한"

징조인데, 전두환이 "점차 권력을 강화하여" 사람들로 하여금 "한국 정부의 주요 정책에 결정적인 영향력을 행사하고 있다"고 느끼게 하는 정도에 이르렀다고 평가했다. 그런데 미국은 이렇게 한국의 미래에 대한 상반된 전망 속에서 단지 방관한 채 한국인 스스로 안정과 민주주의를 추구하기를 바라는 것밖에 없다고 불평했다. 곧 당시 미국 정부는 한국에서 정치적 민주화가 진행되기를 희망했지만, 이것이 실현될 수 있을지에 대해서는 확신을 갖지 못했다(브라진스키 2011, 391~392).

이런 모호한 상황에 종지부를 찍은 것은 4월 14일 전두환의 중앙정보부장 서리 임명이었다. 이것은 권력이 최규하 정부에서 전두환의 신군부로 이동한다는 사실을 보여주는 사건으로, 미국의 희망과 달리 한국에서 정치적 민주화가 추진되지 않으리라는 것을 보여주었다. 당시 글라이스틴은 워싱턴에 "전두환의 행동은 '역행 내지는 전혀 예측하지 못한' 조치로 스스로 대통령이나 막후 실세가 되려는 의중을 드러낸 것"이라고 보고했다(글라이스틴 2002, 160). 그러면서 전두환의 행동에 제동을 걸지 않으면 미국이 종이호랑이로 비칠 것이라고 판단하여 워싱턴에 연례 안보협의회의Security Consultative Meeting · SCM 연기와 중앙정보국CIA 국장의 한국 방문 취소를 건의했다. 워싱턴은 이 건의를 받아들여 안보협의회의를 무기한 연기했다(글라이스틴 2002, 161). 그러나 이것은 전두환의 권력 장악에 대한 항의만을 표시한 것일 뿐 그 상황의 번복을 강제하는 조치는 아니었다. 정치 안정을 담보할 명확한 대안이 없고 군의 반발과 혼란도 고려해야 하는 미국의 딜레마를 보여줄 뿐이었다.[10]

---

8  Telegram from American Embassy in Seoul to Secretary of State, "DPM Calls on Deputy Secretary Christopher," February 21, 1980. DOF, Box No. 5, DoS, Telegram, 1979~1981, 국편.

9  Telegram from American Embassy in Seoul to Secretary of State, "Yet Another Assessment of ROK Stability and Political Develoopement," March 12, 1980. DOF, Declassified Document Reference System(DDRS).

전두환의 권력 장악과 함께 최규하 정부의 정치 개혁이 지지부진하자 4월부터 그동안 인내하던 대학생들이 본격적인 정치 투쟁을 전개했다. 이제 양자 간의 충돌은 시간 문제였다. 한국 정부는 시위 진압을 위해 경찰력을 보강할 군대를 동원하려 했고, 그 필요성을 미국에 통보했다. 5월 7일 글라이스틴은 워싱턴에 보낸 전문에서 "한국 군부가 비상사태를 위해 …… 부대의 이동을 미군 사령부에 통지했다"고 보고했다.[1] 그리고 5월 8일 워싱턴에 보낸 전문에서는 "우리는 절대적으로 불가피한 경우 군병력을 동원해 경찰력을 보강하고, 법과 질서를 유지하겠다는 한국 정부의 비상계획을 미국 정부가 반대한다는 언질을 주어서는 안 될 것"이라고 덧붙였다. 곧 한국이 협의를 요구한 군대 이동에 대해 미국이 반대하지 않는다는 견해를 한국에 전하겠다는 것이었다. 미 국무부는 "우리는 미국 정부가 한국 정부의 법질서 유지를 위한 비상계획에 대해서 반대해서는 안 된다는 사실에 동의한다. 그러나 한국 정부가 이에 대한 권한을 신중하고 절제된 방식으로 사용하지 않는다면 사태가 보다 악화될 위험이 있음을 전두환과 최규하에게 주지시켜야 한다"고 회신했다(오버도퍼 2002, 198).

그러자 글라이스틴은 전두환에게 "몇몇 사람들이 소란을 피운다고 대다수 학생과 국민들을 적으로 만들지 않도록 신중"해야 하며, "정부의 일차적 책임이 법과 질서 유지에 있는 것은 틀림없지만 군대 동원의 위험성과 사망자가 발생할 경우의 혼란에 대해 경고했다"(글라이스틴 1999, 168). 위컴도 국방부 장관과 합참의장을 만난 자리에서 군사력이 민간인 시위에 사용될 경우 사태가 악화될 염려가 있다는 사실을 강조했다(오버도퍼 2002, 198). 그러나 전두환과 신군부는 미국의 이런 인식에 원칙적으로 동의하면서도 "학생들의 배후에 북한의 숨은 손"이 있다면서 "북한의 남침 가능성을 제기"했다. 그리고 미국의 의사를 무시한 채 5월 17일 밤부터 향후 2주 동안 민주화 세력을 무자비하게 탄압했다.

## 2) 광주항쟁과 미국

최규하 정부는 5월 17일 밤 국무회의를 열어 북한의 도발 동태와 전국적인 소요 사태를 근거로 5월 18일 0시를 기해 제주도를 포함한 전국으로 비상계엄을 확대했다. 또한 군사계엄 당국은 시위 주동 학생들과 함께 김대중, 김영삼, 김종필 등 저명한 정치인들을 체포하고 국회를 폐쇄했으며, 모든 정치 활동을 금지하고 언론 검열을 재개했으며, 모든 대학을 폐쇄하고 군대를 진주시켰다.

글라이스틴은 전화와 전보로 워싱턴에 "한국 군부가 학생들과 어쩌면 전체 정치권에 강력한 탄압을 가하기 위해 한국 정부의 합법적 권위를 무시"했고 "군부에 의한 사실상 정권 인수가 진행 중"이라고 보고했다(글라이스틴 2002, 176). 미국 정부도 전두환이 점진적으로 민주화를 달성할 수 있는 모든 기회를 파괴했다고 파악했다. 글라이스틴은 이희성 계엄사령관과 최규하 대통령에게 "사태 전개에 대해 심각히 우려할 뿐 아니라 사전에 아무 협의도 없었던 점에 놀라움과 충격을 금할 수 없다"고 말하는 동시에 최 대통령에게 "즉시 그리고 공개적으로 민의에 의한 민간정부 선출을 위한 노력을 재개할 것을 촉구"했다. 그러나 이희성 계엄사령관은 시위 학생들의 숫자가 엄청나게 늘어났기 때문에 정치적 억압은 불가피한 조치였다고 주장했다. 최 대통령도 "학생들이 자신의 정부를 무너뜨리는 일은 절대로 용납하지 않겠다고 거듭 강조"했고, "김종필, 김대중, 김영삼이 학생들에게 '악영향'을 끼치고 있다면서 그들을 통렬히 비난"했다. 또한 최규하는 "정치개혁 일정을 계속 추진할 것이며, 3김은 체포된 것이 아

---

10 박원곤은 당시 미국이 한국 국내 문제에 대해 전방위적 압박을 가하기 쉽지 않던 이유는 1979년 말 이란 사태와 아프간 문제로 동맹국의 협력이 어느 때보다 절실했기 때문이라고 설명한다(박원곤 2011, 132).

11 Telegram from American Embassy in Seoul to Secretary of State, "ROKG shifts Special Forces Units," May 7, 1980. DoS, 《5·18 광주 민주화운동 자료총서》 제9권, 광주광역시 5·18사료편찬위원회(1997), 57~58쪽.

니고 '포고령 위반으로 조사받는 것'이라며 국회가 '정치활동을 하지 않는다'면 아무 때고 회의 소집이 가능하다고 주장했다"(글라이스틴 2002, 178~179). 결국 미국은 자신들이 요구하는 정치적 민주화와 반대로 움직이는 신군부의 조치에 제동을 걸지 못한 채 무기력하게 수용했다. 그러나 이것은 시작에 불과했다.

5·17 비상계엄 전국 확대 이후 서울을 비롯한 모든 지역에서 시위가 중단되었다. 그러나 광주에서는 18일에도 학생들의 평화 시위가 전개되었다. 학생들은 학내 시위가 봉쇄되자 시내 중심부로 진출하여 산발적이나마 평화적 시위를 전개했다. 그런데 광주로 이동한 특전사 소속 7여단과 11여단 등 공수부대원들이 학생들을 무자비하게 구타했고, 경악한 시민들이 시위대에 합세하면서 시위가 확산되었다. 19일과 20일 시위대에 대한 군인들의 무차별 공격이 지속되면서 많은 학생과 시민들이 살해되거나 부상당했다. 이런 무자비한 폭력에 관한 소식과 소문이 광주 전역으로 퍼지면서 21일 아침 마침내 광주 시민들은 군용 차량을 탈취하고 무기고를 습격하여 권총과 소총과 함께 수천 발의 탄약을 손에 넣은 후 공수부대 병력과 전투를 벌였다. 이날 오후 군인들이 광주 시내에서 철수하면서 양측의 공방은 중단되었다. 22일 광주에서는 저명한 교회 지도자들이 포함된 시민수습위원회가 구성되었고, 사태를 평화적으로 해결하기 위한 대화가 시작되었다. 수습위원회는 질서 회복과 정부의 사과를 조건으로 탈취 무기의 반환, 희생자와 재산 손실 보상, 항쟁 가담자들에 대한 사면 등을 요구했다. 그러나 당일 계엄 당국은 김대중이 대중 선동과 정부 전복을 기도하고 학생 시위를 배후 조종했다는 중간 수사 결과를 발표했다. 이 발표는 광주에서 벌어지던 협상에 찬물을 끼얹었고, 정부가 수습위원회의 요구를 전혀 받아들이지 않으면서 25일에 모든 협상은 결렬되었다. 결국 계엄 당국이 27일 새벽 3시를 기해 군 병력을 투입하여 마지막 저항 세력이 남아 있던 전남도청을 공격하면서 광주항쟁은 비극으로 막을 내렸다. 1980년 광주항쟁은 200여 명의 사망자와 그 이상의 부상자, 그리고 광주 시민들에게 씻을 수 없는 상처를

안긴 한국 현대사의 최악의 비극적 사건이었다. 그러나 1980년대 내내 한국 민주화 세력에게 정신적 자양분이 되었고, 1987년 6월 민주항쟁을 이끌어낸 결정적인 동력이 되었다.

서울 미 대사관은 18일 밤 광주 미 문화원을 통해 처음 광주 소식을 접했고, 이후 외신 기자들과 선교사들을 통해 정보를 획득했다. 글라이스틴은 처음에는 한국 정부가 제공한 정보에 의거해 광주항쟁을 "남한 군대에게 경악을 안겨준 통제 불능의 대규모 무장 폭동"이라고 워싱턴에 보고했다(오버도퍼 2002, 204). 그러나 19일 특전사 병력이 광주에서 저지른 만행을 알게 되었고, 위컴과 함께 모든 경로를 동원해 자신들의 경악과 비탄을 전했다(글라이스틴 1999, 189). 미국에서도 20일 에드먼드 머스키 신임 국무부 장관이 기자회견을 통해 한국에 대해 깊은 염려를 표명했고, 21일 호딩 카터 국무부 대변인은 광주 문제에 대해 자제와 화해를 위한 대화를 강조했다. 특히 22일 글라이스틴은 미국 정부에 관련 성명을 발표하라고 건의했고, 미 국무부는 한국 정부와 광주 시민 양측에게 최대한 자제할 것을 촉구하며 평화로운 문제 해결을 요청하는 성명서를 발표했다. 미국은 성명서를 광주 일대에서 공중 살포하기로 한국 정부와 약속했지만 신군부가 약속을 지키지 않아 광주 시민들에게 전달되지 않았다. 게다가 신군부의 언론 통제 때문에 일반 한국인들에게도 알려지지 않았다. 22일 워싱턴에서는 머스키 국무부 장관이 주재하고 브라운 국방부 장관, 브레진스키 백악관 안보 담당 보좌관, 존스 합참의장, 터너 중앙정보국 국장, 홀브룩 국무부 차관보 등이 참석한 국가안보회의가 열려 다음 사항에 합의했다. "최우선 과제는 계엄 당국이 차후 혼란의 씨가 되지 않도록 최소한의 무력을 행사해 광주의 질서를 회복하는 일이다. 질서가 회복된 후에는 정치적 자유의 신장을 위해 한국 정부와 특히 군부에 압력을 가해야 한다." 브레진스키는 이런 미국의 입장을 "단기적으로는 '지원', 장기적으로는 정치 발전을 위한 '압력'"이라고 요약했다(글라이스틴 2002, 193; 오버도퍼 2002, 204~205).

미국은 신군부의 5·17 비상계엄 확대 조치가 상황을 악화시키고 광주에서 위기를 발생시켰다고 판단했지만, 광주의 질서 회복을 선결 과제로 인식했기 때문에 평화적 방법을 통한 해결을 강구하되, 이것이 불가능할 경우 무력을 사용하여 질서를 회복할 수밖에 없다고 정리했다. 미국은 대학생 시위로 정세가 불안정하게 된 5월 초에 이미 군대를 동원한 한국 정부의 비상 계획에 반대하지 않는다는 입장을 표명했다. 워싱턴은 "한국이 내부 안정을 위해 추가 부대 이동을 요청"하면 동의하기로 방침을 정했다.[12] 그래서 미국은 광주항쟁을 진압하려는 한국군의 부대 이동 상황을 공유했다. 5월 22일 전문에서 주한 미 대사관은 "만약 평화적 방법이 실패한다면 정부는 전라남도에 20사단과 공수특전단 등이 준비되어 있다"고 언급했다.[13] 그리고 23일 미국은 유병현 합참의장에게서 1~2일 안에 군이 광주로 재진입한다는 통보를 받았다고 언급했다.[14]

광주항쟁에 관련하여 미국의 역할이 계속 논란이 되자 글라이스틴은 회고록에서 광주에서 "시민봉기를 야기한 특전사 병력의 야만적 행동"과 "5월 27일의 군 병력 재진입의 차이점"을 강조했다. 그는 "5월 18일부터 21일까지 시위진압에 투입된 한국군의 어느 부대도 위컴 장군의 작전권 관할 하에 있지 않았"고 "위컴이나 나 어느 누구도 그들 병력의 임무가 무엇인지 알지 못했다"고 주장했다. 그래서 21일 외신 기자들을 만난 회견에서 한국 정부의 조치를 강하게 비난하고 미국이 광주의 만행에 전혀 상관없다는 점을 강조했다. 반면 5월 27일 군 동원에 대해서는 "미국은 필요한 경우 질서유지를 위한 마지막 수단으로 군 병력 동원에 반대할 수 없었다"고 변명했다. 그리고 20사단의 비상 동원을 승인한 것도 특전사 병력의 동원을 최소화하기 위한 인도적 기도였다고 주장했다. 곧 "처음 있었던 일은 우리가 전혀 알지 못하는 사이에 진행되어 우리를 경악시켰지만 나중 일은 우리와 사전 협의하에 진행되었다"는 주장이었다(글라이스틴 2002, 188~191). 그러나 이런 미국의 '선한' 의도는 한국인들에게 알려지지 않았고, 그래서 많은 한국인이 분노의 화살을 미국으로 돌렸다고 주장했다.

광주가 정부군에 넘어간 지 이틀 후 글라이스틴은 워싱턴에 '5·17 조치와 광주 민중봉기에 비춰본 기본적 제안'이라는 '사적인 견해를 담은 전문'을 보냈다. 글라이스틴은 미국이 "독단적인 지도자들(전두환과 그 일행)의 권력을 향한 행진을 저지하거나 지연시키는 데 명백히 실패했다"고 지적했다. 그리고 "전두환 일파는 우리에게 선택의 여지가 없다는 생각에서 우리의 대응을 과소평가하거나 도외시하고 우리를 당황케 할 정도로 오만"해졌고, 그렇게 되도록 자신들이 방치했다. 그렇지만 미국이 "양국 간의 안보관계나 대북한 기본정책, 혹은 경제적 지원 자세를 변경하겠다는 위협을 가하지 않은 것은 그런 위협이 역효과를 가져오고 일반 국민을 놀라게 할 것으로 예측했기 때문"이라고 주장했다(글라이스틴 1999, 202). 글라이스틴은 미국이 전두환 세력의 권력 장악과 광주 무력 진압에 동의한 것이 아니라 주한미군과 한국의 안보를 위해 불가피하게 현상을 인정했다고 주장했다.

결국 광주항쟁을 둘러싸고 한미 관계는 다시 요동쳤다. 양국은 초기 대응에 대해 이견을 보였지만 해결 방안을 둘러싸고 어느 정도 합의했다. 신군부가 초기에 특전사 병력을 동원하여 시위대를 무자비하게 진압한 행동에 미국은 경악했지만 질서 회복을 선결 과제로 생각했고 신군부를 징계할 현실적인 수단이 없었기 때문에 가능하면 협상을 통해 갈등을 해결하려 했다. 그런 노력이 실패하자 한국군을 동원해 광주의 질서를 회복하는 데 동의했다. 결국 광주항쟁 내내 미국은 정치적 민주화라는 자신들의 목표에 완전히 반대되는 행보를 보

12 Telegram from American Embassy in Seoul to Secretary of State, "Your Memo to the Secretary for the PRC Meeting," May 22, 1980. DoF, Box No 2, Kwangju Uprising Cables, NSL, GWU.

13 Telegram from American Embassy in Seoul to Secretary of State, "Korea Sitrep, 1800, May 22," May 22, 1980. DoF, Box No 2, Kwangju Uprising Cables, NSL, GWU.

14 Telegram from American Embassy in Seoul to Secretary of State, "Korea Sitrep, 1500, May 23, 1980," May 23, 1980. DoF, Box No 2, Kwangju Uprising Cables, NSL, GWU.

인 신군부에 끌려다니는 무기력한 모습을 보여주었다.

한미 관계와 관련하여 1980년 5월 광주를 둘러싼 일련의 상황은 한국에 대한 미국의 영향력이 지닌 한계를 잘 보여주었다. 미국은 10·26 이후부터 한국 정부에 정치적 민주화를 요구했지만, 신군부는 민주화를 요구하는 광주 시민들의 시위를 무력으로 진압함으로써 미국의 요구를 정면으로 거슬렀다. 그렇지만 미국은 주한미군의 안전과 한반도의 안정이라는 목표 때문에 신군부를 응징하기는커녕 무력 사용이라는 요구를 수용할 수밖에 없었다. 그 뒤 신군부는 미국의 이런 약점을 이용하여 자신들의 권력 장악에 대한 미국의 승인을 얻어내었다.[15]

### 3) 전두환의 권력 장악과 미국

광주항쟁 이후 전두환은 본격적으로 권력 장악에 나섰다. 5월 30일 정부는 계엄군과 내각 간의 협조 체제를 긴밀히 한다는 명분으로 국가보위비상대책위원회를 신설했다. 전두환이 상임위원장에 임명된 것에서 알 수 있듯이 이 기구는 전두환 자신이 직접 정부를 운영하기 위해 설치한 것이었다. 6월 12일 최규하 대통령은 1980년 10월 개헌 국민투표와 1981년 6월 정권 이양 등 정치 일정을 확인하는 담화를 발표했다. 7월 4일 계엄사령부는 김대중을 비롯한 37명을 내란 음모 혐의로 계엄보통군법회의 검찰부에 구속 송치할 방침을 밝혔다. 8월 7일 전두환은 전역을 준비하기 위해 스스로 대장으로 진급했다. 8월 16일 최규하 대통령은 오전 10시 특별 성명을 통해 대통령직 사임을 발표했다. 공식적인 사임 이유는 평화적 정권 교체의 선례였지만 실질적으로는 신군부의 '압력'에 밀린 '퇴출'이었다. 그러자 국방부는 전군주요지휘관회의를 열어 차기 대통령으로 전두환 위원장을 추대했다. 8월 22일 전두환의 전역식이 열렸고, 8월 27일 통일주체국민회의가 소집되어 총 투표자 2525명 중 2524표로 단독 후보 전두환이 제11대 대통령으로 선출되었다. 결국 12·12 쿠데타 이후 8개월에 걸친 작업 끝에 전두환은 최고 권력을 장악했다.

1980년 10월 전두환 정부에 의해 임의적으로 구성된 국가보위입법회의는 제5공화국 헌법을 만들었고, 이 헌법은 10월 22일 국민투표에서 투표율 95.5퍼센트에 찬성률 91.6퍼센트로 통과되었다. 11월 3일 육군 계엄고등군법회의는 내란 음모 사건에 관련하여 김대중에게 사형을 선고했다. 11월 9일 미국 대통령에 당선한 로널드 레이건은 기자회견에서 한국을 지지한다고 밝혔다. 1981년 1월 23일 대법원은 '김대중 등 내란 음모 사건' 관련 피고인 12명의 항소를 기각하고 사형 등 원심 형량을 확정했다.

한편 광주항쟁 이후 미국의 카터 행정부는 전두환 등 신군부를 냉담한 태도로 대했다. 신군부에 대한 불만을 표시하고 앞으로 신군부의 행동을 제약하려는 의도에 따른 행보였다. 글라이스틴은 미국이 "한국의 정치변혁과 헌정 지지 세력에 동조적"이었는데 신군부 때문에 "정치발전이 크게 후퇴한 것에 크게 낙담"했고 당시 "서로 모순되는 양 갈래의 기로에 봉착"했다고 기술했다. 미국이 새롭게 등장한 실권자들, 곧 신군부를 멀리하는 것은 고립과 돌발 사태의 위험을 감수하는 행동이지만, 신군부의 새로운 위상을 용인하는 것도 한국 사회의 다른 계층과 미국의 관계를 손상시킬 뿐 아니라 한반도 안정에 대한 미국의 장기적 이익을 손상시킬 가능성이 있다고 분석했다(글라이스틴 1999, 207).

5월 30일 홀브룩 차관보가 주재한 워싱턴의 부처 간 비공식 회의에서는 "한

---

**15** 1986년 11월 주한 미국 대사로 부임한 제임스 릴리는 미국이 광주를 통해 두 가지 교훈을 얻었다고 했다. 첫째, 어떤 위기 상황이 주어졌을 때 주한미군과 미 대사관 사이에 미국과 한국에 중대한 문제에 관한 미국의 입장이 모호하게 보일 여지가 있는 어떤 다른 의견도 나와서는 안 된다. 둘째, 한국에서 일어나는 사건은 어디까지나 한국인 자신이 자기 나라의 갈 길을 결정해야 하는 '한국의 일'일 수밖에 없다. 미국의 역할은 지원하는 것, 그리고 가능하면 자문해주는 것이지, 진행 과정을 통제하려는 것이 아니다. 곧 미국은 어디까지나 자세를 낮추지 않으면 안 된다. 동시에 특히 한국인들의 의식에 면밀한 주의를 기울이는 노력이 따라야 한다(릴리 2005, 387).

국의 통치 조직이, 첫째, 억압적인 통치를 완화하고 군 고위층의 정치 참여를 억제하며, 둘째, 헌법 개정과 선거를 통해 법치를 이룩할 수 있도록 압력을 행사"할 것을 결정했다. 또한 "현 정부에 대해 냉정하고 소원한 태도를 취해 우리 이해관계에 관한 신뢰성과 유효 수단을 유지하고 한미 국민들의 눈에 한국 군부의 억압적 행동에 동조하는 듯한 인상을 주지 않"아야 한다는 점에도 합의했다(글라이스틴 1999, 210).

이런 합의에 따라 미국은 불만을 표시하기 위해 고위 경제사절단의 한국 파견을 무기한 연기하고, 고위급 인사들의 상호 방문을 제한하며, 안보 공약을 제외한 양국 관계 전반에 대해 실질 심사에 착수했다. 또한 8월 하순에는 신군부에 강압적인 조치를 완화하고, 계엄령 해제와 헌법 개정 노력을 재개하며, 자유선거를 실시하여 새로운 정권을 합법화하도록 강력히 촉구했다. 이런 조치들을 통해 미국은 신군부 지도자들에 대한 유보적 입장을 견지했다. 그러나 안보 공약, 주한미군, 경제협력 등 남한을 압박할 수 있는 실질적 수단을 동원하지 않았다는 점에서 미국의 대응은 이미 진행된 현실을 받아들이고 그 현실에 기초하여 민주 조치를 요구하는 상당히 '보수적인' 결정이었다. 글라이스틴은 한국 국민들이 신군부에 강력히 저항하지 않았기 때문에 미국의 이런 대응이 현명한 결정이었다고 주장했다(글라이스틴 1999, 215).

그러나 국가안보회의 위원 도널드 그레그는 "우리의 영향력은 한계가 있었고 전두환은 이 점을 정확하게 파악하고 있었다"고 평했다. 그레그는 글라이스틴이 좀더 강경한 어조로 항의하면 미국의 영향력을 조금 높일 수 있지 않았을까 생각했다. 특히 국가안보 부보좌관 데이비드 애런은 "말로 하는 것은 아무런 효과가 없다. …… 그 친구(전두환)에게 압력을 가하는 유일한 방법은 북한과의 대화를 시작하는 것뿐이다"고 주장했다(오버도퍼 2002, 208). 이것은 워싱턴의 일부 인사들은 전두환과 신군부에 대해 좀더 강경하게 대응해야 한다고 생각했다는 점을 말해준다. 그러나 대한 정책에 상당한 영향력을 미치는 주한 미국 대사 글라이스틴이 그런 생각에 동조하지 않았기 때문에 강경한 대응책은 채택되지 않았다.

8월 27일 전두환이 통일주체국민회의에서 대통령에 선출되자 카터 대통령은 비공식 메시지를 보냈다. 카터는 '축하의 말'을 생략한 채 새 헌법 아래 조기 선거를 재실시하고 사회 안정을 위해 "개인의 자유를 대폭 신장시킬 것" 등을 촉구했다. 그리고 각료급 인사들의 남한 방문을 금지하고 한미 연례안보회의도 연기하는 등 새로운 정부에 대한 불만을 강하게 드러냈다(오버도퍼 2002, 212).

전두환의 대통령 취임 이후 한미 관계의 현안으로 부상한 쟁점은 김대중의 생사였다. 김대중은 광주항쟁에 관련하여 내란 음모 혐의로 정식 기소된 뒤 9월 17일 군법회의에서 사형을 언도받았다. 미 대사관은 김대중 체포 다음날 강력한 항의를 담은 외교 성명을 발표하는 것을 필두로 모든 수단을 동원하여 한국 정부를 비판했다. 1980년 여름 워싱턴은 크리스토퍼 국무부 부장관 주재로 열린 회의에서 김대중 석방과 구명 운동에 최선을 다할 것을 결의했다. 미국의 압력이 가중되자 계엄사령관은 미 외교관이 관련 재판을 참관할 수 있게 허용했다. 재판이 종료된 뒤 미 국무부는 김대중의 혐의는 '터무니없는 것'이라고 공식 발표했다(오버도퍼 2002, 212~213).

미국은 김대중 구명을 위해 많은 노력을 기울였다. 글라이스틴은 "헤럴드 브라운 국방부 장관이 특사로 서울을 방문하여 김대중의 사면을 위한 카터 대통령 최후의 노력을 대신하도록 워싱턴에 건의"했다. 글라이스틴은 12월 6일 면담에서 전 대통령에게 "브라운 장관의 한국 방문을 전한 후 김대중의 사면을 정중히 요청하는 12월 1일자 카터 대통령의 친서를 전달"했다. 이 친서가 "김대중 문제에 관심이 많은 미국 인사들의 의사를 반영"한 점을 강조하면서 글라이스틴은 "공화당과 민주당 인사들의 생각이 별로 다르지 않다"는 점도 전달했다. 글라이스틴은 또한 그 사람들이 "모두 김대중의 처형은 한국의 대외 이미지를 극도로 손상시키며 미국의 대한 정책에도 좋지 않은 영향을 미칠 것이라고 크게 우려하고 있"다는 사실을 전달했다(글라이스틴 1999, 261~262).

글라이스틴의 요청에 따라 퇴임을 앞두고 있던 카터 대통령은 각료급 인사의 서울 방문 금지 조치를 포기하고 브라운 국방부 장관을 서울로 급파했다. 12월 13일 전 대통령을 만나 장시간에 걸친 회담을 가진 브라운은 "김대중의 처형이 장래 우리의 안보와 경제 관계에 미칠 심각한 결과를 설명"했다. 전두환은 "법원의 결정은 존중되어야 한다. 대법원이 사형 선고를 확정하면 그대로 집행되어야 한다"고 강경히 맞섰다. 그러나 전두환은 "미국에 대한 한국의 역사적 부채와 경제와 안보 관계의 중요성 및 우리의 권고를 신중히 고려하겠다는 점을 강조"했다. 그래서 브라운은 회담에 관한 보고서에서 일이 어떻게 종결될지 확실한 판단이 서지 않는다면서 "우리는 최선을 다했다. 더 이상은 다른 도리가 없다"고 적었다. 그러나 글라이스틴은 회담 결과에 대해 조금 낙관적인 견해를 피력했다. "강경 자세의 도가 높음을 느낄 수 있었다. …… 그러나 가장 확실히 부각된 것은 전두환이 우리에 대한 한국의 부채를 강조한 점과 우리 견해를 염두에 두겠다는 그의 태도였다"(글라이스틴 1999, 262~263).

글라이스틴에 따르면 이 시점에도 확실히 풀리지 않던 김대중의 감형을 이끌어낸 것은 레이건 대통령 당선자와 신임 국가안보 보좌관 리처드 앨런이었다. 레이건의 허가를 받은 앨런은 전두환의 사절 자격으로 미국을 방문한 특전사 사령관 정호용 소장이 김대중은 처형되어야 한다고 강경한 주장을 펼치자 김대중을 죽이면 "벼락이 당신들을 치는 듯한" 미국의 반발에 부닥칠 것이라고 말했다(글라이스틴 1999, 263). 또한 "김대중을 처형한다면 한미 정부 사이의 거북한 관계를 청산할 수 있는 절호의 기회를 놓치게 될 것"이라는 말도 했다(오버도퍼 2002, 216). 이튿날 정호용이 레이건 대통령 취임식에 전 대통령을 초청해달라고 요청하자 앨런은 김대중이 대폭 감형돼야 한다는 조건을 달아 취임 후 방문을 제안했다. 이 담판으로 한미 양 정부의 대결이 끝났다(글라이스틴 1999, 264).

결국 미국은 전두환이 요구한 한미 정상회담의 반대급부로 김대중의 감형을 요구했다.[16] 전두환이 미국의 요구를 받아들이자 레이건 대통령 취임식 바로 다음날인 1981년 1월 21일에 백악관은 전두환이 곧 방미할 것이라고 발표했다. 1월 23일 전두환은 계엄령을 해제하고 김대중의 형량을 사형에서 무기징역으로 감형한다고 발표했다(오버도퍼 2002, 213~216). 1982년 2월 김대중은 20년으로 감형되었고, 12월 23일에는 형집행 정지로 석방되어 미국으로 떠났다.

1980년 후반기 김대중의 감형에 관련되어 진행된 한미 관계를 바라보는 미국인들의 인식은 동일하지 않다. 당시 현장에 있던 글라이스틴과 오버도퍼는 김대중을 미끼로 방미를 성공시킨 전두환을 비난한 반면, 1986년 10월 주한 미국 대사로 한국에 부임한 제임스 릴리는 이 사건을 통해 미국이 정책을 현명하게 조정하면 민주화를 유도할 수 있는 수단을 가질 수 있다는 교훈을 얻었다고 진술했다. 릴리는 레이건 대통령이 전두환을 초청한 것을 성공적인 한국 정책의 한 사례로 들면서, 그 조건으로 내건 김대중의 감형과 해외 망명 허가 조치 덕에 결국 김대중이 훗날 대통령으로 선출될 수 있었다는 점을 강조했다(릴리 2005, 384). 그러나 릴리 대사의 견해는 김대중이 대통령이 되었기 때문에 주장할 수 있는 결과론적 해석일 뿐이다.

반면 글라이스틴은 "우리는 김대중 문제에 지나치게 매달려 잘못을 저지른 것은 아닐까?"라고 자문하면서 "반드시 그렇지는 않지만 우리가 열의를 보이면서 우리의 교섭 입지는 약화"되었다고 답했다. 또한 "전두환은 우리를 이용했나? 어느 면에서는 그랬다"고 인정했지만 "우리도 방심하지 않고 있었으며 우리가 타결 지은 협상은 명예로운 것이었다"고 답했다(글라이스틴 1999, 265~266). 10·26 이후에 전개된 상황을 고려하면, 전두환이 박정희 사망 이후 카터 행정

---

16  당시 외무부 장관이던 노신영은 회고록에서 "사형이 선고된 김대중 씨의 처리 문제"가 전두환의 방미 교섭에서 가장 큰 걸림돌이었다고 기술했다(노신영 2000, 238).

부가 추진한 한국의 정치 발전을 부정한 채, 불법적 방식으로 잡은 권력을 미국이 승인하게 하기 위해 김대중을 이용했다고 보는 것이 더 적절해 보인다.

1981년 2월 3일 한미 정상회담을 앞두고 글라이스틴은 한국의 민주화 문제가 정상회담의 주요 의제는 아니더라도 어떠한 형태로든 거론되어야 한다고 주장했다. 글라이스틴은 "새로운 정권과 첫 관계를 형성한다는 측면에서라도 미국 정부는 한국 정부에 정치적 자유의 폭을 확대할 것을 요청해야 한다"고 주장했다. 레이건 행정부의 고위 관료들은 처음에는 이러한 지적에 부분적으로 동의했지만, 미국이 전두환 정권에 직접 압력을 행사하는 것은 바람직하지 않다고 판단했다. 따라서 두 정상이 회동하기 전에 알렉산더 헤이그 국무부 장관은 전두환 정부가 "새로운 국내 문제를 만들지 않으면 더 많은 지원을 제공할 수 있다"는 내용, 곧 "현재의 강압적인 국내 정치를 조금 완화"하도록 요구했다. 한국의 민주화에 관한 사안은 레이건 행정부가 고려한 우선순위에 포함되지 못했다. 대신 레이건이 한미 정상회담에서 얻으려 한 것은 "소중한 동맹국과 정상적인 외교 관계를 회복"하는 것이었다(브라진스키 2011, 403).[17]

전두환이 미국을 방문하는 동안 미국 정부는 전두환의 강압적인 무력 사용을 공개적으로 지지하지는 않았지만, 방문을 허용하고 환영함으로써 전두환 정권을 암묵적으로 승인한 셈이 되었다(브라진스키 2011, 403~404). 당시 정상회담을 성사시킨 한국의 외무부 장관 노신영의 견해도 동일하다. 노신영에 따르면 레이건과 전두환의 정상회담은 그동안 불편하던 한미 관계를 정상화하는 계기가 되었다. 레이건은 전 대통령의 방문이 한미 양국의 우호 협력 관계를 재확인하는 것이고, 향후 한국에서 미군 철수는 없을 것이며, 미국은 한국에 대한 방위 공약을 충실히 이행할 것이라고 천명했다. 또한 한국 정부가 김대중 문제를 잘 처리한 점을 평가하고, 그 덕에 미국도 한국을 지원하기가 수월해졌다고 말했다. 결국 정상회담을 통해 한미 관계는 '동반자적' 협력 관계로 정립되었다(노신영 2000, 242~243).

## 2. 1980년 전반기의 한미 관계

### 1) 1983년 11월 레이건의 방한과 민주화 요구

1981년 2월 백악관에서 열린 한미 정상회담에서 레이건은 한국의 민주화에 대해 전혀 언급하지 않았다. 그러나 1983년 11월 12일 한국 방문 때 레이건은 한국의 민주화를 공개적으로 거론했다. 이 사건은 민주화 세력을 탄압하는 전두환 정부에 '조용한 압력'으로 일관하던 레이건 정부의 정책이 변화한 것을 보여 주었다. 레이건 정부의 대한 정책이 변화한 계기는 미국 상원에서 민주당 의원들이 전두환 정권의 인권 탄압 정책에 가한 비판이었다(Dunlop 1998).

한국 방문 때 레이건은 한국의 인권과 민주주의를 여러 차례 거론했는데, 먼저 정상회담에서 주요 의제로 인권과 민주주의를 다루었다. 전두환은 최근 민주화 세력에 잠입하여 사태를 악화시키는 공산주의자들을 색출했다고 언급하며 반대 세력을 비난했다. 그러나 레이건은 솔직한 어법으로 "민주주의 정신은 법 아래서 누리는 자유"라고 대응했다. 또한 "만약 반대 세력이 국민을 설득하더라도 선거에서 이길 수 없다면 그것은 전혀 문제가 되지 않는다. 다만 그들은 그렇게 할 권리를 지닌다"고 주장했다. 또한 레이건은 언론에 널리 공개된 국회 연설에서 유난히 강력한 어조로 "지속적으로 정치 제도의 민주화를 이루는 것이야말로 국민 전체가 합의하여 진정한 안보를 구출하는 유일한 방법"이라고 강조했다. 그리고 전두환이 정권을 잡은 직후 약속한, 1988년에 자유선거를 실

---

**17** 글라이스틴은 레이건이 백악관 오찬 행사에서 "우리가 그렇게도 성취를 위해 진력했던 한국의 정치발전에 관해서는 일언반구도 없이 그는 자유 신장과 공산주의에 대항하기 위한 공동투쟁에 대해서만 언급"했다는 사실을 매우 비판적으로 평가했다. 특히 "한국에 전해진 그들의 말과 사진"이 "한국 국민들이 보는 미국의 이미지에 먹칠을 했으며, 우리가 전두환 세력과 공모했다는 광주시민들의 그릇된 인식을 더욱 부채질했다"고 비판했다(글라이스틴 1999, 265).

시한다는 공약이 반드시 실행되어야 한다고 주장했다(브라진스키 2011, 404~405).

특히 레이건은 11월 12일 저녁 각계 인사들이 참여한 주한 미 대사관의 리셉션에서 미국이 한국에 한 최대의 공헌이 국가 안보라는 점을 지적한 후, 남은 연설문의 내용을 모두 민주주의의 중요성을 말하는 데 할애했다.

> 우리는 여러분들의 민주정치 제도의 발전을 지지합니다. …… 미국은 한국 내 정치적 사태 발전, 특히 한국 국민들에 매우 중요한 사항인 인권에 관계된 사태 발전에 세심한 주의를 기울여왔습니다. 우리가 그같이 행동하는 것은 …… 그러한 문제들은 우리들 자신의 정치 이념의 핵심을 차지하고 있으며, 따라서 우리의 대외 정책에 반영시키지 않을 수 없기 때문입니다. 그러나 본인은 그러한 국내 문제에 접근함에 있어서는 공개적인 행동을 일삼기보다는 외교적 규율을 준수하는 것이 중요한 것으로 생각합니다. …… 본인은 북으로부터 제기되는 안보에 대한 심각한 도전에 직면해 있으면서도 한국 국민들은 자신들의 민주적 소망을 충족할 정치 체제를 마련할 수 있는 능력을 갖고 있다고 믿습니다. …… 본인은 1988년 헌법에 따라 정권을 이양하겠다는 전두환 대통령의 확약을 존경하며 또한 강력히 지지합니다. 이것은 한국민들에게 매우 귀중한 하나의 정치적 유산이 될 것입니다. 따라서 본인은 활력 있는 민주 제도를 위해 필요한 초석을 발전시키려는 한국민의 의지와 능력을 신뢰합니다. 우리 양국민의 일치된 민주적 소망은 우리 양국 관계에 중요한 것입니다. 따라서 한국에서 민주주의의 신장을 향한 계속적인 전진은 우리 양국 간의 유대를 강화할 것입니다. 여러분들은 이같은 정치 발전의 길을 계속 걸어 나갈 때 우리는 지지와 사랑과 기도를 보내드릴 것입니다. (《동아일보》 1983년 11월 14일)

레이건은 연설문에서 한국이 민주주의의 길을 걸어가야만 하고 미국은 민주주의를 향한 한국인들의 노력을 지속적으로 지지할 것이라는 점을 분명히 밝혔다. 물론 한미 정상의 공동성명은 주로 미국의 한국군 현대화 대폭 지원, 주한미군의 전력 계속 증강, 북괴 테러 행위 공동 제재 등 안보 문제가 대부분이 었지만, 민주주의를 강조한 이 연설은 한국 정부에 민주주의를 증진시킬 것을 요구한다는 분명한 메시지를 전달했다. 특히 1988년 정권 이양에 관한 언급은 정권 교체에 대한 미국의 강력한 의지를 표명했다.

전두환 정부는 미국의 민주화 요구를 수용하여 1983년 12월 21일 학원 소요에 관련된 학생 사범 131명을 포함하여 공안 관련자 172명을 석방하고 142명의 공민권 상실자를 복권시키는 등 민주화 조치를 취했다. 석방된 대학생들은 학교로 복학했고, 그동안 대학에 상주하던 경찰 병력이 철수함으로써 1984년부터 대학은 비교적 자유로운 공간이 되었다.

그러나 민주화 세력은 전두환 정권의 조치가 충분하지 못하다고 비판하면서 전두환 정권을 지지하는 레이건 정부를 비판했다. 미국으로 망명한 김대중은 기회가 있을 때마다 레이건 정부의 대한 정책을 비판했다. 김대중은 레이건 정부의 관료들이 카터 행정부의 '공개 외교open diplomacy'가 많은 문제를 일으킨 탓에 이것에 대조되는 '조용한 외교quiet diplomacy'를 추구하는데, 이런 방식은 잘못된 접근이라고 반박했다. 또한 미국 정부가 '공개 외교'와 '조용한 외교'를 혼합해야 한다고 주장하며, "특정한 사안에 있어서 '조용한 외교'를 추구하는 것은 바람직하지만, 민주주의나 언론의 자유와 같이 가장 중요한 사안을 다루는 경우에는 반드시 '공개 외교'로 처리해야 잘못될 가능성을 줄일 수 있다"고 주장했다. 김대중은 "미국에는 확실히 민주주의가 존재한다. 하지만 미국의 대외 정책에서는 민주주의를 찾아보기 어렵다"고 비판하면서 "바로 이것이 미국의 비극이며, 미국에게 의지할 수밖에 없는 국가에게 고난과 어려움을 가져오는 것이다"라고 평가했다(브라진스키 2011, 405~406).

이상을 정리하면 다음과 같다. 1983년 11월 12일 한국 방문 때 레이건은 한국 정부에 공개적으로 인권과 민주주의의 증진을 요구했고, 전두환 정권은 12월 21일 민주화 조치를 취함으로써 미국의 요구를 받아들였다. 이런 모습은

1979~1980년 한국 정부에 민주화를 요구했지만 신군부에 무시당한 카터 행정부 시기의 상황과 사뭇 다르다. 전두환 정부가 미국의 요구를 받아들인 데는 여러 가지 이유가 있다. 정치적 정당성이 부족한 전두환 정부는 미국의 정치적 지원이 지속적으로 필요했을 것이다. 또한 당시 한국의 경제 위기를 극복하려면 경제적 지원이 필요했기 때문에 미국의 요구를 무시할 수 없었을 것이다.

그러나 전두환 정권이 취한 민주화 조치가 '근본적인' 성격을 띠지 않은 점을 고려할 때, 이 사례는 레이건 행정부와 전두환 정권의 체면을 모두 살리기 위한 조치로 보인다. 왜냐하면 레이건 대통령은 한국의 민주화를 위해 한국 정부에 영향력을 행사할 것을 요구한 민주당에 보여줄 조치가 필요했고, 전두환 정권 역시 레이건 행정부의 체면을 세워주는 수준에서 민주화 조치를 취했기 때문이다. 곧 1983년 말 한국의 민주화 조치는 레이건 행정부와 전두환 정권에 모두 이득이 된 정치적 계산의 결과였다.

### 2) 1985년 5월 서울 미 문화원 점거 농성 사건과 한미 관계

1983년 말 전두환 정권이 취한 민주화 조치의 결과 한국의 민주화운동은 그동안의 암흑기를 일거에 뛰어넘어 양적이고 질적인 발전을 보였다. 그중 대표적인 사례가 민주화 세력의 미국에 대한 인식이었다. 1980년 5월 신군부의 광주민주화운동 무력 진압을 계기로 민주화 세력의 대미 인식은 변화하게 되었다. 1980년 5월 이전까지 민주화 세력을 포함하여 대부분의 한국인은 미국이 한국의 민주화를 지원한다고 생각했다. 그러나 미국이 무고한 시민을 학살한 신군부를 지원하고 승인한 사실을 계기로 이런 대미 인식에 균열이 발생했다. 1980년 5월 광주를 계기로 민주화 세력부터 미국에 대한 비판적 인식이 등장하기 시작했다. 그중 일부 세력은 1980년 말 광주 미공보관 방화 사건을 시발로 1982년 3월 부산 미문화원 방화 사건, 1983년 9월 대구 미문화원 폭발 사건, 1985년 5월 서울 미문화원 점거 농성 사건, 1985년 11월 주한 미상공회의소 점거 사건 등 미국에 대한 항의를 적극적인 행동으로 표출하기 시작했다.

1980년대 초 미국에 대한 한국 민주화 세력의 비판적 인식은 1982년 부산 미문화원 방화 사건을 주도한 문부식의 발언에서 잘 볼 수 있다. 문부식은 사건을 일으킨 계기와 행동 동기를 이렇게 진술했다.

인간의 존엄성이 짓밟힌 비극적인 광주사태를 통해 이 땅의 민주화를 실천하기 위해 무엇보다도 먼저 한미간의 호혜평등관계를 회복하는 것이 급선무라고 생각하고 있었고 광주사태 이후 국민이 묵과할 수 없는 몇 가지 정치적 사태를 간과해 버린다면 제2, 제3의 광주사태와 같은 정치적 비극을 막을 길이 없다는 생각에서였다. ······ 군부독재를 가능케 한 12·12 사태를 지원 묵인한 것, 5·17 광주시민대학살에 대한 미국의 책임을 묻는 것, 그리고 미8군 사령관 위컴과 주한 미대사 워커의 한국 민중에 대한 모욕적인 발언이 행동 동기로 되었다. (강신철 외 1988, 361)

또한 문부식은 자신이 한 행동의 목적을, 자국 이익을 위해 한국 국민의 민주화 열망을 저버린 채 독재 정권을 지원한 미국에 경고를 하고, '광주사태'에 대한 미국의 책임을 응징하며, 자유와 민주주의를 사랑하는 미국 국민들에게 한국 국민의 충정을 알리는 것이라고 주장했다(강신철 외 1988, 361).

문부식의 진술은 종속이론 같은 이론에 기초해 미국을 후진국을 착취하는 제국주의 국가로 바라보는 제3세계의 '급진적인' 반미 의식과 달랐다. 문부식이 미 문화원을 방화한 이유는 한국의 민주주의와 시민의 인권을 짓밟은 군부 정권을 지원한 미국에 분노한 때문이었다. 그리고 자유와 민주주의를 사랑하는 미국 국민들에게 호소한 점은 미국이 기본적으로 타국의 민주주의와 인권을 지지해야 한다고 문부식이 여전히 기대하고 있다는 사실을 보여준다. 당시 민주화 세력은 미국이 한국의 민주화를 위해 행동할 것을 여전히 기대했다.

이런 인식은 1985년 대학생들의 서울 미문화원 점거 농성 사건에서도 잘 드러난다. 5월 23일 서울대학교, 고려대학교, 연세대학교, 서강대학교, 성균관대학교 등 5개 대학 대학생 73명은 "미국의 광주항쟁 지원의 책임을 묻고자" 미국 문화원에 들어가 미국 정부의 공개 사과를 요구하면서 철야 농성에 들어갔다. 학생들은 '전국 학생총연합 광주학살원흉처단 투쟁위원회' 명의의 유인물에서 반미 의식을 드러내기보다는 광주 학살에 대한 미국의 책임을 물었다.

> 자유민주주의를 수호하기 위하여 애써온 미국은 이 처참한 학살을 막을 수 있는 위치에 있었다고 우리는 믿는다. 한국군 작전지휘권이 실질적으로 한미연합사령관에게 있고 한미연합사령관은 주한미군 사령관이 겸하고 있었던 당시 상태로는 광주학살을 자행했던 제7공수 특전단의 투입을 거부하여 광주대학살의 비극을 막을 수 있었던 미국이 어찌하여 제7공수 특전단과 제20사단의 병력투입에 동의하였던 것일까? …… 이제 한국 국민은 광주학살에 대한 미국의 지원에 깊은 의혹을 갖고 있으며 광주학살에 대한 책임을 미국도 져야 한다는 것을 인식하기에 이르렀다. 미국은 한국 국민의 깊은 의혹을 풀기 위해서 진상을 해명하여야 하며, 광주학살 지원에 대하여 공개사과를 하여야만 한미관계가 불행한 경우로까지 이르지 않을 것이다. (강신철 외 1988, 364)

또한 학생들은 미국 정부에는 "국민으로부터 정통성과 정당성을 부여받고 있지 못한 현 군사독재정권"에 대한 지원을 철회할 것을 요구하고 민주주의를 옹호하는 양심적인 미국 국민에게는 "한미 관계의 올바른 정립을 위해 노력"할 것을 요구했다.

학생들은 광주항쟁을 진압한 한국군의 이동과 병력 투입처럼 구체적인 사안에 관련된 미국의 책임을 거론함으로써 이전보다 더 발전된 사고를 보여준다. 그러나 자유와 민주주의를 사랑하는 미국 국민에게 호소한다는 표현에서 볼 수 있듯이, 미국에 대한 인식은 자유민주주의를 전제로 한 것이었다. 또한 학생들은 자신의 행동이 반미로 비쳐지지 않도록 '우리는 반미가 아니다'는 구호를 내걸었다. 점거 농성의 목적에는 미국의 해명과 사과도 있었지만, 광주 문제의 공개화를 통해 전두환 정권에 타격을 가하는 것이 가장 중요하기 때문이었다(함운경·홍성영 2007, 266). 따라서 이런 행동은 미국에 대한 비판적 시각에 기초하기는 했지만, 엄밀한 의미에서 한국을 여전히 미국의 식민지로 보던 1980년대 후반의 민족해방인민민주주의$^{NLPDR}$ 세력의 반미 의식과 차별성을 지닌다.

당시 미국 측은 대사관 정치 담당 참사관 토머스 던롭이 대학생들 상대로 대화를 담당했는데, 광주사태 시기의 상황을 설명하기 위해 미8군 사령부 특별보좌관 브래드너를 증인으로 출석시키고 한국 측에 경찰 투입을 자제하라고 요청하는 등 대화를 통해 사건을 평화적으로 해결하려 노력했다(《동아일보》 1985년 5월 25일). 한국 정부는 사건에 단호하게 대처한다는 방침을 정했지만 미국 문화원이 치외 법권 지역이기 때문에 경찰력을 동원하여 농성을 강제 해산시킬 수 없었다. 따라서 미국 측을 상대로 협의하지 않을 수 없었고, 대화를 통해 사건을 해결한다는 미국의 원칙을 따라갈 수밖에 없었다.

미국 측과 학생들은 4차에 걸쳐 대화를 진행했다. 미국은 광주사태에 대한 미국의 책임을 인정하고 공식 사과하라는 학생들의 주장에 대해 시종일관 자신들과 무관한 일이라고 주장했다. 미국은 "80년 5월 당시 20사단의 병력 이동을 승인한 것은 5·17 쿠데타를 사실상 방기한 것"이라는 학생들의 주장에는 "승인은 했으나 그 이후 20사단 병력의 행위는 미국이 책임질 성질의 것이 아니"라고 대응했고, "5월 22일 이후의 광주 상황은 자체적으로 질서를 회복하는 단계였으나 20사단 병력의 투입으로 더 많은 사상자가 생겼다. 이는 20사단의 구체적 임무가 광주 외곽의 경비였으므로 광주 내에서 공수부대가 살상할 수 있도록 동조한 행위가 아닌가?"라는 학생들의 주장에는 "당시 광주의 상황을 몰랐고 공수부대와 20사단의 지휘 책임은 한국군에 있었으므로 미국이 책임질 필요도 사과할 필요도 없다. '80년 광주의 일은 유감스럽기는 하나 자신들이 책임지거나 사과할 성질의 것이 아니다"고 대응했다(함운경·홍성영 2007, 269).

결국 5월 23일 학생들도 광주 문제를 공개화하려는 자신들의 목표를 달성했다고 판단하고 3일 만에 농성을 해제함으로써 사태는 평화적으로 종결되었다. 그러나 이 사건은 1980년 광주항쟁 당시 미국의 역할과 한국 민주주의에 대한 미국의 모호한 태도가 부각됨으로써 이후 한미 양국, 특히 미국이 한국의 민주주의 증진을 위해 노력하게 만드는 커다란 압력으로 작용했다.

1985년 5월 서울 미문화원 점거 농성 이후 그해 11월 4일에는 서울 지역 7개 대학생 14명이 미국의 수입 개방 요구 반대를 주장하며 주한 미상공회의소를 점거하는 사건이 일어났다. 이 사건은 표면상으로는 미국의 수입 개방 압력 반대를 외치기는 했지만 실제로는 전두환 정부 반대 투쟁이었고, 한국 경찰이 신속히 검거했기 때문에 미국은 거의 개입하지 않았다(《동아일보》 1985년 11월 5일).


## 3. 1987년 민주화 전환기의 한미 관계

### 1) 1987년 6월 민주화운동과 미국의 민주화 압력

한국의 민주주의와 관련하여 미국이 결정적인 역할을 한 것은 한국에서 민주화운동이 활발하게 전개되던 1987년 전반기였다. 1983년 겨울 전두환 정권의 민주화 조치 이후 민주화 세력과 일진일퇴의 공방을 벌이던 전두환 정권은 1987년에도 여전히 1988년 평화적 정부 이양과 올림픽의 성공적 개최를 위해 평화와 안정이 필요하다고 강조했다. 그러나 1월 15일 서울대학교 학생 박종철이 치안본부 대공수사단에 연행되어 조사받던 중 고문으로 숨지는 사건이 발생하자 수세에 몰렸다. 전두환 대통령은 1월 20일 박종철군 고문 치사사건에 유감을 표시하고 김종호 내무부 장관과 강민창 치안본부장을 경질했다.

이런 상황에서 미국은 '현상 유지' 입장을 고수했다. 미국은 대부분의 한국인이 민주적이고 개방적인 정부를 바란다는 사실을 알았지만 전두환 정권이 위기에 빠지면 사회 불안이 야기되고 예상하지 못한 사태가 발생할지도 모른다고 염려했다. 북한의 도발 가능성도 염려하면서 남한 사회의 안정을 최우선 목표로 간주했다. 특히 미국은 한국인들이 내정 간섭에 상당한 거부감을 갖고 있다는 사실을 고려하여 내정 간섭으로 비칠 행동을 자제했다(오버도퍼 2002, 260).

그러나 1987년 2월 6일 개스턴 시거 미 국무부 아시아태평양 담당 차관보가 아시아 소사이어티에서 행한 〈이행기의 한국정치〉라는 연설은 미국의 입장 변화를 보여주는 신호였다.[18] 시거는 좀더 영속할 수 있는 헌법은 "폭력이나 물리적 힘 또는 대결 분위기 속에서 나오는 것이 아니고 타협과 합의에 의해 마련될 수 있다"고 지적하고, 합의에 도달하기 위해서는 "개인적 야심이나 상대에 대한 비난, 불만 등은 접어두고 미래를 위해 함께 노력해야 한다"고 충고했다. 한국이 "끊임없이 정치를 '문민화'할 도전"에 직면했다고 지적하면서 시거는 미국은 한국의 개헌 노력을 내정 간섭 없이 몇 가지 방법으로 지원할 것이라고 밝혔다. "첫째, 미국은 한국을 방어하기 위해 한국 군부와 계속 협력한다. 동시에 남한의 북한과의 긴장 완화 노력을 지원할 것이다. 둘째, 개방적인 국제 경제체제를 계속 지원할 것이다. 셋째, 미국은 한국의 모든 정파들이 새로운 정치 제도를 만드는 데 함께 노력하고 일하도록 계속 격려할 것이다." 이것은 한국 정부에 민주화를 향한 개혁을 추진하도록 요청하는 강력한 메시지였다. 시거는 미국이 민주적인 대통령 직선제를 지지한다고 언급하면서 한국 정치의 '문민화'

---

**18** 사실 시거는 1986년 페르디난드 마르코스를 필리핀에서 쫓아버리는 데 영향력을 행사한 민주화 개혁의 주창자였다(릴리 2005, 388).

를 강조했다. 또한 주한 미국 대사 릴리 대사도 2월 9일에 이민우 신민당 총재, 2월 10일에 김영삼 신민당 고문을 만나 정치 현안을 논의했다. 이것은 1987년 2월부터 미국이 본격적으로 한국의 민주화 과정에 개입하기 시작한 사실을 보여주었다(오버도퍼 2002, 260; 정일준 2010, 316).

시거의 연설은 한국의 기성 정치 세력과 군부에는 충격적인 발언이었지만 민주화 세력에 대한 전두환 정권의 강경 대응은 변하지 않았다. 경찰은 3월 3일 박종철군 49재와 '고문추방 민주화 국민평화대행진'을 원천 봉쇄하고 439명을 연행했다. 다음날 미 국무부는 '3·3 평화대행진'을 저지한 한국 정부의 처사에 유감을 표명했다. 3월 13일 이민우 신민당 총재는 릴리 대사를 만나 개헌 문제를 논의했다. 3월 24일 머코스키 미 상원의원은 미 의회에 '한국 민주화 촉구 건의안'을 제출했다(정일준 2010, 316~317). 1986년 말부터 이민우 신민당 총재가 전두환 정권의 내각제 개헌안을 받아들이려 하자 마침내 1987년 4월 8일 야당의 실질적인 지도자인 김영삼과 김대중은 신민당을 포기하고 신당을 창당했다. 그러자 신민당 의원 73명이 탈당하면서 전두환 정권을 상대로 하는 타협 없는 대결을 예고했다.

야당과 민주화 세력의 공세에도 불구하고 전두환 대통령은 4월 13일 현행 헌법으로 1988년 2월 정부를 이양하고 대통령 선거를 연내에 실시한다는 특별 담화를 발표했다. 이것이 이른바 '4·13 호헌 조치'로, 대통령 직선제 개헌을 하지 않겠다는 의미인 동시에 1987년 말에 뽑는 대통령을 자신이 좌지우지할 수 있는 선거인단을 통해 선출하겠다는 의미였다. 곧 자신이 직접 후임 대통령을 지명하겠다는 것이었다. 미 국무부는 개헌 논의 중단에 유감을 표명했고, 4월 19일 스티븐 솔라즈 미 하원의원은 여야가 어서 빨리 대화해서 국민적 합의를 해야 한다고 강조했다. 야당과 민주화운동 세력은 '4·13 호헌 조치'를 격렬히 반대하며 반정부 투쟁을 지속했다. 5월 1일 신민당을 탈당한 세력들은 통일민주당을 창당하여 김영삼을 총재로 선출했다. 5월 12일 미 상원 외교위원회에서

4·13 호헌 조치 재고 결의안이 통과되었고, 5월 14일 슐츠 미 국무부 장관은 여야에 대화를 촉구했다. 5월 17일 천주교정의구현사제단은 박종철군 고문 치사 사건이 조작되었다고 주장했다. 그러자 5월 21일 서울지방검찰청은 박종철군 고문에 가담한 경찰관이 3명 더 있다고 발표하고 이 3명을 구속했다. 5월 27일 통일민주당과 재야 단체들은 직선제 개헌을 관철하기 위한 '민주헌법쟁취국민운동본부'(국본)를 결성했다. 이 조직은 전두환 정권에 반대하는 다양한 세력들을 결집시킨 민주화 세력의 중심 조직으로, 민주화운동을 주도해 전두환 정권에 대한 퇴진 압력을 더욱 배가시켰다(정일준 2010, 317). 국본을 중심으로 직선제 개헌 투쟁이 전개되던 6월 9일 연세대학교 학생 이한열이 교문 앞 시위 도중 경찰이 쏜 최루탄 파편에 맞아 혼수상태에 빠졌다. 이 사건은 박종철군 치사 사건에 이어서 전두환 정권의 폭력성과 부도덕성을 폭로함으로써 민주화운동의 정당성을 확신시키고 시민들이 거리 시위에 참여하게 하는 데 크게 기여했다.

민주화 세력의 지속적이고 강력한 투쟁에도 불구하고, 6월 10일 전두환은 노태우를 후계자로 지명했다. 민정당 전당대회에서 노태우가 대통령 후보로 공식 지명되던 바로 그날 전국 30여 개 도시에서 대규모 시위가 발생했고, 이틀 만에 700여 명이 부상하고 수만 명이 체포되었다. 서울은 물론이고 시위가 거의 없던 지방 도시에서도 시위가 발생했다. 특히 그동안 보수적 태도를 견지하던 중산층도 시위대에 동조하여 폭넓은 지지를 보냈다(오버도퍼 2002, 260~262).

이 시기 미국은 전두환 정권이 시위 진압을 빌미로 군 병력을 동원할 수 있다는 점을 크게 염려했다. 이미 6·10 시위 이전부터 미국은 한국이 극단적 상황에 빠지지 않게 어떤 영향력을 행사할지를 싶이 고려했다. 미국은 한국의 안보를 가장 긴급한 과제로 인식했기 때문에 중국을 통해 북한에 남한의 상황을 악용하지 말라고 경고했다. 또한 미국 정부의 입장을 전달하기 위해서 조지 부시 부통령이나 필립 하비브 전 주한 미 대사를 대통령 특사로 한국에 파견하여 전 대통령을 직접 만나는 방법도 고려했다. 그러나 이런 방법은 전 대통령을 궁지에 몰 뿐 아니라 내정 간섭으로 간주될 수 있다고 생각한 김경원 주미 대사의 강경한 반대에 부딪쳤다. 그래서 미국은 오래전 전 대통령이 레이건에게 보낸 친서에 보내는 뒤늦은 답신의 형식으로 레이건의 친서를 전 대통령에게 보내기로 결정했다. 백악관과 국무부가 공동 작성한 친서는 레이건이 '친구로서' 편지를 쓴다고 서두를 시작함으로써 전 대통령의 단임 약속을 지지하는 것처럼 보이게 했다. 그러나 행간에 담긴 뜻은 정치적 위기를 군 병력이 아니라 대화와 타협을 통해 풀어가라는 것이었다(오버도퍼 2002, 262~264).

본인은 건실한 민주주의 체제 위에 뿌리를 내린 정치적 안정이 한국의 장기적인 안보를 보장하는 결정적인 요소라고 믿고 있으며 각하도 역시 같은 의견을 여러 차례 피력한 바 있습니다. …… 따라서 본인은 내년 대통령의 권한을 평화적으로 이양하겠다는 각하의 역사적인 결단을 민주 정부를 세우기 위한 기반을 공고히 하는 중요한 조치라고 평가하며 적극 지지하는 바입니다.

정치범을 석방하고 직권남용 경찰 간부에 대해 합당한 조치를 취하는 등 최근에 실시된 일련의 조치들은 각하가 적절하게 표현한 대로 구시대 정치에서 탈피하고자 하는 각하의 의지를 전세계에 알리는 계기가 될 것입니다. 언론자유와 공정보도는 공명선거를 구현하겠다는 각하의 의지를 실현하기 위해 반드시 필요한 본질적인 요소입니다. 대화와 타협, 그리고 협상은 문제해결과 국론통일에 효과적인 방법입니다. 대화와 타협을 도모하기 위해 각하가 추진하는 모든 조치를 적극적으로 지지하리라는 사실을 다시 한 번 다짐하는 바입니다.

레이건 대통령의 친서는 릴리 대사가 전 대통령을 만나 면담하면서 직접 전달하기로 결정했다. 그러나 전두환 정부는 릴리 대사의 내방을 '의도적으로 거부'했다(오버도퍼 2002, 264).

6월 10일 이후 서울을 비롯한 전국 주요 도시에서 거리 시위가 확산되고 경찰과 시위대 간의 충돌로 부상자가 속출하는 등 한국의 정세는 점차 악화되었다. 당시 전두환은 측근에게 계엄령을 발동해 총탄으로 시위를 진압하면 대외적으로 국가의 위신이 떨어지고 "불행한 역사의 한 페이지를 장식하게 될 것"이지만 시위를 경찰력으로 통제할 수 없다면 강경한 조치를 취할 수밖에 없을 것이라고 말했다. 6월 19일 아침 전두환은 국방부 장관과 각군 수뇌부, 안기부장을 소집해 다음날 오전 4시를 기해 주요 대학과 도시에 전투 태세를 갖춘 군 병력을 배치할 것을 명령했다. 한미 군사협정에 따라 전방 병력의 이동 계획이 주한미군 사령부에 통보될 예정이었고, 시위대는 전원 체포될 운명에 놓였다. 전 대통령은 계획대로 비상사태가 선포되면 정당을 해산하고 군사법정을 설치해 반체제 인사들을 처벌할 것을 주장했다(오버도퍼 2002, 265).

한편 청와대가 19일 릴리 대사의 예방을 수락하자 릴리 대사는 오후 2시에 전 대통령에게 레이건의 친서를 전달했다. 릴리 대사는 청와대를 방문하기에 앞서 윌리엄 리브시 주한미군 사령관을 만나 정치적 위기 상황에서 군 병력을 사용하는 것은 바람직하지 않다는 구두 동의를 받았다. 리브시 장군의 확언에 고무된 릴리는 군의 개입이 한미 동맹 관계를 위협하는 것은 물론 1980년 광주민주화항쟁 같은 불행한 사태를 재발시킬 것이라고 강하게 경고했다. 릴리는 "이것이 미국의 입장이며 주한미군 사령관도 같은 의견을 피력했다. 본인은 미국 정부를 대표해서 말하고 있는 것일 뿐"이라고 힘주어 말했다. 릴리가 청와대를 떠난 지 한 시간 뒤 전 대통령은 보좌관을 통해 군 병력 동원 중지를 지시했다(오버도퍼 2002, 265~266).

이 밖에도 미국은 여러 경로를 통해 민주화 시위에 군부가 개입하는 사태를 반대한다는 의사를 전달했다. 6월 10일 시위 이후 미 국무부는 한국의 시위 사태에 관해 논평하면서 대화와 타협을 촉구했고, 군의 개입은 한국의 국익에 심각한 해가 될 것이라고 경고했다. 시거 미 국무부 차관보도 한국 사태에 군부가 개입하는 것은 적절한 해결책이 아니라고 천명했다.

6월 19일 이후 정치 투쟁의 무대는 거리를 떠나 협상 테이블로 옮겨졌다. 6월 21일 여당 의원들은 비상 의원총회를 소집해 야당의 대통령 직선제 요구를 수락하는 문제에 관해 진지하게 논의했다. 6월 24일 전두환 대통령과 김영삼 통일민주당 총재가 만났지만, 김 총재는 '4·13 조치'를 분명히 철회한다는 말이 없었다고 주장하면서 회담 결렬을 선언했다. 6월 25일 시거 미 국무부 차관보는 서울을 방문하여 전 대통령에게 군 병력을 동원하는 데 반대한다는 의사를 밝히라고 촉구했다. 전 대통령은 시거에게 위기를 해소할 방안을 명확히 제시하지는 않았지만 더는 대통령직에 연연하지는 않겠다는 뜻만큼은 명확히 밝혔다. 전 대통령은 "국민들은 나의 재집권을 원하지 않는다. 이런 상황에서 임기를 연장할 생각은 추호도 없다. …… 레이건 대통령에게 이 문제에 대해서는 조금도 염려하지 말라고 전해 달라. 나는 이 자리를 떠날 것이다"고 말했다(오버도퍼 2002, 267~268).

6월 26일 전국 33개 도시에서 학생과 시민 등 100여만 명이 직선제 개헌 등을 요구하며 국민평화대행진을 벌였다. 치안본부는 '6·10 규탄대회'부터 '6·26 평화대행진'까지 17일 동안 전국에서 2145회의 시위가 일어났다고 집계했다. 미 상원 본회의는 '한국 민주화 결의안'을 통과시켰다(정일준 2010, 318).

6월 29일 민정당의 대통령 후보인 노태우는 대통령 직선제 등 광범위한 민주화 조치를 담은 '6·29 선언'을 발표했다. 주요 내용은 연내 대통령 중심의 직선제 개헌, 대통령 선거법 개정, 김대중 사면 복권, 모든 시국 사범 석방, 언론 자유 창달, 국민 기본권 신장, 지방자치제 실시와 대학 자율화, 정당의 자유로운 활동 보장, 과감한 사회 정화 조치 추진 등이었다. 이런 내용은 야당을 포함한 국본의 요구를 대부분 반영한 것이어서 국본을 포함해 대부분의 시민이 크게 환영했다. 7월 1일 전 대통령은 노태우 민정당 대표의 6·29 제안을 전폭 수용한다고 발표했다. 미 하원 역시 6·29 시국 수습 방안을 지지하는 한국 결의안을 통과시켰다. 7월 2일 노태우 대표는 김영삼 총재와 첫 공식 회동을 갖고 개헌 협상 재개 방향 등에 관해 의견을 교환했다. 7월 8일 법무부는 김대중 등 2335명을 사면 복권하고, 시국 관련 사범 357명을 가석방 또는 형집행 정지로 석방했다(정일준 2010, 319).

7월 이후 국회에서 여야 8인 회담이 구성되어 대통령 직선제를 핵심으로 한 '민주적' 헌법 개정안을 만들었고, 이 개정안은 10월 27일 국민투표에서 93.1퍼센트의 찬성으로 확정되었다. 새 헌법에 따라 치른 제13대 대통령 선거에서는 6·29 선언을 주도한 노태우 민정당 후보에 맞서 야당의 유력 지도자인 김영삼과 김대중이 통일민주당과 평화민주당의 후보로 출마했다. 결선투표제가 없는 대통령 선거법상 야당 후보가 여럿이 될수록 집권 여당 후보에게 유리하기 때문에 민주화 세력은 야당 단일 후보를 만들기 위해 열심히 노력했다. 그러나 양자는 합의에 도달하지 못한 채 각자 대통령 후보로 출마했다. 결국 12월 16일 선거에서 노태우 후보가 과반에 못 미치는 36퍼센트의 득표율로 당선했다.

노태우 후보의 대통령 당선에는 야당 후보의 분열이라는 요인 이외에도 다른 요인들이 작용했다. 노태우 후보는 집권당 총재라는 장점을 이용하여 막대한 선거 자금을 살포했고, 정부의 영향 아래 있던 텔레비전과 신문 등 대중 매체를 최대한 활용했다. 특히 텔레비전은 노 후보는 긍정적 측면을 부각시키는 대신 야당 후보들은 단일화를 둘러싼 갈등 같은 부정적 측면을 부각시켰다. 게다가 미국 역시 암암리에 노태우 후보에게 우호적인 행보를 보였다. 워싱턴은 주한 미국 대사관에는 대통령 선거에서 엄정 중립을 지키라고 지시했는데, 정작 레이건 자신은 9월 중순에 미국을 방문한 노태우 후보를 면담했다. 이런 장면을 본 한국인들은 미국이 노태우를 사실상 승인했다고 인식하게 됐다. 반면 야당 후보들은 아무도 워싱턴을 방문할 생각을 하지 않았다(오버도퍼 2002, 276). 게다가 대통령 선거 유세가 치열히 진행되던 11월 29일에 대한항공 여객기가 승객 등 115명을 태우고 바그다드에서 서울로 오던 중 미얀마 안다만 해 상공에서 폭발해 추락했다. 이 사건은 북한의 지령에 따른 행동으로 알려지면서 한국인들의 반공 콤플렉스를 자극했고, 군인 출신으로 집권 여당의 후보인 노태우에게 유리하게 작용했다. 릴리 대사 역시 "만일 두 김씨가 단일후보에 합의했다면 아마 절대다수로 당선되었을 것이다. 물론 노태우의 6·29 선언이 득표를 도왔고 KAL기 폭파사건도 당선에 영향을 미쳤다"고 지적했다(릴리 2005, 404).

릴리 대사는 "한국에서 일어나는 사건은 어디까지나 한국인 스스로가 자기 나라의 갈 길을 결정해야 하는 '한국의 일'일 수밖에 없다. 미국의 역할은 지원하는 것, 그리고 가능하면 자문해주는 것이지 진행 과정을 통제하는 것이 아니다"(정일준 2010, 327)고 말했다. 그러나 1987년 한국의 민주화 과정에서 미국이 한 역할을 과소평가할 수 없다. 결국 한국의 민주화를 가져온 결정적 요인은 전두환 정권과 민주화 세력의 힘의 관계에서 후자의 우세, 곧 민주화 세력의 지속적인 투쟁과 중산층의 적극적 동조에 따른 후자의 힘의 우위였다. 그러나 군을 투입하려는 전두환 정권의 시도를 막고 민주화 세력의 요구를 받아들이도록 압력을 행사한 미국 역시 한국 민주화에 큰 기여를 했다.


## 4. 나가는 말

미국은 1979년 10·26 이후 등장한 두 차례의 커다란 격변기에 모두 한국이 민주주의의 방향으로 나갈 것을 원했다. 1970년대 후반 박정희 정권에 인권 개선과 민주주의의 증진을 요구한 카터 행정부는, 정작 1979년 10·26 이후 한국에서 신군부의 불법적인 권력 장악과 광주민주화운동의 무력 진압이라는 반인권적이고 반민주적인 상황이 전개되자 한국 정치에 개입하여 이런 상황을 저지하거나 역전시키지 못한 채 신군부의 행위를 용인했다. 카터 행정부가 전두환 정권에 민주주의의 증진을 요구하기는 했지만, 기존 질서를 변경하려 적극적으로 노력하지 않으면서 한국의 민주화는 무산되었다. 반면 신냉전을 주도한 보수적인 레이건 행정부는 1981년 2월 전두환의 방미를 허용함으로써 전두환 정권을 공식적으로 승인했지만, 1983년 11월 레이건 대통령의 방한 때 공개적으로 전두환 정권에 민주화 조치를 요구했다. 특히 1987년에도 공개적으로 전두환 정권에 민주화를 위해 노력할 것을 요구했을 뿐 아니라 군을 동원하여 민주화 시위를 진압하려는 전두환 정권에 지속적으로 압력을 행사함으로써 한국의 민주화가 성공하게 되었다. 다시 말해 미국은 1979~1980년 시기에는 한국 정치에 소극적으로 개입하지 않음으로써 한국의 민주화를 유산시켰고, 1987년에는 적극적으로 개입함으로써 한국의 민주화를 성공시켰다.

그럼 미국이 한국에 두 차례 다가온 민주화의 기회에서 상이한 행보를 보인 이유는 무엇인가? 미국이 직면한 상황과 한국 내 권위주의 세력과 민주화 세력 간의 힘의 역관계가 상이했기 때문이다. 먼저 미국이 직면한 상황을 살펴보면, 1979년 말 미국은 주이란 미국 대사관 인질 사건과 소련의 아프가니스탄 침공 때문에 외교적으로 수세에 몰려 있었다. 따라서 미국의 입장에서 한국 상황은 상대적으로 비중이 덜한 사안이었다. 10월 26일 박정희 대통령의 암살과 12월 12일 신군부의 쿠데타는 한반도의 안보를 위태롭게 하는 매우 위급한 상황이었기 때문에, 미국은 한국에서 정치 체제의 변화보다는 안정 유지에 더 큰 비중을 두었다. 특히 신군부의 쿠데타와 권력 장악이라는 상황에서 미국이 상황 전환을 위해 취할 수 있는 대안은 한국 군부 내의 반신군부 세력을 동원하는 일이었다. 그런 상황은 한국군 내부의 충돌을 의미했으며, 그럴 경우 한국의 안보가 진짜 위태롭게 될 수 있었다. 따라서 신냉전이 개시되던 당시 상황에서 미국이 한국에서 선택할 수 있는 최우선 과제는 민주주의가 아니라 안보와 주한미군의 안정이었다. 사실상 당시 미국은 한국 정치에 개입할 여지가 없었다.

그러나 1987년에는 미국이 한국의 민주화에 개입하기 유리한 조건이 형성되어 있었다. 우선 이 시기에는 소련이 개혁과 개방을 시작하고 동유럽 국가들이 하나둘씩 자본주의 체제로 전환되기 시작했으며, 1986년에는 필리핀에서 민중의 힘으로 독재자 마르코스 대통령이 물러나 민주화가 되는 등 전세계적으로 민주화의 물결이 확산되었다. 또한 전두환 대통령은 이미 오래전부터 평화적 정권 교체를 공언했다. 특히 1988년 서울 올림픽을 앞두고 있어서 1980년 광주처럼 군을 동원하여 민주화 세력을 진압한다면 전 대통령은 자신의 약속을 저버리는 것인 동시에 서울 올림픽을 포기하는 것이었다. 따라서 국제적 환경 역시 민주주의를 지지하는 미국에 유리한 상황이었다. 곧 국제적 환경의 차이가 한국 정치에서 미국이 상이한 대응을 하게 된 하나의 요인이었다.

다음으로 국내 정치적 측면에서 권위주의 세력과 민주화 세력의 힘의 차이 역시 미국의 상이한 대응을 가져온 중요한 요인이었다. 1979~1980년 한국의 야당과 민주화 세력은 모두 취약했다. 양자 모두 박정희 체제 아래에서 장기간의 억압을 겪으며 극도로 위축된 상태였다. 민주화 세력은 양김이 분열되면서 학생 세력들과 공동 보조를 취하지도 못했다. 특히 1980년 5월 17일 계엄령 전국 확대로 철저히 제압되었으며, 그 결과 광주민주화운동은 고립된 지역에서만 전개되면서 신군부에 쉽게 진압되었다.

그러나 1987년의 상황은 전혀 달랐다. 민주화 세력은 1980년 광주민주화운동 이후 양적으로나 질적으로 모두 급속히 성장했고, 학생운동뿐 아니라 다른 부문 운동 역시 성장했다. 또한 1987년 민주화 국면에서 야당과 다양한 민주화 세력이 국본이라는 단일 조직을 결성하여 조직적인 투쟁을 전개함으로써 민주화를 요구하는 힘을 배가시킬 수 있었다. 특히 경제발전 과정에서 자연스럽게 성장한 중산층 역시 민주화를 지지하면서 민주화 세력을 강화했다. 이렇게 민주화 세력이 권위주의 세력과 비등할 정도로 성장한 상황은 미국이 한국의 민주화를 지지하는 것을 자연스럽게 만들었다.

결국 미국은 대한민국 건국 초기부터 한국에 민주주의를 정착시키기를 원했지만, 항상 민주주의라는 가치보다 동아시아 반공 체제의 안정이라는 현실에 우선하여 대한 정책을 전개했다. 또한 미국은 초기에는 주로 경제 원조나 군사적 수단을 이용하여 자신의 의도를 관철시켰지만, 한국이 경제적으로 성장하면서 경제 원조 중단을 수단으로 사용하는 압력은 더는 사용할 수 없었다. 군사적 수단 역시 닉슨 행정부의 일방적인 미군 철수와 한반도의 안보를 유지해야 한다는 최소한의 한계가 있었기 때문에 미국도 함부로 사용할 수 없었다. 따라서 박정희 정권 후기가 되면 한국에 대한 미국의 영향력도 상대적으로 많이 약화되었다. 사실 미국은 박정희 정부 시기부터 경제발전에 상응하는 정치적 민주화를 요구했지만, 박 정권은 북한의 침략 위험을 핑계로 그런 요구를 수용하지 않았다. 이런 조건에서 1979~1980년과 1987년의 민주화 요구가 등장했고, 미국은 위에서 설명한 조건들 때문에 한 번은 불개입이라는 선택을 하고 다른 한 번은 개입이라는 선택을 할 수 있었다. 따라서 한국의 민주주의는 민주화에 대한 미국의 의지뿐 아니라 국제 정세와 한국인들의 노력이 복합적으로 작용함으로써 성공할 수 있었다는 사실을 보여준다.

## 참고 문헌

/

강신철 외. 1988. 《80년대 학생운동사》. 형성사.

광주광역시 5·18 사료 편찬위원회. 1997. 《5·18 광주 민주화운동 자료총서》.

구갑우·안정식. 2010. 〈김영삼·클린턴 정부 시기의 한미관계〉. 《역사비평》 90호.

그렉 브라진스키. 나종남 역. 2011. 《대한민국 만들기, 1945~1987》. 책과함께.

김계동 외. 2012. 《한미관계론》. 명인문화사.

노신영. 2000. 《노신영 회고록》. 고려서적.

노태우. 2011. 《노태우 회고록》 상권. 조선뉴스프레스

돈 오버도퍼. 이종길 역. 2002. 《두 개의 한국》. 길산.

박원곤. 2011. 〈5·18 광주 민주화 항쟁과 미국의 대응〉. 《한국정치학회보》 제45집 제5호.

6월항쟁계승사업회. 《6월 항쟁을 기록하다: 한국민주화대장정 1》. 민주화운동기념사업회.

윌리엄 글라이스틴. 황정일 역. 1999. 《알려지지 않은 역사》. 중앙M&B.

이흥환 편저. 2002. 《미국 비밀문서로 본 한국 현대사 35장면》. 삼인.

정일준. 2010. 〈전두환·노태우 정권과 한미관계〉. 《역사비평》 90호.

_____. 2012. 〈미국제국과 한국: 한미관계를 넘어서〉. 《사회와 역사》 96호.

제임스 R. 릴리. 김준길 역. 2005. 《아시아 비망록》. 월간조선사.

존 위컴. 1999. 《12·12와 미국의 딜레마》. 중앙M&B.

함운경·홍성영. 2007. 〈서울 미문화원 점거〉.

Declassified Documents Reference System. "Korea, 1977-1980." Library of Congress.

_____. "National Security Council Weekly Report 1977-1980." Library of Congress.

Documents of Jimmy Carter Library Relating to Korea, 1977-1980. 국사편찬위원회.

Don Oberdorfer File. 국사편찬위원회. National Security Archive, Washington DC: Gelman Library. George Washington University.

Fowler, James. 1999. "The United States and South Korean Democratization." *Political Science Quarterly* 114(2).

Thomas P. H. Dunlop. 1998. "Interview with Thomas P. H. Dunlop." The Foreign Affairs Oral History Collection of the Association for Diplomatic Studies and Training(http://memory.loc.gov/cgi-bin/query/r?ammem/mfdip:@field(DOCID+mfdip2004dun05))

*New York Times.*

/

### 10장

# 북한: 민주화 이후 '보수' 정부의 대북 정책 연구
— 노태우, 김영삼, 이명박 정부를 중심으로

## 1. 들어가는 말

일반적으로 남한에서 북한과 통일에 대한 인식은 이념과 체제를 우선하는 '국가 중심적 시각'과 민족의 화해와 통합을 우선하는 '민족 중심적 시각'으로 구분된다.[1] 전자는 공산주의 체제인 북한을 주적으로 설정하고, 남한 자본주의 체제의 생존과 발전에 우선권을 부여하며, 통일을 장기적 과제로 인식한다. 이것은 역사적으로 분단국가 수립을 우선한 정치 세력에서 시작되어 권위주의 세력이 견지하고 민주화 이후에도 보수 세력이 지향한 시각으로, 흡수통일론과

---

[1] 김동성과 최완규는 통일 논의를 '국가중심주의 패러다임'과 '민족중심주의 패러다임'으로 구분했다(김동성 1997; 최완규 1999).

북한붕괴론으로 표출되었다.[2] 반면 후자는 민족의 통일, 곧 분단 해소를 한민족의 가장 시급하고 중요한 과제로 인식한다. 역사적으로 미군정 시기 통일 정부 수립, 곧 분단 정부 수립 반대 운동에서 출발하여 권위주의 시기 일부 민주화운동 세력이 견지하고 민주화 이후에는 통일운동 세력이 지향한 시각으로, 김대중 정부와 노무현 정부의 대북화해 정책으로 표출되었다. 따라서 한국 사회에서 '상식'은 보수 세력은 전자의 시각을, 진보 세력은 후자의 시각을 견지하는 것이었다.

그러나 민주화 이후 집권한 '보수' 정부의 대북 정책은 모두 '국가 중심적 시각'으로 간주할 수 있을까? 같은 보수 정부라도 국제적 환경과 지도자의 인식에 따라 보수 정부의 정책에서 차별성이 존재하지 않을까? 이 글은 이러한 질문에서 출발하여 민주화 이후 보수 정부로 간주되는 노태우, 김영삼, 이명박 정부의 대북 정책을 비교하고 분석한다. 이런 과정을 통해 각 정부들 사이의 공통성과 차별성을 가려내고, 그런 특성이 나타난 원인을 고찰하며, '바람직한' 남북 관계의 방향을 모색한다. 곧 보수 정부의 대북 정책에서 계승할 점과 폐기할 점을 찾아 바람직한 남북 관계를 모색하는 데 도움이 되는 교훈을 찾는다.

먼저 세 보수 정부가 북한에 대해 어떤 인식과 목표를 지녔고, 그것이 대내외 환경에 따라 어떤 차이를 보이는지를 살펴본다. 보수 정부의 대북 정책을 고찰하기 위해 주목하는 변수는 네 가지다. 첫째, 대통령의 대북 인식이다. 세 대통령이 북한에 대해 어떤 인식을 가졌고, 그것이 임기 중 대북 정책에 어떤 영향을 미쳤는지를 살펴본다. 둘째, 어떤 대외 요인이 세 정부의 대북 정책에 영향을 미쳤는지에 주목한다. 한반도는 미국과 소련에 의해 분단되었고 냉전 기간 동안 양극 체제에 편입되었기 때문에 구조적으로 대외적 요인에 큰 영향을 받았다. 특히 남한은 한국전쟁 시기부터 현재까지 미국에 안보를 의존하고 있기 때문에 대북 정책의 자율성이 제한되어 있었다. 게다가 냉전 붕괴 이후 북한이 핵을 개발함으로써 동아시아의 안보에 위협을 가져온 동시에 핵 확산 금지를 규정한 국제 레짐을 위반했기 때문에 남한의 대북 정책은 독자성에서 한계를 지녔다. 셋째, 어떤 내부 요인이 세 정부의 대북 정책에 영향을 미쳤는지에 주목한다. 이를테면 그동안 국내에서 북한과 통일 문제는 종종 정권 안보와 이익에 봉사하는 정치적 도구로 이용되었기 때문에 대북 정책 역시 정권의 이해관계에 영향을 받았다. 또한 '남남 갈등'으로 지칭되는 국내 세력들 간의 힘의 관계 역시 정부의 대북 정책에 영향을 미쳤다. 따라서 국내 정치 세력들의 대북 인식이 보수 정부의 대북 정책에 미친 영향에 대해서도 주목한다. 넷째, 북한의 대응이 남한 정부의 대북 정책에 어떤 영향을 미쳤는지에 주목한다. 남한의 대북 정책은 북한을 대상으로 한 것이기 때문에 필연적으로 북한의 대응에 의해 영향을 받을 수밖에 없다.

민주화 이후 세 보수 정부의 대북 정책과 통일 정책은 한민족의 생존이 걸린 문제인 만큼 그동안 많은 연구가 진행되었다. 그런데 대부분의 연구는 개별 정부의 대북 정책을 대상으로 하거나 '진보' 정부로 일컬어지는 김대중 정부와 노무현 정부와 비교했을 뿐 민주화 이후 보수 정부들 사이의 대북 정책을 비교한 연구는 없었다. 노태우, 김영삼, 이명박 정부가 '보수' 정부로 간주되는 만큼 유사점도 있지만 시대적 상황, 주변 환경, 대북 인식과 정책 등에서 상이하기 때문에 세 정부를 대상으로 한 비교 연구가 필요하다. 이런 비교를 통해 기존 연구가 파악하지 못한 보수 정부의 차별성과 그런 특성을 초래한 요인들을 고찰함으로써 바람직한 대북 정책을 수립하는 데 필요한 교훈을 도출할 수 있을 것이다. 그럼 민주화 이후 세 보수 정부의 대북 정책을 각 정부별로 고찰하고, 그 정책들이 지닌 의미를 정리해보자.

---

2  물론 이 시각에는 당장 통일을 해야 한다는 입장부터 현재의 분단 상태를 평화적이고 안정적으로 관리하는 데 만족하는 입장까지 다양한 입장이 공존한다.

## 2. 민주화 이후 보수 정부의 대북 정책

### 1) 노태우 정부의 대북 정책

1988년 출범한 노태우 대통령은 보수 세력의 지지로 당선했지만 무조건 국가 중심적 시각을 견지하지는 않았다. 대신 소련과 동구의 개혁, 개방 등 국제 정세의 변화에 맞게 구사회주의 국가들을 상대로 관계 개선을 추진하는 등 북방 정책을 전개했고, 북한과도 대화를 통해 '남북기본합의서'를 채택했다. 본래 북방 정책이라는 개념은 1973년에 박정희 정부가 '6·23 선언'으로 대공산권 문호 개방 정책을 채택한 이후 학자들이 처음 사용했고, 1983년에는 이범석 외무부 장관도 언급했다. 그렇지만 북방 정책을 본격적으로 추진한 것은 노태우 정부 였다(김연철 2011, 81).

　노태우 대통령은 취임사에서 북방 외교의 필요성을 주장하며 "북방에의 이 외교적 통로는 또한 통일로 가는 길을 열어줄 것"이라고 주장했다. 또한 대북 전략의 기본 개념을 '개방=통일'로 설정하고 "전쟁을 통하지 않고 북한을 개방 시킬 수만 있다면 통일은 자연스럽게 이루어진다"고 주장했다(노태우 2011, 140). 이런 주장에 따라 노 대통령은 1988년 7월 7일 '민족자존과 통일번영을 위한 대통령 특별선언'(7·7 선언)을 발표했다. 주요 내용은 남북 상호 인적 교류와 왕래를 위한 문호 개방, 이산가족의 서신 교환과 상호 방문, 남북 간 민족 내부 거래로서의 교역 실시, 국제 무대에서의 상호 협력, 미국과 일본 등의 대북 관계 개선에 대한 협조, 소련과 중국 등 사회주의 국가와의 관계 개선 추구 등이었 다. 그리고 선언의 이행을 위한 초보적 실천 조치로 제3국을 통한 남북 간접 교 역, 공산권 자료 개방, 소련을 비롯한 사회주의 국가들과의 관계 정상화를 추 진했다. 7·7 선언은 그 정책을 주도한 박철언의 평가처럼 "민족통합 문제와 북 방정책 문제를 처음으로 연계시킨 제안"이었고, 북한을 경쟁과 적대의 대상이 아니라 민족 공동체의 일원으로 규정한 점에서 민족 중심적 시각이 처음으로 정부 정책으로 채택된 사례였다(김연철 2011, 85~86). 당시 통일원도 이 선언에 대해 북한을 적대적 대결과 경쟁의 상대가 아니라 '평화와 통일의 동반자'로 인식한 것이며, 관계 개선을 통해 북한의 개방을 유도하고 북한을 국제사회의 책임 있는 성원으로 참여하게 함으로써 한반도에서도 냉전 구조를 해체하려는 의도를 지녔다고 평가했다(통일원 1991, 49). 이 선언은 노태우 정부가 이전의 권위주의 정부와 달리 북한에 대해 평화공존 정책을 펴겠다고 분명히 표명한 것이었다.

노태우 대통령은 다음해인 1989년 9월 11일 평화공존에 기초한 '한민족공동체 통일방안'을 발표했다. 이 방안은 자주, 평화, 민주의 3원칙을 바탕으로 남북연합의 중간 과정을 거쳐 통일민주공화국을 실현하자는 구상이었다. 곧 통일 과정을 크게 3단계로 나누어, "남북 정상회담 등 다각적인 대화를 통한 신뢰 구축 단계→남북한 각료회의 및 국회의원들에 의한 평의회 구성 등 협의기구가 운영되는 남북연합 단계→통일민주공화국 수립 단계"로 진행되는 것을 상정했다. 구체적으로 먼저 정상회담을 통해 민족공동체 헌장을 마련하고, 이 헌장을 토대로 최고 기관인 남북정상회의를 구성하여 남북각료회의와 남북평의회를 두며, 실무 기관으로서 공동사무처와 서울과 평양에 각각 상주연락대표부를 설치한다. 그리고 남북평의회는 통일헌법의 초안을 마련해 민주적인 방법과 절차를 거쳐 확정해 공포하고, 이 헌법에 따라 총선거를 실시해 통일국회와 통일정부를 구성함으로써 통일민주공화국을 수립한다(노태우 2011, 286~287). 이 방안은 다른 두 체제가 존재하는 현실에 기초하여 서로 인정하고 공존 공영하면서 민족의 동질화와 통합을 추진하려는 구상이었다(대통령비서실 1990, 259).

북한은 남쪽이 평화 보장을 위한 초보적인 조치도 취하지 않은 채 교류 우선론에만 매달리고 있다고 비판하면서 계속 고려민주연방공화국 창립 방안을 주장했다. 그러나 북한도 탈냉전의 흐름에서 생존을 도모하기 위해 남북 대화를 재개했다. 국제적 냉전 종식에 따라 제기된 한반도의 냉전 종식과 남북 관계 개선 요구에 부응하여 남북 대화가 개시되었고, 1년 반 동안의 예비회담(1989년 2월~1990년 7월)을 거쳐 1990년 9월 4일부터 7일까지 서울에서 제1차 남북고위급회담이 개최되었다. 이후 1992년 9월 평양에서 열린 제8차 회담까지 123회의 각종 실무대표회담과 분과위원회 회의가 진행되었다. 남북고위급회담은 분단 역사상 최초로 남북 총리를 수석대표로 하는 고위 대표단이 서울과 평양을 왕래하며 개최한 정부 간 공식 회담이라는 점에서 매우 큰 의의를 지닌다.

남북 고위급 회담의 결과, 1991년 12월 13일 남북은 '남북 사이의 화해와 불가침 및 교류·협력에 관한 합의서'(남북 기본합의서)를 체결했다. 이 합의서는 남북한 총리가 서명한 것으로, 서문과 화해, 불가침, 교류·협력, 수정 및 발효 등 4장 25개 조항으로 구성되었다. 그 내용을 살펴보면, ① 상대 체제 상호 인정, 상대방에 대한 간섭·비방·전복 기도 종식, ② 쌍방 모두 '현재의 정전상태를 확고한 평화 상태로 전환'시키기 위해 노력하고 이를 달성할 때까지 정전 협정 준수, ③ 상호 무력 사용 금지 및 신뢰 증진 대책의 이행, ④ 대폭적인 군비 삭감·경제·문화·화학 분야의 교류, ⑤ 이산가족의 자유 서신 교환, ⑥ 남북 분계선에 의해 끊어진 도로와 철도 재개통 등이다. 또한 양측은 정치, 군사, 교류와 협력 분야에서 3개 분과위원회를 구성하여 합의서에 명시되지 않은 세부 사항을 다루기로 합의했다(노태우 2011, 324).

더욱이 1991년 주한미군이 한국에서 핵무기를 철수하고 12월 18일 노태우 대통령이 이 사실을 확인하자, 남북은 12월 31일 '한반도의 비핵화에 관한 공동선언'(비핵화 선언)에 합의했다. 내용은 ① 핵무기 시험·제조·생산·접수·보유·저장·배비·사용의 금지, ② 핵에너지의 평화적 이용, ③ 핵 재처리 및 우라늄 농축 시설 보유 금지, ④ 핵통제공동위원회 구성, ⑤ 비핵화 검증을 위해 상대방이 선정하고 쌍방이 합의하는 대상의 사찰, ⑥ 효력 발생이었다.[3]

남북 기본합의서는 남북한 간에 체결된 '최초'의 공식 문건으로서, 통일을 한민족의 공동 번영을 위한 과정으로 전제하고 남북 관계의 개선과 평화통일을 향한 기본틀을 제시함으로써 이후에도 남북 관계의 기본 원칙과 지침이 되었다. 특히 미국이나 소련 같은 제3자의 개입 없이, 그리고 밀사를 통해 성사된 1972년 7·4 남북공동성명과 달리 공개적으로 남북 정부가 공식 합의한 점에서 의의가 매우 크다. 비핵화 선언 역시 남북 쌍방이 핵무기 없는 한반도를 만들자는 약속을 안팎에 천명한 점에서 의의가 매우 크다.

그런데 1992년 2월 18일 평양에서 열린 제6차 고위급회담에서 남북 기본합의서의 내용은 실천되지 않았다. 남한이 이산가족 교환 등 손쉬운 문제부터 해결하자고 주장한 반면, 북한은 남한 내 미군 핵이 완전히 사라졌는지를 사찰하자고 요구할 뿐 아니라 자주, 평화, 대단결이라는 '7·4 공동성명'의 3대 원칙을 내세워 주한미군 철수, 무조건적 군축, 국가보안법 철폐를 주장했다. 그리고 1992년 9월 1일 평양에서 열린 제8차 고위급회담에서 북한은 남북 화해, 남북 불가침, 남북 교류와 협력 등에 관한 부속합의서의 발효와 함께 4개 공동위원회의 회의 일자와 장소를 합의했지만, 남한의 팀 스피릿 훈련 재개와 핵사찰 등을 이유로 회담을 일방적으로 중단했다(심지연 2011, 88). 결국 1993년 1월 29일 남북 고위급회담 북측 대표단은 "동결 상태에 있는 북남 사이의 대화를 굳이 재개할 의사가 없다"고 선언했다. 2월 25일 결의된 국제원자력기구JAEA의 대북 특별 사찰 요구와 3월 9일 발표된 북한의 핵확산 금지 조약 탈퇴 선언 등으로 북한 핵 문제가 부상하면서 남북 대화는 완전히 중단되었다(노태우 2011, 344).

한편 노태우 정부는 북한과 협상을 진행하는 과정에서 북방 정책을 이용하여 북한을 압박했다. 먼저 소련의 페레스트로이카 이후 시장경제 전환을 추진하던 구사회주의권 국가들과 교류를 추진하여 1989년 헝가리와 폴란드하고

---

3  이미 한국과 미국은 1991년 7월 고위정책협의회에서 북한이 핵무기 개발을 포기할 경우 주한미군의 전술핵 철수도 검토할 수 있다는 데 합의했다(노태우 2011, 310).

수교를 맺었다. 또한 사회주의 종주국인 소련과의 관계 개선에도 힘써, 1990년 6월 4일 미국 샌프란시스코에서 최초로 한소 정상회담을 성사시켰고, 9월 30일에는 최호중 외무부 장관과 소련의 예두아르트 셰바르드나제 외무부 장관이 대사급 외교 관계를 수립하기로 합의했다. 개혁 개방을 추진하던 중국과도 꾸준히 관계 개선을 추진하여 1990년 9월 27일에 한중 양국은 서울과 베이징에 비자 발급 등 사실상 영사 기능을 갖춘 무역대표부를 빠른 시일 안에 설치하기로 합의했다. 양국은 1991년 초 베이징과 서울에 무역사무소를 설치했고 1992년 8월에 수교를 맺었다. 북방 정책은 북한을 외교적으로 고립시킴으로써 북한이 남한과의 대화와 협상에 나서도록 압박했다. 결국 노태우 정부의 북방 정책은 당시 남북 관계를 개선하는 데 어느 정도 역할을 했다.

다른 한편 노태우 정부는 북한을 압박하여 1991년 9월 18일 제46차 유엔 총회에서 각기 별개의 회원국으로 유엔에 가입했다. 노 정부는 1990년 10월 2차 고위급 회담에서 북한이 단일 의석을 고집할 경우 단독 가입을 추진하겠다는 메시지를 전달했고, 1991년 4월 7일 노창희 유엔 주재 대사도 "북한이 우리의 남북한 동시 가입 노력에 호응해주지 않을 경우, 오는 9월 17일 제46차 유엔 총회 개막 전에 단독 가입 신청서를 제출할 것"이라는 각서를 유엔 회원국들에 배포했다(김연철 2011, 92). 그 결과 북한은 5월 28일 기존의 '하나의 조선' 논리에 따른 "남북한 단일 의석 유엔 가입이라는 기존 입장을 철회하고 남한과 분리해 단독으로 유엔에 가입하겠다"고 발표했다(노태우 2011, 309).

그럼 노태우 정부가 민족 중심적 시각에서 북방 정책과 평화 공존적 대북 정책을 추진하는 데 영향을 미친 요인들은 무엇인가? 먼저 노태우라는 지도자의 인식이 매우 중요한 역할을 했다. 회고록에 따르면 노태우는 10·26 사태 직후 보안사령관에 취임한 것을 계기로 남북 문제에 관심을 갖게 되었고, 1981년 88 서울올림픽 유치위원장을 맡으면서 사회주의 국가들의 참여를 위해 북방 정책의 필요성을 인식했다. 이런 경험을 통해 노태우는 당시의 정세에서 북방 외교와 남북 화해를 추진하는 것이 한반도의 통일에 유리하다고 판단했다.

다음으로 노태우 대통령이 의도한 대로 북방 정책과 평화 공존적 대북 정책이 진행되는 과정에서 탈냉전이라는 국제 정세가 아주 중요한 역할을 했다. 1985년 소련의 미하일 고르바초프 공산당 서기장이 페레스트로이카와 글라스노스트 정책을 실시하면서 탈냉전의 흐름이 시작되었고, 그 결과 사회주의 국가들도 1988년 서울올림픽에 참가했다. 또한 1999년 한국과 헝가리, 폴란드의 수교가 성사되면서 노태우 정부의 북방 정책은 성과를 거두었다. 그런데 이런 변화는 그동안 사회주의 진영을 기반으로 생존하던 북한에 정치적, 외교적 측면뿐 아니라 경제적 측면에서도 심각한 위협이었다. 사회주의권의 붕괴 때문에 북한은 외교적으로 고립되고 경제적으로 어려움에 처하게 되었다. 1980년대 후반 동유럽과 소련이 시장경제 이행을 본격 추진하면서 더는 지원을 기대하기 힘들게 되었고, 중국 역시 북한에 개혁과 개방을 요구하는 상황이었다. 따라서 북한으로서는 경제력을 앞세운 한국의 대화 요구에 수세적이지만 호응하지 않을 수 없었다.[4]

마지막으로 북방 정책과 평화공존적 대북 정책은 노태우 정부가 국내에서 처한 정치적 위기를 탈출하는 데 도움이 되었다. 노태우 대통령은 1987년 6월 민주항쟁 이후 합법적으로 당선했지만 12·12 군사 쿠데타를 주도한 신군부 출신이었기 때문에 여전히 정통성 시비에서 벗어나지 못했다. 또한 민주항쟁의 결과 집권한 정부여서 권위주의적 유산을 청산하고 민주화를 진행시켜야 하는 시대적 요구에도 부응해야 했다. 특히 민주화 이후 민주화 운동 세력이 '1988년 올림픽 공동 개최'와 '북한 바로 알기' 등 통일운동을 전개하고 1988년 4월 총선에서 '여소야대' 정국이 형성되자 노태우 정부는 정치적으로 수세에 몰리게

---

4 1991년 10월 13~16일 김일성이 중국을 방문했지만, 중국은 지원보다 개혁과 개방을 권고했다.

되었다. 그런데 그동안 어떤 정부도 진행하지 못한 사회주의권 교류와 대북 관계 개선에 성공함으로써 노태우 정부는 민간의 통일운동을 제압했을 뿐 아니라 정통성도 어느 정도 확보했다.

이러한 요인들이 상호 작용하면서 1990년대 초반 노태우 정부는 분단 이후 최초로 평화공존적 대북 정책을 통해 남북 간의 대화와 합의를 이끌어냈다. 그러나 북한의 입장에서는 어려운 시기에 '마지못해' 한 합의이기 때문에 합의를 적극적으로 이행할 의지가 없었다. 게다가 북한의 핵개발 의도가 국제적 쟁점으로 부각되면서 한반도에서는 남북 간 합의보다 더 큰 힘이 작용하는 상황이 조성되었다. 따라서 노태우 정부의 평화공존적 대북 정책은 탈냉전이라는 시대적 흐름에 편승하면서 남북 기본합의서라는 긍정적 결과를 도출했지만 '북핵 위기'라는 새로운 상황에 따라 더는 진척되지 못했다.

그렇기는 해도 노태우 정부의 대북 정책은 남북 관계에 관련하여 몇 가지 교훈을 남겼다. 우선 대북 정책에서 지도자의 인식이 중요하다는 사실을 보여주었다. 노태우 대통령은 우호적인 국제 환경과 북한의 수세적 위치를 이용하여 일관되게 평화공존적 대북 정책을 추진한 덕에 대북 협상에서 긍정적 성과를 거둘 수 있었다. 이런 측면은 같은 보수 정부인 김영삼 정부나 이명박 정부와 극명히 구별된다. 그러나 이런 성과가 '시간 벌기'라는 북한의 의도와 북한 핵이라는 국제적 이슈 때문에 더 진전되지 못한 점은 남북 관계에서 한국의 지도자 또는 정부의 역할이 한계가 있다는 점을 보여주었다. 곧 남북 관계는 북한과 국제적 차원의 종속 변수라는 점을 보여주었다.

다음으로 노태우 정부의 북방 정책과 대북 정책은 한국 외교가 어떤 환경에서, 그리고 어떻게 해야 자율성을 발휘할 수 있는지에 관해 중요한 시사점을 제공했다. 노태우 정부는 미국의 그늘에 안주하던 한국 외교의 틀에서 벗어나 공산권 국가와 관계 개선을 추진하면서 자주적 외교의 가능성을 열었다(김연철 2011, 82). 탈냉전 과정에서 미국의 '상대적' 방관이 한국에 자율적 외교의 기회를 제공한 점을 고려할 때, 한반도 문제의 해결을 위해서는 미국의 영향력에서 벗어나 자율성을 확보하는 것이 중요하다. 또한 한반도 문제의 당사자인 남북이 외세의 매개 없이 직접 접촉할 수 있다면 문제 해결에 쉽게 다가갈 수 있다는 점을 보여준다. 반대로 노태우 정부의 경험은 한반도 문제에 관련해 남북이 직접 해결에 나서지 않는다면 미국이나 국제사회가 개입할 것이고, 그런 상황에서 한국의 역할은 매우 축소될 수밖에 없다는 점을 잘 보여주었다.

마지막으로 노태우 정부의 평화공존적 대북 정책은 같은 보수 정부인 김영삼 정부로 계승되지 않고 사상과 이념이 다른 것으로 간주되는 김대중 정부의 화해협력 정책(햇볕 정책)과 노무현 정부의 평화번영 정책으로 계승됐다. 이것은 한국 정치에서 상식으로 간주되는 대북 정책에 대한 보수 세력과 진보 세력의 상이한 입장이 언제나 그대로 적용되는 것은 아니라는 사실을 보여준다.

### 2) 김영삼 정부의 대북 정책

김영삼 정부는 남북 기본합의서와 비핵화 선언이라는 유리한 환경과 북핵 위기와 남북 대화의 단절이라는 불리한 환경을 동시에 물려받았다. 김영삼 정부는 집권 초기 대북 정책의 기본 방향을 적대적 대결 관계에서 화해와 협력의 장으로 이끌어가겠다고 결정했다(김영삼 2001a, 98). 이런 결정은 냉전 해체와 민주화에 따른 남한 내 대북 강경 정책의 입지 약화라는 내적 환경과 정통성을 지닌 '문민정부'라는 자신감에서 유래한 것으로 볼 수 있다. 김 대통령은 1993년 2월 취임사에서 민족 중심적 시각을 표명했다(김영삼 2001a, 42~43).

저는 역사와 민족이 저에게 맡겨준 책무를 다하여 민족의 화해와 통일에 전심전력을 다하겠습니다. …… 어느 동맹국도 민족보다 더 나을 수 없습니다. 어떤 이념이나 어떤 사상도 민족보다 더 큰 행복을 가져다주지 못합니다. 김 주석이 참으로 민족을 더 중요하게 생각한다면, 그리고 남북한 동포의 진정한 화해와 통일을 원한다면, 이를 논의하기 위해 우리는 언제 어디서라도 만날 수 있습니다.

이런 시각에 따라 김영삼 대통령은 '진보적' 인사로 알려진 한완상을 통일부 총리에 임명하고, 미전향 장기수 이인모를 북한으로 송환했다. 원래 이인모의 송환은 전임 정부 시기 남북 간 현안 문제로 부상했고, 북한은 이산가족 재회의 조건으로 이인모의 송환을 요구했다. 노태우 정부도 이 요구를 수락하려 했지만 핵 사찰 문제와 팀 스피릿 훈련 재개, 이선실 간첩 사건 등 '비우호적' 환경 탓에 성사되지 못했다. 이런 상황에서 김영삼 정부는 조건 없이 이인모를 송환함으로써 대북 정책에 대한 전향적 자세를 과시하고 교착 상태에 빠진 남북 관계의 돌파구를 마련하려 했다. 특히 북한이 1993년 3월 12일 핵확산 금지 조약에서 일방적으로 탈퇴하겠다는 성명을 발표함으로써 분위기를 악화시켰는데도 김영삼 정부는 약속대로 이인모를 북으로 송환했다.

김영삼 정부는 한동안 비교적 온건한 노선을 견지했다. 한완상 통일원 장관은 "핵 문제와 이산가족 교류 문제를 연계시키지 않겠으며"(3월 26일), "북한이 핵확산 금지 조약에 복귀하면 대북 유화책을 검토할 용의가 있다"(5월 6일)고 언급하는 등 계속 화해의 신호를 보냈다. 김 대통령도 시엔엔<sup>CNN</sup> 회견에서 "북한의 고립을 원치 않는다"(4월 23일)는 의사를 밝혔다(최완규 1998, 200). 여기에 호응하여 5월 25일 북한의 강성산 총리가 남북 특사 교환을 제의하여 실무 접촉이 시작되었지만, 11월 4일 북한은 제4차 접촉을 무기한 중단하고 미국과의 '핵 문제 일괄 타결'을 주장했다. 남북 관계는 다시 교착 상태에 빠졌다.

이런 상황에서도 김영삼 대통령은 1994년 2월 25일 취임 1주년 기자회견에서 "북한의 핵개발 저지에 도움이 된다면 북한의 핵 투명성이 보장되기 전이라도 남북 정상회담을 추진하겠다"고 밝혔다. 이런 방침은 "남북 정상회담은 북한의 핵 투명성이 보장된 이후에나 가능하다"고 한 종래의 입장에서 후퇴한 것으로, '정상회담'에 대해 신축성을 보임으로써 북한에 남한과 대화할 여지를 주려 한 것이었다(김영삼 2011, 284). 당시 북한과 미국은 실무 접촉에 나서 북한의 국제원자력기구 핵 사찰 수용, 1994년 팀 스피릿 훈련 중단, 3월 21일부터 제네바에서 북미 고위급 회담 개최를 비롯하여 남북 특사 교환을 위한 실무 접촉 재개 등에 합의했다. 그러나 3월 1일부터 진행된 국제원자력기구의 핵 사찰이 성과를 거두지 못하고, 3월 19일 제8차 실무 접촉에서 북한 대표 박영수가 '서울 불바다' 발언을 함으로써 남북 관계는 교착 상태에서 벗어나지 못했고, 북한에 대한 유엔과 국제사회의 압박도 강화되었다.

이런 상황에서 6월 13일 북한이 국제원자력기구 탈퇴 성명을 발표하고 미국도 유사시 영변을 폭파할 계획을 세우면서 '한반도 위기'가 확산되었다. 그러나 6월 17일 카터 전 미국 대통령이 북한을 방문하여 김일성 주석을 만나 미국의 대북 제재 중단, 3단계 북미 회담 재개, 경수로 제공과 북한의 핵확산 금지 조약 복귀와 대미 관계 개선 등의 의사를 교환하면서 일시적으로 위기가 해소되었다. 또한 김일성이 카터 전 대통령에게 김영삼과 조건 없이 만나기를 원한다는 의사를 전달하면서 남북 화해의 가능성도 높아졌다. 이후 이홍구 부총리와 김용순 최고인민회의 통일정책위 위원장이 '남북정상회담 개최를 위한 합의서'에 서명하고 7월 25일로 회담 날짜를 잡았다. 그러나 7월 8일 새벽 김일성이 갑자기 사망하는 바람에 남북 정상회담은 무산되었고, 그 뒤 김일성 주석 조문을 둘러싸고 남한 내에서 갈등이 전개되면서 남북 관계는 더욱 악화되었다.

한편 남북 관계와 별개로 8월 5일 김일성 사망으로 중단된 북미 3단계 고위급회담이 재개되었다. 양자는 13일 북한의 흑연 감속로 건설 동결과 재처리 불능화, 미국의 경수로 제공과 경수로 건설 때까지 대체 에너지 공급, 양국 관계 정상화를 위한 평양과 워싱턴 연락사무소 설치에 합의했다. 그러나 김영삼 정부는 북한의 '과거 핵' 규명을 위한 명백한 합의가 부족하다고 주장하면서 연락사무소 설치에 강하게 반대했다. 특히 경수로 지원의 전제로 북핵 투명성이 완전히 회복되어야 한다는 점과 한국형 경수로를 지원할 것을 주장했다. 그 결과 10월 18일 북미 간에 최종 타결된 기본 합의문에는 한국형 경수로 모델(울진 3, 4호기형)이 포함되었다. 또한 합의문에는 한반도 비핵화 공동선언 이행과 남북 대화 재개 같은 매우 중요한 내용도 포함되었다.

그런데 이후의 이행 과정은 순탄하지 않았다. 특히 1995년 내내 한국, 미국, 북한은 경수로 지원 사업을 둘러싸고 지루한 협상을 지속했고, 우여곡절 끝에 12월 15일 뉴욕에서 한반도에너지개발기구<sup>KEDO</sup>와 북한 사이의 대북 경수로 공급 협정이 공식 타결되었다. 이렇게 해서 1993년 3월 북한의 핵확산 금지 조약 탈퇴 이후 3년 가까이 끌어온 '북핵 국면'은 일단락되었다. 1996년 3월 20일 '한전·한반도에너지개발기구 간 주계약자 지정합의문'이 채택되고, 7월 11일에는 '특권·면제 및 영사보호' 등 3개 의정서가 체결되었다. 그 결과 8월 16일 함남 신포 지역에서 본격적인 부지 조사 사업이 시작되었고 12월 31일에는 이 사업에 사용될 대규모 시추 장비와 물자가 남북 직항로를 통해 북한 나진항으로 수송되었다. 7차에 걸친 부지 조사 사업이 마무리되면서 1997년 7월 말에는 경수로 착공에 투입될 대규모 국산 중장비와 기자재가 북한 신포시 금호지구로 수송되었고, 8월 19일에는 역사적인 경수로 부지 착공식을 갖게 되었다.

이런 접촉에도 불구하고 1994년 남북 정상회담 무산 이후 김영삼 정부의 대북 정책은 전혀 성과를 거두지 못했다. 김영삼 정부는 1995년 6월 인도적 차원에서 북한에 쌀을 제공하기로 결정했지만, '인공기 사건'으로 한국 선박이 억류되고 쌀 지원도 중단되면서 오히려 남북 관계는 더 악화되었다. 그 뒤 대북 교류는 한국형 경수로의 채택과 건설 등 미국과 북한의 제네바 합의를 이행하는 절차로 제한되었고, 김영삼 정부가 추진한 이산가족 교환과 경제 지원 등 남북 간의 관심사는 전혀 진척되지 못했다. 결국 김영삼 정부의 대북 정책은 초기 화해와 협력을 지향하는 적극적인 정책에서 남북 정상회담의 무산을 계기로 미북 관계에 수동적으로 대응하는 소극적 정책으로 전환되었다.

이렇게 김영삼 정부의 대북 정책이 변화한 데는 여러 요인이 영향을 미쳤다. 첫째, 북한에 대한 김영삼 대통령의 인식이 확고하지 못했다. 김 대통령은 초기 민족 중심적 시각을 견지했지만 국내외 환경이 변화하자 국가 중심적 시각으로 전환했다. 곧 조문 파동 이후 북한이 강경한 입장을 견지하자 화해 협력을 지향하는 정책을 포기하고 적대적 대결 노선으로 전환했다. 이런 모습은 북한의 신뢰를 잃게 함으로써 그 뒤 쌀 지원 등을 통해 남북 관계의 개선을 모색한 시기에도 원하는 결과를 달성하지 못하게 했다.

둘째, 김영삼 정부의 정책 변화에는 북한 핵 위기라는 대외적 요인이 결정적인 영향을 미쳤다. 특히 1993년 북한의 핵확산 금지 조약 탈퇴부터 1995년 말 미국과 북한의 경수로 건설 합의에 이르기까지 김영삼 정부는 대체로 미국의 입장을 추종하는 수동적인 대북 정책을 전개했다. 초기에는 나름대로 화해 협력을 지향하는 정책을 펼쳤지만, 정상회담이 무산되고 조문 파동이 진행되면서 대북 강경 정책으로 선회했다. 결국 북한이 대화를 거부함으로써 김영삼 정부는 미국과 북한 간 협상에서 어떤 역할도 하지 못하게 되었다.

셋째, 김영삼 정부의 대북 정책 전환에는 국내 보수 세력도 큰 영향을 미쳤다. 김영삼 정부 초기 대북 화해협력 정책이 전개되자 냉전적 시각을 지닌 보수 세력은 성과를 거두지 못한 이인모 송환을 빌미로 한완상 통일원 장관을 공격해 퇴진시켰고, 사망한 김일성 주석의 조문을 제의한 이부영 의원을 '색깔론'으로 공격함으로써 김영삼 정부의 대북 정책 입지를 축소시켰다. 김영삼 정부로서는 지지 기반인 보수 세력의 대북 강경 정책을 수용하지 않을 수 없었다.

한편 김영삼 정부는 국내 정치를 위해 대북 정책을 이용했다. 1995년 대북 쌀 지원이 대표적 사례로, 일부 기관이 비밀리에 협상을 진행하고 조급하게 추진하느라 인공기 게양과 쌀 수송선의 억류, 사과문 발표 같은 예기치 못한 사건들이 일어났다. 그런데 쌀 지원은 대북 관계의 개선이라는 목적도 있었지만, 대북 관계를 통해 어려운 국내 정치 상황을 타개하고 6·27 지방선거를 유리하게 이끌려는 의도도 있었다(최완규 1998, 208). 그래서 남북 관계의 진전도 가져오지 못하고 망신만 당했다.

다른 한편 김영삼 정부의 대북 정책에 관련하여 한 가지 부연 설명해야 할 내용은 통일 정책이다. 김영삼 정부는 노태우 정부의 '한민족공동체 통일 방안'을 수정하고 보완하여 3기조(민주적 국민합의, 공존공영, 민족복리)의 3단계 통일론(화해협력 단계→남북연합 단계→통일국가 단계)을 핵심으로 하는 '민족공동체 통일 방안'을 제시했다. 이 방안은 분단 현실을 인정하고, 점진적인 단계별 접근을 통해 남북한 관계를 개선하고, 나아가 통일을 이룩할 수 있다고 전제했다. 또한 남북이 다른 부문보다 비교적 쉽게 합의할 수 있는 민족공동체(사상, 이념, 제도의 초월)의 건설을 상정했다(최완규 1998, 195). 이 방안에 따르면, 우선 남북 간에 화해와 협력을 통해 상호 신뢰를 구축하고, 이것을 바탕으로 남북 정상회담을 열어 '남북연합헌장'을 채택함으로써 경제·사회공동체, 곧 과도적 통일 체제인 남북연합Korean commonwealth을 결성한다. 그리고 남북연합의 성숙 단계에서 남북평의회가 통일헌법을 제정하고 이 헌법에 따라 남북총선거를 실시, 통일정부와 통일국회를 구성함으로써 1민족 1국가의 통일을 완성한다.

그런데 김영삼 정부의 민족공동체 통일 방안은 현실적인 동시에 비현실적이었다. 일단 1단계에서 2단계로 진입하는 것은 남북 모두 경제적 필요성 때문에 실현 가능성이 있다. 그러나 2단계에서 3단계로 진입하는 방법은 매우 막연하다. 남과 북이 모두 자국의 이념과 체제를 고집한다면 어떻게 서로 합의하에 통일헌법을 제정하고 총선거를 실시할 수 있는지에 대해 구체적 해법을 제시하지 못했다. 이 문제에 관련해 2단계에서 3단계로 진입하는데, '1연합 2독립정부→1연방 2지역정부→1국가 1정부'의 순으로 더욱 단계적이고 점진적인 방법이 고려될 수 있었을 것이다. 그러나 이런 통일 방안은 남북 대화 자체가 단절되었기 때문에 이전과 마찬가지로 대답 없는 메아리에 그치고 말았다.

이상에서 고찰한 김영삼 정부의 대북 정책은 몇 가지 교훈을 남겨주었다. 첫째, 남북 교류 또는 협의의 성공을 위해서는 정부의 일관성 있는 대북 정책이 필요하다는 점을 보여주었다. 비록 김일성 사망이라는 예상하지 못한 상황이 발생한 때문이지만, 조문과 관련하여 김영삼 정부가 일관되게 민족 중심적 시각을 유지했다면 남북 관계가 그렇게 악화되지는 않았을 것이다. 또한 조문 파동은 남북 관계를 평화적으로 이끌기 위해서는 북한 사회에서 김일성과 김정일 등 지도자가 차지하는 비중을 고려하여, 곧 북한의 특수성을 고려하여 전략적으로 접근할 필요가 있다는 사실을 보여준다.

둘째, 남북 관계를 평화적으로 유지하거나 또는 진전시키기 위해서는 국제적 흐름을 타는 것도 중요하지만 그것에서 어느 정도 '분리된' 남북 간의 이해관계를 구축하는 것도 필요하다. 1993년 이후 북한 핵 문제가 불거진 상황에서도 김영삼 정부가 남북 대화를 지속한 점을 고려할 때, 국제적 흐름을 크게 거스르지 않는 선에서 남북 간의 공통분모를 마련하는 것이 필요하다.

셋째, 남북 관계뿐 아니라 국내 정치에도 부정적 영향을 미친 1995년 김영삼 정부의 대북 쌀 지원 사태가 보여주듯이, 국내 정치를 위해 북한을 이용하는 정부의 행태는 정부 자신을 위해서도, 남북 관계에도 도움이 되지 않는다. 따라서 국내 정치에 남북 관계를 이용하는 행태는 반드시 지양되어야 한다.

결국 김영삼 정부는 초기에는 민족 중심적 시각에서 화해와 협력을 지향하는 대북 정책을 전개했지만 김일성 주석의 사망에 따른 조문 파동을 계기로 국가 중심적 시각인 대북 강경 정책으로 선회했고, 이 일을 계기로 한반도 문제의 주도권이 미국과 북한으로 넘어가면서 방관자 신세로 전락하게 되었다.

### 3) 이명박 정부의 대북정책

이명박 정부는 국가 중심적 시각을 지녔기 때문에 집권 전부터 화해와 포용을 앞세운 전임 정부의 대북 정책을 전면적으로 비판했다. 이명박 정부는 김대중 정부와 노무현 정부의 대북 정책이 북한의 실질적 변화를 유도하는 데 실패했고, 북한의 핵 개발을 가져와 북핵 사태를 심각한 상황으로 만들었으며, 한미 관계에도 자주 불협화음을 야기했다고 평가했다(채규철 2010). 그래서 북한과의 민족 공조를 반대하고 원칙에 입각한 남북 관계를 주장했다. 정치와 경제의 연계 원칙 아래서 대북 지원과 경제협력을 엄격히 연계하고, 북한에 핵 포기를 강력히 요청하며, 전통적인 한미 동맹을 통해 북한 문제를 풀어가자는 주장이었다. 이것은 이명박 정부의 대북 인식이 전임 정부와 정반대라는 점을 보여주었다. 특히 이명박 정부의 대북 인식을 잘 보여준 사례는 정권 인수위에서 논의된 통일부 폐지 주장이었다. 현실화되지는 않았지만 이전 정부 시기 통일부의 활동에서 드러난 문제점을 개선하기보다는 아예 통일부를 폐지함으로써 과거와 급격히 단절하려 했다. 이것은 남북 관계를 '남과 북'의 민족 문제로 인식하기보다는 외교 일반의 한 영역으로 사고한 사실을 보여준다(정영철 2012, 478). 민족 중심적 시각보다는 국가 중심적 시각에서 대북 문제를 접근한 것이었다.

초기 이명박 정부가 제시한 대북 정책은 2008년 3월 발표한 '상생·공영의 정책'이었다. 그 정책은 북핵 해결과 남북한 공동 번영의 실현을 통해 민족 통일의 실질적 토대를 구축하는 것을 목표로 했고, '평화공동체, 경제공동체, 행복공동체'의 형성을 실천 방안으로 제시했다. 여기서 평화공동체는 한반도 비핵화와 남북간 군사적 신뢰 구축에 의해, 경제공동체는 남북한 경제협력의 확대와 북한의 경제 회생을 통해, 행복공동체는 이산가족 문제와 국군 포로 문제, 그리고 북한 주민의 삶의 질 향상을 통해 실현된 것이라고 상정되었다.

또한 이명박 정부는 정책 목표와 기본 추진 방향만을 제시한 상생·공영의 정책과 함께 구체적인 실천 전략으로 2008년 6월 '비핵·개방·3000' 구상을 발표했다.[5] 2007년 6월 대선 후보 당시 이명박 대통령이 제기한 이 구상은, 북한이 핵무기를 폐기하고 개방에 나설 경우 10년 후 북한의 1인당 국민소득을 3000달러로 끌어올리겠다는 제안이다. 이것은 핵폐기를 유도하기 위해 핵폐기의 진전 정도에 따른 대북 지원의 내용을 담고 있다. 첫 단계로 북한이 핵시설 불능화 조치를 완료할 경우 남북 경협의 확대를 위한 법적이고 제도적인 토대를 마련하며, 다음 단계로 북한이 핵무기와 핵물질 폐기 등을 순조롭게 이행하면 5대 대북 지원 분야 중에서 상대적으로 추진이 용이한 분야의 지원을 확대한다. 마지막 단계에는 북한이 핵폐기 단계에 돌입하면 경제, 재정, 산업 인프라 등을 포함한 5대 분야 전체에 대해 본격적인 지원을 제공한다. 그리고 이것을 뒷받침하기 위해 국제사회와 협력해 400억 달러 규모의 국제협력기금을 조성하고, 이 기금을 북한에 투자하여 연평균 17퍼센트의 고도성장을 지속하게 만들어 10년 뒤 1인당 국민소득 3000달러 수준으로 도약시키겠다는 것이다.

이명박 정부의 이런 대북 정책은 다음 같은 대북 인식에 기초했다. 첫째, 이명박 정부는 북한을 사라져야 할 정권 또는 곧 사라질 운명의 정권으로 보았다. 특히 김정일의 건강 이상설이 대두되자 정부는 북한의 '급변 사태'를 기정사실로 간주하면서 대화와 협상보다는 붕괴 이후의 대책에 더 치중했다. 둘째, 이명박 정부는 남북 관계를 엄격한 계산의 논리, 곧 '갑을 관계'에서 접근했다. 가진 자와 갖지 못한 자의 차이를 부각하여, 곧 힘의 차이를 부각시켜 북한에 남한의 의도대로 따라올 것을 요구했다. 셋째, 이명박 정부는 북한을 인민들을 굶어 죽이는 못난 정권이면서도 세계 평화와 한반도 평화를 위협하는 '악한 존재'로 인식했다. 이것은 부시 행정부가 북한을 '악의 축'과 '폭정의 전초기지'로 명명했던 것과 동일한 인식이었다(정영철 2012, 480).

그런데 문제는 이런 적대적인 대북 인식을 통해서는 이명박 정부가 현실에서 북한을 상대로 자신들이 원하는 성과를 거둘 수 없었다는 데 있다. 이명박 정

---

5  이명박 정부의 대북 정책은 대선 기간에 '비핵·개방 3000' 구상으로 등장했지만 정부 출범 이후 포괄적 형태로 다듬어져 상생·공영의 대북 정책으로 정리되었다(박종철 외 2009, 2).

부의 핵심 대북 정책인 비핵·개방·3000은 남북 간의 현실적인 경제력 차이를 전제로 북한에 핵 포기를 요구하는 것이었다. 곧 북한이 '선조치'(비핵, 개방)를 취하면 '보상'(국민소득 3000달러)을 해주겠다고 말했는데, 이것은 전제 자체가 성립되기 힘든 불확실한 정책이다. 왜냐하면 이명박 정부가 전제하는 북한의 비핵화와 개방은 대북 정책의 결과로서 성취되어야 하는 것이지, 먼저 전제하고 북한에게 요구할 수 있는 것이 아니기 때문이다. 특히 당시 아무런 조건 없는 비핵화는 북한에 외세의 압력에 굴복하는 것을 의미했다. 따라서 이명박 정부의 대북 정책은 북한에 일방적인 굴복을 요구하는 '불가능한' 정책이었다. 곧 적대적 대북관과 북한이 받아들일 수 없는 요구들로 구성된 정책이기 때문에 현실에서 성과를 보는 것은 불가능했다.

그럼 이명박 정부의 대북 정책과 대북 인식이 남북 관계를 어떻게 변화시켰는지 살펴보자. 정부 출범 초기인 2008년 3월 26일 김태영 합참의장 내정자는 국회에서 북한의 핵을 제거하기 위해 '선제공격'을 해야 한다고 발언했고, 이명박 대통령도 이 발언을 옹호했다.[6] 북한을 적으로 사고하는 이명박 정부의 대북 인식을 잘 보여주는 장면이었다. 북한은 "남측이 '선제 타격' 폭언을 취소하고 사죄"할 것을 요구하는 등 크게 반발했으며, 4월 1일 《로동신문》을 통해 비핵·개방·3000을 공개적으로 거부하고 이 대통령을 실명 비판했다.

또한 이명박 정부는 6월 29일 '제2연평해전' 기념식을 2함대 사령부 주관 행사에서 정부 기념행사로 격상시키고 대규모 기념식을 진행해 북한을 자극했다. 이런 상황에서 7월 11일 금강산 관광지구에서 북한 초병의 총격에 남한 측 관광객이 사망하는 사건이 발생했다. 이명박 정부는 사과와 재발 방지를 요구했지만, 북한은 8월 3일 '금강산지구 군부대 대변인 특별 담화' 형식으로 금강산 관광지구 통제 강화 조치를 발표하면서 남북은 또다시 팽팽히 맞섰다.

10월 2일에는 북한이 제의해서 이명박 정부 출범 이후 첫 남북 군사실무회담이 열렸지만, 북한의 남한 민간단체 대북 전단 살포 중단 요구와 남한의 이명박 대통령 비방 중상 중단 요구가 충돌하면서 성과 없이 마무리되었다. 그 뒤 이명박 정부는 대북 전단 살포를 제지하지 않았고, 북한은 군사분계선을 통한 모든 육로 통행을 엄격히 제한하고 차단하는 '12·1 조치'를 취했다. 그러자 개성 관광과 남북 간 열차 운행이 중단되고 남북경협사무소도 폐쇄되었다. 또한 정부는 12월 6자 회담 3차 수석대표회의에서 일본과 연대하여 북한 핵시설 검증의정서에 '시료 채취 명문화'를 강력히 요구했고, 그 결과 미국과 북한의 타협은 결렬되었다. 그러자 북한은 2009년 신년 공동사설에서 이명박 정부 "파쇼 독재를 되살리며 북남대결에 미쳐 날뛰는 남조선집권세력"이라고 맹비난했고, 조선인민군 총참모는 서해 해상군사분계선 고수를 공언하며 남한과 '전면 대결 태세 진입'을 선포했다(김진환 2012, 494~495). 결국 2008년 전임 정부의 대북 정책을 부정하고 시작된 이명박 정부의 대북 정책은 금강산 관광, 개성 관광, 남북 열차 운행, 남북경협사무소 등 전임 정부 시기에 얻은 성과들을 무위로 돌리고 남북 간 긴장을 고조시켰다.

이런 이명박 정부의 대북 정책은 2009년에도 지속됐다. 3월에는 미국과 대규모 한미 합동 군사훈련을 강행해 북한을 자극했다. 북한도 3월 체제 비방 혐의로 개성공단 내 현대아산 직원을 억류하고, 4월 5일 장거리 로켓 발사, 4월 29일 우라늄 농축 선언, 5월 25일 제2차 핵실험, 6월 13일 우라늄 농축 시험 단계 돌입 선언 등으로 공세를 거듭했다. 그러자 이명박 정부는 5월 26일 미국의 대량살상무기 확산 방지 구상에 공식 참여할 것을 선언했고, 6월 12일 북한에 대한 전면 제재를 결정한 유엔 안보리 결의안 1874호에 적극 동조했다. 또한 이상희 국방부 장관은 6월 8일 '장관 메시지 15호'에서 북한 정권을 '부도덕하며

---

6 내정자는 국회의원의 질문에 대해 "우선 제일 중요한 것은 적이 핵을 가지고 있을 만한 장소를 빨리 확인해서 적이 그 것을 사용하기 전에 타격하는 것"이라고 대답했다(김진환 2012, 492).

반인권적인 집단'으로 비난했다. 그러자 북한은 5월 27일 남한의 대량살상무기 확산 방지 구상 참여를 '선전포고'로 간주하고 서해 5개 섬의 '법적 지위'와 서해 영해 주변 수역에서 움직이는 한미 해군 함선과 일반 선박들의 '안전 항해'를 담보할 수 없게 될 것이라고 선언했다(김진환 2012, 496).

이렇게 이명박 정부는 북한의 핵과 미사일 개발로 야기된 한반도의 위기 국면에서 긴장 완화를 위한 해법을 제시하기보다는 대북 제재를 통해 북한을 압박하는 미국의 정책을 추종했다. 그런데 2009년 하반기에 남북 관계는 잠시 반전의 기미를 보였다. 8월 4~5일 빌 클린턴 전 미국 대통령이 북한을 방문했고, 북한에 억류되어 있던 미국 여성 기자가 석방되었다. 8월 16일 현정은 현대그룹 회장이 북한을 방문하여 김정일 위원장을 만나 경제협력을 포함한 남북 관계 개선에 합의했고, 북한은 억류하고 있던 현대아산 직원을 석방했다. 특히 북한은 8월에 사망한 김대중 전 대통령 국장에 조문단을 파견했고, 이명박 대통령도 예방했다. 그리고 남북은 8월 26~28일 금강산호텔에서 적십자 회담을 개최하고, 합의에 따라 9월 26~10월 1일 금강산에서 이산가족 상봉 행사를 가졌다. 10월 16일과 17일에는 남북이 적십자 실무접촉과 임진강 수해방지 실무회담을 개최했다. 또한 10월 6일 북한은 원자바오 중국 총리의 방북을 계기로 '다자 회담 조건부 복귀'를 발표했다. 이것은 2차 핵실험에 따른 국제사회의 대북 제재의 결과 북한에서 에너지난과 식량난이 더욱 심화되었고 금강산 관광 중단 때문에 외환 획득 통로가 차단된 데 따른 불가피한 선택으로 보인다.

이명박 대통령도 2009년 8·15 광복절 경축사를 통해 북한이 핵 포기 결심을 보여줄 경우 '한반도 신평화구상'을 추진할 계획이라고 발표했다. 남북한의 재래식 무기와 병력 감축을 통해 공영의 길로 나아갈 것을 제안하는 한편 북한이 핵을 완전히 폐기할 경우 북한 경제의 회생을 지원하는 방안을 제시했다. 국제적 차원에서 대북 지원 협력 프로그램 가동, 남북 관계 차원에서 경제공동체 구축을 위한 고위급 회의체 설치, 대북 차원에서 경제·교육·재정·인프라·생활향상 등 5대 핵심 분야 개발을 지원하는 프로그램을 추진하는 방안이었다. 또한 이 대통령은 8월 뉴욕에서 북한 비핵화를 효과적으로 실현하는 방안으로 '그랜드 바겐' 구상을 발표했다. 단지 핵 프로그램뿐 아니라 모든 문제를 협상 의제로 삼아 북한의 요구(체제 안전의 보장과 경제 지원)와 국제사회의 염려 사항(북핵 폐기와 핵확산 방지)을 맞바꾸자는 일종의 '일괄 타결' 방안이었다. 양측이 핵심 사안을 먼저 합의한 뒤 실행 문제를 논의하자는 것이었다(채규철 2010, 71~72). 그러나 이 구상은 일괄 타결이라는 방법을 제외하고는 비핵·개방·3000의 연장선상에 있는 것으로서, 북한이 전혀 받아들일 가능성이 없는 비현실적인 정책이었다.

잠시 소강 상태를 보이던 남북 관계는 이명박 정부의 '호전적인' 군사 정책 때문에 빠르게 악화됐다. 11월 10일 한국 해군은 대청도 인근 해역에서 북방한계선을 침범한 북한 함정에 경고 사격을 가했고, 북한 함정이 대응 사격을 하면서 무력 충돌이 발생했다. 당시 남한 함정은 총탄 10발을 맞은 뒤 북방한계선 이북으로 도주하는 북한 함정을 추적하며 약 3분 동안 4960발의 총포탄을 퍼부어 큰 피해를 입혔다.[7] 북한의《조선중앙통신》은 "남측이 무장 도발 행위를 하였다"며 "사죄를 하고 책임을 지라"고 요구했고, 11월 12일《로동신문》은 "남측의 계획된 도발"이라며 "값비싼 대가를 치를 것"이라고 엄포를 놓았다. 결국 한국 해군의 '초강경' 조치는 '대청해전'을 낳았고, 북방한계선 부근 서해를 남북 어선이 자유롭게 활동할 수 있는 '평화' 구역으로 만들려던 전임 정부의 바람과 달리 이곳은 무력 충돌의 가능성이 높은 '긴장의 해역'이 됐다.

이명박 정부는 2009년 말 북한의 급변 사태에 대비한 통합형 '컨틴전시 플랜'(코드명 '부흥')을 작성한 것으로 알려졌다. 정부는 김정일의 건강 이상과 후

---

7 언론 보도에 따르면 대청해전에서 북한군 8명이 사망했다(《연합뉴스》 2010년 6월 20일).

계 세습, 핵무기 보유, 국제사회의 대북 제재, 경제난 등 북한 안팎의 사정이 이전 정부에 견줘 크게 달라진 점을 감안해 김영삼 정부의 비상 계획인 '충무계획'을 대폭 수정했다. 이것은 북한이 핵을 포기하면 10년 내 북한 주민 1인당 소득을 3000달러로 만들겠다는 비핵·개방·3000의 정신을 따라 북한의 경제 개발에 무게를 둔다는 점에서 '부흥계획'으로 명명했다.[8] 2010년 1월 14일 한국 언론에 이 계획이 보도되자, 북한은 15일 국방위원회 대변인을 통해 "남조선 당국의 단독 반공화국 체제 전복 계획"으로 비난하고 강경 대응 의지를 밝혔다. 1월 20일 김태영 국방부 장관이 다시 대북 선제공격 발언을 하자 24일 조선인민군 총참모부는 "노골적인 선전포고로 간주할 것"이라며 "단호한 군사적 행동"을 경고했고, 며칠 동안 서해상에서 해안포를 발사하는 등 긴장을 고조시켰다.

이명박 정부 등장 이후 적대적 남북 관계를 돌이킬 수 없게 만든 계기가 바로 2010년 3월 26일 발생한 '천안함 사건'이었다. 서해 백령도 인근 해역에서 초계 중이던 천안함이 침몰하여 해군 수병 40명이 사망하고 6명이 실종되었다. 정부는 5월 20일 조사단 발표에서 천안함이 북한의 공격을 받고 침몰했다고 발표했다. 정부는 5월 24일 북한 선박의 우리 해역 운항 전면 불허, 남북 교역 중단, 우리 국민의 방북 불허, 대북 신규 투자 불허, 대북 지원 사업의 원칙적 보류 등을 주요 내용으로 하는 '5·24 조치'를 발표했다.[9] 또한 6월 4일 천안함 사건을 유엔 안전보장이사회에 회부하고, 7월 25~28일에는 한미 연합 해상훈련을 실시하는 등 강경 조치를 취했다. 그러나 북한은 자신들은 천암함 침몰에 전혀 관계가 없다고 주장하면서 남한이 취한 조치에 대응해 남한 선박과 항공기의 영해와 영공 통과 전면 금지, 북남 관계 전면 폐쇄, 북남 불가침 합의 전면 파기, 북남 협력 사업 전면 철폐, 개성공단 폐쇄 가능성을 언급했다. 이명박 정부도 개성공단 체류 인원을 대폭 축소하고 신규 진출과 투자를 금지했다. 결국 이명박 정부의 대북 정책 이후 악화된 남북 관계는 천안함 사건으로 회복 불능 상태에 빠졌고, 그 결과 그나마 남아 있던 화해협력 정책의 성과도 모두 무효화되었다.

천안함 사건 이후 고조된 남북의 군사적 긴장은 다시 남북의 무력 충돌을 가져왔다. 이명박 정부는 북한의 지속적인 경고에도 불구하고 대규모 화력 훈련을 실시했는데, 11월 23일 해병대가 연평도에서 대규모 화력 훈련을 실시하려 하자 북한이 연평도에 포탄 170여 발을 발사하는 사건이 발생했다. 그 결과 군인과 민간인이 각 2명씩 사망하고 다수가 다치는 등 인명 피해가 발생했다. 이것은 한국전쟁 이후 북한이 남한 영토에 직접 타격을 가한 '최초의' 사건으로, 남북 관계를 극도로 악화시켰다.

천안함 사건과 연평도 포격 사건 이후 이명박 정부는 강경한 대북 정책을 지속했다. 정부는 2010년 12월 말 발행한 《국방백서》에서 북한을 "우리의 적"으로 명시했고, 2011년 2월 8~9일 39차 남북 군사실무회담에서도 남북 고위급군사회담의 의제로 북한이 받아들이기 힘든 천안함 폭침과 연평도 포격 등 두 가지만을 제의함으로써 관계 전환의 돌파구를 차단했다. 또한 5월 10일에는 2012년 3월 서울에서 개최될 예정인 핵안보 정상회의에 김정일 위원장을 초대한다는 이른바 '베를린 제안'을 북한에 전달했다. 그런데 제1차 핵안보 정상회의는 북한을 핵 테러 범죄국으로 규정했기 때문에 이 제안은 북한이 전혀 받아들일 수 없는 것이었다. 따라서 북한은 11일 이 대통령을 '역도'로 표현하면서 "핵 포기를 대화의 전제조건으로 내세우는 것은 우리를 무장 해제시키고 미국과 함께 북침 야망을 실현해 보려는 가소로운 망동"이라고 비난했다. 같은 날 북한 《조선중앙통신》도 이 대통령의 초청 제안을 '도발적 망발'이라며 사실상 거부했다. 또한 북한은 6월 1일 지난 5월에 베이징에서 남한 정부 관계자들이 돈봉투로 정상회담을 구걸했다고 비난하면서 비밀 접촉 사실을 공개했다. 이런 행동은

---

8  이명박 정부는 부흥 계획을 공식 발표하지는 않았지만 부인하지도 않았다.

9  이 조치로 남북 간 일반 교역, 위탁 가공과 대북 지원 등이 크게 축소됨으로써 북한은 경제적으로 큰 타격을 입었다.

북한이 이명박 정부에 대한 불신을 넘어 더는 대화를 하지 않겠다는 의사를 드러낸 것으로 해석되면서 공식 또는 비공식 남북 관계가 단절될 수 있다는 염려를 불러일으켰다.

그러나 2011년에도 남북 관계는 완전히 단절되지 않았다. 국제사회에서 대북 지원 움직임이 등장했고, 남북과 러시아의 가스관 연결 사업에 관한 논의가 진행되었으며, 북한 비핵화에 관련하여 남북 접촉도 진행됐다. 게다가 북한은 7월 남북 비핵회담에 응하여 22일 회담이 재개되었고, 9월 21일 2차 회담도 개최되었다. 또한 사회, 문화, 종교 분야의 남북 교류가 부분적으로 재개되었다. 북한은 10월 10일 개성공단 입주 기업의 애로 해소 조치를 발표하고, 11월 8일 남한 정부는 '북한 영유아 지원 사업' 예산 중 보류된 기초 의약품과 의료 장비 지원, 의료 시설 개보수 사업 관련 예산 700만 달러의 집행을 허용했다. 그리고 2012년 2월 10일 외통위와 남북관계 특위가 개성공단을 방문했다. 미국과 북한의 관계도 개선되어 2월 23~24일 제3차 미북 대화를 개최하여 비핵화 사전 조치, 영유아 지원, 양자 관계 개선 등에 합의했다. 그러나 이런 접촉은 남북 관계의 진전에는 기여하지 못했다.

이런 상황에서 2011년 12월 17일 북한의 김정일 국방위원장이 사망하고 셋째 아들 김정은이 새로운 지도자로 등장했다. 이명박 정부는 북한의 지도 체제가 안정되기를 기다리며 기존의 대북 정책을 지속했다. 그런데 북한은 이명박 정부하고는 대화 중단을 지속하면서도 미국을 상대로 한 대화는 시작했다. 북한과 미국은 고위급 회담을 진행하여 2012년 2월 29일 제3차 북미 대화의 결과를 발표했다. 주요 내용을 보면 6자 회담 재개에 앞서 북한은 우라늄 농축 프로그램UEP을 포함한 모든 핵개발 활동을 중단하고, 국제원자력기구 사찰단이 복귀하며, 2005년 9·10 공동성명의 이행을 확약하고, 핵실험과 탄도미사일 발사를 중지한다는 것 등이었고, 대신 미국은 영양 지원을 하는 것이었다.

이런 상황에서 이명박 정부는 3월 26~27일 서울에서 제2차 핵안보 정상회의를 개최하여 북한을 압박했다. 그러자 북한은 4월 12일 실용 위성 '광명성 3호'를 발사했다. 북한의 새로운 김정은 지도부 역시 국제사회의 제재와 압박에도 불구하고 핵과 미사일 개발을 지속하겠다는 의지의 표현이었다. 4월 16일 유엔 안전보장이사회는 북한의 로켓 발사를 강력히 규탄하고, 대북 제재를 확대하며, 북한이 로켓을 추가 발사하거나 핵 실험을 할 때는 상응하는 조치를 취한다는 내용의 의장 성명을 만장일치로 채택했다. 그러나 북한은 내부적으로 권력 이양 작업을 진행해 7월 17일 조선인민군 최고사령관 김정은에게 조선민주주의인민공화국 원수 칭호를 수여하여 김정은 지배 체제를 공고히 했다. 또한 북한이 8월 말에 수해 피해 복구를 위한 민간 지원을 하겠다는 남한의 제의를 받아들여 남북 대화가 시작되었다. 그러나 9월 남측이 자신들이 원하는 쌀과 시멘트 대신 밀가루와 라면, 의약품을 지원 품목으로 제시하자 북은 품목과 수량에 불만을 표시하며 수용을 거부했다. 또한 북한은 12월 12일 광명성 3호 2호기를 발사했는데, 이전과 달리 궤도 진입에도 성공했다. 대륙간 탄도미사일 능력을 갖춘 사실을 보여줌으로써 북한은 국제사회의 제재와 압력에도 불구하고 핵과 미사일 개발을 지속한다는 의지를 강력히 표명했다. 이명박 정부는 북한의 미사일 발사를 규탄하고 유엔 안보리 소집을 요구했다.

결국 이명박 정부는 임기 내내 일관되게 자신만의 정책을 추진했지만, 한반도의 비핵화와 북한의 개방, 북한 주민 1인당 3000달러 정도의 생활 수준 향상이라는 '비핵·개방·3000'의 목표를 달성하는 데는 실패했다. 대신 전임 정부가 쌓은 남북 교류의 성과를 대부분 무너뜨렸을 뿐 아니라 무력 충돌을 불사함으로써 한반도의 군사적 긴장을 높였고, 국가 안보도 불안하게 만들었다. 또한 대북 대화와 교류도 시간이 갈수록 축소되었고, 천안함 사건 이후 남북 대화는 사실상 단절되었다. 그럼 왜 이명박 정부는 이런 대북 정책을 전개했는가? 이명박 정부의 대북 정책에 영향을 미친 요인들을 살펴보면 다음 같다.

첫째, 최종 정책 결정자인 이명박 대통령의 대북 인식이 가장 중요하다. 기본적으로 북한에 대한 이명박의 인식은 매우 부정적이었다. 이명박은 미국의 부시 행정부와 마찬가지로 북한을 '악의 축'으로 인식한 것으로 보인다. 북한은 국민들을 굶겨 죽이는 못난 정권인 동시에 세계와 한반도의 평화를 위협하는 '악한' 존재다. 또한 북한을 사라져야 할 정권, 또는 곧 사라질 운명에 처한 정권으로 인식했다(정영철 2012, 490). 이런 인식에 기초하여 이명박 정부는 김대중 정부와 노무현 정부의 대북 화해 정책을 비판했다. 북한의 체제 전환을 가져오기는커녕 핵과 미사일 개발에 이용되었다고 판단했기 때문에 전임 정부의 정책을 폐기하고 처음부터 북핵 제거를 전제로 한 대북 정책을 전개했다.

둘째, 보수 세력의 전폭적 지원이 있었다. 2000년대 초반부터 남한 사회에서 시작된 '남남 갈등'은 김대중 정부와 노무현 정부의 대북 화해 정책을 적대시하는 보수 세력의 '진영 논리'를 강화시켰고, 보수 세력의 지지에 힘입어 이명박 정부의 대북 정책이 등장했다. 보수 세력은 이명박 정부의 대북 정책에 반대하는 '진보 세력'의 항의를 '온몸으로' 방어하고, 김정일을 비방하며, 미국 달러를 담은 대북 전단을 살포하여 북한을 자극했다.

셋째, 북한의 강경 대응 역시 큰 역할을 했다. 북한은 초기부터 이명박 정부의 대북 정책을 비난했으며, 핵과 미사일 실험을 통해 남한을 계속 압박했다. 특히 천안함 사건과 연평도 사건은 이명박 정부가 양보할 여지를 제거함으로써 강경한 대북 정책이 지속됐다.

넷째, 북한의 핵, 미사일 실험과 남북 간 무력 충돌에 따른 국제사회의 대응역시 이명박 정부의 대북 정책이 지속되게 했다. 국제사회는 핵, 미사일 같은 대량살상무기 확산을 철저히 반대하는 입장이었기 때문에 북한이 핵과 미사일 실험에 나서자 강력한 제재를 통해 북한을 압박했다. 이명박 정부는 국제사회의 대북 제재에 적극 동참했을 뿐 아니라 이런 제재를 통해 자신들의 정책에 정당성을 부여하면서 강경한 대북 정책을 지속했다.

그럼 이명박 정부의 대북 정책이 우리에게 주는 교훈은 무엇인가? 첫째, 한국의 대북 정책이 성과를 거두기 위해서는 먼저 북한이 받아들일 수 있는 제안부터 시작해야 한다는 점을 보여주었다. 이명박 정부의 '비핵·개방 3000' 구상, 특히 이 구상이 전제로 한 북한의 핵 폐기는 체제 안전이 보장되지 않는 상황에서 북한이 절대 수용할 수 없는 제안이었기 때문에 북한의 반발을 초래했을 뿐 아니라 신뢰마저 상실하게 함으로써 남북 관계를 악화시켰다. 따라서 한국 정부로서는 북한이 받아들일 수 있는 제안에서 시작하여 점차 공동 이익을 확대시키는 방향으로 대북 정책을 펼칠 필요가 있다.

둘째, 한반도 비핵화뿐 아니라 남북 관계의 개선을 위해서도 대화와 협력을 통한 상호 신뢰의 구축이 반드시 필요하다. 지난 5년간의 남북 관계는 이명박 정부의 강경한 대북 정책 때문에 두 차례 남북 정상회담에서 도출한 합의, 금강산 관광, 개성 공단 등 전임 정부가 구축한 성과들이 대부분 무산되었다. 특히 서해상의 무력 충돌에 따른 남북 간의 군사적 긴장은 북한의 핵, 미사일 개발의 정당성을 높였을 뿐 아니라 남한 경제에 부담이 되는 군사비 지출이 증가하게 했다. 따라서 한반도의 평화와 남한 경제의 발전을 위해서라도 남북 간의 단절된 대화와 협상을 복원할 필요가 있다.

셋째, 한반도 문제의 해결을 위한 6자 회담에서 남한의 역할을 확대하기 위해서는 남북한을 견인할 수 있는 정책을 실시해야 한다. 이명박 정부의 강경한 대북 정책은 남북 간의 대화 채널을 단절시켜 6자 회담에서 남한의 입지가 매우 축소되었다. 이런 상황에서 한반도의 문제는 미북 대화나 6자 회담 같은 외부의 힘에 따라 결정될 수밖에 없다. 따라서 한반도 문제를 해결하는 과정에서 남한의 입지를 강화하고 역할을 확대하기 위해서는 남북 간의 공동 이익이 존재해야 하고, 그러려면 개성공단 확대처럼 남북 간의 공동 이익을 구축할 수 있는 정책이 필요하다.

## 3. 나가는 말

지금까지 민주화 이후 보수 정부의 대북 인식과 정책을 고찰했다. 노태우 정부
는 냉전 붕괴라는 국제 환경을 기반으로 남북 기본합의서라는 남북 간 최초의
공식 문건을 채택하는 성과를 냈지만, 남북의 시각차와 북한의 핵개발 의혹으
로 더는 진전되지 못했다. 비록 부족한 정통성을 만회하는 데 남북 관계를 이용
했을지라도, 노태우 정부는 권위주의 정권과 달리 남북 관계의 개선을 추진한
점에서 민족 중심적 시각을 견지했다고 평가할 수 있다.

　김영삼 정부는 초기에는 노태우 정부의 대북 화해 정책을 계승했지만, 북한
의 핵개발과 김일성 주석의 사망에 적절히 대응하지 못하면서 다시 권위주의
시기의 적대적 대북 정책으로 회귀했다. 또한 남북 관계가 교착에 빠진 뒤에는
독자적인 정책을 추진하지 못한 채 미국의 대북 정책을 추종했다. 따라서 김영
삼 정부는 초기에는 민족 중심적 시각을 견지했지만 얼마 뒤 국가 중심적 시각
으로 전환했다고 평가할 수 있다.

　반면 이명박 정부는 집권 이전부터 김대중 정부와 노무현 정부의 대북 화해
정책에 반대하는 대통령 본인과 보수 세력의 대북 인식에 기초하여 '상생·공영
의 정책'이라는 적대적 대북 정책을 전개했다. 따라서 초기부터 남북은 대립했
고, 북한의 핵과 미사일 개발에 더해 남북 간 무력 충돌이 빈발하면서 화해할
수 없는 적대 관계로 악화되었다. 그 결과 전임 정부 10년 동안 구축한 남북 관
계의 성과가 대부분 무산되었다. 또한 북한과 공통 이해관계를 갖는 공간을 상
실함으로써 남북 관계와 북한 핵 문제를 해결할 독자적인 지렛대를 잃어버린
채, 한반도의 평화 문제를 미북 관계나 6자 회담 같은 외부의 힘에 맡겨버렸다.
따라서 이명박 정부는 임기 내내 일관된 국가 중심적 시각을 견지했다고 평가
할 수 있다.

　이렇게 민주화 이후 세 보수 정부의 대북 인식과 정책은 상이한 모습을 띠고

있다. 대북 정책과 인식에는 국제 정세를 포함하여 각 정부가 처한 시대적 환경과 북한의 대응이라는 외부적 요인과 함께 지도자의 대북 인식과 그 인식에 따른 정책적 판단이라는 내적 요인 역시 중요한 영향을 미쳤기 때문이다. 세 보수 대통령 모두 북한을 신뢰하지 않았지만 남북 관계를 다루는 대통령과 정부의 정책적 판단은 상당히 대조적이었다. 노태우 대통령은 유리한 국제 환경을 이용하여 북한을 대화의 장으로 견인했지만, 김영삼 대통령은 핵확산 금지 조약 탈퇴와 핵개발이라는 북한의 '도전'과 김일성 주석의 사망이라는 돌발적 상황에서 강경 대응함으로써 남북 관계를 다시 냉전 시기로 후퇴시켰다. 다행히 김영삼 정부 시기에는 제네바 회담이라는 북미 대화가 진행되면서 무력 충돌 같은 극단적 상황으로 악화되지는 않았다. 그러나 10년 후 김대중 정부와 노무현 정부의 대북 화해 정책을 비판하며 등장한 이명박 대통령은 정책 수단과 목표를 혼동한 채 무조건 북한의 핵 포기를 요구함으로써 이전 10년간에 구축된 남북 간의 신뢰를 붕괴시켰고, 남북 관계도 최악으로 악화시켰다. 물론 이런 결과에는 북한의 핵, 미사일 개발과 강경 대응도 큰 역할을 했지만, 이명박 정부는 같은 보수 정부인 노태우 정부와 김영삼 정부의 경험을 전혀 활용하지 못했다. 이것은 평화적이고 안정적인 남북 관계를 정립하기 위해서는 지도자의 인식과 정부의 정책적 판단이 매우 중요한 요소라는 점을 말해준다.

결국 민주화 이후 세 보수 정부의 대북 정책에서 드러난 차별성은 남북 관계의 개선을 위해서는 적대적 인식과 대결 정책보다는 대화와 타협을 통한 상호 신뢰 구축이 매우 중요하다는 교훈을 말해준다. 특히 한국 정부는 국제적인 상황이 불리하건 유리하건 그 상황에 적응하면서 북한을 대화와 협력의 장으로 이끌어내는 정책적 '지혜'를 발휘해야 한다. 이것만이 한반도의 평화와 안정에 기여할 수 있는 '유일한' 길이다.

**참고 문헌**

/

김동성. 1997. 〈바람직한 통일논의의 방향 모색〉. 한국국제정치학회 1997년도 통일학술회의 발표 논문.

김연철. 2011. 〈노태우 정부의 북방정책과 남북기본합의서: 성과와 한계〉. 《역사비평》 97호.

김연수. 2012. 〈김정일 사후 남북관계 전망과 우리의 대북정책 방향〉. 《신아세아》 19권 2호.

김영삼. 2001a. 《김영삼 대통령 회고록 (상)》. 조선일보사.

_____. 2001b. 《김영삼 대통령 회고록 (하)》. 조선일보사.

김진환. 2012. 〈이명박 정부 대북 군사정책 평가와 대안〉. 조돈문·배성인 엮음. 《217, 한국 사회를 바꿀 진보적 정책 대안》. 메이데이.

노태우. 2011. 《노태우 회고록 (하) — 전환기의 대전략》. 조선뉴스프레스.

대통령비서실. 1990. 《노태우 대통령 연설문집》 제2권.

박종철 외. 2009. 《이명박 정부의 대북정책 및 추진환경과 전략》. 통일연구원.

박철언. 2005. 《바른 역사를 위한 증언 2》. 랜덤하우스 중앙.

송영훈, 권수현. 2012. 〈대북정책에 대한 개인선호 결정요인: 노무현 정부와 이명박 정부 비교〉. 《북한의 경제개혁과 통일·평화의 상상력》. 북한연구학회 2012년 추계학술회의 발표집.

심지연. 2001. 《남북한 통일방안의 전개와 수렴》. 돌베개.

이승연. 2011. 〈이명박 정부의 중·후반기 대북·통일정책: 현황과 쟁점〉. 《이슈와 논점》 제176호.

_____. 2012. 〈북·미 3차 회담이후 북·미 관계 현황과 전망〉. 《이슈와 논점》 제398호.

이형석. 2010. 〈대북정책의 실효성 제고 방안〉. 《국방연구》 제53권 제1호.

임동원. 2008. 《피스메이커: 남북관계와 북핵문제 20년》. 중앙북스.

_____. 2011. 〈남북기본합의서와 6·15 남북공동선언〉. 《역사비평》 97호.

전동진. 2012. 〈김정일 사망이후 남북한 관계 전망〉. 《통일전략》 제12권 제2호.

정영철. 2012. 〈MB정부 대북정책 평가와 향후 전망〉. 조돈문·배성인 엮음. 《217, 한국 사회를 바꿀 진보적 정책 대안》. 메이데이.

채규철. 2010. 〈이명박 정부의 대북정책과 천안함 사건 이후 남북관계〉. 《글로벌정치연구》 제3권 1호.

최완규. 1998. 〈Icarus의 비운: 김영삼 정부의 대북정책 실패요인 분석〉. 《한국과 국제정치》 제14집 2호.

통일원. 1991. 《1990 통일백서》. 통일원.

한반도평화포럼. 2012. 《잃어버린 5년, 다시 포용정책이다》. 삼인.

### 11장

# 학생운동: 한국 민주화운동에서 학생들의 희생과 국가폭력 기제

## 1. 머리말

이 글은 1990년대 중반까지 한국의 민주화운동에서 가장 핵심적인 역할을 한 학생운동의 희생을 기억하기 위해 국가의 폭력 기제와 학생들의 희생을 유형별로 정리했다. 학생운동을 다룬 많은 연구들은 주로 사실을 발굴하여 학생운동의 역사를 정리하거나 또는 학생운동의 시기별 성격, 특징, 의의 등을 고찰했다. 반면 이 글은 기존 연구들이 다루지 않던 학생들의 희생에 초점을 맞추었다. 민주화운동 과정에서 발생한 학생들의 희생과 그것을 초래한 권위주의 정권의 폭력 기제를 밝히는 작업은 기존의 연구와 더불어 학생운동의 전체 역사를 이해하는 데 도움이 될 것이다.

학생운동은 한국의 민주화 전환에서 여러 가지 측면에서 가장 중요한 역할을 했다. 학내외 시위와 유인물 배포, 점거 농성 등 다양한 방법을 이용하여 권위주의 정권에 지속적으로 타격을 가했고, 민주화의 내용과 정당성을 끊임없이 대중들에게 확산시키는 노력을 기울였다. 특히 민주화운동에 참여한 학생들은 개인적 이익이 아니라 민주주의라는 대의를 위해 자신의 현재와 미래, 심지어 가장 중요한 생명까지 내걸고 투쟁했다. 이런 희생 덕에 많은 국민들이 민주화운동을 지지하거나 직접 참여했다. 1960년 4월 혁명 시기 김주열의 사망과 1987년 민주항쟁 시기 박종철과 이한열의 사망이 대표적인 사례다. 그렇기 때문에 민주화운동 과정에서 일어난 학생들의 희생과 그런 희생을 초래한 국가폭력 기제를 고찰하는 것은 한국 민주화의 역사를 정리하는 데 의미 있는 작업이 될 것이다.

먼저 학생운동을 탄압하기 위해서 권위주의 정권이 사용한 이데올로기적, 법적, 제도적 폭력을 유형별로 정리한다. 다음으로 국가폭력의 결과 필연적으로 배태된 학생운동의 희생 역시 사망, 상이, 인신 구속 등 유형별로 정리한다. 마지막으로 민주화 이행과 학생운동의 희생 사이의 상호 관계에 대한 '잠정적' 결론을 제시한다.


## 2. 학생운동에 대한 국가 폭력

### 1) 이데올로기적 폭력

#### (1) 반공주의 담론

반공주의는 권위주의 정권이 저항 세력을 탄압하기 위해 사용한 가장 대표적인 이데올로기적 폭력 기제였다. 남한에서는 미군정 시기부터 공산주의 세력을 탄압했고, 이런 반공주의는 남한 단독 정부 수립 이후 더욱 강화되었다. 반공주의는 한국전쟁을 거치면서 남한 사회에서는 도전할 수 없는 절대적인 가치가 되었고, 권위주의 정권들은 좀더 용이하게 대항 세력을 탄압하는 데 반공주의를 동원했다.

학생운동을 탄압하기 위해 반공주의를 본격적으로 이용한 것은 박정희 정권이었다. 박 정권은 1967년 7월 '한일 회담 반대 투쟁'(6·3 사태)에서 중요한 역할을 한 학생들이 참여한 서울대학교 '민족주의비교연구회'(민비연)를 동백림 사건에 연관시켜 반국가단체로 규정한 민비연 사건을 발표했다. 그 뒤에도 1971년 11월 정권 교체를 요구하는 서울대학교 학생들의 시위 계획, 1973년 3월 전남대학교《함성》과《고발》지 사건, 5월 고려대학교《민우》지 사건, 1974년 4월 3일 '전국민주청년학생총연맹'(민청학련) 등 많은 사건들을 '내란예비음모 사건, 반국가단체 구성, 국가변란 추구, 북한에 동조한 이적행위' 등 반공주의 담론을 동원하여 탄압했다. 전두환 정권 역시 학생운동 탄압에 반공주의를 이용했는데, 1980년 3~5월 대학생들의 민주화 요구 시위와 5월 광주민주화운동 이후 일어난 거의 모든 학생운동에 좌경 용공의 혐의를 뒤집어씌웠다.

반면 1987년 민주화 대투쟁의 결과 집권하게 된 노태우 정권은 초기에는 공세적으로 학생운동을 탄압하지 못했지만, 1989년 문익환 목사와 임수경 양 등 일련의 방북 사건을 계기로 공안 정국을 조성한 뒤 물리적 폭력뿐 아니라 반공주의라는 이데올로기적 폭력을 동원하여 민주화운동을 탄압했다. 노 정권은 '5공 청산'과 민주화, 생존권과 통일을 외치는 학생, 시민, 재야인사들을 '좌경·폭력혁명 세력'으로 매도하면서 국민들의 레드 콤플렉스를 자극했다.

권위주의 정권의 이데올로기적 폭력이 가능했던 데는 한국 사회의 우경화된 이데올로기적 지형이 토양이 되었지만 언론의 보수적 보도 성향과 권력 종속성도 중요한 역할을 했다. 우경화된 한국 사회보다 더 우경화된 일부 언론들은 권위주의 정권이 발표한 용공 사건을 사실 확인 없이 그대로 보도함으로써 독자들이 마치 진실인 것처럼 인식하게 만들었다.

언론의 무비판적 보도 태도는 박정희 정권기에 거의 모든 언론으로 확장되었다. 일부 언론의 비판적 보도마저도 박 정권의 포섭과 탄압에 의해 사라졌다. 이렇게 시작된 언론의 권력 종속성은 전두환 정권기에 절정에 다다랐다. 전 정권은 문공부 홍보조정실을 통해 매일 모든 언론사에 보도 통제 가이드라인을 전달하여 기사를 작성하도록 했다. "뉴스의 비중이나 보도 가치에 관계없이 사건이나 상황, 사태의 보도여부는 물론 보도방향과 보도의 내용 및 형식까지 구체적으로 결정, '가可', '불가不可', '절대 불가'의 지시를 내렸다. 어떤 기사를 어떤 내용으로 어느 면 어느 위치에 몇 단으로 싣고 제목도 어떤 표현을 사용해야 하며 사진을 사용해서는 안 되고 또는 사용해야 하고 당국의 분석자료를 어떻게 처리하라는 등 세부사항까지 구체적으로 지적했다. 심지어 방송의 경우 9시 뉴스 큐 시트를 정무수석실과 홍보조정실로 보내 뉴스의 크기와 배열을 사전 심의받는 형식을 취하기도 했다"(《네이버 지식백과》의 〈보도지침〉). 이렇게 전 정권 시기에는 언론은 권력에 철저히 종속적이었다.

1987년 민주화 이행 이후 공식적으로 권위주의 정권에 대한 언론의 종속은 사라졌지만, 민주화운동에 대한 보수 언론의 이데올로기적 공격은 전혀 약화되지 않았다. 1987년 노동자 대투쟁 이후 민중 세력의 진출에 위협을 느꼈기 때문이다. 특히 통일 문제에 관련하여 1988년 이후 강화된 학생운동의 급진성은 불안을 고조시켰고, 그 결과 이데올로기 공세도 더욱 강화되었다.

### (2) 반인륜 담론

반공주의 이외에 권위주의 정권이 동원한 학생운동에 대한 이데올로기적 폭력에는 계층적 편견과 신체적 편견이 존재했다. 전두환 정권은 학생들이 민주화운동에 참여한 이유를 개인의 빈곤한 출신 성분이나 신체적 약점 등 개인적 불만 때문이라고 왜곡시켰다. 또한 권위주의 정권은 도덕주의 담론도 동원했다. 일반적으로 학생운동의 투쟁 대상은 권위주의 정권이었지만, 때로는 곡학아세를 일삼던 어용 교수나 비리 사학이었다. 그래서 학생들은 어용 교수와 비리 사학 퇴진 운동을 전개했고, 이 과정에서 학교와 교수들하고 충돌했다. 권위주의 정권과 보수 언론들은 사제 간의 복종 관계를 중시한 유교 전통을 내세워 학생운동을 '반인륜적' 패륜 집단으로 매도했다. 이런 담론을 잘 이용한 사례가 1991년 6월 3일 한국외국어대학교에서 일어난 '정원식 총리 폭행 사건' 또는 '달걀 밀가루 세례 사건'이다. 당시 학생들은 노태우 정권의 총리로 임명된 뒤 마지막 강의를 마친 정원식에게 달걀과 밀가루를 던지고 몇 차례 구타를 가했다. 보수 언론들은 "사제 간의 윤리를 저버린 반인륜적 폭거", 스승에 대한 제자들의 집단 폭행 등 도덕적(윤리적) 담론을 이용하여 학생들을 비난했다.

## 2) 법적 폭력

### (1) 계엄령, 위수령, 긴급조치 등 비상조치

박정희 정권 시기 학생운동을 억압한 대표적인 법적 폭력 기제는 계엄령, 위수령, 긴급조치였다. 유신 헌법에 포함된 대통령의 계엄선포권(제77조)은 헌법학에서 대통령의 국가긴급권에 속하는 조항으로, 전시戰時나 사변事變 또는 여기에 준하는 국가 비상사태 때 병력으로써 군사상의 필요 또는 공공의 질서를 유지할 필요가 있는 경우에 한하여 선포할 수 있도록 제한 조건이 명시되어 있다. 그러나 1961년 5·16 군사 쿠데타를 일으키면서 계엄령을 선포한 박 정권은 국가 비상사태가 아닌 '정권 위기' 때 계엄령을 선포했다. 한일 국교 정상화 반대 투쟁이 고양되던 1964년 6월 3일 서울 일원에, 그리고 1979년 10월 18일 민주화운동이 고양되던 부산 지역에 계엄령을 선포한 것이 대표적 사례다. 이것은 권위주의 정권이 학생운동을 비롯한 대항 세력의 저항에 부딪쳤을 때 위기를 모면하기 위해 국가긴급권을 남용했다는 사실을 보여준다.

　계엄령보다 낮은 조치인 '위수령'은 육군 부대가 한 지역에 계속 주둔하면서 그 지역의 경비, 군대의 질서와 군기 감시, 시설물 보호를 하기 위해 제정된 대통령령이다. 이것은 현행 헌법 제76조 "대통령은 내우·외환, 천재·지변 또는 중대한 재정·경제상의 위기에 있어서 국가의 안전보장 또는 공공의 안녕질서를 유지하기 위하여 긴급한 조치가 필요"한 경우 명령을 발할 수 있다는 규정에 근거한 것이다. 그러나 박정희 정권은 아무런 법적 근거 없이 1965년 한일 협정 반대 시위에 대응하여 8월26일 위수령을 발동했고, 1970년에야 대통령령 제4949호로 본문 22개조와 부칙으로 된 위수령을 제정했다. 이후 박 정권은 1971년 10월 15일 각 대학에서 반정부 시위가 격화되자, 그리고 1979년 10월 20일 마산 지역에서 반정부 시위가 격화되자 위수령을 발동했다.

긴급조치는 유신 헌법 제53조에서 "① 대통령은 천재·지변 또는 중대한 재정·경제상의 위기에 처하거나 국가의 안전보장 또는 공공의 안녕질서가 중대한 위협을 받거나 받을 우려가 있어 신속한 조치를 할 필요가 있다고 판단할 때에는 내정·외교·국방·경제·재정·사법 등 국정 전반에 걸쳐 필요한 긴급조치를 할 수 있다. ② 대통령은 제1항의 경우에 필요하다고 인정할 때에는 헌법에 규정되어 있는 국민의 자유와 권리를 잠정적으로 정지하는 긴급조치를 할 수 있고, 정부나 법원의 권한에 관하여 긴급조치를 할 수 있다"고 규정되어 있다. 긴급조치는 행정명령의 하나로, 국민의 자유와 권리 등 기본권을 무제한으로 제약할 수 있는 조치인 탓에 한국 현대사에서 최악의 반민주적 악법으로 간주된다.

긴급조치는 1973년 1월 처음 발포되었는데, 재야인사들의 '개헌청원 백만인 서명운동'을 봉쇄하는 것을 목적으로 했다. 그 뒤 발표된 긴급조치들, 곧 민청학련을 대상으로 한 4호, 반유신 시위를 벌인 고려대학교에 휴교를 명한 7호, 김상진 '할복 자살 사건'을 계기로 거세게 일어난 유신 헌법 철폐와 정권 퇴진 운동을 대상으로 한 9호 역시 유신 체제를 반대하던 민주화운동을 억압하기 위한 것이었다. 계엄령, 위수령, 긴급조치 등이 모두 민주화운동을 억압하던 국가폭력 기제였지만, 긴급조치는 유신 시기에 주로 동원했다.

## (2) 사상, 출판, 집회, 결사의 자유를 제한하는 법률

권위주의 통치 시기 내내 학생운동을 탄압한 또 다른 법적 기제들은 '집회및시위에관한법률'(집시법), '공무집행방해및폭행', '반공법', '국가보안법'(국보법), '긴급조치', '경범죄처벌법' '계엄포고령', '소요죄', '특수공무집행방해', '특수공무집행방해치상', '현주건조물방화', '현주건조물방화치상', '도로교통법', '화염병사용등의처벌에관한법률'(화염병처벌법), '공문서 또는 사문서 위조'와 '동행사죄' 등이었다.

그중 학생들에게 가장 많이 적용된 법률은 집시법이다. 집시법은 원래 적법한 집회와 시위를 최대한 보장하고 위법한 시위에서 국민을 보호하기 위해 제정된 법률이지만, 권위주의 정권에 대항하는 집회와 시위를 제한함으로써 정권을 보호하는 법률로 악용되었다. 다른 법률들 역시 국민의 기본권인 언론, 출판, 집회, 결사의 자유를 막고 민주화운동 세력을 처벌하는 기제로 사용됐다.

이 밖에도 박정희 정권 시기에는 주로 '반공법', '계엄포고령', '소요죄' 등이 적용된 반면, 전두환 정권 시기에는 '현주건조물 방화 및 방화치상', '공문서 또는 사문서 위조죄'와 '동행사죄', '절도죄' 등이 많이 적용되었다. 1980년대부터 점거 농성 투쟁과 위장 취업이 증가한 데 따른 결과였다. 1980년대에 화염병 사용이 증가하면서 결국 노태우 정권 시기인 1989년에 화염병처벌법이 제정돼 그 뒤 학생운동에 이 법이 많이 적용됐다.

국가폭력의 법적 기제 중 가장 악명이 높은 국보법은 박정희 정권 시기보다 전두환 정권 시기에, 또한 전두환 정권 시기보다 노태우 정권 시기에 더 많이 적용되었다. 박 정권 시기에는 주로 반공법이 적용되었는데, 국보법이 적용된 경우에는 제7조 1항(동조죄)과 3항(북한 고무·찬양)이 많았다. 그러나 1980년대 초부터 학생운동이 이념 지향성을 띠자 국보법에 의한 처벌이 증가했다. 적용조항은 제7조 1항과 3항 이외에도 2항(국외공산계열고무·찬양)이 덧붙여졌고, 학생운동의 조직화가 진전되면서 5항(이적단체구성)의 적용도 증가했다.

특히 학생운동에 국보법 적용이 확대된 것은 1988년 6월 10일과 8월 15일의 '남북학생회담'과 '북한바로알기운동' 등이 일어난 뒤였다. 이 시기에는 '이적표현물 소지·배포죄'의 적용이 증가했고, 1989년 공안 정국 이후에는 1987년과 1988년에 거의 적용되지 않던 '이적단체 또는 반국가단체구성죄'의 적용도 빈번해졌다. 노태우 정권 시기 국가보안법 적용 사건에서는 이적 표현물 제작·반포 등과 찬양·고무·동조가 전체의 약 80퍼센트를 차지했다(박원순 1997, 43~49). 그런데 학생운동의 변화 이외에도 국보법 적용이 늘어난 데는 국보법 위반 사범을 검거할 경우 수사기관이나 정보기관에 특전을 주는 법률 자체에도 원인이 있었다.

### 3) 학원을 통한 제도적 폭력

#### (1) 국가 공권력의 학원 통제

권위주의 정권은 민주화를 요구하는 학생운동이 활발해지자 시위가 벌어지면 진압하는 기존의 사후적 방식에서 벗어나 학원을 감시하고 통제하여 사전에 시위를 방지하기 위해 학원 사찰을 강화했다.

첫째, 박정희 정권은 본격적으로 학원 통제를 시작했는데, 사복 경찰과 기관원을 학내에 상주시켜 학생들의 동향을 파악하고, 시위가 발생한 때는 초기에 진압하고 주동 학생을 검거하게 했다. 초기 진압에 실패하여 시위가 확대될 경우에는 휴교령을 내리거나, 시위가 더 크게 확대되면 위수령을 내려 학생운동을 완전히 봉쇄했다.

전두환 정권은 1980년 5·17 전국 계엄 확대 이후 경찰 병력을 대학에 진주시켜 학생운동을 봉쇄하려 했다. 1981년 2학기부터는 학내의 경찰 병력을 철수시켰지만, 학원자율화를 발표한 1983년 12월까지 사복 경찰은 계속 학교에 상주했다. 학원자율화 이후에는 학내에 경찰이 상주하지 않았지만, 경찰들은 항상

학교 주변에서 대기하면서 학생 시위에 대비했고 시위가 발생할 때는 이전처럼 적극적으로 진압했다.

둘째, 권위주의 정권은 일부 학생을 포섭하여 학생운동의 정보를 빼내는 프락치로 이용했다. 대표 사례는 전두환 정권이 강제 징집 운동권 학생을 이용하여 학생운동의 동정을 파악하게 한 '녹화 사업'이었다. 또한 학생이 아니면서 학생인 것처럼 위장하여 학생운동권에 접근한 뒤 정보를 빼내기도 했다.

셋째, 권위주의 정권은 학교 당국을 이용하여 학생운동을 탄압했다. 주로 교육 당국과 경찰은 학생처를 통해 문제 학생을 포함한 운동권 학생들의 정보를 수집하고, 이 정보를 근거로 학생 개인은 물론 가족을 협박하고 회유하여 운동권에서 이탈하게 하려 했다.

### (2) 학생 지도와 학사 징계

권위주의 정권의 또 다른 제도적 폭력은 학교 기구와 학사 제도를 통한 탄압이었다. 학교 당국은 교육을 위한 조직이지만, 대학이 민주화운동의 '핵심 기지'가 되면서 학생운동을 억압하는 기능을 부여받게 되었다.

박정희 정권은 4월 혁명기와 민주당 정권기의 학생운동을 반면교사로 삼아 군사 쿠데타 직후 학생회를 '재건학생회'로 개편하고 재건국민운동본부에 소속시켰으며, 1962년부터 학생들에 대한 지도를 강화하기 위해 '학생생활지도위원회'를 구성했다. 특히 1964년 한일 회담 반대 투쟁이 거세어지자 6월 8일 문교부는 '전국총학장회의'를 개최하여 각 교수의 학생 지도 책임 분담, 학생지도 기구 강화, 학생들의 직접적인 정치 활동 금지 등을 내용으로 하는 '학생선도방책'과 시위 학생의 퇴학 처분을 내용으로 하는 '문제학생의 조치'를 시달했다. 또한 1967년 6·8 부정 선거 규탄 시위, 1969년 3선 개헌 반대 시위, 1971년 교련 반대 시위 등에 대해서도 휴교 조치와 징계 지시로 대응했다.

박 정권의 학원 통제는 유신 체제 이후 더욱 강화되었는데, 1975년에는 학생 지도 체제를 강화하기 위해 학생처에 학생과, 후생과, 상담지도관을 두도록 했다. 그 뒤 학생처는 운동권 학생의 동향을 파악하여 경찰이나 공안 기관에서 파견된 학생운동 담당자에게 보고했고, 운동권 학생을 학생운동에서 이탈시키기 위해 가족들에게 자진 휴학과 입대를 권고했다.

전두환 정권은 기존의 학생 지도 체제를 더욱 강화했다. 우선 1980년 학생회를 해체시키고 학도호국단을 부활시켰다. 그런데 1981년부터 학생들의 유인물 살포와 시위가 시작되자 대학 내 학생 시위를 비상사태로 파악하여 교직원을 동원하는 '비상근무규정'을 만들고, 교내에서 학생 시위가 발생할 때 시위 세력의 확대와 교외 확산을 예방하고 학원 질서를 회복하기 위해 신속히 교수 동원 체제를 확립하는 '경제전단구역 설정 실시계획'을 세웠다. 또한 특별 선도 대상을 선정하여, A급은 학과장이 월 2회 지도하고 지도교수가 월 3회 지도한 결과를 학생처장과 총장에게 보고하고, B급은 지도교수가 월 1회 지도하는 '문제학생의 지도책'을 마련했다.

그러나 권위주의적 통치 행태에 대한 국내외의 비판이 지속되자, 전 정권은 1983년 말 '학원자율화' 조치를 발표했다. 이 조치에 따라 제적생들이 복교하자, 전 정권은 대학에 학생선도위원회와 홍보위원회를 설치하여 학생 시위에 대처하게 했다. 학생선도위원회는 '대학의 발전과 면학분위기를 저해하는 각종 학생시위 및 이에 준하는 사태가 발생했을 때 관련된 학생에 대한 학사 및 사법적 처리와 선도에 관한 사항을 심의'하는 기구였고, 홍보위원회는 '대학문화의 육성, 면학분위기 조성 및 학원사태 등 대학 문제를 학생과 학부모 및 일반국민에게 신속 정확하게 홍보함으로써 대학문제 해결의 협조를 구하기 위한' 기구였다. 또한 '이념지도위원회'를 구성하여 학생운동의 주도급 학생들을 지도하려 했다. 그럼에도 불구하고 1985년까지 대부분의 대학에서는 학도호국단이 해체되고 학생회가 부활되었다.

## (3) 학생군사훈련과 학도호국단

학생운동에 대한 국가폭력을 제도적으로 담당한 대표적인 기제는 학도호국단과 학생군사훈련이었다. 먼저 이승만 정권이 출범시킨 학도호국단은 1960년 4월 혁명 이후 폐지되었다가 유신 체제이던 1975년에 부활했다. 박정희 정권은 베트남이 공산화되자 '총력안보태세 강화'를 내세우며 학생들의 자율적 조직인 학생회를 전체주의적 사고를 기반으로 한 일사불란한 군대식 조직인 학도호국단으로 전환시켰다. 학도호국단은 1980년 1학기 학생들의 자율적인 조직체인 총학생회로 대체되었지만 2학기에 부활했다. 그러나 1983년 말 '학원자율화' 조치 이후 각 대학에서 총학생회가 부활하면서 사라졌다.

다음으로 박정희 정권은 1970년 "총력안보의식을 고양하고 국가방위력을 증대"시키기 위해 '학생군사훈련'(교련)을 시작했다. 교련은 1968년 1·21 청와대 습격과 울진과 삼척 지역 게릴라 침투 때문에 반공 분위기가 팽배해지면서 갑자기 도입되었지만, 박 정권의 정권 연장 시도가 노골화되던 1971년 교련 교육 강화 방침이 발표되자 대학생들의 대대적인 반대 운동에 직면했다. 그러나 반대 운동은 박 정권의 강경 탄압으로 무산되었고, 1970년대 말에는 전방입소 훈련까지 부가되었다. 전두환 정권 시기에는 학생군사훈련에 문무대 입소 훈련까지 더해졌지만 1984년 학원자율화 조치 이후 대학생들의 강한 저항에 부딪쳤고, 점차 축소되다가 결국 1988년에 폐지되었다.

권위주의 정권은 학생들이 학생군사훈련을 받아들이게 하기 위해 '당근과 채찍'을 동시에 사용했다. 학생군사훈련을 이수한 경우에는 교육 시간에 상응하여 재영 기간을 단축시키는 혜택을 제공했다. 반면 군사훈련을 거부 또는 불참(1학기당 6시간 이상 결석하는 경우를 포함하여)하는 경우에는 "거부한 날로부터 14일 이내에 본적지 지방병무청장에게 학적 변동통보(재학생징병검사 연기대상에서 제외)"함으로써 군에 입대하게 만들었고 입대 뒤에도 "재영 기간 단축대상에서 제외"하는 등의 불이익을 가했다. 또한 입영 전 군사교육 거부자는 군복무를 필하고 복학한 뒤에도 군사교육 대상자가 되게 했다.

결국 학생군사훈련은 정규적인 실전 연습과 반공 의식화 교육을 통해 남북 간의 적대감을 고취시킴으로써 정권이 실시하는 반공 정책의 정당성을 주입하고 정권 순응적 태도를 일상화하는 동시에 정권에 반대하는 학생운동을 위축시키려는 의도를 지닌 것이었다.

### (4) 강제 징집과 녹화 사업

대학생 강제 징집은 박정희 정권에 의해 1971년 교련 반대 시위를 주도한 지도자급 학생 200여 명에게 처음 시행되었다. 그러나 학생운동을 제도적으로 탄압하기 위해 본격적으로 강제 징집을 실시한 것은 전두환 정권이었다. 전 정권은 대학생들의 반정부 시위가 활발해지자 시위 방지책으로 1981년 11월부터 대학생들을 강제 징집하여 1983년 말까지 447명을 군대로 보냈다.

본래 병역법에는 군대에 갈 나이가 되어도 대학에 다니고 있으면 퇴학과 휴학 등의 학적 변동이 없는 한 신체검사와 입영이 연기되도록 되어 있었다. 아울러 정상적으로 군에 입대하려면 징병검사 통지서를 징병검사 20일 전에 받고 입영 통지서는 30일 전에 받도록 되어 있었다. 그러나 전 정권은 이런 법 절차를 무시하고 대학 내에 상주하는 정보 요원이 문제 학생으로 지목했지만 법으로 걸 만한 뚜렷한 혐의가 없는 학생 또는 시위 현장에서 붙잡힌 단순 가담 학생을 경찰서로 끌고 가 조사한 다음 곧바로 군대에 입영시켰다.

강제 징집자는 '순수학적변동자'라는 붉은 낙인이 신상카드에 찍힌 채 군 수사기관의 감시 대상이 되었으며, 순화와 공작 대상으로 간혹 군 수사기관에 불려가 감당하기 어려운 정신과 육체의 고통을 겪어야 했다. 더욱이 국군 보안사령부가 입안한 '녹화 사업'이 다시 부과되었다.

녹화 사업은 소속 군부대나 서울 보안사 분실에서 행해졌다. 강제 징집자는 자신의 정신적 성장 과정에 초점을 맞춘 방대한 분량의 자술서를 작성하고, 이

자술서를 통해 의식화의 정도를 측정받으며, 그 뒤 체제를 긍정하도록 역의식화 교육을 받는다. 게다가 보안사는 이 작업 이후 순화된 것을 입증하는 임무, 곧 프락치 임무를 맡긴다. 대개 휴가 형식으로 사회에 내보낸 뒤 대학 선후배 등을 만나 학생운동권의 동향을 수집하여 보고하도록 강제한다. 강제 징집자들은 이런 녹화 사업을 통해 극심한 육체적이고 정신적인 고통을 겪을 수밖에 없게 된다. 특히 1984년에 밝혀진 강제 징집 대학생 6명의 사망은 강제 징집 대상자들이 겪은 고통을 잘 보여주는 사례다.

## 3. 학생운동의 희생

### 1) 정치적 사망

학생운동의 희생 중 최악의 사례는 사망이다. 사망은 권위주의 정권에 대한 항거 의지를 직간접으로 드러낸 자살, 공권력에 의한 타살, 의문사로 구분된다. 그러나 그 죽음의 형태가 어떻든 민주화운동 과정에서 일어난 사망은 민주화를 가져온 고귀한 불꽃이었다.

### (1) 자살

자살은 "변화를 추구하는 강력한 열망에도 불구하고 지배권력의 압도적인 폭력성으로 인하여 이를 실현할 수단을 갖지 못할 때, 약자가 최대한의 도덕적 힘을 발휘할 수 있는 가장 치열한 무기로써 선택"(최장집 1996, 243)한 것이다. 따라서 자살은 단순히 개인적 차원의 문제라기보다는 정치, 경제, 사회 현실의 모순에 대한 절망과 비관의 표시이기 때문에, 정치권력에 대한 항거의 의미를 띤 '정치적' 자살이다.

학생운동에서 권위주의 정권에 대한 항거의 표시로 자살이 등장한 것은 유신 체제가 폭력적 통치를 강화해가던 1975년 4월이었다(서울대학교 학생 김상진). 신군부가 불법으로 정권을 장악하고 광주민주화운동을 유혈 진압한 직후인 1980년 5월 30일에는 서강대학교 학생 김의기가 뒤를 이었다. 이후 1987년 6월 민주화 대투쟁 시기까지 전두환 정권의 권위주의적 통치에 항거하는 의미로 9명의 학생이 자살을 선택했다.

민주화 이후인 노태우 정권기에도 자살을 통한 학생들의 항거는 이전 정권에 견줘 줄지 않았다. 노 정권기에 자살한 대학생은 11명으로, 1991년 5월은 '분신 정국'이라고 칭할 정도로 분신이 많이 발생했다. 또한 자신을 '문민정부'로 칭한 김영삼 정권 아래서도 정부에 맞선 항거의 의미로 5명의 대학생이 자살을 선택했다.

### (2) 타살과 사고사

국가폭력에 의한 정치적 반대자의 사망은 법적 절차를 거쳤건 또는 거치지 않았건, 사고사이건, 아니면 타살이건, 정치적 이유에 따른 사망이기 때문에 '정치적 살인'으로 간주된다. 박정희 정권 시기까지 정치적 살인은 주로 정치적 위기 국면에서 반대자들을 공산주의자로 몰아 살해하는 방식으로 일어났다.

전두환 정권 역시 수사기관의 조작에 따라 많은 정치적 반대자를 공산주의자로 몰아 처벌하는 정치적 살인을 저질렀다. 1987년 1월 14일 남영동 대공분실에서 경찰 수사관들이 서울대학교 학생 박종철을 고문하다가 살해했다. 고문을 통해 피의자를 사망에 이르게 하려 의도하지 않았다는 점에서 '간접' 살인이라고 볼 수 있지만, 고문을 허용하는 정권의 부도덕성이 피의자의 사망을 필연적으로 내포하고 있었다는 점에서 '직접' 살인이었다.

전두환 정권은 모든 시위에 대해 강압적 진압을 자행했기 때문에 그 필연적 결과로서 정치적 살인을 저지르게 되었다. 전 정권은 최루탄과 페퍼포그의 발사, 백골단의 물리적 폭력으로 민주화 시위를 진압했는데, 그 과정에서 많은 시위 참여자가 부상을 입었다. 마침내 1987년 6월 연세대학교 학생 이한열을 사망에 이르게 했다. 그 밖에도 전 정권 시기 3명의 학생이 민주화 시위를 하는 과정에서 사망했다.

이런 국가폭력은 1987년 민주화 때문에 노태우 정권 초기에는 약화되지만 1989년 이후에는 다시 강화되었다. 1991년 3월에는 민주화 시위 도중 명지대학교 학생 강경대가 사망했고, 5월에는 성균관대학교 학생 김귀정이 사망했으며, 그 밖에도 노 정권 시기에 8명의 학생이 사망했다.

김영삼 정권 시기에도 시위 도중 학생들이 사망했는데, 1994년 이후 '신공안 정국'을 조성하면서 국민들의 민주화 요구를 탄압한 결과였다. 정부의 탄압이 강해지면 거기에 비례하여 학생운동의 저항 역시 고조되었다. 이런 강경 시위와 강경 진압의 악순환 속에서 1996년 3월 연세대학교 학생 노수석과 1997년 3월 조선대학교 학생 류재을을 비롯하여 8명의 학생이 사망했다.

### (3) 의문사

의문사는 민주화운동 과정 중 알 수 없는 이유로 사망한 경우를 칭하는데, 학생운동 과정에서 벌어진 의문사와 군복무 중 의문사로 구분된다. 전자는 사망자가 학생운동 때문에 경찰이나 정보기관에 의해 감시나 수배를 당한 상태 또는 연행된 상태에서 사망했는데 경찰 수사가 유야무야로 종결된 경우다. 후자는 학생운동 참여를 빌미로 검거되어 강제 징집된 뒤 군복무 중 또는 학생운동 경험자가 군복무 중 의문의 사망을 한 경우다. 이런 범주의 죽음이 모두 국가폭력에 의한 살인이라고 단정할 수는 없지만, 정황에 따라 공권력에 살해되었을 개연성이 높다는 점에서 의문사로 간주되고 있다.

학생운동 최초의 의문사는 박정희 정권 시기인 1978년 7월에 등장했지만(청주대학교 학생 정법영), 전두환 정권 시기에는 의문사가 큰 사회적 쟁점이 될 정

표 1. 시기별·유형별 정치적 사망자

| | 자살 | 타살 | 사고사·병사 | 의문사 | | 계 |
| --- | --- | --- | --- | --- | --- | --- |
| | | | | 일반 | 군 | |
| 박정희 정권 | 김상진(75) | | | 정법영(78) | | 2 |
| 전두환 정권 | 김의기(80), 김태훈(81), 송광영(85), 이재호, 김세진, 이동수, 박혜정, 이경환(86), 박선영, 박태영(87) 등 10명 | 박종철, 이한열(87) 등 2명 | 황정하(83), 이재용(87), 최종철, 등 3명 | 우종원(85), 김성수(86) 등 2명 | 정성희(82), 이윤성, 김두황, 한영현, 최온순, 한희철(83), 허원근(84), 김용권, 박필호, 이승삼, 이이동, 최우혁(87) 등 12명 | 29 |
| 노태우 정권 | 곽현정, 최덕수, 조성만, 박래전, 양영진(88), 남태현(89), 최응현, 김수경, 정성묵, 심광보(90), 박승희, 김영균, 천세용, 손석용, 김철수(91) 등 15명 | 강경대, 김귀정(91) 등 2명 | 유병진, 정성규(88), 신장호, 고재욱, 류정하, 김기훈(90), 박현민, 윤재영(92) 등 8명 | 이철규, 이내창(89) 등 2명 | 우인수, 박종근(88), 남현진, 송종호(91) 등 4명 | 31 |
| 김영삼 정권 | 이경동, 한상용(93), 장현구(95), 황혜인(96), 한상근(97) 등 5명 | 노수석(96), 류재을(97) 등 2명 | 이창환, 신건수(94), 권희정, 김하영(96), 김준배, 이형관(97) 등 6명 | | 오원택(95) | 14 |
| 계 | 31 | 6 | 17 | 5 | 17 | 78 |

도로 많이 발생했다. 당시 의문사로 인식된 대학생은 2명뿐이지만(서울대학교 학생 우종원과 김성수), 군 의문사는 전두환 정권이 강제 징집을 자행한 초기 (1982~1983년)에 12명이나 집중적으로 발생했다. 또한 강제 징집된 것은 아니지만 학생운동 경험자로서 군대에서 의문사한 학생도 7명이나 되었다.

민주화 전환 이후인 노태우 정권 시기에도 의문사는 줄지 않았다. 이 시기에 군 의문사 4명, 학생활동 중 의문사 4명 등 총 8명의 의문사가 일어났다. 김영삼 정권기에도 1995년 3월 군복무 중 사망한 경기대학교 학생 오원택이 의문사한 것으로 의심되고 있다(표 1 참조).

## 2) 상이

### (1) 고문

일반적으로 국가 기관이 저지르는 고문은 권위주의 정권이 반대 세력을 침묵시키고 억압하기 위한 정치적 도구로 사용되었다. 학생운동에 관련하여 고문은 동료나 조직을 자백하도록, 경찰이 요구하는 내용의 자술서를 쓰도록, 또는 자신을 공산주의자로 인정하도록 만들기 위해 자행되었다. 권위주의 정권 시기에 고문이 일상적으로 자행된 이유는 일선 수사관들의 뿌리깊은 인권 경시 의식, 자백을 받아 범인을 빨리 색출해내려는 공명심, 이런 수사 방식을 비호하는 권위주의 정권의 부도덕성 때문이다. 당시 자행된 고문은 단순 구타, 몽둥이 구타, 비녀 꽂기, 통닭구이, 물고문, 전기 고문, 성고문 등이었다. 이런 고문은 피해자들에게 좌절감, 수치심, 모멸감을 줄 뿐 아니라 심한 경우 정신 이상 또는 정신 이상에 따른 사망, 고문 중 사망 등을 초래했다.

학생들의 고문 피해는 유신 체제 이후 본격적으로 알려졌다. 피해 사실은 주로 피해자를 접견하는 변호사나 법정 진술을 통해 알려졌는데, 권위주의 정권은 고문 사실을 전혀 인정하지 않은 채 도리어 운동권의 거짓 폭로 전술이라며 비난했다. 그러나 1986년 '부천서 성고문 사건'과 1987년 '박종철군 고문 치사 사건'이 쟁점으로 부각되면서 권위주의 정권의 고문 사실이 만천하에 알려지게 되었고, 이것은 정권의 도덕성 상실과 함께 국민들의 강력한 저항을 불러일으키는 지렛대가 되었다.

민주화 전환 이후 노태우 정권 초기에 고문은 잠시 뜸해졌지만, 공안 통치가 시작된 1989년부터 다시 본격화되었다. 이 시기의 고문은 물고문, 전기 고문, 성고문 등 신체에 직접적 고통을 주는 과거의 방법에서 벗어나 잠 안 재우기, 각종 기합, 약물 투여 등으로 바뀌었다. 신체에 증거를 남기지 않음으로써 과거보다 교묘히 피해자를 무력화시키는 방식이었다. 문민정부 이후에는 이전에 견줘 고문이나 가혹 행위가 줄어들었다고는 하지만, 국보법 사건 등 이른바 시국 사건 관련 수사에 관련해서는 가혹 행위가 관행으로 남아 있다.

## (2) 시위 중 상이

### ① 최루탄과 구타

권위주의 정권 시기 대도시의 주요 길목에는 봉건 왕조 시대의 군졸처럼 투구를 쓰고 방패를 든 전투경찰이 험상궂은 눈초리로 오가는 사람들의 동태를 감시했다. 전투경찰들은 각종 시위나 집회에서 사과탄, 총류탄, 지랄탄, 페퍼포그 등 최루탄을 무차별 난사하고, 심지어 시위대를 향하여 직격탄을 쏘아 무수한 부상자를 발생시켰다. 점거 농성 등에는 헬기를 통한 최루액 살포, 근접 분사기 사용, 직격탄 발사 등 무차별 공격을 가했다.

최루탄을 비롯한 경찰의 과잉 진압이 낳은 피해는 박정희 정권 시기에도 있었지만, 피해가 급증한 때는 전두환 정권 시기였다. 1984년 전 정권이 학내 집회를 허용하자 시위 학생이 증가했다. 그 결과 시위대와 경찰의 물리적 충돌이 증가하면서 최루탄과 구타에 의한 학생들의 상이도 증가했다. 특히 1983년 무렵 화염병이 등장하면서 시위 학생과 진압 경찰의 공방전은 시가전을 방불케 할 정도로 치열해졌다. 그 결과 학생들은 경찰의 직격탄 발사와 사과탄 투척에 따른 화상과 찰과상, 투석전에 따른 실명과 두개골 파열 등의 상이를 입었다. 대표적인 사건이 1987년 6월 직격 최루탄에 맞은 연세대학교 학생 이한열의 혼수상태 후 사망이었다.

1987년 민주화 전환 이후 잠시 주춤하던 학생들의 피해는 1989년 노태우 정권이 공안 통치를 실시하자 시위가 빈발하면서 다시 늘어났다. 특히 각 대학에서 쇠파이프를 소지한 '사수대'가 결성되면서 진압 경찰과 학생들의 물리적 충돌은 더욱 치열해졌고, 학생들(그리고 시위 진압 경찰)의 피해가 급증했다. 노 정권 시기 최루탄이 원인이 된 사망 사건도 2건이 일어났다(1989년 부산교육대학 학생 이경현, 1991년 성균관대학교 학생 김귀정). 김영삼 정권 시기에도 1994년 이후 신공안 정국과 12·12와 5·18 책임자 처벌 무산에 따른 시위가 빈발하면서 학생들의 피해가 늘어났다. 1996년 3월 연세대학교 학생 노수석과 1997년 3월 조선대학교 학생 유재을의 시위 중 사망은 과잉 진압의 결과였다.

사망 사건 이외에도 경찰이 던진 돌에 맞아 실명하거나 두개골이 함몰된 경우, 뇌수술을 받은 뒤 언어 장애 등 후유증에 시달리게 된 경우, 직격탄에 맞아 코뼈가 부러진 경우, 각막이 파열된 경우, 두개골 함몰로 머리뼈 제거 수술을 한 경우 등 경찰의 과잉 진압 때문에 학생들이 입은 피해가 많이 보고되었다.

## ② 총기 남용

경찰관 직무집행법 제11조는 "경찰관은 범인의 체포, 도주의 방지, 자기 또는 타인의 생명 신체에 대한 방호, 공무집행에 대한 항거의 억제를 위하여 필요하다고 인정되는 상당한 이유가 있을 때에는 그 사태를 합리적으로 판단하여 필요한 한도 내에서 무기를 사용할 수 있다"고 규정함으로써 경찰관의 무기 사용 요건을 엄격히 제한하고 있다.

경찰이 학생들의 시위 진압을 위해 총기를 사용한 사례는 1960년 4월 혁명 시기 이후에는 없었는데, 역설적이게도 민주주의 이행기인 노태우 정권 시기에 다시 등장했다. 1989년 5월 1일 경찰이 학생 시위대를 향해 공포탄을 발사했는데, 이 사건은 5·3 부산 동의대 사건의 계기가 되었다. 그런데 이런 사건에도 불구하고 1989년 10월 내무부 장관의 총기 사용 지시와 1990년 10월 '범죄와의 전쟁' 선포 등 때문에 경찰의 총기 남용이 증가했다. 이런 정책이 가져온 대표적인 피해가 1991년 2월 파출소 앞에서 시위하던 경북대학교 학생 정봉근의 관통상과 1991년 9월 서울대학교 대학원생 한국원의 사망이었다.

### 3) 인신 구속

인신 구속은 신체의 자유를 가장 본질적으로 침해하는 것으로, 정권의 민주화 인식 수준을 반영하는 척도다. 권위주의 정권 시기 경찰과 공안 당국은 시위 또는 점거 농성 현장에서 학생들을 연행하여 구속하거나, 영장 없는 임의 동행, 별건 구속, 구속영장 기각 후 불법 구금 등 불법적인 인신 구속을 남발했다. 학생들은 반정부 시위 현장이나 해산 후 귀가 중, 또는 점거 농성 현장에서 경찰 또는 정보기관에 의해 검거되거나, 학생운동 관련 사건으로 수배되어 도피하다가 검거된 뒤 구속되었다. 자진 출두하여 구속되는 경우도 있다. 이것은 자신이 한 행위의 정당성을 떳떳이 밝히기 위해 출두하는 경우,, 오랜 수배 생활 때문에 심신이 쇠약해져 출두하는 경우, 가족 등 주변의 강요 때문에 출두하는 경우 등 다양한 이유에 기인했다.

구속된 학생들은 수사기관에서 조사를 받은 뒤 검찰에 송치되며, 재판을 통해 그 이후의 구속 기간이 결정된다. 이런 인신 구속 과정에서 대부분의 학생들은 강압적인 진술 강요, 불법적 구타, 심지어는 고문 등 심한 정신과 육체의 피해를 당한다. 또한 고문과 구타 등을 통한 진술 강요는 피해자에 관련된 학생운동 조직에도 타격을 가하게 됨으로써 결과적으로 학생운동에도 부정적인 영향을 미쳤다.

### (1) 수감 생활

인신 구속된 후 시작되는 수감 생활은 피구속자를 사회생활에서 격리시킴으로써 가족 관계, 직업 활동, 사회생활 등을 제한한다. 또한 자신은 물론 가족을 돌볼 수 없게 하고, 경우에 따라서는 심각한 경제적 위협에 빠트리며 피구속자의 명예를 침탈한다. 경찰의 유치장, 구치소 또는 교도소라는 밀폐된 공간, 상습적인 범죄인과 함께 하는 부자유스러운 생활, 절차에 대한 불안, 불명예와 형벌에 대한 두려움, 죄의식, 세인의 비난, 가족생활과 경제생활과 시민으로서 누려야 할 생활의 파괴, 감당하기 어려운 고립감과 무력감, 장래에 대한 막연한 불안 등 이런 모든 것들은 피구속자에게 심리적인 압박으로 다가오고, 나아가 피구속자의 건강에 악영향을 미친다(대한변호사협회 1994, 42).

　권위주의 정권 시기 교도소에 수감된 많은 학생들이 교도소의 부당한 조치에 항의하면서 집단 항의와 농성을 벌였고, 그 결과 수감 생활과 별개로 더 많은 피해를 입었다. 예를 들어 행형법상 소내 규칙 위반자에 가하는 징벌은 도서 열독, 서신, 접견, 운동, 출역을 일체 금지한 상태로 독거 수용시설(1인 수용실)에 일정 기간(2개월까지) 동안 가두어두는 금치와 징벌방 등이 있다. 또한 교도소는 자의적으로 직계 가족 이외에 면회와 영치금, 영치물 차입을 제한하는 조치를 취했다. 이 밖에도 수감 학생들이 가장 많이 당한 피해는 교도소 내 폭력이다. 특히 전두환 정권은 학생을 포함한 양심수의 옥중 투쟁을 전투 개념으로 파악하여 강경 진입했다. 따라서 전 정권에 대한 투쟁이 가장 활발하던 1986~1987년에 전국의 거의 모든 교도소에서 폭행 사건이 빈발했다. 이런 피해는 민주화로 전환된 노태우 정권 아래서도 지속되었지만, 김영삼 정권을 거치면서 점차 줄어들었다.

## (2) 수배

일반적으로 수배는 학내외 집회나 시위를 주도하거나 조직 사건에 연관된 학생에 대해 경찰과 공안 기관이 내리는 조치다. 경찰은 현상금과 특진 약속까지 내걸고 수배 학생을 체포하는 데 주력하는 반면, 수배 학생들은 일단 검거를 피해 도피하게 된다.

박정희 정권 시기부터 많은 학생이 민주화운동 때문에 수사기관의 수배를 당했다. 특히 학생 수배자가 양산되기 시작한 때는 각 부문의 민주화운동이 활기를 띠기 시작한 1985년 이후다. 민주화 전환 이후인 1988년 12월 노태우 정권은 잠시 수배 해제 조치를 내렸지만, 1989년 공안 정국 이후 수사기관의 수배 조치가 급격히 증가했다. 그 뒤에도 매년 광주민주화운동에 관련된 집회와 시위가 증가하는 5월을 전후하여 수배자 수가 급격히 늘어났다. 특히 1994년 한총련이 이적 단체로 규정되자 많은 대학생이 한총련에 가입했다는 이유만으로 수배를 당하게 되면서 수배자 수도 크게 증가했다.

수배에 따른 학생들의 피해는 상상을 불허한다. 특히 비공식 수배자는 어느 날 갑자기 사는 곳이 불법적으로 가택 수색을 당했다는 소식을 듣고 그 길로 입은 옷가지만 걸친 채 정처 없는 도피의 길로 들어서게 된다. 이런 갑작스런 도피는 당사자를 경제적 궁핍과 정신적 불안정에 빠트리고, 사회에서 고립된 상태로 내몰게 된다. 게다가 도움을 주던 사람들의 지원이 끊기면 그야말로 수배 생활은 지옥이 된다. 더욱이 수배는 당사자뿐 아니라 가족에게도 엄청난 정신적이고 신체적인 피해를 준다. 수사기관 직원들은 수배자 가족을 미행하고, 수시로 가택 수색을 실시할 뿐 아니라 직장을 찾아가 협박을 일삼았고, 수사기관에 연행하여 폭행하기도 했다. 또한 가족이 다니는 직장에 퇴직시키라는 압력을 넣거나, 사업을 하는 경우에는 세무 사찰을 하거나 세무 사찰을 하겠다는 위협을 가했다.

따라서 수배는 교도소 수감 생활보다 훨씬 힘들다고 할 정도로 정상적인 가

표 2. 1970년대 학생 구속자 수

| 연도 | 1970년 | 1971년 | 1972년 | 1973년 | 1974년 | 1975년 | 1976년 | 1977년 | 1978년 | 1979년 |
|------|--------|--------|--------|--------|--------|--------|--------|--------|--------|--------|
| 학생 | 2 | 43 | 1 | 165 | 246 | 126 | 27 | 90 | 230 | 267 |

※ 자료: 한국기독교교회위원회 인권위원회(1986b)

표 3. 1980년대 학생 구속자 수

| 연도 | 1980년 | 1981년 | 1982년 | 1983년 | 1984년 | 1985년 | 1986년 | 1987년 | 1988년 | 1989년 |
|------|--------|--------|--------|--------|--------|--------|--------|--------|--------|--------|
| 학생 | 468 | 258 | 200 | 316 | 61 | 678 | | 619<br>(8월 이후) | 505 | 816 |

※ 자료: 1980~1985년 한국기독교교회위원회 인권위원회(1986b), 1987년 대한변호사협회(1988), 1988년·1989년 평화민주당 인권위원회(1990)

표 4. 1990년대 학생 구속자 수[1]

| 연도 | 1990년 | 1991년 | 1992년 | 1993년 | 1994년 | 1995년 | 1996년 | 1997년 |
|------|--------|--------|--------|--------|--------|--------|--------|--------|
| 학생 | 686<br>(11월까지) | (396*) | (123*) | (136*) | (913*) | 280<br>(623*) | 922<br>(1263*) | (771*) |

* 은 학생 포함 시위 관련 전체 구속자 수
※ 자료: 1990~1994년·1996년 대한변호사협회(1990~1994), 1995년·1997년 경찰청(1996·1998)

족생활과 사회생활을 파괴하고 정신적 중압감을 가중시켜 개인에게 고통을 줄 뿐 아니라 수배자를 둘러싼 가족과 친지에게도 중압감을 가중시켜 고통을 주는 조치로서, 중대한 인권 침해다.

---

1　자료의 한계로 학생 구속자의 수를 찾지 못했음을 사과드린다. 필자는 아직 구속자 수를 연도별로 일관되게 정리한 자료를 찾지 못했다. 그런데 기존 자료들도 통계에서 상당한 차이가 난다. 특히 이 글이 인용한 대한변협 『인권보고서』와 경찰청의 『경찰통계연보』의 통계는 매우 큰 차이가 난다. 『경찰통계연보』의 전체 구속자 수는 1995년 371명, 1996년 816명인데 비해, 『인권보고서』에는 1995년 623명, 1996년 1263명으로 기록되어 있다. 따라서 보다 정확한 통계의 보완이 요구된다.

## 4. 맺음말

한국 민주화운동의 핵심 세력이던 학생운동에 가해진 국가폭력의 기제와 그 과정에서 일어난 학생들의 희생을 유형별로 살펴보았다. 마지막으로 학생운동의 희생을 통해 1987년 민주화 전환 이후 민주주의 진전과 국가폭력의 상관관계를 살펴본다.

첫째, 일반적으로 민주화 전환 이후에는 민주주의가 진전되면서 학생들의 희생도 줄어들 것이라고 생각했다. 그러나 이런 생각은 부분적으로만 타당했다.

먼저 학생 사망자 숫자를 살펴보면 노태우 정권 시기 학생 희생자가 31명으로 전두환 정권 시기의 29명보다 약간 증가했고, 김영삼 정권 시기에는 14명으로 상당히 축소되었다. 이것은 1987년 6월 민주화 전환이 시작되었지만 노 정권 시기에는 민주주의가 크게 진전되지 않았고, 김영삼 정부에 들어서서야 진전되었다고 해석하게 해준다.

그러나 민주화운동 구속자의 수는 이런 주장을 입증하지는 않는다. 학생 구속자 수를 살펴보면 전 정권 시기인 1985년 이후부터 1987년 6월까지 대폭 증가했고, 노태우 정권 시기인 1989년에는 전 정권기보다 더 늘어났다가 그 뒤 점차 줄어들었다. 그리고 김영삼 정권기인 1996년은 전 시기를 통틀어 가장 많은 학생 구속자를 양산했다. 민주주의의 진전과 민주화운동의 희생 사이에는 상관관계가 그리 높지 않다는 것을 보여주는 결과다. 따라서 민주화운동의 희생은 민주화 전환이라는 변수보다는 다른 변수에 의해 설명되어야 한다. 예를 들어 특정 집권기 안에서도 학생 구속자 수에 편차가 있다는 것은 시기별로 전개된 민주화운동의 투쟁 강도나 요구 조건이 상이했다는 점을 말해준다.

이런 분석을 통해 얻을 수 있는 잠정적 결론은 학생들의 희생이 국가폭력과 학생 저항의 강도에 관련되어 있다는 것이다. 학생 희생자가 가장 많던 시기인 1985~1986년(전두환 정권), 1989~1991년(노태우 정권), 1994~1996년(김영삼 정권)은 전두환 정권 퇴진과 직선제 개헌(전두환 정권), 방북 사건과 3당 합당(노태우 정권), 광주민주화운동 책임자 처벌과 한총련(김영삼 정권) 등 대중적인 쟁점을 둘러싸고 학생운동(민주화운동)과 국가 권력이 강하게 충돌한 시기였다. 곧 국가폭력과 학생들의 저항 수위가 상당히 높아지면서 학생(민주화운동 세력)의 희생은 늘어났다.

또한 이 분석을 통해 다음 같은 잠정적 가설을 세울 수 있다. 민주화운동 세력의 희생에서 전두환 정권, 노태우 정권, 김영삼 정권 사이에 큰 차이가 없었다는 사실은 민주화 전환이 시작되었는데도 국가폭력의 수준이 크게 변하지 않았다는 점을 말해준다. 이것은 국가 권력을 누가 장악하고 있는가, 다시 말해 민주화 전환을 누가 주도하느냐는 '주체의 측면'에서 설명될 수 있다. 한국에서 민주화 전환은 민주화 세력이 아니라 권위주의 정권의 후계 세력에 의해 추진되었기 때문에 이행의 '지체' 또는 '역전' 현상이 나타났다. 1987년 대통령 선거에서 노태우가 당선한 사실은 한국의 민주화 전환에서 배태된 '태생적' 한계였다. 가능한 한 민주주의의 진전을 늦추거나 저지하려 한 노태우 정권과 빠르고 급진적인 이행을 요구한 민주화 세력은 충돌할 수밖에 없었다. 노 정권에 대한 과거와 같은 투쟁은 과거와 다르지 않은 국가폭력을 가져왔고, 결국 이 시기에도 권위주의 정권 시기와 마찬가지로 많은 학생들이 희생하게 되었다.

김영삼 정권 역시 권위주의 세력과의 야합을 통해 정권을 잡았기 때문에 민주주의의 진전에서 한계를 보일 수밖에 없었다. 정권 초기의 개혁 드라이브는 보수 세력의 반발 때문에 신공안 정국으로 역전되었다. 더욱이 김영삼 정권이 당시 학생운동의 주류인 한총련을 이적 단체로 규정하면서 양자의 정면충돌은 피할 수 없게 되었고, 이 역시 민주화운동 세력의 많은 희생을 가져왔다. 특히 김 정권은 통일운동 관련 집회와 시위를 불법화하고 강경 진압을 해 학생들의 피해를 급증시켰다.

결국 이런 점들을 고려할 때 민주화운동의 희생은 민주주의 이행보다는 국가폭력의 강도나 이행의 주체라는 변수로 설명해야 한다는 잠정적인 결론을 내릴 수 있다.

둘째, 일반적으로 민주화운동의 목표가 급진적일수록 국가폭력의 강도가 높고, 따라서 희생도 클 것이라고 생각한다. 이 글의 분석은 이런 생각이 어느 정도 사실에 부합한다고 본다. 전두환 정권 시기보다 노태우 정권 시기에 학생들의 희생이 줄어들지 않는 중요한 이유의 하나는 학생들의 지향 목표가 지닌 급진성 때문이다. 물론 1986년 말부터 학생들은 대통령 직선제 개헌을 내세웠지만, 학생운동의 기본 지향은 자본주의 사회의 변혁과 대외 종속의 탈피였다. 1987년 민주화 전환 이후에도 학생운동은 '사회주의 변혁'이나 '민족해방'이라는 급진적 목표를 지향했고, 이것은 노태우 정권이 다시 강한 국가폭력을 휘두를 수 있는 명분을 제공했다. 노 정권은 우경화된 한국 사회의 이데올로기적 지형을 기반으로 삼아 공안 정국을 조성하여 통일운동을 추진하던 학생들을 공산주의로 몰아 탄압했다. 이런 경향은 김영삼 정권에 와서도 지속되었는데, 한총련이 대표적인 피해자였다. 한총련은 공권력과 보수 언론에 의해 북한의 주장을 그대로 추종하는 세력으로 규정됨으로써 다른 어떤 조직보다도 가장 큰 탄압을 받았다.

결국 학생운동 사례로 평가할 때 급진적 운동일수록 국가폭력의 강도가 강해지고, 따라서 그 부문의 희생이 증가하리라는 잠정적 결론을 내릴 수 있다.

**참고 문헌**

/

경찰청. 1985. 《한국경찰사》 IV.

_____. 1989~1998. 《경찰통계연보》.

국회. 1988. 1988년도 국정감사 국방위원회회의록.

기쁨과 희망 사목연구원. 2000. 《7, 80년대 민주화운동의 증언: 암흑 속의 햇불》 제1권~제7권. 기쁨과 희망 사목연구원.

대한변호사협회. 1986~1999. 《인권보고서》.

민주화실천가족운동협의회. 1987. 《나의 손발을 묶는다 해도》. 거름.

박원순. 1997. 《국가보안법 연구 2》. 역사비평사.

부산대학교 50년사 편찬위원회 편. 《부산대학교 50년사》. 부산대학교 출판부.

최장집. 1996. 《한국민주주의의 조건과 전망》. 나남.

치안국. 1985. 《한국경찰사》 III.

평화민주당 인권위원회. 1990. 《인권백서/1988~89》.

한국기독교교회협의회 인권위원회. 1986a. 《인권보고서》.

_____. 1986b. 《1970년대 민주화운동》 I~VIII.

_____. 1987. 《고문없는 세상에 살고 싶다》.

## 논문 출처

/

### 1장

〈8·15의 정치적 의미: 대통령 기념사를 통해 본 8·15〉. 신주백·정근식 외. 《8·15의 기억과 동아시아적 지평》. 선인. 2006.

### 2장

〈남북분단이 한국정치에 미친 영향〉. 전재호 외. 《분단 70년과 대한민국》. 대한민국역사박물관. 2016년.

### 3장

〈박정희로부터 역사를 구출하자〉. 《정치비평》 제7집. 2000.

### 4장

〈최규하 대통령의 국가위기 관리〉. 한국정치학회 편. 《한국의 대통령 리더십과 국가발전》. 인간사랑. 2007.

### 5장

〈5·18 담론의 변화와 정치변동〉. 학술단체연합회 편. 《5·18은 끝났는가: 5·18 민중항쟁과 한국사회의 진로》. 푸른숲. 1999.

### 6장

〈제13대 대통령 선거와 국회의원 선거〉. 서중석 외. 《6월 민주항쟁》. 민주화운동기념사업회. 2017.

### 7장

〈91년 5월 투쟁과 한국민주주의: 실패의 구조적 원인과 그 의미〉. 《한국정치학회보》 제38집 제5호. 2004.

### 8장

〈4·13 총선과 시민사회〉. 경희사이버대 NGO학과·NGO학회 공동학술대회 발표문. 2016.

### 9장

〈전환기 한국 민주주의와 한미관계(1980-1987)〉. 전재호 외. 《한국의 민주주의와 한미관계》. 대한민국역사박물관. 2014.

### 10장

〈민주화 이후 '보수' 정부의 대북정책 연구: 노태우, 김영삼, 이명박 정부를 중심으로〉. 《신아세아》 제20권 2호. 2013.

### 11장

〈한국민주주의와 학생운동〉. 조희연 편. 《국가폭력·민주주의투쟁·역사적 희생》. 함께하는책. 2002.